现代农业产业技术体系建设理论与实践

天然橡胶
体系分册

TIANRAN XIANGJIAO TIXI FENCE

黄华孙　主编

中国农业出版社
北京

体系启动

TIXI QIDONG

◀ 2009 年天然橡胶产业技术体系与木薯产业体系、荔枝产业体系、香蕉产业体系联合启动

▲ 天然橡胶产业技术体系岗站竞聘会

◀ 天然橡胶产业技术体系首席科
学家黄华孙研究员

云南植胶区勐腊县产业实地调研 ▶
（左一为黄华孙，右二为栽培与
土肥研究室主任谢贵水）

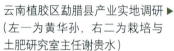

◀ 云南植胶区东风农场产业实地
调研（左四为黄华孙，右二为
谢贵水，右一为西双版纳综合
试验站第二任站长穆洪军）

广东植胶区产业实地调研（左三▶
为黄华孙，右二为土壤与肥料第
一任岗位科学家林钊沐）

◀东方综合试验站、琼中综合试
验站、万宁综合试验站建设协
调会

儋州综合试验站建设协调会▶

技术研发
JISHU YANFA

▲ 开展乳管分化研究（育种技术
  与方法岗位科学家田维敏）

▲ 田维敏与同行探讨学术

▲ 无性系表现调查（右为体系首席兼高产品种改良
  岗位科学家黄华孙，左为团队成员李维国）

▲ 新品种区域试种

▲ 新品种展示（左一为抗逆品种
改良岗位科学家和丽岗）

◀ 小筒苗定植（中为种苗扩繁与生
产技术第二任岗位科学家王军）

围洞抗旱定植（中为种苗扩▶
繁与生产技术第一任岗位科
学家林位夫）

▲ 抗旱栽培技术集成示范（右四为栽培生理岗位科学家谢贵水，右三为团队成员安锋）

▲ 叶片营养诊断（左二为土壤与肥料第一任岗位科学家林钊沐）

死皮防控研发（左为栽培生理岗 ▶
位团队成员王真辉）

胶树营养状况分析（中为土壤▶与肥料第二任岗位科学家茶正早，左一为团队成员罗微）

◀勐腊县高产高效示范点打造（右一为茶正早，左一为西双版纳综合试验站第一任站长李国华）

割面查看（中为采胶岗位团队▶成员罗世巧）

▲ 新割胶技术体系宣传讲解（中为采胶第一任岗位科学家魏小弟）

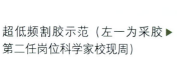

超低频割胶示范（左一为采胶 ▶
第二任岗位科学家校现周）

▲ 胶园生态调查（右一为橡胶园生态岗位科学家吴志祥）

▲ 田间样品采集根病诊断（左为病害防控岗位第一任科学家郑服丛，右为团队成员李增平）

◀ 病虫害技术培训（病害防控第二任岗位科学家张宇）

田间病害技术指导（右▶
三为病害防控第一任岗
位科学家郑服丛，右二
为张宇）

◀ 团队合作攻关虫害生防（中为虫害防控岗位科学家符悦冠）

橡胶树虫害防控（中为符悦▶
冠，左为团队成员张方平）

◀ 无氨胶乳枕头试制（左为初加工技术第一任岗位科学家黄茂芳，右为第二任岗位科学家桂红星）

黄茂芳在试制初加工机械 ▶

◀ 改性与综合利用岗位科学家彭政开展特种性能检测

参与ISO标准讨论（右二为改性与综合利用岗位团队成员廖禄生）▶

◀ 开展天然橡胶加工工艺改进

在海南召开电动胶刀新闻发布会 ▶

电动割胶刀示范（中为生产机 ▶
械化岗位科学家邓怡国）

◀ 产业经济岗位科学家傅国华作
"海垦与天然橡胶产业创新再造
专题"报告

产经岗位科学家团队在云南调研 ▶
橡胶生产情况（左五为傅国华，
左二、左三分别为团队成员张德
生、许能锐）

培训服务

▲ 因地制宜——多民族语言技术培训材料（西双版纳综合试验站）

▲ 手把手教学——一定要把技术教会（西双版纳综合试验站）

▲ 现场教学——既要能动口，也要会动手（西双版纳综合试验站）

▲ 少数民族橡胶科技培训（红河综合试验站）

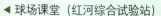
◀ 球场课堂（红河综合试验站）

走入辐射示范县开展骨干培训 ▶
（德宏综合试验站）

▲ 橡胶树病虫害识别（茂名综合试验站）

▲ 超低频割胶技术培训（茂名综合试验站）

◀ 林下经济扶贫示范（湛江综合试验站）

胶林课堂（东方综合试验站）▶

◀ 复工割胶技术培训（琼中综合试验站）

割胶技术培训（文昌综合试验站）▶

▲ 冬春管理技术培训（万宁综合试验站）

▲ 风灾处理指导（湛江综合试验站）

◀ 抗风救灾（琼中综合试验站）

走出去种苗培训（中为林位夫）▶

体系影响

TIXI YINGXIANG

助力云南高原特色农业建设 ▶

承办全国割胶工技能大赛 ◀

媒体报道：七十年橡胶情（黄华孙 ▶
首席接受电视台采访）

▲ 媒体报道：多割十年胶（割胶岗位科学家校现周接受电视台采访）

▲ 参加天然橡胶产业创新论坛（海口综合试验站，中国天然橡胶协会副会长郑文荣讲话）

▲ 籽苗芽接技术受到柬埔寨农林渔业部部长赞扬

▲ 栽培生理岗位团队成员王真辉受聘为勐腊橡胶技术推广站技术顾问

勐腊县农业农村局橡胶技术推广站

国家天然橡胶产业技术体系

2020年3月第4期

长按识别关注，发现更多精彩。

◀ 协助开发勐腊民营橡胶微信公众号

导　言

　　2007 年农业部、财政部共同启动了现代农业产业技术体系建设，体系以农产品为单元，以产业为主线，在不打破管理体制的前提下，实行各级各类科技资源的整合和科技人员的大联合、大协作，围绕重点任务研发、前瞻性研究、基础性工作和应急性任务，开展联合攻关。目前已全面开展了水稻、玉米、小麦、油菜、棉花、生猪等 50 个现代农业产业技术体系建设，涉及 14 类粮油作物、19 类经济作物、17 类畜牧水产品，设立了 50 个产业技术研发中心，聘用了 50 位首席科学家，设立了功能研究室和岗位，并在主产区建立了一批国家产业技术综合试验站。体系的建设是我国农业科技领域的一次重大管理创新，围绕产业需求配置科技资源，实现了全国农业科技"一盘棋"；按照农产品从生产到餐桌的关键环节，"环环相扣"布局创新链，串起了农业产业科研"一条线"；给予长期稳定经费支持，保证了科技人员安心科研，凝结了科研人员"一条心"，在促进农业科技进步、推动我国农业产业发展等方面发挥了重要作用。

　　天然橡胶作为经济建设和战略需要的重要物资，在我国属于小宗作物，仅拥有 1 700 多万亩①的种植面积。2008 年天然橡胶作为第二批现代农业产业技术体系纳入建设，表明了农业部对天然橡胶科研和产业的一贯支持和高度重视。天然橡胶产业技术体系的建设打破了我国天然橡胶科研经费不稳定、科研方向分散、科研力量青黄不接的困境，团结稳定并凝聚了天然橡胶的科技人员，形成了科技创新整体合力，推动了科研，促进了推广，迎来了天然橡胶科研的第二个春天。目前天然橡胶体系构架已初步形成，组建了 1 个产业技术研发中心、6 个功能研究室，从育种栽培到加工利用，合理配置了产业发展各个环节的科技资源和研发力量，形成了天然橡胶上、中、下游技术的完整研发链条。在全国植胶区设立的 10 个综合试验站覆盖 41 个示范县，种植面积占我国

---

① 亩为非法定计量单位，1 亩=1/15 hm²。

植胶总面积的 85%，形成了全国天然橡胶种植试验示范、科技服务协作网络。体系建设之初，组织各个岗位和综合试验站，深入产业一线，开展了产业技术需求情况调研，做好体系工作规划。根据发展定位和规划目标，开展橡胶树省工高效采胶、高产栽培配套技术的集成与示范、死皮综合防控关键技术研发示范、品种区域试验试种与示范等工作。通过十年的努力工作，体系共研发新品种 8 个，入选农业农村部主导品种 12 个；研发新技术 13 项、新工艺 1 个、新设备 2 项、新产品 5 个，入选农业部主推技术 9 项，被企业采纳新工艺 1 个。农业农村部南亚热带作物天然橡胶的主导品种和主推技术大多来自体系研发和推广的技术成果。体系开展技术研发的同时，通过综合试验站，与植胶区农技、产业管理等相关部门密切合作，深入国营、地方农场以及民营胶园，建立体系示范基地，开展了形式多样的农技人员、胶农培训和技术指导工作。据不完全统计，体系研发的新品种推广面积 300 多万亩，种植业新技术累计推广面积 690 万亩，累计增产 11.8 万 t，节约成本 6.6 亿元，增收 17.9 亿元，为产业技术提升和农民增收起到了积极作用；此外，通过产业经济岗位和海口综合试验站，依托中国天然橡胶协会，向政府主管部门及行业协会提交咨询报告 22 份，为企业提供咨询报告 3 份；为生产一线提供技术指导意见（规范）等 9 份，部分意见建议被主管部门和企业采纳，充分发挥了体系在我国天然橡胶产业发展中的支撑作用。

当然，对于农业科研而言，体系是一个全新的概念，一种全新的模式，打破了部门区域学科界限，统筹布局科研力量。天然橡胶产业技术体系通过十年的运作，在工作中不断实践、不断磨合、不断融合，形成一个创新共同体，产业内外对体系都有了更为深刻的认识和体会，及时对体系工作进行回顾，总结先进经验，对体系今后的持续健康发展是非常有利的。

本书组织天然橡胶产业技术体系 6 个功能研究室主任、14 个岗位科学家和 10 个综合试验站长，按照"体系创新与技术推广""体系认识与工作感悟"上下两编进行编写。体系创新与技术推广编系统梳理天然橡胶产业技术体系关键技术的集成创新，体现技术应用效果及效益，由研究室主任与各试验站长统稿。体系认识与工作感悟篇由体系全体聘任人员提交，每个人员一章，主要反映加入体系后事业发展体会，或解决生产实际问题的体会，或解决实际问题案例，或参加体系的人生进步、提升和感悟等。本书还展示了体系成果，包括体系岗位、综合试验站单独和合作完成的成果，如国家省部级奖励、主推品种、主推技术、新工艺、新产品、政策建议等。附录中有主要新闻媒体对体系工作和重要活动所产生的社会影响的报道，展示体系十年工作成效。彩页以图片形式展示体系人员工作风采，如重大事件、突发事件应对、扶贫工作，或产业服务、团队建设，或涌现出来的优秀人物等，主要体现体系人的精神风貌和产业贡献。

本书是天然橡胶产业技术体系十年工作原貌的展现，意在体现体系工作的实际，发现工作中的不足，厘清存在问题，优化运行机制，明晰思路方向，从而进一步推动体系的建设步伐。体系在今后的发展中，将再接再厉，围绕体系的定位和目标，把产业技术体系工作有序、有力向前推进，提升天然橡胶科技自主创新能力，强化技术集成配套，加快技术推广与应用，把论文写在大地上，促进科技成果加快向现实生产力转化，增强天然橡胶业的竞争力，为天然橡胶增产、胶农增收、产业发展方式的转变以及天然橡胶产业"走出去"发展提供坚实的科技支撑和保障。

本书大纲的确定、内容的撰写和修改，广泛征求了相关领导和专家的意见，同时得到了体系全体成员的支持，中国农业出版社也对本书的编辑给予了大力支持，在此一并表示感谢。对一直以来倾心支持体系发展的农业农村部领导及相关部门亦一并表示感谢。

由于编写时间紧，搜集的资料不尽完整，加之水平有限，书稿不免存在疏漏之处，诚恳欢迎读者提出宝贵意见，并为体系的发展贡献真知灼见。

编　者

2020 年 5 月

目 录

下编　体系认识与工作感悟

上 编
体系创新与技术推广

第一章 概　述

　　天然橡胶（cis-1，4-polyisoprene）是一种重要的工业原料和战略资源，在交通、军用工业中尤为重要。天然橡胶具有优良的回弹性、良好的绝缘性、坚韧的耐磨性、隔气隔水的气密性及耐曲折等性能，经过适当处理后还具有耐油、耐酸、耐碱、耐热、耐寒、耐压、耐磨等宝贵性质，被广泛应用于工业、国防、交通、民生、医药、卫生等领域。

　　目前工业上应用的橡胶有两类：一类是由自然植物产生的天然橡胶，一类是由化学工艺合成的合成橡胶。合成橡胶在工业化的带动下，发展迅速，产能增加强劲，世界橡胶总产量的一半以上为合成橡胶。合成橡胶在特殊专用性能方面，如耐化学腐蚀、耐油脂等比天然橡胶强，而天然橡胶的通用性能、高温条件下的耐腐蚀性等则比合成橡胶好；天然橡胶的某些性能如高抗冲击、耐穿刺、抗撕裂性能是合成橡胶无法比拟的；且天然橡胶易于与金属黏合，从而使天然橡胶具有不可替代性，尤其是对于复杂载荷条件下服役使用的飞机轮胎、载重轮胎和矿山轮胎，天然橡胶更是不可或缺。例如载重子午线轮胎需要50%天然橡胶制造，工程机械轮胎需要90%天然橡胶制造，飞机轮胎100%天然橡胶制造。据统计，目前世界上的天然橡胶制品已达7万多种，发达国家天然橡胶消费量与钢铁消费量的比例为（1～1.5）∶100。

　　天然橡胶是从含橡胶的植物中采收其胶乳加工而成的，能够在大戟科橡胶树属（*Hevea*）、大戟科木薯橡胶（*Manihot glaziovii* Muell）、杜仲科杜仲（*Eucommia ulmoides* Oliv.）、菊科橡胶草（*Taraxacum kok saghyz* Rodin）、菊科银色橡胶菊（*Parthenium argentatum* Gray）、桑科印度榕（*Ficus elastica* Roxb.）等2000多种植物中合成，但目前只有巴西橡胶树（*Hevea brasiliensis*）具有商业生产价值，其单产高、橡胶质量好、栽培容易、采收方便且经济寿命长达三十多年，生产成本低，成为人工栽培最重要的天然橡胶植物，其总产量占目前世界天然橡胶总产量的99%以上。

第一节　我国天然橡胶产业基本情况

1900 年以前，供应世界市场的天然橡胶几乎完全是南美洲和热带非洲的野生橡胶。自 1876 年 Wickham 引种并分散到东南亚开始人工栽培以来，世界天然橡胶种植业已有 120 多年的历史，目前全世界植胶国家有 63 个。受 2004 年以后胶价持续增长的影响，全球种植面积快速增加，到 2013 年胶价下跌后增速回落，目前全球天然橡胶种植面积 2.16 亿亩，年产天然橡胶 1 230 多万 t，天然橡胶种植业已成为热带地区许多国家经济的重要组成部分。

我国最早于 1904 年由云南省德宏州的土司刀安仁从新加坡引入橡胶树，种植于北纬 24°50′、海拔 960 m 的盈江县新城凤凰山东南坡，至今已有百余年历史。橡胶树属于热带雨林植物，它对地理环境、土壤、气候、湿度等自然条件要求极严，国际专家历来认为北纬 15° 以北不能种植橡胶树，属于"植胶禁区"。新中国成立前，我国的橡胶树种植一直处于零星分散的状况，共有各种类型的小胶园 4.2 万亩，橡胶树 106 万株，年产干胶 198 t。新中国成立初期，面对十分严峻的国际国内形势，为满足国防和经济建设需要，党中央做出了"一定要建立自己的橡胶基地"的战略决策。在党中央亲切关怀下，通过垦荒植胶人的艰苦创业、无私奉献，正确认识我国植胶环境，探索抗性高产植胶技术，使橡胶树突破世界传统植胶区在我国大面积北移种植成功。我国天然橡胶的生产经历了从无到有、从小到大、从弱到强、从国营到国营民营并举、从国内生产到跨国经营的发展过程，形成了以海南、云南和广东为主的国内现代天然橡胶生产基地和海外天然橡胶产业链布局，创造了世界植胶史上引人瞩目的奇迹，跻身为世界植胶大国。2018 年，全国橡胶树种植面积达到 1 720 多万亩，开割面积 1 300 万亩。植胶面积和投产面积仅次于印度尼西亚和泰国，世界排名第三。产量 82 万 t，仅次于泰国、印尼、越南，世界排名第四。胶园平均每亩产量 84 kg，其中云南胶园平均每亩产量超过 100 kg，超过世界单位面积产量的平均水平（每亩 96 kg）。我国橡胶工业自 1915 年起步至今，随着我国国民经济的持续快速增长，对天然橡胶的需求也相应呈现持续快速增长势头，经过近百年的发展，已形成由轮胎、力车胎、胶管、胶带、乳胶、橡胶材料、炭黑、橡胶助剂、骨架材料和仪器装备等产品构成的完整橡胶工业体系，与国民经济发展息息相关。从 1993 年开始，我国天然橡胶年消费首次超过日本，仅次于美国，成为世界上第二大天然橡胶消费国。进入 21 世纪以来，随着我国加入 WTO、中国—东盟自由贸易区的建立以及我国西部大开发战略的实施和我国城镇化进程的加快，我国天然橡胶消费呈现加速增长的势头。2001 年我国天然橡胶消费量达到 122 万 t，首次超过美国，成为世界第一大消费国，达到世界总消耗量的 21%。

2001—2012 年，我国天然橡胶消费量的年均增长率为 11.3%，达到历史以来的最高值。2018 年，我国天然橡胶消费量已达到 560 多万 t，我国天然橡胶的自给率从 20 世纪 90 年代的 50% 左右，快速下降到目前的不到 20%，远低于安全供给线。

我国天然橡胶进口量逐年增长，20 世纪 80 年代达到 38 万 t，90 年代初我国天然橡胶市场已基本与国际市场接轨。2001 年，中国加入 WTO，全球跨国公司轮胎制造业橡胶制品开始向中国转移，带动天然橡胶消费量的巨大增加，进口量也开始巨大增长，2002 年突破 100 万 t，成为世界天然橡胶第一大进口国。据海关统计，2018 年我国进口各种天然橡胶共 550 多万 t（折算为干胶，含复合橡胶和混合橡胶），其中天然橡胶进口量稳定。受复合橡胶新标准影响，进口目标转向混合橡胶（海关编码 400280），复合橡胶的进口量仅有 11 万 t，混合橡胶进口量达 290 万 t。迄今，在世界天然橡胶市场上，我国一直保持着第一大进口国和消费国地位。

我国天然橡胶产业的起步和发展得到党中央、国务院和国家领导人的高度重视，对天然橡胶产业一直坚持保护扶持的方针，2007 年和 2010 年国务院两次明确了促进我国天然橡胶产业发展的指导思想："以保障我国天然橡胶供给安全为目标，以增加胶农收入、增强天然橡胶产业竞争力为核心，采取有效措施，实现天然橡胶产业可持续发展，满足国民经济发展需要。"中央 1 号文件多次提到天然橡胶，2009 年要求支持优势区域发展橡胶种植，2015 年提出天然橡胶生产能力建设规划，2017 年要求科学合理划定天然橡胶生产保护区。

第二节　我国天然橡胶产业问题及技术需求

当前我国经济发展正处于重要的历史转型期，随着我国对外开放步伐的加快，经济发展方式的转变，供给侧结构性改革的不断深化，以及高端制造业的快速发展，我国天然橡胶产业发展迎来了重要的发展机遇。但当前也面临世界经济复苏普遍缓慢，天然橡胶市场持续低迷的大环境。目前我国天然橡胶产业整体竞争力较低，原料不能满足高端需求，天然橡胶供给安全面临诸多挑战。

一、我国天然橡胶产业面临的突出问题

1. 我国天然橡胶产量有限，供应存在安全隐患

随着世界经济的发展，天然橡胶消费水平从整体看将不断增加。目前我国天然橡胶消费对外依存度高达 80% 以上。受资源条件限制，依靠扩大天然橡胶种植规模增加我国天然橡胶产量的可能性很小，且我国植胶条件先天不足，停割期长达 4 个多月，植胶区经常受台风、寒潮影响，我国天然橡胶供需缺口将长期存在。而国际市场形势日趋严峻，一是发达国家和国际资本也加强对全球资源配置的控制。二是近年来天然橡胶产胶国联盟行动加强，提升调控天然橡胶产销和市场价格能力，鼓励在产胶国发展橡胶工业。泰国、马来西亚和印度尼西亚 3 个产胶大国之间的橡胶市场已开始建设，以电子交易为基础的现货市场已于 2016 年 6 月实现连接。作为世界第一大天然橡胶进口国，我国天然橡胶进口主要来源于泰国、印度尼西亚和马来西亚 3 个产胶大国，进口量占到总进口量的 90%。资源供应渠道单一，加上其他不确定因素，我国天然橡胶资源供给安全存在潜在威胁。

2. 受成本和价格双重挤压，生产经营效益严重下滑

天然橡胶价格经过近十年的增长，自 2012 年开始进入下行周期，均价从 2012 年的 29 700 元/t 跌至目前的 11 000/t 左右。根据 ANRPC 首席经济学家分析，受多重因素影响，未来中长期世界天然橡胶价格总体将持续受到压力。随着我国城镇化、工业化进程的加快，我国劳动力成本不断提升，天然橡胶种植业面临用工成本高、用工难等问题，植胶效益显著下滑。受价格"天花板"和成本"地板"的双重挤压，生产积极性严重受挫，出现弃割弃管和改种等情况，天然橡胶种植发展出现萎缩。

3. 天然橡胶种植依赖手工作业，加工机械生产率低

国内外天然橡胶田间生产机械化程度低，综合机械化水平低于 10%，种植、除草、压青、施肥、植保、采胶等均依赖人工作业，生产效率低，成本高。目前平均劳动成本在 8 000 ～ 10 000 元/t，约占产值的 70%。尤其是采胶

作业，目前仍属于技术性的纯手工作业，且割胶生产条件艰苦、劳动强度大，受劳动力成本上升和天然橡胶价格低迷的双重影响，植胶企业和民营胶园胶工普遍短缺。而且天然橡胶管理用工多、劳动强度大，愿意从事胶园管理的胶工越来越少，随着未来经济的不断发展，劳动力缺乏将成为常态，橡胶园面临着失管的窘境，已严重制约天然橡胶产业的健康发展。天然橡胶初加工机械因为多年未有研发投入，也存在生产率、自动化程度低，能耗高的问题。

4. 天然橡胶原料产品一致性差，需求与供给存在结构性矛盾

我国的天然橡胶原料基本以胶乳形式收集，为保证胶乳新鲜程度，会加入一定量的氨水，在加工厂需要加酸才能凝固，处理过程中添加量无法准确把控。加之我国天然橡胶加工厂分散，产能严重过剩，加工批次量少，导致我国天然橡胶原料一致性和稳定性不高。国内初级产品中标准橡胶和浓缩胶乳占绝对比例，胶种还不能很好地满足轮胎企业和国防航空等领域的需求，产品合规不合用现象突出。目前高端和特殊用途高性能用胶市场几乎被进口天然橡胶抢占，超薄乳胶制品大部分使用进口浓缩胶乳生产，航空轮胎专用胶及高端工程用胶长期依赖进口。

二、我国天然橡胶产业技术需求

技术创新是农业可持续发展的基本动力源，科学技术的创新也是实现天然橡胶单位面积产量和效益双增，提升天然橡胶初加工产品结构和质量，实现生产机械化现代化的先决条件。天然橡胶产业链较长，技术的创新需要从全产业链的角度，提高劳动生产效率，提高单位面积土地收益和产业综合效益，协调产业和社会共同发展。

1. 加大新品种和新材料的推广和应用

为保障我国天然橡胶一定程度的安全供给，需要进一步提高我国天然橡胶的生产总量。提高天然橡胶总产量可通过扩大橡胶种植面积和提高单位面积产量来实现。然而天然橡胶是一种典型的资源约束型产业，具有较高的地域要求，提高单位面积产量才是增加我国天然橡胶总产量的根本途径。良种是高产的基础，天然橡胶生产周期长达三十多年，种植材料的优劣影响整个生产周期的生产效益。受橡胶树选育种周期、生产特色以及市场环境等方面的影响，橡胶树新品种推广应用缓慢，远不能满足生产发展的需要。目前生产中早期引进的RRIM600、GT1、PR107等国外无性系还占有较大比例，种植面积接近

70%，需要采取措施加快新品种的更新换代，促进种植品种材料的优化升级。砧木良种化、砧穗一体化育种尚有巨大增产潜力，需要进一步加强组织培养技术与转基因技术研发，加快高产高抗新品种和新型种植材料推广应用，为产业技术升级打下坚实基础。

2. 加快丰产抗逆技术的研发和集成示范

我国植胶区为非传统植胶区，风、寒、旱等自然灾害时有发生，橡胶树"两病"（橡胶树白粉病和炭疽病）常年流行，而一些新病虫害如橡胶树棒孢霉落叶病、介壳虫和小蠹虫等也局部成灾。我国植胶区经过六十年大规模植胶，植胶环境有一定程度的退化，绿色生态发展也对胶园减肥减药提出了高标准要求。受劳动力成本上升和天然橡胶价格低迷的双重影响，胶农种植天然橡胶的积极性受挫，弃割弃管现象普遍，毁胶也时有发生。橡胶树投产要经历7至8年的非生产期，毁胶后再植胶难度增加。为维持产业的可持续和稳定发展，必须加快丰产抗逆栽培轻简化技术的研发应用。加强新型肥料和施肥技术的研发应用，实现胶园养分统一监测与配方施肥，统测统施，提升肥料的转化利用效率和土壤地力水平。加强病虫害高效监测和预警，筛选高效低毒农药，开展生物防治，减轻环境污染，提高产业可持续发展水平。加快采胶和死皮防控轻简技术研究，转变生产发展模式，适应社会发展对技术发展的要求。推动橡胶木综合利用技术，胶园林下资源利用技术，增加天然橡胶生产副产品，提高单位土地收益和产业综合效益。开展环境友好型生态胶园建设，提升天然橡胶单位面积效益，为实现天然橡胶产业可持续发展提供强有力的基础支撑。

3. 提升天然橡胶质量及机械化技术和装备水平

加强产品初加工工艺的改革，提高初产品质量，优化产品结构，保障一致性。开发利用天然橡胶产品的附加值，如白坚木皮醇等高纯度提取。开展种植品种、生产管理、割胶制度、产品初加工等对天然橡胶产品质量影响的研究，研发特种高端工程胶，满足军工及其他特殊领域对天然橡胶产品的质量要求，摆脱高端工程胶长期依赖进口的局面，增强我国天然橡胶产品的国际竞争力，主动应对国际天然橡胶市场的竞争格局。

针对天然橡胶山地植胶特点和大量体力劳动作业需求，结合农机和农艺，加快天然橡胶产业机械化、智能化、信息化应用，研制适合山地胶园的小型生产管理机械，熟化胶园开沟施肥机和胶园除草机等生产管理机械，加速替代人工割胶的机械化、智能化采胶技术和装备研发和推广，摆脱技术性依赖，转变生产发展模式，降低劳动强度，适应社会发展对技术发展的要求。

4. 加强天然橡胶技术经济研究

针对产业研发重技术、轻经济，尤其在成本不断上扬，胶价持续低迷的情况下，加强对原有技术体系和新研发技术的经济性分析非常迫切。同时，技术与管理的结合以及技术革新下的管理创新，都是生产中要解决的重点问题。此外，在天然橡胶价格剧烈波动，国际贸易和进口对国内市场的联动及压力都在增加的背景下，有必要加强产业经济分析和战略研究，全面收集和分析产业相关信息，研究我国天然橡胶市场存在的问题和可能的变化，对指导天然橡胶生产，宏观管理天然橡胶消费、供给、进出口，提升微观企业管理决策等都具有积极的参考作用。

三、我国天然橡胶科技与国外的差距

我国天然橡胶科技研发起步于20世纪50年代，主要围绕我国大规模植胶开展技术攻关，取得了北移栽培、优良无性系引进试种等重大成果，在新品种选育、抗逆丰产栽培、胶园土壤管理与施肥、割胶制度与技术等领域处于世界同类研究先进水平。科技成果大部分已在我国天然橡胶生产中广泛应用，为我国天然橡胶产业的建立和发展提供了有力的科技支撑。但我国的天然橡胶科技工作起步较其他主要植胶国落后30年乃至更长时间，研发水平与国外仍存在一定差距。

1. 资源创新与育种研究水平差距依然明显

我国积极参与天然橡胶原产地种质资源的收集，收集量居世界第五位，但资源收集面仍较窄，且对资源的挖掘利用和创新能力不强，所保存的材料一直未得到系统的研究。国外优良新品种的引种试种仍是我国橡胶树新品种选育的重要途径之一，较主要植胶国如马来西亚、印度尼西亚等国，在杂交授粉、子代鉴定的系统性和持续性方面稍欠缺，新品种育出较少。尤其是随着全球气候变化极端天气现象增多，植胶园区向非传统植胶区发展，刺激割胶常规化以及对橡胶制品质量提升的需要，橡胶树选育种需要从过去的生长、产量选择，扩大到抗风、抗寒、抗旱、抗病、耐刺激、胶乳特性等的选择，育种目标渐趋多元化，对品种选育提出了更高的要求。

2. 病虫害防治技术研究原始创新能力较弱

随着全球气候和植胶区生态变化，胶园常见病虫害发生面积和频次逐年增加，新的危险性病虫害不断出现，次要病虫害上升为主要病虫害。我国对传统病虫害已形成一套较为成熟的防治技术体系，但在成灾机理、虫害预测预报方面还有待进一步提高。对新发生的危险性病虫害防治研究主要停留在药剂的筛选比较上，对配套机械的研发、剂型的登记数量不足。在新的发展时期，生态环境安全提到更加重要的位置，包括抗病虫种植材料培育、天敌资源开发与利用、多效无害化防控技术研发等还比较欠缺。对防范入侵危险性病虫害和抗病虫转基因种质的研究滞后。

3. 天然橡胶加工技术和工艺研究进展缓慢

我国的天然橡胶加工工艺仍停留在20世纪水平，生产设备、自动化过程升级缓慢，造成设备功率大，耗能高，加工过程的废气、尾气没有得到有效处理，自动化程度和环保程度较马来西亚等国有较大差距。产品质量一致性差，新品种研发不够，SCR5仍占标准橡胶的80%左右。上游原料生产企业与下游制品生产企业联系不多，没有产品追溯制度，产品流向不清，生产的产品往往不能满足国外大轮胎公司、军工企业等的需求。而国外大型用胶企业一般都指定专门的胶园为其生产原料，提高制品的质量、稳定性和一致性。

此外，我国的木材综合利用技术也比较滞后，海南和云南每年由于胶园更新出产橡胶原木约200万t，仅橡胶木锯材年产值超过20亿元，国内植胶区橡胶木生产目前仍然沿用20年前的传统工艺，橡胶木加工产业需要新的加工利用技术转变发展方式，生产附加值较高的产品，国内橡胶木目前的价格为2 500～3 000元/m³。而国外在开发橡胶木材方面，通过改性等措施，使得材质硬度得到提高，质感得到提升，且纹理优美、质地均匀，容易造型，成为重要的家具用材，目前国外进口的橡胶木价格在3 500元/m³，有的更达到6 000元/m³。

4. 天然橡胶产业经济理论研究水平不高

作为小宗作物，天然橡胶产业经济并未得到广泛关注。目前研究没有很好地跟踪国际前沿，以应用研究和对策研究为主，缺乏深度的理论创新。同时，对天然橡胶种植、加工、市场、政策等方面缺乏系统研究，在政府和企业关心的市场、价格研究方面，尚无突破性有价值的成果。研究宏观层面的问题多，微观层面的问题少，对技术与管理的结合研究较少，交叉方向关注少，对产业发展决策的支撑能力不足。研究方法不够科学，实证方面未开发构建合适的计量模型，行为经济学、实验经济学等方法应用少，研究规范性不够，实际调查获取的一手数据积累少，影响了研究成果质量。

第二章 天然橡胶产业技术体系建设

为了提升国家和区域创新能力，增强农业科技自主创新能力，保障国家粮食安全、食品安全，实现农民增收和农业可持续发展，根据现代农业和社会主义新农村建设的总体要求，农业部联合财政部，在充分调研和实施优势农产品区域布局规划的基础上，启动了现代农业产业技术体系建设，制定了现代农业产业技术体系建设实施方案。按照优势农产品区域布局规划，依托具有创新优势的现有中央和地方科研力量和科技资源，围绕产业发展需求，以农产品为单元，以产业为主线，建设从产地到餐桌、从生产到消费、从研发到市场各个环节紧密衔接、环环相扣、服务国家目标的现代农业产业技术体系，提升农业科技创新能力，增强我国农业竞争力。天然橡胶产业技术体系从 2008 年启动建设，已历经"十一五"、"十二五"和"十三五"三个阶段。

第一节 天然橡胶产业技术体系组织构架

一、"十一五"体系构架

按照农业部的建设安排，天然橡胶产业技术体系首席科学家设立在中国热带农业科学院橡胶研究所，由黄华孙研究员担任。组建了 1 个国家天然橡胶产业技术体系产业技术研发中心、3 个功能研究室和 9 个综合试验站（见表 2-1、表 2-2）。3 个功能研究室分别为育种功能研究室、栽培与植保功能研究室、综合功能研究室，每个功能研究室设一个研究室主任岗位。在海南、云南、广东三大植胶区设立 9 个试验站（其中海南 4 个、云南 3 个、广东 2 个）。

表 2-1 "十一五"天然橡胶体系产业研发中心构架

岗位名称	聘用人	所属研究室	所在单位
高产多抗速生新品种选育	黄华孙	育种	中国热带农业科学院橡胶研究所

（续）

岗位名称	聘用人	所属研究室	所在单位
辅助育种技术研究	田维敏	育种	中国热带农业科学院橡胶研究所
抗寒高产新品种选育	和丽岗	育种	云南省热带作物科学研究所
高产抗灾栽培技术研究	林位夫	栽培与植保	中国热带农业科学院橡胶研究所
高产土肥技术研究	林钊沐	栽培与植保	中国热带农业科学院橡胶研究所
高效割胶技术体系研究	魏小弟	栽培与植保	中国热带农业科学院橡胶研究所
病虫害防控技术研究	郑服丛	栽培与植保	海南大学
天然初加工技术体系研究	黄茂芳	综合	中国热带农业科学院农产品加工研究所

表 2-2　"十一五"天然橡胶体系试验站构架

试验站名称	站长	示范区域	依托单位
东方综合试验站	莫东红	昌江县、东方县、乐东县	海南省国营广坝农场
文昌综合试验站	林明森	文昌市、海口市、定安县	海南省农垦橡胶研究所
琼中综合试验站	刘汉文	琼中县、屯昌县、五指山市	海南省国营大丰农场
万宁综合试验站	张良海	万宁市、琼海市、陵水县、保亭县	海南省国营新中农场
西双版纳综合试验站	李国华	景洪县、勐腊县、勐海县、江城县、孟连县	云南省热带作物科学研究所
德宏综合试验站	白燕冰	瑞丽市、潞西市、盈江县、耿马县	云南省德宏热带农业科学研究所
红河综合试验站	李 芹	河口县、金平县、马关县	云南省红河热带农业科学研究所
茂名综合试验站	彭远明	化州市、高州市、电白县	广东农垦热带作物科学研究所
湛江综合试验站	罗 萍	徐闻县、廉江市、阳江市、粤东地区	中国热带农业科学院湛江试验站

二、"十二五"体系构架

"十二五"体系产业研发中心增加了3个岗位，分别是种苗繁育岗位、生态环境岗位、产业经济岗位，增设了海口和儋州2个综合试验站，共有11个岗位，11个综合试验站（见表2-3、表2-4）。

表 2-3　"十二五"天然橡胶体系产业研发中心构架

岗位名称	聘用人	所属研究室	所在单位
分子育种	田维敏	育种	中国热带农业科学院橡胶研究所

(续)

岗位名称	聘用人	所属研究室	所在单位
抗风高产育种	黄华孙	育种	中国热带农业科学院橡胶研究所
抗寒高产育种	和丽岗	育种	云南省热带作物科学研究所
种苗繁育	林位夫	栽培与植保	中国热带农业科学院橡胶研究所
抗逆栽培	谢贵水	栽培与植保	中国热带农业科学院橡胶研究所
土壤与肥料	林钊沐	栽培与植保	中国热带农业科学院橡胶研究所
采胶	校现周	栽培与植保	中国热带农业科学院橡胶研究所
病虫害防控	郑服丛	栽培与植保	海南大学
初加工技术	黄茂芳	综合	中国热带农业科学院农产品加工研究所
生态环境	蒋菊生	综合	海南省农垦科学院
产业经济	傅国华	综合	海南大学

表2-4 "十二五"天然橡胶体系试验站构架

试验站名称	站长	示范区域	依托单位
海口综合试验站	许灿光	海南、云南、广东	中国天然橡胶协会
东方综合试验站	莫东红	昌江县、东方县、乐东县	海南天然橡胶产业集团股份有限公司广坝分公司
儋州综合试验站	吴曼峰	儋州市、临高县、澄迈县、白沙县	儋州市农业技术推广服务中心
文昌综合试验站	李文海	文昌市、海口市、定安县	海南省农垦橡胶研究所
琼中综合试验站	刘汉文	琼中县、屯昌县、五指山市	海南天然橡胶产业集团股份有限公司阳江分公司
万宁综合试验站	张良海	万宁市、琼海市、陵水县、保亭县、三亚市	海南天然橡胶产业集团股份有限公司新中分公司
西双版纳综合试验站	李国华	景洪县、勐腊县、勐海县、江城县、孟连县	云南省热带作物科学研究所
德宏综合试验站	白燕冰	瑞丽市、潞西市、盈江县、耿马县	云南省德宏热带农业科学研究所
红河综合试验站	李 芹	河口县、金平县、马关县	云南省红河热带农业科学研究所
茂名综合试验站	彭远明	化州市、高州市、电白县	广东农垦热带作物科学研究所
湛江综合试验站	罗 萍	徐闻县、廉江市、阳江市、粤东地区	中国热带农业科学院湛江试验站

三、"十三五"体系构架

"十三五"天然橡胶产业技术体系产业研发中心新增 4 个岗位，分别是虫害防控、生产机械化、智能化生产、改性与综合利用，减少一个综合试验站，岗位数合计 15 个，试验站 10 个（见表 2-5、表 2-6）。15 个岗位根据学科，被划分为 6 个研究室，即遗传改良研究室、栽培与土肥研究室、病虫草害防控研究室、机械化研究室、加工研究室和产业经济研究室，在天然橡胶三大主产区形成了一个强大的技术研发网络。

表 2-5 "十三五"天然橡胶体系产业研发中心构架

岗位名称	聘用人	所属研究室	所在单位
育种技术与方法	田维敏	遗传改良	中国热带农业科学院橡胶研究所
高产品种改良	黄华孙	遗传改良	中国热带农业科学院橡胶研究所
抗逆品种改良	和丽岗	遗传改良	云南省热带作物科学研究所
种苗扩繁与生产技术	王 军	遗传改良	中国热带农业科学院橡胶研究所
栽培生理	谢贵水	栽培与土肥	中国热带农业科学院橡胶研究所
土壤与肥料	茶正早	栽培与土肥	中国热带农业科学院橡胶研究所
采胶	校现周	栽培与土肥	中国热带农业科学院橡胶研究所
橡胶园生态	吴志祥	栽培与土肥	中国热带农业科学院橡胶研究所
病害防控	张 宇	病虫草害防控	海南大学
虫害防控	符悦冠	病虫草害防控	中国热带农业科学院环境与植物保护研究所
生产机械化	邓怡国	机械化	中国热带农业科学院农业机械研究所
智能化生产	张喜瑞	机械化	海南大学
初加工技术	桂红星	加工	中国热带农业科学院橡胶研究所
改性与综合利用	彭 政	加工	中国热带农业科学院农产品加工研究所
产业经济	傅国华	产业经济	海南大学

表 2-6 "十三五"天然橡胶体系试验站构架

试验站名称	站长	示范区域	依托单位
海口综合试验站	许灿光	海南、云南、广东	中国天然橡胶协会

(续)

试验站名称	站长	示范区域	依托单位
东方综合试验站	莫东红	昌江县、东方县、乐东县、儋州市	海南天然橡胶产业集团股份有限公司广坝分公司
文昌综合试验站	李文海	文昌市、海口市、定安县、临高县、澄迈县	海南省农垦橡胶研究所
琼中综合试验站	刘汉文	琼中县、屯昌县、五指山市、白沙县	海南天然橡胶产业集团股份有限公司阳江分公司
万宁综合试验站	张良海	万宁市、琼海市、陵水县、保亭县、三亚市	海南天然橡胶产业集团股份有限公司新中分公司
西双版纳综合试验站	李国华	景洪县、勐腊县、勐海县、江城县、孟连县	云南省热带作物科学研究所
德宏综合试验站	白燕冰	瑞丽市、潞西市、盈江县、耿马县	云南省德宏热带农业科学研究所
红河综合试验站	李芹	河口县、金平县、马关县	云南省红河热带农业科学研究所
茂名综合试验站	彭远明	化州市、高州市、电白县	广东农垦热带作物科学研究所
湛江综合试验站	罗萍	徐闻县、廉江市、阳江市、粤东地区	中国热带农业科学院湛江实验站

第二节　天然橡胶产业技术体系核心任务

　　我国为非传统植胶区，产业布局和发展受风、寒、旱等自然条件严重制约，发展面积相当有限，研究提升我国天然橡胶产业抵御自然灾害能力，提高单位面积产量水平和总供给能力，提高产业效益和竞争能力，以保障我国天然橡胶产业的持续发展是体系的核心工作任务。通过体系组织构架建设，集聚天然橡胶全产业链研发力量和产业人才，围绕大幅提高天然橡胶单位面积产量，提高产业效益，增加胶农收入和提升产品国际竞争能力的关键技术环节开展联合攻关，进行技术集成熟化，通过三大植胶区示范片建设和示范县带动，为我国天然橡胶产业的可持续发展提供技术支撑。

一、体系"十一五"核心任务

(一)重点任务

1.大面积高产栽培配套技术研究与试验示范

筛选高产、抗逆、速生橡胶树新品种 2 ～ 3 个,研究提出集成配套的大面积高产栽培技术,并在 3 个综合试验站区域内进行千亩规模栽培试验示范。形成 3 套高产栽培技术模式后,由栽培与植保研究室、育种研究室和各综合试验站共同培训区域内主产县的农技人员 500 人次、胶农 1 000 人次,并开展"农业科技入户工程"和"新型农民培训工程"。

2.橡胶树死皮防控关键技术研究与示范

调查不同生态区不同橡胶树品种在长期刺激割制下橡胶树死皮发生情况,研究有效、易行的橡胶树死皮病防控技术。在三大植胶区 3 个综合试验站试验示范后,形成橡胶树死皮防控综合技术,由栽培与植保研究室和育种研究室及各综合试验站共同培训区域内主产县的农技人员 500 人次、胶农 1 000 人次,并开展"农业科技入户示范工程"和"新型农民培训工程"。

(二)基础性工作

1.育种研究室

开展种质资源鉴定研究,构建橡胶树种质资源特征特性数据库,每年向科研、生产单位提供特异种质材料并进行利用;以速生、高产、抗性育种材料为主体,开展杂交授粉;开展抗寒前哨试验和不同等级品种比较试验,建立全国试验品种生长、产量、病虫害、副性状、气象灾害等生产信息数据库,为速生抗性高产品种选育提供基础储备;建立全国种苗销售企业基本情况数据库;建立突变体库,筛选产胶量等性状的突变体材料。

2.栽培与植保研究室

建立我国连片种植面积在 1 万亩以上的天然橡胶种植地区的生长、栽培措施、土壤、割胶生产、病虫害、气候灾害等信息数据库,建立国内外天然橡胶产业信息数据库。

包括以下几个方面:

①橡胶林生态系统基础数据长期定位观测:采集橡胶林生态系统两类基础数据——橡胶树生长产胶周期数据和橡胶林自然环境演替数据,逐步建立起以主栽品种为核心的橡胶林生态系统数据库,在此基础上,对橡胶林生态系统进

行结构与功能的系统研究。

②植胶区土壤信息数据采集：收集三大植胶区的土壤和肥力信息资料，建立县级土壤信息数据库，并与施肥模型等集成，组建我国橡胶树精准化施肥网络系统。

③橡胶树割胶生产技术数据采集：收集三大植胶区割胶生产技术数据，提供年度割胶技术评估报告，同时建立数据库，实行动态管理和跟踪。

④病虫草害基础数据库及网站建设：开展病虫草害种类普查，收集种类和发生危害规律数据，建立病虫草害核心数据库；以核心数据库为基础，建设橡胶树病虫害疫情信息、防治技术普及、数据共享等功能的网站；开展种质资源的抗病性鉴定。

⑤病虫害监测预报技术和预测预报：进一步完善白粉病等的预测预报技术，建设预测预报网络，建立重要病虫害的定性或定量预测预报模型，制定相应的技术规程；对数据库和网站定期维护和数据更新。

⑥产业经济信息数据采集：收集、整理国内外天然橡胶生产、消费、贸易及下游相关产业的生产信息数据，建立国内外天然橡胶生产消费基本数据库，并进行天然橡胶产业发展的数据统计分析。

3．综合研究室

调研我国各个天然橡胶种植区对天然橡胶初加工结构调整与技术的需求状况，以及加工厂家的分布情况；对橡胶新品种、新生产技术条件下，天然胶乳和生胶质量进行全程跟踪，建立我国天然橡胶初加工与产品质量数据库；加强天然橡胶标准的宣贯和实施，建立和完善天然橡胶标准化技术与质量标准数据库。

4．产业技术研发中心

建立全国天然橡胶产业科研项目和研发人员数据库（地级以上科技计划每年立项）；建立全国研发设施、大型仪器设备数据库；建立国内外技术发展档案（包括当年发表的论文、专利、成果等），撰写产业技术进展报告；建立马来西亚、泰国、印度尼西亚等主产国技术研发体系档案。

二、体系"十二五"核心任务

（一）重点任务

1．橡胶树刺激割胶及配套技术集成与示范

①乙烯利刺激低频割胶技术：采用S/2 d4+ET刺激割胶制度，使用复方乙

烯利，12 d 为一个涂药周期，全年割胶期涂药 16 ～ 17 次，年割刀数 ≤ 60 刀，不加刀、不补刀，控制割胶深度，胶工要求达到 1 级；安装防雨装置；应用产胶动态分析指导割胶生产，保护和提高胶树产胶能力。

②营养诊断及配方施肥技术：根据胶园土壤和叶片分析结果，以高产指标为依据，制定施肥方案和配制橡胶专用肥，每株每年至少施 2 kg，分 3 ～ 4 次施入。

③病虫害防控技术：对橡胶生产中"两病一虫"开展预测防控，对其他突发性病虫害进行有针对性的控制，保证橡胶树的健康生长和持续产胶。

④胶园生态保育技术：挖肥沟，每两株一沟，肥沟长、宽、深分别为 2 m、0.6 m、0.5 m；肥沟压青盖草培肥，每沟每年施有机肥 40 kg，压青 40 kg 或压甘蔗渣 10 kg；肥沟覆膜，薄膜厚 0.015 mm，长 2.5 m，宽 1 m。

⑤胶园实现数字化管理技术：综合以上技术，利用 GIS 系统对橡胶树生产进行数字化管理和监控，实现示范区点橡胶生产信息的高效管理。

⑥产品质量管理技术：用国家胶乳或干胶质量标准对示范过程中的胶乳或干胶进行跟踪检测，做出质量评估。

2．橡胶树死皮防控关键技术研究与示范

①药物治疗技术：筛选能使轻度死皮树延缓症状发展或减轻症状的药剂配方，根据不同的死皮防控药物，研发最佳处理效果的施用方法。

②刨皮治疗技术：针对 4 ～ 5 级重度死皮树，研发省力轻便的刨皮器械与操作技术。

③营养调控技术：针对胶园的立地条件、橡胶树的品种、树龄、割制安排及胶树的营养状况，制定肥料的种类、数量、施用时间及方法。

④安全割胶技术：根据树龄及生长状况，制定合理的割胶制度和调控方法。

3．橡胶树介壳虫综合防治技术研究与示范

①橡胶树介壳虫防治药剂：筛选对人畜低毒、对介壳虫天敌杀伤性比较小、对介壳虫杀伤效果比较好的药物成分，使用单成分或复方，添加发烟剂，研制成稳定的烟雾剂。

②高扬程喷药机械：对橡胶树常规的喷雾机械进行改进，增加发烟器，使之成为可喷洒烟雾的机械，提高喷药的扬程。

③橡胶树介壳虫天敌饲养技术：研究介壳虫天敌的规模化饲养工艺，包括

接种天敌最佳时段、接种量、收获时间和收获方法等各个操作环节以及饲养环境各种参数。

④橡胶树介壳虫天敌释放技术：设计出释放天敌的装置、释放时段、释放量等。

4．橡胶树抗风抗寒新品种选育与区域性试种示范

①选育新品种和新品系：开展橡胶树基本试验区参试材料生长、抗性、产量、副性状的系统鉴定，筛选具有不同特性的无性系。

②筛选适合不同区域推广的新品种：针对不同区域的环境和气候特点，各优选具有不同特性无性系 3～4 个开展试种工作。

③开展品种—区域对口配置：在我国不同环境和气候类型植胶区适应性试种基础上，开展对口推荐。

5．气刺短线割胶技术研发

①气体分装及充气装备研制：包括乙烯气体分装装置、充气装置、树上装置研制；气室安装包括安装位置、安装工艺、黏合剂筛选。

②气刺短线割胶技术：割线长度缩短到 5 cm 至 1/8 树围，乙烯刺激剂量为 20～30 mL，割胶频率为 d/3～d/4，刺激频率为 2～3 刀施用一次，对技术内容进行集成、生产评价及分析，形成我国的气刺微割技术体系。

③营养诊断与配方施肥技术：根据营养诊断理论进行气刺割胶技术的胶乳养分消耗规律分析并诊断，根据养分需求进行配方施肥。

④气刺短线割胶技术的安全性评价：对气刺微割技术对树体生理与营养状况等的副作用进行分析评价，保证胶树的可持续生产。

6．天然橡胶脱水、干燥、恒黏技术的集成与示范

①挤出膨胀造粒技术及单螺杆脱水设备研制：开展膨胀造粒技术参数优化，研制单螺杆脱水设备，并进行工艺优化。

②微波干燥技术与设备研制：开展微波干燥湿胶粒技术参数与工艺优化，并形成技术开展示范。

③天然橡胶恒黏技术：开展天然橡胶黏度一致性工艺研究。

7．天然橡胶产业发展与政策研究

①天然橡胶生产要素变化及经济效益分析：分析各种生产要素的投入数量、结构、价格变化及趋势；测算要素生产率等指标，进行成本收益分析；等等。重点依托在海南南部、北部，云南、广东的植胶区内试验站或农场分别设立一

个固定观察点，考察生产要素变化趋势及其对橡胶业发展的影响趋势及其机制。

②天然橡胶市场变化及趋势分析：跟踪国内外市场走势，分析生产、消费、贸易、价格变化及影响因素等。重点建立供给、需要、价格数据库，研究橡胶生产形势、新技术新品种研发状况、市场与价格形势，全面剖析橡胶消费、加工及市场现状、存在问题、发展趋势。

③天然橡胶产业发展趋势分析：跟踪监测国内外产业发展动态，开展产业中长期供求分析，对本产业未来发展趋势作出判断等。

④天然橡胶产业发展政策研究：对现有生产、流通和加工等政策进行调研，对政策实施效果进行评价，并提出调整建议；根据产业发展需求，提出相应政策建议；跟踪和借鉴国外产业政策；通过政策模拟探讨未来产业政策走向等。

（二）产业基础数据平台建设

基础数据平台建设情况见表2-7。

表2-7　"十二五"基础数据平台建设情况

序号	数据库名称	主要指标（数据库结构）
1	天然橡胶科技条件数据库	①天然橡胶产业技术国内外研究进展数据库（包括每年度发表的论文、获得的专利、成果等）；②天然橡胶产业全国省以上立项的科技项目数据库；③全国从事天然橡胶产业研发的人员数据库、天然橡胶产业主要仪器设备数据库
2	橡胶树品种基础信息数据库	包含当前生产上应用的品种和有推广潜力无性系的生长、抗风性、抗寒性、抗病性及产量等农艺性状、生物学形态图片和适应区域等指标
3	种苗企业基本情况数据库	全国种苗生产企业信息，包括名称、地点、建立时间、生产能力、主要设施、技术人员、苗木种类、主推品种、服务区域
4	橡胶树植保数据库	①橡胶树病虫害种类、为害状、为害面积；②橡胶植保装备和药物基础数据；③橡胶植保文献资料，包括论文、著作、题录、专利、成果；④橡胶树病虫害防治技术，包括防治方法、防治药物、监测预报方法等；⑤橡胶树主要病虫害生态学数据，包括白粉病、炭疽病、根病、棒孢霉落叶病、介壳虫、六点始叶螨、小蠹虫等病虫害的发生为害参数
5	胶园土壤数据库	①行政区划（AD），包括省代码、省名称、县代码、县名称、农场代码、农场名称、乡镇代码、乡镇名称、面积；②土壤类型（ST），包括土壤类型代码、土壤类型名称、土类名称、亚类名称、土属名称、土种名称；③土地利用现状（LU），包括图斑号、地类号、地类名称、计算面积、地类面积；④土壤养分状况（SR），包括编号、pH、有机质、全氮、全磷、全钾、碱解氮、速效磷、速效钾；⑤胶树叶片养分状况（LR），包括编号、氮、磷、钾、钙、镁、氮/磷、氮/钾、钾/磷、钾/钙、镁/磷、钾/镁

（续）

序号	数据库名称	主要指标（数据库结构）
6	橡胶树割胶数据库	全国开割橡胶树品种、割制、割龄、总株数、有效割株、胶水量、干胶含量、年耗皮量、伤口率、死皮率、割胶技术等级的信息数据库
7	天然橡胶加工数据库	①收录天然橡胶加工标准，由基础标准、产品标准、投入品标准、生产技术标准4个单元组成；②建设中国三大天然橡胶主产区包括农垦和民营200余家橡胶加工厂的基本信息；③收集泰国、马来西亚等天然橡胶主产国天然橡胶加工企业信息，主要包括天然橡胶加工厂的分布情况、产品种类，及产量、生产规模和能力等基本信息
8	天然橡胶生态环境数据库	①气象指标，包括平均气温、最高气温、最低气温、降水量、蒸发量、相对湿度、总辐射、日照时数、平均气压、平均风速；②土壤指标，包括地质、地貌、坡度、海拔、地表覆盖土壤理化性状、土壤肥力、生化强度、土壤微生物、酶活性、土壤水分、土壤温度、pH、有机质、全氮、速效氮、有效磷、缓效钾、速效钾、阳离子交换量、微生物种类及其生物量；③植被指标，包括主要物种种类、物种丰富度、群落物种多样性
9	天然橡胶产业经济数据库	①基本信息，包括历史资料、创业历程、主要经济阶段指标、产业政策；②天然要素信息，包括土地（种植总面积、开割面积、中小苗面积、苗圃面积、土壤类别等）、品种、特性、分布、台风和寒害等气候信息；③社会要素信息，包括劳动力质量、数量、管理人员质量、数量、技术人员技能、科研机构劳动报酬；④生产信息，包括世界各国年度产量（干胶及其制品）、中国产量（干胶及其制品）、生产物资价格与投入量、加工成本、物流仓储成本；⑤市场要素，包括世界天然橡胶消费量、中国天然橡胶消费量，橡胶及其制品的价格，国际贸易价格数据、国内外年交易量（含现货和期货）；⑥金融信息，汇率、财务；⑦生态信息，即碳汇；⑧主要关联产业经济信息数据，包括轮胎、汽车、合成胶、石油等

三、体系"十三五"核心任务

（一）重点任务

1. 橡胶树省工高效割胶及配套技术集成与示范应用

①"七天一刀"超低频割胶技术：在胶工紧缺地区，中幼龄胶树上采用"七天一刀"超低频割胶技术，将年割胶刀数减少到30刀，确定适宜的乙烯利刺激浓度和耗皮量，研制配套的新型刺激剂。

②老龄胶园气刺割胶技术：在老龄树上使用气刺割胶技术。采用乙烯气体刺激，将传统的S/2割线缩短至S/8，2～3刀刺激一次。对技术内容进行集成、生产评价及分析，形成适合我国的气刺割胶技术体系。

③乙烯利刺激规范化割胶技术：根据橡胶树割胶技术规程的要求进行规范化割胶示范，采用低频乙烯利刺激割胶技术进行割胶生产；安装配套的防雨装

置，应用产胶动态分析指导割胶生产，保护和提高胶树产胶能力。

④营养诊断及配方施肥技术：根据胶园土壤和叶片分析结果，以高产指标为标准，结合气刺割胶中胶树养分消耗规律，制定施肥量、肥料配比等，集成与气刺割胶技术相配套的施肥技术。

⑤病虫害防控技术：对橡胶生产中"两病一虫"开展预测防控，对其他突发性病虫害进行有针对性的控制，保证橡胶树的健康生长和持续产胶。

⑥产品质量管理技术：用国家胶乳或干胶质量标准对不同割胶制度胶乳或干胶进行跟踪检测，做出质量评估。

2．橡胶树新品种区域试验及配套技术集成示范

①品种选择和新品种区试：对现有试区初步筛选的苗头品种的生长、抗性、产量和产品质量等性状表现进行深入鉴定和评价，筛选与不同植胶类型区相适应的品种。在我国不同气候类型的植胶区，开展生产性试种，对各品种在不同植胶类型区的适应性进行综合评价。

②新品种配套施肥和割胶技术：重点完善热研 7-20-59、热研 8-79 品种的诊断施肥技术和割胶技术。

③品种区域对口配置：总结适应性试种区结果，进行品种—区域对口配置及种植推荐工作，加速新品种的推广应用。

3．新型种植材料——体胚无性系繁育与示范应用

①体胚和次生体胚发生技术：主要开展海南、云南、广东三大植胶区主栽品种体胚和次生体胚发生技术研发，建立高效胚胎发生技术和植株再生技术。

②体胚苗工厂化生产技术：主要开展体胚苗集约化生产工艺研发，建立体胚苗集约型生产工艺。

③体胚苗生产应用配套技术：主要开展我国不同生态区种植体胚苗的关键配套技术研发，建立与体胚苗种植相适应的施肥、采胶等关键配套技术。

4．胶园林下循环种养技术研发

①全周期间作模式种植技术：采用直立型橡胶树品种、大宽窄行种植形式，开展胶园全周期间作种植研究。

②胶园牧草品种选择和间种技术：在全周期间作模式胶园和 1～3 龄幼树胶园行间间种牧草，选择耐阴、产量高、适口性好、管理相对粗放的品种，并形成胶园牧草间种和收获技术。

③肉牛饲养和粪肥回园技术：用间作所得的牧草作为青饲料，开展胶园林下圈养肉牛技术研究。将肉牛粪便（废料）回园，与胶园土壤管理系统连接，形成种养结合互补的技术研究，并开展技术示范推广。

5. 橡胶树死皮防控技术研究与示范

①割面康复技术：通过新材料筛选与涂施技术的组装配套，增强死皮康复营养剂在割面的控释与渗透功能。

②根部营养调理技术：除通过营养剂割面作用方式防控死皮外，研制具有死皮康复功能的新型根部营养调理剂，通过植物根系吸收有效成分进入树体，对整个树体进行长效康复，初步建立根施康复技术，并进行示范，有效降低橡胶树死皮发生。

③割面调整复割技术：以"橡胶树割面规划和调整"与"橡胶树死皮防控安全割胶技术"为基础，形成橡胶树轻度死皮防控技术，建立科技示范与技术服务相结合的模式，对技术进行熟化。

6. 橡胶树重要害虫综合防治技术研发与示范

①橡副珠蜡蚧综合防控技术：开展橡副珠蜡蚧绿色防控药剂筛选、配方研制及施药新技术研究；进行橡副珠蜡蚧寄生蜂天敌资源筛选，从扩繁、天敌储运、释放等方面优化提升生物防控效果，集成以天敌利用为主的综合防控技术。

②橡胶树叶螨综合防控技术：开展橡胶树叶螨绿色防控药剂筛选、配方研制及施药新技术等研究；进行叶螨捕食性天敌资源筛选、扩繁、释放与保护利用技术研发；集成生物防治和药剂使用相结合的综合防控技术。

③橡胶树小蠹虫综合防控技术：完善现有橡胶树小蠹虫诱剂及诱集技术，提高成虫诱杀及田间控害效果，集成以化学诱控技术为主的橡胶树小蠹虫综合防控技术。

7. 便携式电动割胶刀研发与示范

①切割刀具研究：根据橡胶树皮特性，研究不同材料、强度、切削角度的刀具对切削效果的影响，确定合理的刀具材料、强度和最优的切削角度。

②切割深度与厚度控制技术：研究切割厚度控制技术，通过限位装置与刀具的间隙来精确控制切割厚度，且切割厚度在一定范围可以调节，以适用不同胶龄的橡胶树；研究切割深度控制技术，以切割面为基准，通过仿形技术，保证切割面平齐，避免割伤胶树，以延长橡胶树生产寿命。

③动力系统设计：根据割胶动力和农艺要求，选择高容量锂电池，减少动力传递路径，提高动力传递效率。

④便携式电动割胶刀小型化设计：对便携式电动割胶刀进行一体化设计，对切割刀具、动力系统、电子控制元件、切割深度与厚度控制装置等进行集成融合和小型化研究，达到轻便化，实现"一键式、傻瓜型"操作；生产样机进行试验，通过试验熟化、定型，并示范应用。

8．浓缩天然胶乳加工新技术的研发与集成示范

①天然胶乳保存新技术：完善不含TT、ZnO的天然胶乳新型保存剂、低氨保存剂、无氨保存剂的研究，尤其是花期、高温、雨天等条件下胶乳的保存以及降低低氨保存剂、无氨保存剂的使用成本，形成天然胶乳保存新技术，扩大在生产上的应用。

②浓缩胶乳离心新工艺与高品质专用胶乳：研究离心浓缩工艺，包括胶乳沉降时间、稀释浓度、离心时间等对浓缩胶乳机械稳定度、挥发脂肪酸、总固体含量、干胶含量、总干差等指标的影响，形成浓缩胶乳离心新工艺；将天然胶乳保存新技术与离心新工艺集成，形成高品质专用胶乳生产技术，用于生产避孕套及其他高端胶乳制品专用胶乳，并示范应用。

③胶清生物处理新技术：完善生物处理胶清提升品质新技术，除碱性蛋白酶外，胶清橡胶的其他生物处理方法，清洗以及降低胶清处理新技术的运行成本，并示范应用。

9．天然橡胶产业发展与政策研究

①天然橡胶生产跟踪与趋势研究：完善主产区天然橡胶生产要素监测调查，收集生产要素投入数据，分析天然橡胶生产成本；研究分析企业和胶农等主体的生产模式与组织管理变革创新；开展天然橡胶产量预警，分析土地、劳动力等要素变化及其对产业发展的影响，预测产业发展趋势。

②天然橡胶市场分析与价格预警：跟踪分析天然橡胶消费、贸易、价格变化趋势，重点跟踪分析下游产业、关联产业市场变化及其对天然橡胶产业的影响；研究天然橡胶价格形成与波动的内在机理，开展天然橡胶价格预警工作并定期形成分析报告。

③天然橡胶产业扶持与保护政策研究：跟踪整理国外天然橡胶主产国产业政策；围绕构建天然橡胶产业政策体系，梳理和评估已有政策对产业发展影响的绩效，分析目标价格补贴、收储、贸易等政策并提交研究报告。

(二) 产业基础数据平台建设

在"十二五"产业基础数据平台的基础上,平台建设有了更进一步的发展,具体情况见表2-8。

表2-8 "十三五"基础数据平台建设情况

序号	数据库名称	主要指标 (数据库结构)
1	天然橡胶产业技术条件数据库	①国内外研究成果 (包括每年年度发表的论文、获得的专利、成果等);②全国省以上立项的科技项目;③全国从事研发的人员;④主要仪器设备
2	橡胶树品种基础信息数据库	包含当前生产上应用的品种和有推广潜力无性系的生长、抗风性、抗寒性、抗病性及产量等农艺性状、生物学形态图片和适应区域等指标
3	橡胶树种苗企业基本情况	全国种苗生产企业信息,包括名称、地点、建立时间、生产能力、主要设施、技术人员、苗木种类、主推品种、服务区域
4	胶园土壤数据库	①行政区划;②土壤类型;③土地利用现状;④土壤养分状况;⑤胶树叶片养分状况
5	割胶数据库	全国开割橡胶树品种、产量、技术等级、割胶质量、死皮率的信息数据库
6	橡胶树植保数据库	橡胶树病虫害种类、为害状、为害面积;橡胶植保装备和药物基础数据;橡胶植保文献资料;橡胶树病虫害防治技术;橡胶树主要病虫害生态学数据
7	天然橡胶加工数据库	由基础标准、产品标准、投入品标准、生产技术标准4个单元组成;收集国内外天然橡胶加工厂的分布情况、产品种类及产量、生产规模和能力等基本信息
8	天然橡胶生态环境数据库	①气象指标;②土壤指标;③植被指标
9	植胶区灾害数据库	对植胶区遭受的风害、寒害、旱害等进行记录
10	天然橡胶产业经济数据库	①基本信息,包括历史资料、创业历程、主要经济阶段指标、产业政策;②天然和社会要素信息,包括土地、劳动力等;③生产和市场信息,包括产量、消费量、价格数据等 (含现货和期货)

第三节 天然橡胶产业技术体系十年工作成效

立足既定的目标定位,瞄准痛点、难点问题,各岗位、试验站形成大协作、齐攻关的格局,通过体系全体人员十年的共同努力,推动技术研发取得突破性进展，同时技术推广得到了进一步强化。

一、发展育种技术，推动品种选育

1．加强选育推广，扭转了国外无性系占绝对优势的局面

依托体系试验站，在三大植胶区 20 个不同生态类型区建立新品种区域适应性试种区 2 500 亩，参试品种 22 个（含对照），实现了主要生态类型区、主导品种的全覆盖。通过十年持续性鉴定，热垦 628、热垦 525 等胶木兼优品种显示出强劲的生长优势。各试种示范区陆续开割，热研 7-33-97 在广东和海南试种区开割产量相对较高且平稳增长，第二割年增幅 20% ～ 30%。云南红河试种区热研 8-79、海南琼中试种区热垦 628 也显示出良好的产量潜力。多年多点的鉴定为全面准确评价品种表现和指导对口推荐打下了扎实的基础。结合科技培训、指导，区域适应性试种区的窗口辐射带动效应得到逐步体现，新品种推广面积逐年扩大，热研 7-33-97、云研 77-4 等新品种在生产中的使用率越来越高。热研 7-33-97 在海南植胶区种植面积接近 30%，在广东植胶区种植面积超过 50%，总应用面积超过 300 万亩，云研 77-4 和云研 77-2 在云南植胶区种植面积超过 30%，总应用面积超过 250 万亩。一举扭转了我国植胶区国外无性系占绝对优势的局面，自主选育新品种占比从 20 世纪初的不到 5%，逐步提升至超过 30%。品种结构优化及升级带来了巨大的经济和社会效益，仅以热研 7-33-97 推广为例，按海南亩产约为 90 kg，广东为 65 kg，产量增幅平均达 10% 计算，2008—2016 年，创造总产值 97.2 亿元，增收 12.15 亿元，有力地服务了产业升级和发展。

2．拨开云雾，为产量早期选择技术研发奠定基础

橡胶树产量具有连续收获、累进计产的特点，需要多年延续鉴定，耗时费力。对天然橡胶产量性状进行了剖析，从产和排两个方面，确定了三大构成性状，即乳管分化能力、橡胶合成效率和排胶堵塞。建立乳管分化能力鉴定评价技术。从乳管细胞中鉴定了一条茉莉酸信号传导途径，证明割胶促进橡胶生物合成与激活该信号途径密切相关，而乙烯有抑制橡胶生物合成的效应。完成了橡胶树基因组及白粉病、炭疽病全基因组测序，获得与产量、抗逆、致病等一系列重要基因，为下一步开展橡胶树全基因组选择，以及在大数据层面研发相关分子标记研究奠定了坚实的基础，为获得世界最高产无性系热研 8-79 的染色体级别基因组，奠定了良好基础。

3．种苗多样化，为产业苗木需求提供个性化选择

开发了小型苗、大型苗、自根苗等多种类型苗木，其中以籽苗芽接发展起来的小型苗在云南、广东省各生产性苗圃得到广泛的应用。十年来，累计生产近 1 500 万株，成为橡胶树种苗扩繁的主导技术，并成为"一带一路"橡胶树育苗技术走出去的主力，分别在马来西亚建设了年生产能力达 200 万株、在柬埔寨达 100 万株的育苗基地。

呼应橡胶树非生产期长，抚管成本高，定植前两年间作导致生长受抑制等问题，研发了大型苗，技术初具雏形，可减少非生产期 1～2 年，且整个非生产期均可间作，提升了胶园的生产效益，在海南广坝已成功小规模应用。建立了热研 7-33-97 自根苗工厂化繁育技术，建立示范区 15 个，推广面积超过 2 万亩。通过对已开割示范区连续监测，均表现出高产和持续增产的趋势。此外，由于根系为自主生长，消除了砧木对接穗的影响，主根明显，扎入土层深，抗风、抗寒和抗旱等能力也得到提升，未来有望成为新一代主体种植材料。该技术也得到媒体的争相报道。

二、创新栽培模式，提升生产效率

1．进一步深化橡胶树抗风、抗寒和抗旱技术

研发了胶园间种非胶乡土树种的防风减灾新模式，经在易遭风害的广东阳江和海南文昌建立实地验证，效果良好。研发了利用卫星、雷达等遥感影像提取特征参数，快速评估橡胶林风害的技术，从理论上揭示了抗风性不同的品种在树冠结构、分枝特性和风载荷方面的差异。研发了橡胶树以毛毡、防寒胶带和泡沫等包裹茎干进行物理防寒技术，开发了以壳聚糖、二硫代氨基甲酸盐、脱落酸为核心成分制成割面抗寒剂，既可在寒流到来之前提前防御，又可以在橡胶树受到寒害后促进伤口快速愈合。深入研究了橡胶树韧皮部水分平衡关系和抗旱生理基础，明确了水通道蛋白等在抗旱中的作用，优化了围洞抗旱定植技术，证明采用水肥一体化滴灌对季节性干旱胶园高效且经济。

2．坚持长期监测，研发专用肥及缓控释肥料

开展我国植胶区土壤长期监测，与我国第一、二次胶园土壤普查对比分析表明，植胶五十多年后，三大植胶区土壤质量皆呈现不同程度退化的趋势，全国橡胶树有 52%缺氮、56%缺磷、46%缺钾、31%缺镁。由于天然橡胶价格持续低迷和人工成本的不断攀升，胶园土壤少施或不施现象普遍，部分胶园叶片养分含量已低于其正常生长的养分临界值。针对性研配了适用三大植胶区共 10 个配方的系列专用肥料，在示范区取得开割树增产干胶 6.0%～12.5%、幼树生长速度加快 6.8%～31.9% 的效果，该系列配方免费提供广东茂名市名富生物科技有限公司等进行生产和推广应用。研制出缓控释专用肥，2017年获得海南省肥料登记证，目前应用 2 万多亩，可减少 1/3 施肥用工，增产3%～5%，提高肥料利用率 10 个百分点。

3. 瞄准省工高效，割胶技术应用成效显著

针对天然橡胶价格下跌，采胶劳动投入大，胶园比较效益下降，胶园弃割弃管凸显等问题，开展了橡胶树省工高效系列割胶技术研发及示范推广。在中幼龄胶树上开展超低频割胶技术研发示范，2014 年开始至今累计推广应用面积达 29.4 万亩，应用株数 736.83 万株。该技术通过扩大岗位数使胶工承割株数增加到 3 000 株以上，大幅度提高了割胶效率，减少了割胶用工，降低了橡胶生产成本；胶工人均产量大幅度提高，有利于增加了胶工收入，稳定胶工队伍，对实现企业增效和职工增收，解决当前胶工短缺的生产困境，维护橡胶产业持续、健康发展起到了积极作用。在老龄胶树上开展气刺短线割胶技术的研发示范，2011—2019 年在我国三大植胶区累计推广应用面积达 17.6 万亩，减轻了胶工劳动强度，大幅度提高了胶工割胶劳动效率和割胶收益，有效缓解了部分胶园丢荒弃割及胶工短缺的现象。

进一步明确我国橡胶树死皮主要类型是因强割强刺激造成的生理性死皮，提出了"橡胶树生氰或乙烯生物合成产氰过程中氰化物代谢缺陷致病"的死皮发生模型。经过近十年的探索，研发出了死皮康复营养液喷施和死皮康复缓释颗粒施用两代产品和技术，经过近两年的评估，两代产品对轻度死皮的控制效果明显，死皮恢复率达到 30%～40%，且复割后割线保持健康状态，能持续性产胶。

4. 还原真相，科学评价橡胶种植环境效应

针对社会上关于橡胶林种植会严重破坏区域生态环境的质疑，通过长期定点观测，发现橡胶林土壤细菌群落的多样性指数高于热带次生林和热带季节雨林，季节变化和地理位置是主要因素。1990—2015 年海南岛橡胶林面积扩张，植胶区生态环境质量变好（土壤湿度指数降低主要归因于降水量的下降，与土地利用类型相关性较低）。研究结果为客观、科学评价大规模植胶对环境带来的影响提供有力证明。测算出海南岛生长旺盛的橡胶林生态系统年平均净碳吸收量约为 10 t/hm², 全海南岛橡胶林总碳汇为 176 万 t/年, 折算经济效益约为 3.5 亿元/年, 可为天然橡胶产业增加一定的经济效益。

基于橡胶林生态遥感监测与反演, 绘制了 2018 年度我国三大植胶区橡胶林空间分布专题图、2007—2017 年共 7 期海南岛橡胶林空间分布动态图等, 为天然橡胶生产保护区划定与中国植胶区划提供了最新的基础数据。

5. 保驾护航, 完善橡胶树病虫害防控技术

围绕我国植胶区白粉病、炭疽病、根病三种主要病害开展防控工作, 建立了病虫害监测预报网络, 在三大植胶区 32 个县市, 建立了 52 个监测站、132 个固定观察点, 通过监测进行预报, 准确把握施药时机, 比盲目施药防治效果提高 30%, 减少用药 40%。研发了一套橡胶树多种叶部病害兼治的化学防治技术, 以"15% 嘧·咪·酮热雾剂"配套改进药械, 喷射高度提高到 18 m 以上, 冠层的沉积率提高 10%～30%, 药剂利用率提高 15%, 工效提高 10%～50%, 防效超过 70%, 持效期超过 10 d。研发了防治橡胶树根病的特效药"根康", 近 5 年在云南、海南植胶区完成 9 万病株的防治试验, 药效高达 75%, 防治成本降低 35%, 目前已完成农药登记的田间药效试验。

围绕介壳虫、叶螨和橡胶小蠹虫三大重要害虫等, 开展生物防治、理化诱控技术研发。发现的橡胶橡副珠蜡蚧和叶螨等天敌资源 43 种, 其中新种 1 种, 筛选确定日本食蚧蚜小蜂、斑翅食蚧蚜小蜂、副珠蜡蚧阔柄跳小蜂和蓝色长盾金小蜂为橡副珠蜡蚧优势天敌, 拟小食螨瓢虫、巴士新小绥螨、加州新小绥螨和尼比真绥螨等对橡胶六点始叶螨等害螨具有良好的控害能力, 研究揭示了这些重要种类的关联扩繁与释放的生物学、生态学特性, 规模生产出 5 种天敌产品, 初步解决其释放技术, 释放天敌对橡副珠蜡蚧的防治效果达 85%～90%。筛选获得对橡胶小蠹虫具有高效诱集活性的生化物质, 研制出橡胶小蠹虫诱剂和专用诱瓶等产品, 示范应用表现出优良的监测和控害效果。

三、突破机械化, 改变生产方式

1. 割胶工具机械已经实现量产应用

通过割胶生产不断验证完善, 推出了往复式 4GXJ-2 电动胶刀和旋切式 4CJX-303B 电动胶刀, 改进后的产品, 在传动结构、动力匹配、电机选型、电池安全性与续航能力、刀片材料与工艺, 电源线, 安装固定螺母, 以及部件加工工艺与制造精度, 整机疲劳性, 整机材料等都有全面的优化升级。经大田试割试验各项指标基本满足大田生产要求，采胶质量符合规范要求，操作简便，切割树皮顺畅快速，可实现阳刀和阴刀割胶，单株割胶效率提升 50% 以上，胶园整体割胶效率提升 20% ～ 30%。大大减低对割胶技术的要求，新胶工经过 3 ～ 4 d 的培训可上岗割胶生产。4GXJ-2 电动胶刀作为我国首批走出去割胶工具，其样机经过了国内外上百名胶工的大田测试使用，经受住了马来西亚胶工每天 1 000 棵、连续数月的高强度使用测试，目前在国内外推广应用了 1 200 余台，成为"一带一路"走出去的亮点。

2. 胶园机械研发迈出实质性步伐

针对不同地形条件和施肥农艺要求，研制了大中小型胶园开沟施肥系列机械。其中 2FJL、2FJY 为大型施肥机械和 2FJX 小型施肥机。其中 2FJL 胶园开沟施肥机采用犁式开沟器，用于少石头的平缓地胶园开沟施肥作业；2FJY 胶园开沟施肥机采用圆盘刀开沟，主要用于杂草较多、较硬的平缓地胶园追肥时施肥作业；2FJX 胶园开沟施肥机采用偏置式旋耕刀开沟，主要用于丘陵、山地胶园开沟施肥作业。

针对平地、坡地、山地等不同地形，研制了双辊除草机、单辊除草机、小型山地胶园除草机和背负式电动胶园除草机等系列除草机械。双辊除草机主要用于平地、缓坡地弃管弃割胶园复割前的杂草、灌木粉碎作业。单辊除草机主要用于平地、缓坡地胶园除草作业。小型山地胶园除草机主要用于丘陵、山地幼龄胶园环山行除草作业。背负式电动胶园除草机主要用于丘陵、山地胶园除草作业，具有质量轻、噪声低、震动小等特点。

四、开展技术改进，提升橡胶产品性能

研发出天然橡胶单螺杆脱水造粒技术及配套设备，将湿胶料的含水量从 50% 降低至 20% 以下，脱水效果优于现行的绉片造粒工艺，同时节约能耗 10%、节约用水 40%、减少废水排放 35%。针对技术分级橡胶现行热风干燥工艺干燥效率低，CO_2、SO_2 排放量大的问题，研发出天然橡胶微波干燥技术与配套设备，将湿胶料的干燥时间从热风干燥的 3 ～ 4 h 缩短到 30 ～ 40 min，并实现 CO_2、SO_2 的零排放。两项技术也被海胶集团采用，建设技术分级橡胶自动化加工生产线。

研发出以均三嗪衍生物、异噻唑啉酮衍生物为主保存剂的不含 TT、ZnO 的系列高效、经济的天然胶乳低氨、无氨保存体系，氨含量控制在 0 ～ 0.3%，

有效解决或缓解了高浓度氨水造成的环境污染，且分散性更好，省去生产过程中的磨料工序，节省人工和能耗。因不含TT、ZnO，避免了二者对乳胶制品加工工艺一致性、安全性产生的负面影响，提升了浓缩胶乳的品质。目前，该技术已在乳胶枕头、床垫、家用手套、制鞋胶黏剂等乳胶制品中进行小规模的生产应用。

在国防装备用胶产品技术研发方面，针对某型军用飞机轮胎和坦克行动系橡胶构件的使用要求，研制高性能天然橡胶，通过配方测试验证和应用验证，测试表明，自研天然橡胶的部分关键性能优于现用进口胶，通过了耐久性模拟试验考核。在高性能天然橡胶产业化研究方面，通过加工工艺的优化，将传统烟胶片生产的工艺周期从 15～20 d 降到 4 d，硫化胶的拉伸强度、撕裂强度、屈挠温升分别为 25.93MPa、27.03kN/m、4.9℃，优于印尼 1 号烟胶片的性能。开展高端减震专用胶的工程化研究，目前已完成各项技术突破，具备产业化生产技术条件。

在天然橡胶加工废水、臭气综合处理利用领域，研发出一种生物除臭液，对凝杂胶堆积及干燥臭气除臭效果良好。同时开展了废水中白坚木皮醇分子印迹提取技术的研究，分离得到了光学纯度达到 99.1% 的白坚木皮醇样品。

五、拓展产业经济研究，支撑产业发展

依托中国天然橡胶协会，建成拥有近 200 家会员的信息数据库，每年定期组织台升市场行情分析会，不定期组织市场分析、风险管理、金融期货等各类培训。定期编译"ANRPC天然橡胶产业发展趋势与数据统计"，收集年度天然橡胶生产、现货成交、海关进出口等数据，提交年度产业技术发展报告和发展趋势建议。每周发布天然橡胶市场行情，定期在中国农业信息网发布天然橡胶"期货交易快讯""市场展望"信息超 3 000 篇，相关数据信息的共享量累计超过万人次，一定程度上对破除产业上下游之间、产学研不同主体之间的信息交流壁垒有很大助益。

立足天然橡胶产业经济理论创新和管理创新，系统地研究了中国天然橡胶产业发展与政策，提出了天然橡胶产业跨国空间产业链等原创性观点。完成产业全要素生产率测算、产业竞争力分析等共性研究任务。

围绕服务产业发展和产业主管部门决策，始终坚持深入市场、贴近生产、实地考察，先后开展和参与了天然橡胶产业"走出去"发展对策专题研究和产

业相关热点问题研究，并向国务院，农业农村部、商务部、海关总署、国家粮食和物资储备局、上海期货交易所等提交了大量报告和调研资料，呼吁国家和有关部门进一步关注产业健康发展，给予更大力度的政策和资金支持，带领和帮助企业、胶农度过严冬。其中，参与配合农业部上报国务院的《明确定位、加强扶持，促进天然橡胶产业持续健康发展》的报告，得到国务院领导的高度重视，并做出重要批示。

第三章　橡胶树选育种与种苗繁育

第一节　产量早期选择技术研发

橡胶树是一种高度杂合的多年生木本经济作物，通过多次割胶，收获排出的胶乳，用作提炼天然橡胶的原料。橡胶树的天然橡胶产量是在胁迫条件下形成的，具有连续收获、累进计产的特点。因此，橡胶树的产量育种应聚焦产胶潜力，以保障高产稳产。但是橡胶树的产量构成性状难以剖析，导致传统的杂交育种主要依赖产量这一综合性状选择杂交后代，选择周期三十年左右，而且随机性大，效率低下。因此研发基于基因型的早期选择很有必要。

一、乳管分化能力和橡胶合成效率早期选择技术研发

橡胶树树干树皮中的次生乳管数量和两次割胶间的胶乳再生是决定天然橡胶产量的两个关键因素，这两个关键因素取决于乳管分化能力和橡胶合成效率。十年来，我们在乳管分化能力和橡胶合成效率的构成性状方面进行了理论研究和技术的系统研发，并取得良好进展。

1. 乳管分化分子机制

在发现茉莉酸是调节乳管分化关键信号分子的基础上，证明机械伤害诱导乳管分化是由于伤害组织脱水，导致活性氧暴发，从而促进内源茉莉酸的合成和积累所致（图3-1）。采用实验形态学方法，发现组蛋白去乙酰化酶的抑制剂曲古菌素A（TSA）有促进次生乳管分化的效应，表明调节次生乳管分化的茉莉酸信号传导途径和组蛋白的乙酰化修饰有密切联系。利用冠菌素（活性形式茉莉酸类似物）诱导橡胶树萌条次生乳管分化的实验系统，筛选到差异表达的JAZ和MYC家族成员以及CLAVATA-MAPK-WOX信号途径（图3-2）。

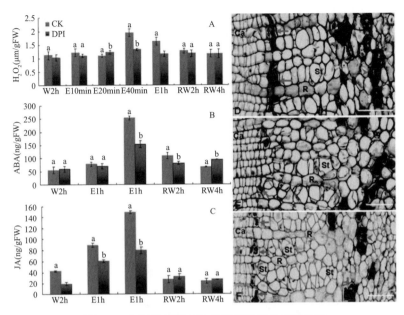

图3-1　机械伤害诱导次生乳管分化的信号途径

A：DPI对伤害组织中过氧化氢（H2O2）含量的影响；B：DPI对伤害组织内源脱落酸（ABA）含量的影响；C：DPI对伤害组织内源茉莉酸（JA）含量的影响；D：枝条的树皮刮伤面暴露2小时，然后用封口膜包裹；E、F：刮伤枝条的树皮后，用0.4 mM的DPI预处理1天，然后暴露刮伤面2小时，接着再施用0.4mM DPI（E）和0.4mM DPI加上2mM茉莉酸甲酯（F）。

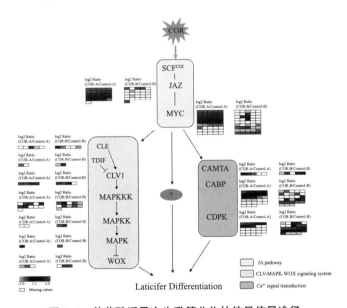

图3-2　茉莉酸诱导次生乳管分化的信号传导途径

2. 乳管分化能力鉴定评价技术

利用橡胶树初次割胶反应，通过试割诱导密集乳管产生的程度，评价橡胶树种质的乳管分化能力（图3-3）。由于同一种质的2年生萌条、4年生幼树和8年生未开割树的乳管分化能力高度相关，因此该方法受环境和人为因素影响小，可以早期预测橡胶树种质的乳管分化能力。而且，乳管分化能力强的种质，其试割产量分布在高和低两个极端（图3-4）。因此，采用该方法不会漏选乳管分化能力强，但排胶不通畅的种质。我们采用该方法评价了2 270份橡胶树种质的乳管分化能力，筛选到乳管分化能力有明显差异的种质200余份，乳管分化能力相关分子标记研发在进行中。

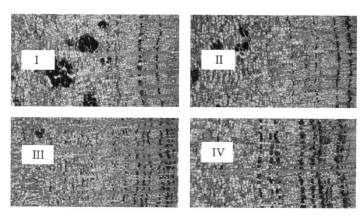

图3-3 乳管分化能力从弱到强可分为 I、II、III和IV四个级别

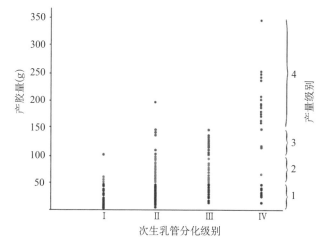

图3-4 乳管分化能力与试割产量的相关性

3．天然橡胶生物合成调控机制

乙烯利（一种乙烯释放剂）显著增加了株次橡胶产量，从而降低了割胶频率，提高了劳动生产率。但是乙烯利刺激增产主要是延长了橡胶树的排胶时间，乙烯利是否促进橡胶合成仍没有定论。经过我们的研究证明割胶树的内源茉莉酸含量显著高于未开割树，而且橡胶合成关键酶的基因在割胶树显著上调表达，外源茉莉酸显著提高橡胶合成效率，而外施乙烯利显著降低橡胶合成效率（图3-5）。进一步，我们揭示了乳管细胞中的一条茉莉酸信号传导途径及其对橡胶生物合成关键酶的转录调控机制（图3-6）。我们的研究表明，割胶促进橡胶合成与激活乳管细胞中的茉莉酸信号途径密切相关，乙烯利则调控橡胶生物合成。该研究成果奠定了橡胶生物合成调控的理论框架，为橡胶树产量性状的遗传改良提供了科学依据。

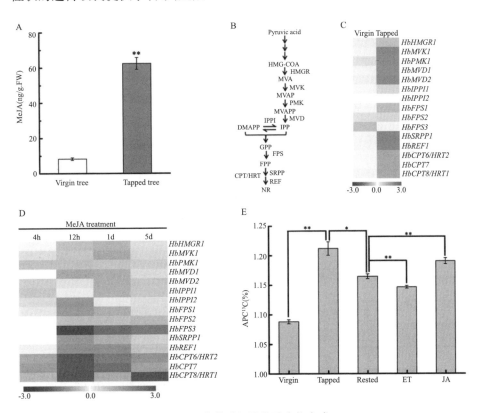

图3-5　茉莉酸促进橡胶生物合成

Virgin，未开割；Tapped，割胶；Rested，停割；ET，乙烯利处理；JA，茉莉酸处理

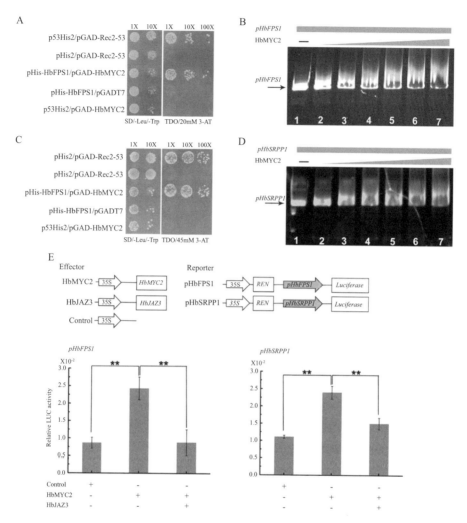

图3-6 乳管细胞茉莉酸信号传导途径对橡胶生物合成关键酶的转录调控

4. 天然橡胶生物合成效率鉴定评价

我们建立了以13C-MVA（甲羟戊酸）为底物的胶乳体外合成橡胶的实验系统。利用该实验系统，评价了树龄为8年的魏克汉种质112份和野生种质97份。这些种质的橡胶合成效率有明显差异，变异系数为96.9%。在合成效率最低的35份种质中，野生种质32份，占91.4%，魏克汉种质3份，占8.6%。在合成效率最高的22份种质中，野生种质5份，占22.7%，魏克汉种质17份，占77.3%（图3-7）。这表明，橡胶合成效率是产胶潜力的一个重要构成性状，试割测产的传统产量育种倾向于选择合成效率高的种质。目前，对 2 000 份种质的橡胶合成效率鉴定评价在进行中。

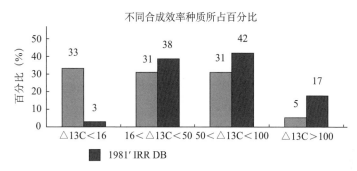

图 3-7　橡胶树种质的橡胶合成效率鉴定评价

二、耐低温胁迫机制

通过多年的大田生产检验，橡胶树无性系 93-114 的耐低温胁迫能力显著强于热垦 501。因此我们对这两个橡胶树无性系进行了低温胁迫下的比较转录组分析，发现两者在以下几个方面表现出明显差异，为进一步解析橡胶树低温胁迫抗性的分子调控网络提供了一定线索：

①生长素信号传导途径中的相关基因在橡胶树无性系 93-114 中的表达下调，但在热垦 501 中仍处于激活状态；

②橡胶树无性系 93-114 中的类黄酮生物合成关键酶的基因表达水平，无论在非胁迫条件下，还是在低温胁迫条件下，均高于热垦 501；

③ABA 和乙烯信号传导途径在橡胶树无性系 93-114 中被抑制，而茉莉酸信号传导途径被激活；

④Hsf-HSPs-PODs 模块在橡胶树无性系 93-114 中被激活。

第二节　新品种区试与推广

种业是国家战略性、基础性的核心产业，是促进农业稳定发展、保障农业生产安全的根本。选育抗性高品种，集成新品种配套栽培技术，为我国植胶区提供优良品种及配套技术，提升产业竞争力，是天然橡胶育种的根本性要求。

一、新品种区试

从体系启动开始，依托国家天然橡胶产业技术体系各试验站，经过十年的建设，已建成了一个全国性的适应性试种网络，做到橡胶树主要植胶区中的主要生态类型区、主要潜力品种的全覆盖，为系统考察各品种在全国的适应性，也为编制新品种全国种植推荐书，指导后续新品种全国性的适地适种对口推荐，打下了扎实的基础。十年间，共建立 22 个品种适应性试种示范区，含对照共有 22 个品种参加试种，经优胜劣汰，现保存 20 个试验点，总面积 2 617 亩（表 3-1）。依托该区试网络，充分展示我国橡胶树品种区域适应性和优势，发挥橡胶试验区的窗口和示范作用，服务于产业升级和发展。

表 3-1　品种区域适应性试验分布

试验站	试验地点	参试品种数（个）	种植时间（年份）	面积（亩）
版纳	热作所	7	2011	209
	普洱江城	4	2017	160
	景洪勐龙镇	5	2015	200
德宏	德宏所	8	2010	150
红河	红河所	7	2010	120
文昌	金鸡岭分公司	7	2010	103.6
琼中	阳江分公司	5	2010	175.4
万宁	新中分公司	5	2013	230
东方	广坝分公司	9	2013	170
临高	加来分公司	5	2018	100
儋州	西联分公司新盈	2	2012	200
	热科院	3	2012	120
	龙江分公司	3	2015	160
	白沙县打安镇	3	2016	200
湛江	东升农场	11	2010	100
	三叶农场	3	2009	50
	红十月农场	11	2010	90
	鸡山农场	6	2010	60
	大安农场	6	2010	60

（续）

试验站	试验地点	参试品种数（个）	种植时间（年份）	面积（亩）
茂名	团结农场	4	2011	62
	胜利农场	3	2010	49
	火星农场	3	2011	48
总计		22（涉及品种）		2 817

　　十年间，经过体系各承担区试任务岗站的观测鉴定，品种的生长及抗寒、抗病等性状在各试验区均表现出差异。在生长方面，热垦628、热垦525等胶木兼优品种在各地生长优势继续保持，云南植胶区云研77-4生长较快，热研7-33-97在各地生长速度表现不一，处于中等水平，见表3-2。在产量方面，由于橡胶树非生产期比较长，大部分适应性试验区仍未进入开割和测产周期。

表3-2　2017年新品种区域适应性试验区橡胶树平均树围生长量（单位：cm）

序号	品种	文昌	琼中	万宁	东方	湛江	茂名	版纳	德宏	红河	试点数
1	热研7-33-97	5.7	3.3	6.9	8.2	3.9	5.6	5.3	3	6.2	10
2	热研8-79				7.8			4.7	2.2	6.1	4
3	热研87-6-62				7.9						1
4	热研87-4-26				8.9						2
5	云研77-4					4.1	5.2	4.4	3	8.2	5
6	大丰95	5.6		7.6							2
7	文昌217	5.6	3.9			4.4					3
8	文昌11	5.4				3.2					2
9	湛试327-13					4.5		3.9	3.5	7.1	4
10	湛试496-1					3					1
11	湛试873-A1					3.2					1
12	热垦126	5.3									1
13	热垦523				9						1
14	热垦525					8.4	3.7		4.2	2	5
15	热垦628		7.0	9.9	8.6	4.7		6.7	3.2	8.6	7
16	93-114					4.4					1

(续)

序号	品种	文昌	琼中	万宁	东方	湛江	茂名	版纳	德宏	红河	试点数
17	IAN873						2.2	5.1	4.2	7.9	5
18	云研 73-46								5.6		1
19	热研 7-20-59			8.7							1
20	RRIM600	4.9	2.6		8						3
21	PR107	5.3	4.3	7.2	8.3						4
22	南华 1					4.3					1
试验品种数（个）		7	5	5	9	11	3	8	7	5	

二、新品种推广

通过区域试种示范辐射带动，热研 7-33-97 等优势品种进一步扩大推广和应用，在海南品种占比接近 30%，在广东应用规模超过总面积的 50%。

海南垦区从 21 世纪初的 PR107、RRIM600 占比超过 90%，自主选育新品种不足 5% 的情况下，逐步将自主选品种提升至 30% 以上。目前在海南垦区的主力品种为热研 7-33-97、PR107、RRIM600，其占比分别为 28%、35% 和 30%，其中民营胶园 80% 以上推广品种为热研 7-33-97，而 PR107 则为海胶集团的主要品种，另外还有早期种植的 RRIM600（图 3-8）。

在云南垦区，从以前的 GT1 和 RRIM600 为主体，到现在 GT1、RRIM600 和云研系列（含云研 77-4、云研 77-2）三足鼎立，其占比分别达到 33%、32% 与 30%（图 3-9）。

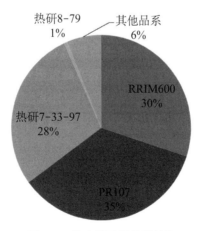

图 3-8　海南植胶区品种结构

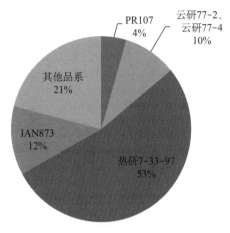

图 3-9　云南植胶区品种结构

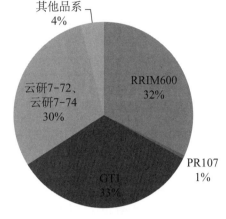

图 3-10　广东植胶区品种结构

广东垦区 21 世纪以前的主力品种为 IAN873、93-114、GT1、南华 1 等。近年来，由于加大了热研 7-33-97、云研 77-4 等新品种的推广力度，主力品种结构已发生根本性改变，热研 7-33-97 已成为广东垦区最重要的主栽品种，占比已高达 53% 以上；新品种云研 77-4 占比也达到了 7%。至 2017 年，广东农垦共有橡胶树 1 504.92 万株，2001—2017 年种植 961.9 万株，占 63.92%；其中热研 7-33-97、云研 77-4 分别种植 476.9 万株和 74.0 万株，占三代胶园（2001 年以后种植）的 49.4% 和 7.66%。

三、品种推广应用成效

品种结构优化及升级带来了巨大的经济、社会和生态效益，部分品种的技术具有世界领先水平，如四生代热研 8-79 在海南儋州地区实现了 7 ~ 8 kg 以上的年单株产量。而在云南临沧孟定农场，其第 1 割年至第 7 割年的单株产量分别为 2.4 kg、4.3 kg、5.9 kg、7.1 kg、7.6 kg、9.5 kg 和 11.2 kg；第 2 割年亩产即达 100 kg，第 7 割年达 300 kg，体现了特高产的品种性能。在产业经济效益方面，以海南、广东的主力品种热研 7-33-97 为例，总推广面积 270 万亩，海南单产约为 90 kg，广东为 65 kg，产量增幅平均达 10% 以上，从 2007—2015 年，创造总产值 97.2 亿元，增收 12.15 亿元。近十年来，由于热研 7-33-97、云研 77-4 等新品种的快速推广应用，使我国第三代品种应用比例由 6% 提升至 30% 以上。

品种的良种化，更加有效地推动了我国植胶业的持续发展，在稳定我国植

胶规模，增加气候适宜地区胶农的收入，实现增产增效，保障我国经济建设和
国防需求等方面发挥重要作用。

第三节　种苗繁育技术研发与推广

21世纪初橡胶树种植材料主要采用袋装苗和少量裸根苗，生产效率相对
较低、劳动强度大，苗木较重、主根短且卷曲、出圃质量参差不齐，育苗基质
消耗大量表土资源和育苗袋污染环境。体系以生产实际需求为导向，集中力量
进行橡胶树新型育苗技术的系统研发，通过岗位团队成员和各试验站的共同努
力，初步形成（熟化）橡胶树籽苗芽接育苗技术、橡胶树小筒苗育苗技术、橡
胶树大型全苗育苗技术等多项橡胶树育苗技术，研发多样化的橡胶树苗木，提
升天然橡胶种植产业经济效益。

一、籽苗芽接育苗技术

早在20世纪80年代我国橡胶树栽培专家就研发出橡胶树籽苗芽接技
术。籽苗芽接技术具有多个优点：①育苗周期短，比传统芽接桩育苗缩短
6～12个月；②离土芽接，可在室内或棚内芽接，劳动强度低；③育苗密
度大，提高单位面积苗圃生产率；④根系较完整，植后成活率高。然而，该
项技术一直未能在我国主要植胶区较大规模应用。主要原因是抹芽技术不成
熟、苗木相对弱小，宣传和示范推广力度不足。橡胶树种苗繁育岗位自设立
后，首要工作就选择了对橡胶树籽苗芽接育苗技术进行改进和熟化，并进行
示范推广种植。

针对芽接的籽苗需多次进行打芽抹芽，浪费劳动力，增加育苗成本的问
题，体系成员先后发明两种抹芽技术：一种是针刺抹芽法，该法对籽苗的损
伤小，可保证苗木健壮，成苗率高；另一种是锯磨芽眼法，该法在锯砧的同
时实现抹掉腋芽，提高打顶抹芽速度。但这两种方法依然不能满足高效要
求，工人普遍反映效率低。之后，在体系成员的努力下，通过折砧方法来实
现快速打顶抹芽。方法如下：秋季芽接的籽苗，在次年春季抹芽，在第1对
真叶腋芽下方剪断砧木茎秆，这一方法可减少用工量（4.2 s/株），工效是常
规抹芽（2.12 min/株）的30多倍；抽芽加快，处理后20 d内抽芽结束；提

高抽芽率（达96%）和苗木出圃率（为94%），且苗木长势与常规留叶抠芽打顶法相当。

籽苗芽接苗与传统芽接桩苗相比，苗木比较孱弱，增加了定植后初期抚管工作。针对此问题，2008—2015年，研究团队建立育苗基质优化和水肥一体化管理两套技术，在苗圃期间提高苗木生长，培育壮苗。育苗基质优化配方：育苗基质以椰糠、农田表土、厩肥和颗粒保水剂为原料，其中按体积比将椰糠、农田表土、厩肥 = 1∶0.3～1∶0.3～0.8的比例混合均匀后得到混合料，再按重量比按颗粒保水剂∶混合料 =（1～3）∶1 000的比例将颗粒保水剂加入混合料中并混合均匀，制备得到橡胶苗培育基质。水肥一体化管理技术：装满育苗基质的营养袋在大棚或温棚内按双大小行[（双行+20 cm+双行）×80 cm]排列，配套安装滴灌设备等组成水肥滴灌系统，移植芽接籽苗，每株3 d滴灌45 mL农家沼液，每株6 d滴灌0.5 g复合肥稀释液，每株10 d滴灌0.01 g/mL复合肥稀释液100 mL。岗站配合，推广籽苗芽接苗示范种植。2009—2018年，种苗繁育岗位与万宁综合试验站、儋州综合试验站（后被撤销，并入其他试验站）、文昌综合试验站、东方综合试验站、琼中综合试验站、云南版纳综合试验站、广东湛江综合试验站等配合，在海南、广东、云南植胶区建立示范及种植基地共17个，面积9 000多亩，较好地彰显示范作用。种植结果表明，定植约2年籽苗芽接苗的生长量接近或超过传统苗木。由于籽苗芽接苗种植成活率高、植后生长恢复快、生长速率高，橡胶树种植户均给予好评。

二、小型苗育苗技术

橡胶树袋苗是指苗木在塑料营养袋内培育，包括袋装苗和袋育苗。袋装苗是指裸根芽接桩插入营养土袋内，在阴棚下培育长出2蓬后再出圃的苗木。袋育苗是在袋装苗的基础上发展出来的，苗木在袋内培育长大、然后芽接、锯砧、挖袋，在阴棚下长出2蓬叶后出圃的苗木。袋苗的根系偏短是主要问题之一。袋装苗的根系通常由于芽接桩过短（挖苗时偷工减料，主根长不足30 cm），出圃时根系不足，营养袋土柱容易折断，定植时容易伤苗，影响成活率；同时主根短，影响后期抗风能力。袋装苗普遍存在根系盘绕育苗袋问题，又或穿袋问题。此外，袋苗还存在影响生态问题。袋苗的基质主要是表土，每个育苗袋需要表土约3 300 cm³（0.003 3 m³），一年200万个袋苗将消耗表土约 6 600 m³, 因此严重毁坏农田山地表土。塑料材质的育苗袋给胶园和山地也造成严重塑料污染。由于基质是表土, 每个袋苗重量达 3 kg 以上, 因此给运输和种植带来不便。

针对袋苗的以上问题, 橡胶树种苗繁育岗位团队提出并建立橡胶树小型苗育苗技术。小型苗育苗技术是基于籽苗芽接技术发展起来的。根据籽苗芽接苗砧木和根系小的特点, 岗位团队根据苗木生长特性设计出小型育苗容器——圆锥形育苗筒, 上口径 6 cm, 下口径 2 cm, 高度 36 cm。育苗筒容积仅约 680 cm³, 装满育苗基质重量仅约 0.5 kg。根据空气修剪作用原理, 采用悬空培育, 设计出与育苗筒配套的凳型培育架。培育架高度 20 ~ 30 cm, 凳面上设有 20 个孔, 用于放置育苗筒, 每个架子约重 0.8 kg。为满足容器苗木营养需要、实现根系土柱不易折断和重量轻, 配制专门适用于育苗筒的育苗基质, 原料椰糠、表土和厩肥以体积 3:3:1 比例混合。根据育苗容器的锥形形状, 设计出一种与之配套的种植工具——捣洞器和相对应的种植方法——捣洞法种植技术。捣洞器分为 3 部分: 弹头形锥体, 手柄和脚踏板。弹头形锥体与锥形育苗筒形状相似, 手柄和锥形头之间有脚踏板。定植时, 在植穴点, 脚踩捣洞器, 挤压出一个洞穴, 然后把容器苗从育苗筒内取出, 放入植穴内, 再用捣洞器轻轻挤压植穴边上的土壤, 使土壤回位。小筒苗捣洞法种植平均需要时间 1 min/株, 而袋苗种植时间需要 2.3 min/株。小筒苗捣洞法显著提高种植效率。由于植穴小, 需要的定根水也相应减少。

如前所述, 小筒苗育苗技术是基于籽苗芽接苗基础上。然而, 籽苗芽接技术在育苗生产上应用较少, 很多育苗企业或农户均采用绿色芽接或褐色芽接技术。为了小筒苗育苗技术与生产上主推技术相结合, 种苗繁育岗位团队采用小苗芽接苗为胚苗, 将小苗芽接桩插入育苗筒内, 培育 2 蓬叶, 然后出圃。这种技术改进的实质就是用小筒苗替代袋装苗, 而且没有袋装苗笨重和主根系过短的问题。与籽苗芽接胚苗相比较, 小苗芽接苗更健壮, 接穗直径均可达到袋装苗和袋育苗的出圃标准。

自 2008 年起, 至 2015 年, 完成小筒苗育苗和定植技术研发, 具体如下:
①预先准备好地播苗, 进行小苗芽接; ②配制好育苗基质, 装入育苗筒容器, 放入凳型培育支架, 安装滴灌或喷灌设施; ③将准备好的小苗芽接桩插入育苗筒, 常规灌溉管理; ④待苗木 2 蓬叶稳定后, 出圃; ⑤用捣洞法进行大田定植橡胶苗。

从 2016 年起，对塑料材质的育苗筒进一步改进，使用可生物降解材料作为原料制作育苗筒，从而根除塑料污染问题。采用化学合成的可降解材料（聚丙烯酸 67%，聚内酯型聚氨酯 28%）制作的育苗筒，应用小筒苗育苗方法培育苗木。在 1 蓬叶时出圃，苗木与可降解育苗筒直接栽入植穴，浇少量定根水即可。可降解育苗筒在土壤内 2 个月即发生降解，7 个月后完全降解。降解后不排放有害物质，土壤营养结构不发生改变。利用可降解育苗筒培育小筒苗，可缩短育苗时间，进一步简化种植步骤。但是，由于目前可降解原材料制造成本较高，尚不能广泛推广使用可降解育苗筒。

概括地说，与袋苗相比较，小筒苗是一种小型苗，消除了袋苗的一些明显缺点，同时具备如下新优点：①需要表土和育苗基质少，苗木植株轻；②根系直立、不弯曲盘绕，主根长度符合行业标准；③捣洞法种植速度快，需要定根水少，种植效率更高；④适合工厂化、标准化生产；⑤由于轻便，利于运输和搬运，适合在陡峭山坡地种植，在云南植胶区尤其受植胶户欢迎。

自 2009 年始，种苗繁育岗位与体系各综合试验站合作建立小筒苗种植示范点 20 个，分别是万宁综合试验站 4 个、儋州综合试验站（后被撤销，并入其他试验站）4 个、文昌综合试验站 1 个、东方综合试验站 4 个、琼中综合试验站 3 个、红河综合试验站 1 个、版纳综合试验站 1 个、湛江综合试验站 2 个，面积总共 10 500 多亩。

三、大型苗育苗技术

橡胶树苗木出圃标准是 2 蓬叶，然而生产上在 1 蓬叶出圃的苗木比例不少。种植 2 蓬叶以内的苗木，从定植到开割标准通常需要 8 ～ 9 年时间，因此非生产期非常长。同时，由于苗木相对较小，定植后除草施肥等抚管工作多，如果抚管不到位、补种不及时会导致胶园出现较多缺株或公孙苗等现象，不能形成有效株，最终导致胶园林相不整齐，开割率低，胶园整体生产效益降低。为了解决此问题，橡胶树种苗繁育岗位研发出橡胶树大型全苗育苗技术，通过培育和种植大型苗，实现缩短橡胶树非生产期一年以上，提高胶园生产效率。

橡胶树大型全苗育苗技术研究开始于 2016 年，是基于橡胶树小筒苗育苗技术的基础上提出的。橡胶树大型苗与小筒苗相似，均为容器苗，悬空培育，需要密度轻的育苗基质。不同之处在于苗木大小：小筒苗 2 蓬叶出圃，根团小；大型苗 6～8 蓬出圃，根团大。大型苗育苗容器形状为圆柱体状，直径为 15～20 cm，高度 40～50 cm。大型苗育苗过程如下：①配制育苗基质，装入育苗容器；②芽接桩在育苗容器基质内培育；③育苗容器悬空，水肥灌溉管理；④苗木培育至约 7 蓬叶，出圃，定植大田。

橡胶树大型苗由于出圃时株高达 2 m 以上、接穗直径 2 cm 以上，相当于 1～2 蓬苗木在大田生长 1 年后的大小，因此种植大型苗可以缩短橡胶树非生产期 1 年以上。由于大型苗比普通苗木高，定植当年胶园行间即可间作经济作物，如香蕉、南瓜、菠萝等。经测算，胶园种植橡胶大型苗，与种植普通大小苗木相比，胶园土地将额外增加 2 年使用时间，提高土地的生产效益。在地势平缓、农业用地租金昂贵的地方，橡胶树大型苗备受推崇。橡胶树种苗繁育岗位与体系的东方综合试验站合作，在海南天然橡胶控股集团广坝分公司（海南农垦广坝农场）建立橡胶树大型苗培育基地，培育橡胶大型苗 5 万株。目前，橡胶树种苗繁育岗位与天然橡胶产业体系的相关综合试验站合作在儋州市、澄迈县、万宁市和东方市等地的农场共建立大型苗示范种植基地 4 个，推广种植面积 1 500 亩以上（100 hm²）。大型苗作为胶园补换植用苗时，苗木与当前胶园胶树平均大小相似，从而消除公孙苗现象，减少无效植株，实现林相整齐，提高胶园的总体产胶潜力。

四、自根幼态无性系繁殖技术

高产速生新型种植材料创制是橡胶产业提质增效的有效保障。天然橡胶种植材料经历了实生苗、芽接苗两个阶段，当前应用主体是芽接材料，虽然较第一代实生苗在生长一致度、产量等方面有较大幅度提升，但因砧木未经选育，砧穗组合存在拮抗作用，个体间差异较大，同时接穗为老态材料，不能很好继承母树高产速生的特性，这些方面限制了芽接材料的产量提升。利用橡胶树幼嫩器官的分生组织通过体胚再生来繁殖橡胶树，培育出具幼态特征的苗木，这种技术在橡胶树上称作自根幼态无性系繁殖技术，早在 20 世纪 70 年代便由我国科学家成功发明。然而，由于繁殖系数低和生产成本高，橡胶树自根幼态无性系苗木一直未能中试生产。2008 年天然橡胶产业技术体系建立后，在体系的资助下，该研究课题再次启动，并在 2008—2010 年取得新突破，独创"以胚状体为起始培养材料，通过体胚循环增殖及其再生，进行组培苗高效繁殖"的组培苗循环倍增快速繁殖技术工艺，体细胞胚年增殖系数 10 000，体胚植株再生频率达到 85%，是目前国际上组培苗繁殖效率最高的技术体系。这一技术体系，突破了推广应用的最大障碍，使橡胶树自根幼态无性系繁殖技术进入中试生产成为现实（图 3-11）。

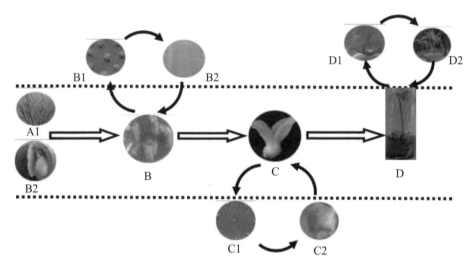

图 3-11　橡胶树自根幼态无性系的繁育方法

A1. 外植体（花药）；A2. 外植体（内珠被）；B. 愈伤组织；C. 体细胞胚；D. 再生植株；
B1. 易碎愈伤组织；B2. 悬浮培养；C1. 胚块；C2. 次级愈伤组织；D1. 茎段；D2. 小苗

目前已建立项热研 7-33-97、热研 7-20-59、热研 88-13、RRIM600、热垦 525 等品种的次生体胚增殖繁育体系，可实现工厂化生产（图 3-12）。

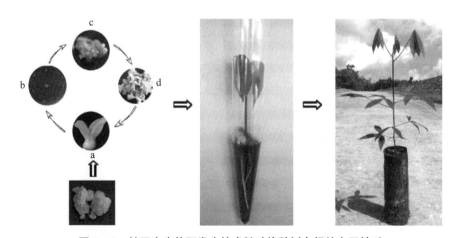

图 3-12　基于次生体胚发生技术繁殖橡胶树自根幼态无性系

2010—2018 年，在我国海南、广东、云南等植胶区累计推广应用自根幼态无性系（组培苗）40 余万株，在广东建设农场、海南龙江农场实现生产性开割。

1. 茎围

广东建设农场 24 队组培苗试种示范区在种植第 1～8 年的增粗分别为 3.0 cm、5.6 cm、9.0 cm、7.5 cm、4.9 cm、5.8 cm、7.5 cm 和 6.8 cm。定植第 1～6 年，组培苗茎围小于籽苗，第 7 年组培苗超过籽苗，至 2017 年，组培苗平均茎围为 50.1 cm，比籽苗芽接苗增粗 0.2 cm（表 3-3），且组培苗的长势均一，整齐。

表 3-3　广东建设农场 24 队热研 7-33-97 组培苗试验区历年茎围（单位：cm）

	2010 年	2011 年	2012 年	2013 年	2014 年	2015 年	2016 年	2017 年
组培苗	3.0	8.6	17.6	25.1	30	35.8	43.3	50.1
籽苗芽接苗	4.3	10.5	21.1	29.3	33.5	41.1	43.2	49.0
差距	-1.3	-1.9	-3.5	-4.2	-3.5	-5.3	+0.1	+0.2

海南龙江农场自根幼态无性系试验区于 2011 年 11 月定植，定植 6 年，组培苗的平均茎围优于芽接苗和籽苗，均一度较芽接苗高，相对整齐、速生（表 3-4）。

表 3-4　2017 年 11 月海南龙江农场茶山 12 对组培苗茎围（单位：cm）

茎围	平均值	样本数（个）	标准差	增长量	增长率（%）
组培苗	45.4	976	46.0	0.4	0.89
芽接苗	45.0	1 615	44.0	0.0	0.00
籽苗	44.6	1 210	44.2	-0.4	-0.89

2. 抗风性

根据广东建设农场观测，2012 年 8 月 17 日台风"启德"在建设农场最大风力为 10 级，建设农场 25 队的自根幼态无性系和袋装苗，受害程度表现无明显差异，主要胶树被吹斜、吹倒伏。自根幼态无性系被吹斜超过 45° 的占

5.7%，袋装苗胶树被吹斜超过 45° 的占 5.4%。2013 年台风"温比亚"登陆最大风力为 10 级，组培苗倒伏共 82 株，倒伏率约为 11.3%，主干折断 1 株，倒伏苗基本只有少数的侧根，主根不发达；籽苗基本表现为主干折断，倒伏胶树少。

2015 年台风"彩虹"使建设农场组培苗试验区和对照区的受害率达到100%，其中组培苗主要受害程度较低，倒伏少，而对照区籽苗区受害率高，倒伏率高（表 3-5、图 3-13）。

表 3-5　台风"彩虹"对建设农场组培苗试验区的影响 (单位：%)

	受害率	1 级	2 级	3 级	4 级	5 级	倾斜	半倒	倒伏
组培苗	100	56.46	10.96	2.70	8.11	5.11	7.66	1.50	7.51
籽苗	100	20.56	12.15	2.80	18.69	15.89	4.67	7.48	17.76

籽苗芽接苗对照区　　　　　　　　　　　　　　组培苗试种区

图 3-13　台风"彩虹"后建设农场组培苗试验区林相

3．早期产量

截至 2018 年，已有广东建设农场（2010 年 5 月定植），海南龙江农场（2010 年 11 月定植）实现了热研 7-33-97 组培苗生产性开割。

2018 年，广东建设农场采用 S/2d5，不涂药。组培苗开割 437 株，籽苗490 株，5 月 3 日第一刀，至当年 11 月 4 日，有效刀 29 刀，目前组培苗的株产为 1 014 g，干胶含量为 33.5%，籽苗为 796 g/株，干胶含量为 33.6%，组培苗比籽苗芽接苗增产 27.4%。从整个割胶时期来看，组培苗相对芽接苗产量优势明显，第 25 刀开始受台风天气影响，产量有所下降，但组培苗保持较好的恢复能力和增产潜力（图 3-14）。

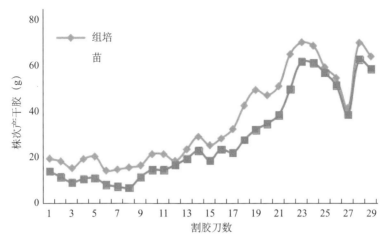

图 3-14 2018 年建设农场割胶产量表现

海南龙江农场组培苗试验区作为生产性示范基地，未布置严格的对照试验区，持续 2 年观测热研 7-33-97 组培苗早期产量，采用 S/2d3，不涂药，2018年 5 月 3 日开割至 11 月 13 日，有效割胶刀数 52 刀，单株产量 1 459 g，平均株次产 28.1 g，相对上一年全年平均产量提高 27.7%。

第四章　栽培生态与采胶

第一节　抗逆栽培原理与技术

一、抗风栽培原理与技术

我国主要植胶区海南省和广东省经常面对台风的危害。随着全球气候变暖，影响和登陆我国的台风次数将增多。多年来的观测记录表明，每隔几年就有一次台风或强台风袭击我国植胶区，造成大规模风害。因橡胶树是长周期高大乔木，存在着胶园布局和主栽品种不易大规模更换的客观问题，必须发展简单可行的抗风减灾栽培技术。而橡胶树抗风减灾栽培措施是一个巨大的系统工程，包括胶园种植规划、品种对口配置、抗风种植材料培育、营造林网、大穴深种、适度密植、合理修剪、风后处理及种植"二线作物"等多项技术。这些技术是我国橡胶树抗风减灾栽培研究与实践所取得的重要成果，是热带北缘橡胶树栽培技术的重要组成。但是橡胶树树体高大、材质脆弱，再加上抗风减灾技术方面的缺陷，胶园抗风减灾问题并没有完全解决，发生毁灭性风害等潜在威胁仍然很大。因此，橡胶树抗风减灾栽培措施特别是一些重风害地区的橡胶园抗风减灾栽培措施仍有待进一步探讨和改进。

1．种植形式和密度对橡胶树风害的作用

通过对海南岛4个农场（东昌、东太、新中和南林）共17个代表性林段的种植形式与密度情况进行调查，分析真实环境下不同种植形式（双龙出海、丛种和常规种植）与橡胶树的生长、产量、抗风能力和经营方式和效益等之间的关系（表4-1）。结果表明，双龙出海（调查林段种植密度为2 m×4 m×13 m）模式的林段无论从保存率、4级以上风害存株率、橡胶树生长整齐度、死皮停割率方面均优于4株丛种（调查林段种植密度为[(1×1) m×3 m]×12 m或[(1.5×1.5) m×3 m]×14 m）。

表 4-1 东昌、东太、新中和南林农场代表性林段的种植形式与密度情况

农场	种植形式	株行距 (m)	品种	定植年份	间作物	平均树围 (cm)	保存率（%）	风害存株率（>4 级）	停割率
东昌	常规对照	2×10	RRIM600	1981	无	78.58	0.80	0.17	—
东昌	4 株丛种 1	[(1×1)×3]×12	RRIM600	1986	大叶茶	71.54	0.60	0.54	—
东昌	4 株丛种 2	[(1×1)×3]×12	RRIM600	1986	大叶茶	69.94	0.78	0.45	—
东昌	双龙出海	2×4×13	RRIM600	1986	大叶茶	71.27	0.83	0.24	—
东太	4 株丛种 1	[(1×1)×3]×12	RRIM600	1986	大叶茶	81.23	0.88	0.03	—
东太	4 株丛种 2	[(1×1)×3]×12	RRIM600	1986	大叶茶	79.23	0.65	0.04	—
东太	4 株丛种 3	[(1×1)×3]×12	RRIM600	1986	大叶茶	81.54	0.93	0.08	—
东太	4 株丛种 4	[(1×1)×3]×12	RRIM600	1986	大叶茶	79.55	0.95	0.05	—
新中	4 株丛种 1	[(1.5×1.5)×3]×14	PR107	1992	大叶茶	81.84	0.48	0.05	0.32
新中	4 株丛种 2	[(1.5×1.5)×3]×14	PR107	1992	大叶茶	82.81	0.40	0.00	0.19
新中	双龙出海	2×4×13	PR107	1992	大叶茶	85.15	0.50	0.00	0.10
南林	4 株丛种 1	[(1×1)×3]×16	RRIM600	1991	橡胶	70.74	0.78	0.03	0.26
南林	4 株丛种 2	[(1×1)×3]×16	RRIM600	1991	橡胶	76.21	0.48	0.00	0.16
南林	4 株丛种 3	[(1×1)×3]×16	RRIM600	1991	橡胶	71.78	0.58	0.04	0.39
南林	4 株丛种 4	[(1×1)×3]×16	RRIM600	1991	橡胶	64.62	0.85	0.09	0.18
南林	4 株丛种 5	[(1×1)×3]×16	RRIM600	1991	橡胶	62.08	0.65	0.00	0.42
南林	双龙出海	2×2×9	RRIM600	1991	无	57.60	0.75	0.00	0.07

注：常规种植：株距×行距；4株丛种：[(株距×株距)×丛距]×行距；双龙出海：株距×小行距×大行距。

2．胶园间种乡土树种对橡胶林风害的作用

在广东阳江和海南文昌建立了两个防风减灾栽培试验基地（图4-1），并进行了长期定位观测。对近五年的长期定位观测数据进行分析，结果表明：①橡胶幼林间种非胶乡土树种，能有效减轻常风的平均风速和最大风速，对强台风有一定防护作用，能有效提高存株率。②橡胶幼林间种非胶树木，对橡胶幼树的光合水分生理生态影响较小，间种树木并没有对橡胶树形成遮阴，间种后的橡胶幼树粗生长和高生长并没有受到明显抑制。③试验中不同橡胶品种间种不同非胶树木，橡胶幼树的光合水分生理生态因子、粗生长和高生长虽无显著差异，但仍表现不同，这说明不同橡胶品系受间种的非胶树木的影响不同。

图4-1 文昌防风减灾橡胶树栽培试验基地

3．基于激光点云数据的风害相关构型分析

岗位成员与南京林业大学合作，建立了一套基于激光点云数据的橡胶树树冠结构重建及叶面积指数、树干直径，枝条分枝角度、直径和长度等测树数学参数的提取技术（图4-2）。初步研究结果表明，不同抗风性品种在树冠结构、分枝特性方面存在显著差异。

图4-2 基于激光点云数据的不同橡胶树品种 (左：热研7-33-97；右：PR107)

4．橡胶林生态遥感监测

基于PALSAR/PALSAR-2雷达遥感影像和Landsat TM/ETM+/OLI光学遥感影像，协同橡胶林物候变化特点，建立了精确的橡胶林分类算法，获得了海南岛2007—2010年，2015—2017年共7年橡胶空间分布图（图4-3），摸清了近十多年来海南橡胶林的时空变化特征（图4-4），同时也为大尺度快速监测橡胶林灾害等提供了可靠的橡胶林本底图。

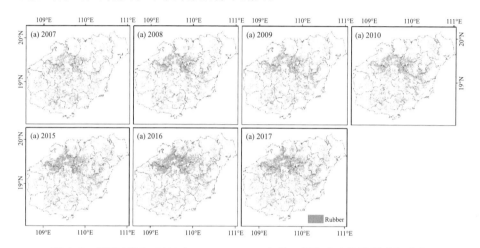

图4-3　提取2007—2010年、2015—2017年共7期海南省橡胶林空间分布

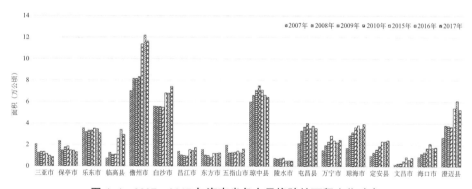

图4-4　2007—2017年海南省各市县橡胶林面积变化动态

橡胶林种植时间对实际生产和科学研究均有重要意义，翔实的树龄和种植面积信息不仅能为当前橡胶产量预测（与树龄高度相关）提供关键参数，同时还能为橡胶木材加工产业和未来中国橡胶产胶潜力的准确把控提供可靠数据。通过结合30年的Landsat时间序列遥感大数据，获得了海南省的橡胶种植时间和土地来源空间分布图（图4-5）。结果表明，目前海南省的橡胶林主要分布在儋州市、白沙县、琼中县、屯昌县和澄迈等市县，近十多年来这些地区新种植的橡胶面积最大，分布比较集中。东部文昌市、海口市以及东部至南部沿海内陆地区因台风灾害严重橡胶分布相对较少，现存多数为种植时间早于1990年的老龄橡胶林。近一二十年来，海南省橡胶种植中心向中北和中西部的儋州市、澄迈县、白沙县等市县移动趋势非常明显。另外，在种植面积较大的几个市县中，琼中县和屯昌县的老龄橡胶林所占面积比重最大。从土地来源方面看，自1987年以来，老龄橡胶林更新为最大土地来源，其次为耕地，最后为常绿森林。耕地转换为橡胶林主要集中分布在海南西部和北部地区。

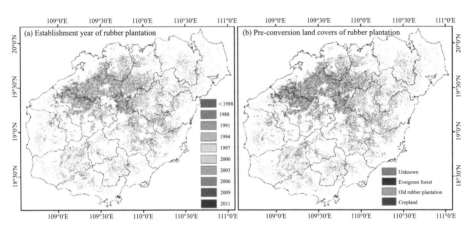

图4-5 海南省橡胶林种植时间及土地来源空间分布（基于2015年橡胶林本底图）

5. 橡胶林防风减灾技术研发

叶面积指数（Leaf Area Index，LAI）是表征植被长势特征的重要参数，在天然橡胶领域，它是预测胶乳产量和评估自然灾害如风害的重要物理指标。比如，2014年7月"威马逊"台风袭击海南岛时，在海南西部的中国热带科学院试验农场的30个试验农场橡胶林的平均LAI发生了明显的变化，即7月份的平均LAI明显低于6月（图4-6）。同时，联合HJ-1A/1B国产卫星时间序列遥感影像，利用人工神经网络模型，监测了2012年的橡胶林LAI时空动态，表明可以通过时间序列影像来监测橡胶林LAI的时空变化过程，为橡胶林风害的准确评估提供了一种有效的解决方案。

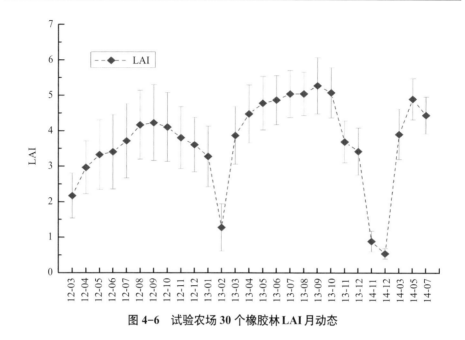

图 4-6　试验农场 30 个橡胶林 LAI 月动态

二、抗寒栽培原理与技术应用

1．寒害的成因和类型

橡胶树的寒害是由寒潮、冷空气侵袭或空气温度骤然下降造成的，当温度降低到或低温累积到橡胶树能忍受的温度以下时，则发生寒害。橡胶树寒害分为平流型、辐射型和混合型三种类型。平流型寒害是在冷锋或静止锋长期控制下，由持久的阴冷天气、日照不足和风寒交加造成的。受平流型寒害影响主要表现是叶片和嫩叶先出现斑点，逐渐扩大，以至变枯，并逐渐向老枝和主干蔓延，严重者甚至连根死亡。辐射型寒害可分为急发性寒害和累积辐射型寒害两种。急发性寒害是由强寒潮侵袭引起的，轻则叶片枯边，出现斑点，嫩芽梢枯和嫩枝出现爆皮流胶，重则全叶变色干枯，嫩枝也枯死，一般在 2 ～ 7 d 就表现出来。辐射型寒害是由于寒潮侵袭后，当地受到冷空气控制，出现温度较低、持续时间较久的辐射天气，并因为缺乏日光和夜间低温相结合导致了橡胶树寒害。其特征表现为橡胶树基部树皮隆起，继而爆皮流胶，树皮溃烂，形成所谓"烂脚"。混合型寒害是指先平流、后辐射的寒害。近年来，不同类型的寒害均有发生，尤以 2008 年、2014 年、2016 年平流型和混合型寒害最为严重。寒害发生后体系均派出专家联合试验站展开调查核实橡胶树受害情况，并提供必要的技术指导。

2．抗寒的生理和分子机制

为了简化抗寒种质筛选的时间，利用多种生理指标辅助选择抗寒种质，例如与寒害相关的蒸腾强度、渗透压和抗氧化酶SOD活性等。寒害与细胞膜的半透性破坏有关，当植物遭遇寒害时，水分从细胞内渗透出来，组织呈现浸润状态，丧失膨压，植株表现萎蔫。植物细胞中线粒体、细胞核等器官对寒害敏感。叶绿体只有在长期寒害后结构才会发生降解，表现为类囊体膨胀和扭曲，淀粉粒消失等现象。质膜是细胞各种膜体系中对冷害最敏感的部位。橡胶树膜损害一般有三种形式：①双分子膜解体和消失；②生物膜发生液化作用；③双分子膜的撕开。对 8 个橡胶树品种在 10℃条件下的抗寒性比较分析表明，RRIM600 抗性最佳，其次是 IRCA707、GT1 和云研 77-4，PB260 和 PR107 等对寒害反应敏感。经过分析荧光动力学参数和抗氧化系统的酶活性之后，我们发现高效的活性氧清除系统是决定巴西橡胶树抗性的主要因素。通过橡胶树多项生理生化指标，可以综合有效地评价橡胶树的抗寒性。

深入研究植物的抗寒分子机理，发现寒害信号受体为离子通道和组氨酸激酶等，调控下游的 Ca^{2+}、活性氧（ROS）和 ABA 等二级信号分子，经过磷酸化级联信号传递（CDPK，MAPK 蛋白磷酸酶等）调控转录因子家族（ERF，bZip，Zn finger）进而调控胁迫反应基因（LEA-like，抗氧化剂，渗透合成酶等），造成生长受阻或死亡。

3．抗寒栽培措施

我国从 1952 年才开始在北纬 18°～24°之间的海南、广东、广西、云南和福建开展橡胶树大规模栽培。经过 60 余年的长期实践，我国在橡胶树抗寒种植栽培上总结了许多独特而有效的方法。

①选择避寒环境：云南省根据山地小气候的特殊性，综合考虑日照、温度、湿度、地形和小环境的效应，把橡胶树种植区域划分为中、小区橡胶宜林地，并根据轻寒区、中寒区和重寒区合理配置不同抗性和产量的橡胶树品系。

②栽培抗寒品种：各地根据植胶区域的特点，栽培具有专一适应性的品种。我国选育的抗寒能力强的无性系 93-114 在广东等地的重寒植胶区种植，引种的抗寒力中等的高产无性系 GT1 和 IAN873 在云南、广东垦区种植，新选育的云研 77-4 和云研 77-2 则是云南西部植胶区重寒区的主要品种。

③合理施肥，改进种植行距等综合栽培措施：根据划分的寒害区，林地橡

胶树的防寒措施主要有营造防护林，春季定植橡胶树苗，根部覆盖，修枝和割面涂封保护等；此外，扩大种植行距有利于阳光辐射，采用包草增温、加强水肥管理等栽培措施也有利于橡胶树抗寒能力的提高。

④培育橡胶树幼苗的防寒措施：主要是将冬播育苗改为春播育苗，建立暖棚和防风障，控制苗床水分，提高土壤温度和营养袋育苗移栽等。

⑤寒害胶树的维护采取适时锯枯枝、切口封涂和停割养护后再复割等方法。

此前在天然橡胶价格高企的刺激下，热区大面积土地甚至一些不适合种植橡胶的高海拔山区也被开发种植橡胶树，抗寒措施落实并不到位，因此近年来我国很多地区橡胶树寒害频发。围绕新型抗寒技术研发，体系栽培生理岗位曾试验用多种材料包裹法防寒技术（图4-7）和新型割面防寒保护剂及寒害后受害割面恢复促进剂（图4-8），虽然取得较好的效果，但多存在成本较高，推广难度大等问题。提高橡胶树抗寒性的最有效措施仍然是调整种植区划向轻寒区集中和选用抗寒高产品种如云研77-2、云研77-4和湛试327-13等。

图4-7　在国家天然橡胶产业体系德宏试验站和茂名试验站布置防寒试验

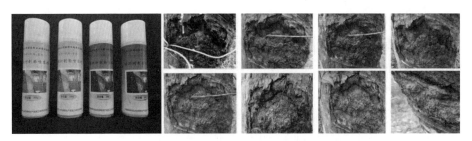

图 4-8 研发的新型抗寒喷剂和促进寒害树完全愈合

三、抗旱栽培原理与技术应用

1. 干旱的生理与分子机制

橡胶树起源于南美洲的亚马孙河流域，最适合在高温（28±2）℃和高湿（2 000～4 000 mm年降水量）的环境中生长。与南美洲和东南亚地区等传统植胶区不同，种植在印度东北部地区，我国华南地区，泰国北部和东北部地区的橡胶园经常面临干旱胁迫的影响。

橡胶树抗旱性与品种及栽培技术密切相关。研究和生产实践证明，采用芽接技术繁殖种植材料时需要砧木和接穗共同作用保证橡胶树的高产优质。不同接穗和砧木组合的橡胶树产量存在差异，这为橡胶树抗旱砧木的选择提供了理论依据。使用RRIM901作为接穗，以RRIM623和GT1作为砧木比用RRIM600作为接穗的抗旱能力强，其抗旱机制与气孔导度、脯氨酸和砧木根系伸长能力密切相关。热研73-46、热研8-79、热研73-477等10个橡胶树苗木在干旱21 d后，复水后仍能恢复到处理前水平，说明具有较强的抗旱和旱后恢复能力。抗旱能力与渗透调节物质包括可溶性糖、可溶性蛋白和脯氨酸含量的上升有关。对不同橡胶树品种叶片角质层与抗旱性关系的研究表明，角质层蜡质在橡胶树的作用是减少表皮、气孔的蒸腾作用和促进冠层对阳光的反射。高处的叶片反射率会降低叶片温度，减少热胁迫作用。因此，角质层蜡质的积累显示了橡胶树对干旱条件的适应性。

采用土壤和大气干旱相结合方法研究了成熟橡胶树品种RRIM600对干旱的响应机制，发现间歇性干旱在地表土壤相对可抽出水小于0.4的时候，整株树的蒸腾速率显著下降。

在分子水平上，植物在干旱胁迫下，随着基因表达的调整，合成新的一类蛋白，如水通道蛋白、脱落酸（ABA）应答蛋白和非ABA应答蛋白、脱水应答蛋白和脱水早期应答蛋白等。这些蛋白或直接起保护作用，如脯氨酸，或参与干旱信号转导，如钙依赖蛋白激酶等。转录因子作为重要的调节因子，调控植物对多种生理学和逆境反应的相关基因的表达。在抗旱相关转录因子研究方面，证明橡胶树 *HbCBF2* 转录因子在干旱条件下上调表达。橡胶树 *HbWRKY1* 基因在橡胶树中受到干旱上调表达，转化烟草后提高烟草抗旱能力，但机械伤害、高温胁迫等对转基因和非转基因植株的影响差异不明显。说明它是专一性抗旱基因。法国学者采用过表达橡胶树胞质 *HbCuZnSOD* 基因转化橡胶树品种 PB260，发现转基因株系 *TS4T8An* 在干旱胁迫下表现出低气孔导度和高脯氨酸含量等抗旱生理特性，其活性氧降解酶活性提高并提高了植株的抗旱性，也增加了对活性氧的抵御能力。

2. 橡胶树抗旱栽培技术

根据橡胶树对干旱条件的反应适应性和海南、广东、云南气候特点，研究了围洞抗旱、保水剂抗旱和水肥一体化抗旱栽培技术。我国植胶区冬春季节旱期普遍较长，围洞抗旱技术成功地解决了采用传统的定植方法苗木成活率不高的问题（图 4-9）。该技术利用疏松泥土隔热保墒的作用和"苗井"形状的庇护作用，调节温度，减弱风速，减少水分蒸腾，有效地改善萌动芽接桩苗的微立地环境条件，促进苗木成活和生长，抗旱定植效果明显，有利于橡胶苗定植当年的生长和安全越冬。

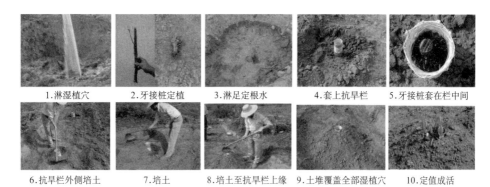

1.淋湿植穴　　2.牙接桩定植　　3.淋足定根水　　4.套上抗旱栏　　5.牙接桩套在栏中间

6.抗旱栏外侧培土　　7.培土　　8.培土至抗旱栏上缘　　9.土堆覆盖全部湿植穴　　10.定值成活

图 4-9　抗旱围洞法栽培技术

保水剂可大量吸收土壤中水分。研究不同保水剂处理土壤细根量表明，在土壤深度为 0 ～ 20 cm，60 g、120 g、180 g 每株保水剂处理模式的细根量高于对照；在土壤深度为 20 ～ 40 cm，60 g、120 g 每株保水剂处理模式的细根量高于对照（图 4-10）。60 g、120 g 每株保水剂施用量最有利于细根量生长。水肥一体化与滴灌设施相结合，能够起到水肥同时调节，达到节水抗旱的目的（图 4-11）。

布置抗旱栏定植技术

添加保水剂颗粒定植

图 4-10　中坤农场布置抗旱栏和保水剂苗期抗旱技术

图 4-11　红泉农场和试验场布置水肥一体化和滴灌抗旱技术

第二节　橡胶园养分资源与新型肥料研发

橡胶树种植和生长于土壤之中，其所需绝大部分的养分与水分等必须从土壤中摄取。因此，橡胶园土壤管理及施肥等相关栽培措施严重影响橡胶树的生长、发育和产量，甚至进一步影响胶园土壤本身的可持续利用。自国家天然橡胶产业技术体系建立后，土壤与肥料岗位主要围绕胶园土壤肥力和橡胶树营养动态监测、橡胶树营养和施肥、橡胶树专用新型肥料研发等方面开展研究及技术应用工作。

一、胶园土壤肥力演变规律

中国三大主要植胶区涉及的土壤类型主要有砖红壤、赤红壤、红壤、黄壤、燥红土等5种，这些土壤由花岗岩、玄武岩、砂页岩、石灰岩、浅海沉积物、千枚岩、老冲积物等母质发育而成。全国胶园土壤普遍由原始的自然土经过2～4代次橡胶树的连续种植，目前已形成不同于自然土壤和其他农业土壤的园林土壤，其整体演变规律是：橡胶园土壤不但宏观大尺度上肥力不均匀，即使在同一地块小尺度上（林段或割胶树位）土壤肥力也存在极不均匀；在一个生产周期（同一代胶园）中，胶园土壤肥力遵循"破坏—重建—恢复"的循环，因此同代胶园土壤肥力是相对稳定提高的一个过程；但是随着橡胶树栽培代次的增加，胶园土壤总体肥力是呈现逐代缓慢下降。

自2008年以来，土壤与肥料岗位对近万份胶园或割胶岗位土壤采样和分析，得到大量我国胶园土壤肥力方面的数据，将这些数据和过去积累资料（主要是第一、二次全国胶园土壤普查结果）对比分析表明，我国胶园植胶五十多年后，土壤肥力发生了较大的变化，海南、云南和广东三省胶园土壤肥力皆呈现不同程度退化的趋势。具体表现为：一是胶园土壤酸化普遍加剧，如海南植胶区土壤pH已从20世纪80年代的4.20～7.30下降到目前（2008年至2018年平均）3.92～6.12，下降幅度为6.67%～16.16%，有43.8%胶园土壤pH已低于4.5，橡胶树虽然是耐酸作物，但其适宜生长的pH是4.5～5.5。二是胶园土壤有机质正在逐渐降低。目前海南植胶区44.3%的胶园土壤有机质含量低于20 g/kg；广东植胶区土壤有机质平均只有15.2 g/kg，有88.3%胶园有机质含量低于20 g/kg；全国胶园土壤有机质最丰富的云南植胶区，近年土壤有机质平均值也降低为21.91 g/kg。三是胶园土壤中氮、磷、钾有效养分供应不足或不均衡。如2015—2018年近2 000个胶园土壤样品分析结果表明，全国胶园土壤中全氮低于0.8 g/kg的占49%，有效磷含量低于5 mg/kg的占55%、速效钾含量低于50 mg/kg的占 45%。

二、胶树营养水平变化

近十年全国橡胶树整体营养状况发生前高后低的剧变，即前七年由于橡胶价格高位运行和国家测土配方施肥项目的实施，大部分（占胶园面积62.5%）橡胶树营养是健康或良好的；近几年（2015 年以来）则受橡胶价格持续低迷的影响，橡胶树不施肥或少施肥成为新常态后，其营养状况日益恶化，部分橡胶园中橡胶树叶片养分含量已低于其正常生长的养分临界值，进而影响橡胶树的生长和产胶。如近三年对全国橡胶树叶片（海南、云南和广东共 358 个样品）营养分析结果表明，全国橡胶树之中有 52% 缺氮、56% 缺磷、46% 缺钾、31% 缺镁。因此，目前全国橡胶树已经有 40% ～ 60% 处于营养元素缺乏状态。

三、胶园施肥历史及现状

近十年间我国橡胶园施肥情况经历了从合理施肥向少施肥甚至不施肥的巨大转变。2008 年至 2013 年，全国橡胶园施肥情况是我国自植胶以来最好时期，由于此期间天然橡胶价格较高和国家相关项目的实施，国内植胶农场和植胶户施肥意愿高，不但施肥量足，施肥还注重平衡合理，普遍施用橡胶专用肥量在每年 1.5 ～ 2.5 kg/ 株，并且注重有机肥料的配合施用，每株橡胶树年施一定量的有机肥料。但随着天然橡胶价格在 2014 年跌破 1.5 万元/t并长期在 1 万元/t 左右低位徘徊以来，全国胶园进入大部分不施肥、少部分施少量肥和不合理施肥的状态，近几年来施用有机肥的胶园更是大幅减少，全国民营胶园基本处于不施肥状态，只有海南和广东国营的部分胶园每年还坚持施少量化肥，其施肥量也减少为 1 kg/ 株以下。橡胶园连续几年不施肥，不但影响橡胶树正常生长和产量，长此以往还会导致胶园土壤质量的逐渐衰退，使我国植胶土壤难以持续利用，进而威胁我国天然橡胶产业的健康发展。

四、专用肥及新型肥料研发及应用

早在 20 世纪 80 年代中期我国就开始橡胶树专用肥料的研究，并在 80年代末期取得突破性进展。当时的中国热带农业科学院橡胶所、云南省热带作物研究所等科研单位研发出适合于海南、广东和云南垦区的橡胶专用肥料，随后橡胶专用肥料在三大植胶区生产中得到大面积应用，取得增产（5%～10%）、增效和提高肥料利用率的良好效果。但随着橡胶园土壤肥力逐代次间的演替、橡胶新品系和新型种植材料的面世和推广应用、橡胶树割胶制度的革新等因素，原有橡胶树专用肥料在长期应用过程中逐渐暴露出肥料总养分过低、施肥效果短、肥料利用率还需提高和肥料配方急需改进等诸多问题，因此土壤与肥料岗位自2008年成立之初至今，一直把研发新型橡胶树专用肥料作为一个重点任务。目前主要通过体系任务研发出两大系列新的橡胶树专用肥：第一系列是新一代橡胶树专用肥，第二系列是橡胶树专用缓控释肥。

1. 新一代橡胶树专用肥

以国家天然橡胶产业技术体系支持下采集的4 000多份胶园样品（2008—2012年的土壤和叶片）的分析结果为依据，结合这一期间橡胶树新品系营养特性、产量水平、新割制度下胶乳养分流失情况和植胶区气候特点等，分别研制出适用于海南（6个配方）、广东（4个配方）植胶区的橡胶专用肥料系列（表4-2），并完成多点肥料效果及配方验证试验。该系列肥料于2013—2015年在海南和广东植胶区开展肥料效果验证试验和示范应用试验，其中在海南的儋州、琼中、保亭、乐东和澄迈共5个市县近900亩中进行应用示范，取得开割树增产干胶6.0%～12.5%、幼树生长速度加快6.8%～31.9%的效果（与原有上一代橡胶树专用肥料相比）。目前广东垦区配方已经免费提供给广东的茂名市名富生物科技有限公司生产橡胶树专用肥料，并供应广垦茂名局下辖所有橡胶农场推广应用。

表4-2　广东和海南植胶区橡胶树专用肥配方研发情况

适用地区	肥料名称	适用胶树类型	适用类型区
广东植胶区	橡胶树专用肥Ⅰ	开割树	曙光、水丰、火星、红旗、新华
	橡胶树专用肥Ⅱ	开割树	红峰、和平、建设、新时代、红阳、团结
	橡胶树专用肥Ⅲ	中小苗	曙光、水丰、火星、红旗、新华
	橡胶树专用肥Ⅳ	中小苗	红峰、和平、建设、新时代、红阳、团结

(续)

适用地区	肥料名称	适用胶树类型	适用类型区
海南植胶区	橡胶树专用肥Ⅰ	开割树	Ⅰ. 玄武岩发育的铁质砖红壤（北部、东北部）
	橡胶树专用肥Ⅱ	开割树	Ⅱ. 花岗岩发育的硅铝质砖红壤（东部、南部、中部丘陵低山区）
	橡胶树专用肥Ⅲ	开割树	Ⅲ. 片麻岩、石灰岩、板岩等发育的铁铝质砖红壤（西部大部分和东部少部分）
	橡胶树专用肥Ⅳ	开割树	Ⅳ. 运积物、海相沉积物发育的硅质砖红壤（主要在沿海）
	橡胶树专用肥Ⅴ	中小苗	Ⅰ. Ⅳ类土壤
	橡胶树专用肥Ⅵ	中小苗	Ⅱ. Ⅲ类土壤

2. 橡胶树专用缓控释肥

为进一步提高肥料利用率、延长肥料效果和节约肥料用工，主要采用控制肥料养分释放技术，配合橡胶树养分需求规律和橡胶园养分演变情况，成功研制出橡胶树专用配方肥和橡胶专用肥料棒两种缓控释肥料（图4-12、图4-13）。这两种肥料的主要特点是在普通专用肥料的基础上，实现肥料养分释放、供应与橡胶树养分吸收、需求同步化。其中橡胶树专用配方肥于2017年获得海南省正式肥料登记证（橡胶专用肥，琼农肥〔2017〕准字0041号），近几年累计在儋州国有胶园和白沙县打安镇民营胶园有生产性应用面积2万多亩，获得增产3%～5%，提高肥料利用率10个百分点、减少施肥用工1/3的

图4-12 橡胶树专用缓控释配方肥

图4-13 橡胶树专用肥料棒

效果。而橡胶树专用肥料棒研制工作，则在合作研制出肥料棒制造设备的基础上，完成肥料原料选配、肥料试制、肥料性能评价和批量化生产的工作，目前肥料正在海南、云南、广东植胶区进行多点施肥效果验证试验。初步取得结果是其具有增产、促生、高肥料利用率和长肥效的功能，特别是其对橡胶干胶含量提升效果显著（年均比对照高 1 ～ 2 个百分点）。

五、新品系营养特性及施肥技术

随着我国橡胶选育种的工作深入而持续的开展，一大批优良橡胶品系相继问世。在这批自主培育的良种中，有的是目前我国主栽品系（如热研 7-33-97）、有的在产量性状特别突出（如热研 8-79），有的综合表现优良（如热研7-20-59），但这些优良品系在营养吸收、利用和分配等方面情况如何，其与PR107、RRIM600 等老品系有何异同，是目前生产上指导橡胶树品系施肥急需解决的问题。为此，土壤与肥料岗位对我国自主选育的高产新品系热研 7-33-97、热研 8-79、热研 7-20-59 营养特性展开研究，并以此为依据指导橡胶新品系施肥，目前取得主要结果如下。

1. 橡胶新品系营养特性

新品系（开割树）的叶片中，氮、磷、钾养分含量年初高、年末低，而钙含量则是年初低、年末高，即橡胶新品系的大量营养周年变化呈现（每年4—12月）逐渐降低的趋势，而钙素营养则表现相反情况，镁素营养基本维持周年不变，且这种周年变化情况在新、老品系之间差异不显著。但在每年的 7—9 月（橡胶树叶片营养诊断采样标准时间），新品系热研 7-33-97、热研7-20-59 的磷和钾营养水平显著高于老品系 PR107，钙素营养水平极显著低于老品系 PR107；新品系热研 8-79 的氮素、钙素营养水平显著低于 PR107（图4-14）。

2. 橡胶新品系营养诊断指标

在 3 个新品系中，热研 7-33-97 和热研 7-20-59 有相似的营养特性，可以归为一类，具体营养诊断指标体系见表 4-3；热研 8-79 营养特性与上述两个品系存在一定差异，其营养诊断指标体系见表 4-4。两个指标体系是在参考原有 PR107 诊断指标的基础上，结合新品系营养特点调整完善而拟定的，经大量实地数据验证表明，用该指标体系来评价橡胶树新品系营养状况是切实可行的，用之指导橡胶树施肥也是合理和科学的。

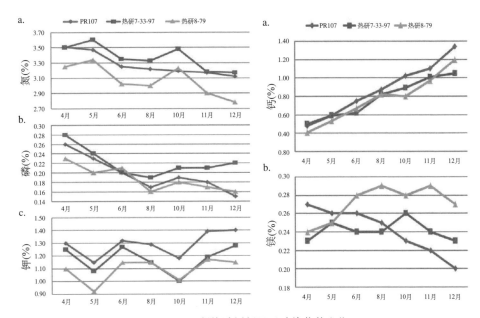

图 4-14　开割橡胶树新品系叶片营养变化

表 4-3　热研 7-33-97、热研 7-20-59 叶片营养诊断指标体系

	极缺	缺乏	正常	丰富
氮（%）	<2.8	2.8～3.2	3.3～3.5	>3.5
磷（%）	<0.19	0.19～0.21	0.22～0.24	>0.24
钾（%）	<0.7	0.7～1.0	1.1～1.3	>1.3
钙（%）	<0.4	0.4～0.6	0.70～0.90	>0.9
镁（%）	<0.20	0.20～0.29	0.30～0.40	>0.40

表 4-4　热研 8-79 叶片营养诊断指标体系

	极缺	缺乏	正常	丰富
氮（%）	<2.8	2.8～3.1	3.2～3.4	>3.4
磷（%）	<0.19	0.19～0.22	0.23～0.25	>0.25
钾（%）	<0.8	0.8～1.2	1.3～1.5	>1.5
钙（%）	<0.4	0.4～0.5	0.6～0.8	>0.8
镁（%）	<0.25	0.25～0.34	0.35～0.45	>0.45

3. 新品系推荐施肥及示范试验效果

依据高产新品系营养特性以及叶片营养诊断结果，并结合橡胶园土壤养分状况，提出目前海南热研 7-33-97 等的施肥技术，其要点是：每年压青 2 次，分别在 3—5 月和 9—10 月，10 kg/（株·次）；每年 1-3 月施有机肥 20 kg/株；每年施化肥（橡胶专用肥料）3 次，施肥总量 2 kg/株（第一次在 3—4 月施 1 kg/株、第二次在 6—7 月施 0.75 kg/株、第三次在 8—9 月施 0.25 kg/株）。中国热带农业科学院试验场红星队和 11 队在 200 亩橡胶开割树中按照上述施肥方案进行施肥管理，连续 3 年取得如下效果：橡胶新品系（热研 7-33-97）种植园使用以上施肥方案后，每年平均可增产胶量 8 kg/亩，新增产值 80 元/亩（以干胶单价 1 万元/t 计算）；肥料利用率提高 5%～10%，每年节省成本 13 元/亩（按年节约肥料 5 kg/亩、2 600 元/t 计算）；胶园每年可以节本增效 93 元/亩。

六、橡胶树气刺割胶下随胶乳流失养分变化规律

气刺割胶作为一种高效采胶新技术，在当前胶工短缺的情形下，深受植胶企业和胶工和胶农的青睐。使用这种采胶方式时，随胶乳流失的养分是不同于常规刺激割胶的（乙烯利液体作为刺激剂）。连续多次采样分析结果表明：气刺与涂施乙烯利液体刺激割胶相比，气刺割胶中随胶乳收获而排出的 N、P、K 养分量增大，而胶乳中 Ca、Mg 养分排出量无显著差异；不同类型品系气刺下随胶乳流失养分存在差异，即 PR107 类（耐刺激类型）随胶乳排出而流失的养分量（N、P、K 总量）在刺激浓度最大时（ETG100%）达到最高，而 RRIM600 类（不耐刺激类型）则在气体刺激浓度为 20% 时（ETG20%），N、P、K 养分总量排出最大。这表明不同种类的橡胶树在生产实际中应采用不同气刺割胶策略，以保证其在高产的同时而又不随着每次胶乳收获损失太多养分。同理，针对不同气刺割胶模式也要采用不同施肥管理措施。

七、施肥对天然橡胶性能的影响

施肥（化肥）不但可以提高橡胶的产量和促进橡胶树的生长，而且也会对天然橡胶（干胶或胶乳）性能产生影响。过去施肥只注重前者，往往忽略后者。"十三五"以来，作为体系前瞻性研究工作内容之一，土壤与肥料岗位对施肥和天然橡胶性能之间关系展开研究，目的就在于探索施肥对天然橡胶性能

的影响作用，为天然橡胶质量调控和提升提供理论依据。到目前取得部分初步研究成果，主要集中在施肥对天然橡胶分子量及分布、门尼黏度等 7 项常规质量指标的影响。

1．施肥对天然橡胶分子量及分布的影响

不施任何化肥的橡胶树其平均分子量（数均、重均和黏均分子量，下同）最小，磷钾化肥配施可提高天然橡胶的分子量；但单施氮肥降低天然橡胶分子量，单施磷或钾肥可提高天然橡胶分子量；低量磷和中量钾配施时（不施氮肥，每年每株施过磷酸钙 250 g、氯化钾 100 g）时，天胶分子量最大，达到 320 566。单施氮肥使橡胶分子量分布范围变宽，而单施磷钾肥则使分子量分布范围变窄；适量磷钾肥（每年每株过磷酸钙 500 g+氯化钾 100 g）配合施时，分子量分布范围最窄（图 4-15）。

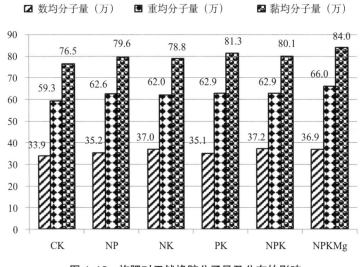

图 4-15　施肥对天然橡胶分子量及分布的影响

2．施肥对门尼黏度、塑性初值、塑性保持率等 7 项常规质量指标的影响

施氮磷钾化肥对天然橡胶的门尼黏度、挥发含量、塑性初值、塑性保持率和杂质含量会产生较大影响，而对天然橡胶的氮含量、灰分基本无影响。橡胶树施氮肥后，天然橡胶中挥发分含量、塑性初值会提高，而杂质和塑性保持率会下降。橡胶树施磷肥后，天然橡胶中门尼黏度和塑性初值增大，而杂质和塑性保持率减小。橡胶树施钾肥后，天然橡胶中塑性初值升高，而塑性保持率降低。施氮肥或磷或钾肥后，橡胶树所产橡胶的塑性初值都会增大、塑性保持率

减小 (表 4-5)。

表 4-5　施肥对天然橡胶三项性能指标影响

施肥处理	塑性初值 (PO)	塑性保持率 (PRI)	门尼黏度 ML (1+4) 100℃
不施肥	54 ± 4.23	69 ± 2.14	76.5 ± 2.33
施氮磷肥	45 ± 6.24	72.5 ± 1.17	74 ± 3.52
施氮钾肥	43 ± 7.14	78 ± 6.52	78 ± 0.24
施磷钾肥	49 ± 3.33	74 ± 3.68	74 ± 3.33
施氮磷钾肥	44 ± 6.52	85 ± 8.77	75.5 ± 2.56
施氮磷钾镁肥	44.5 ± 4.43	76.5 ± 4.33	79.5 ± 1.27
标准 (SCRWF) GB/T 8081-2008	≥ 30	≥ 60	-

注：表中数据为平均值 ± 标准误差。

八、橡胶树新型种植材料营养需求特点

近年由于橡胶体胚无性系作为新型种植材料在试种过程中，表现出速生、高产的优势 (比同品系芽接苗高产 10% ～ 20%、生长速度快 5%)，研究掌握这种新型材料营养特性势在必行。室内盆栽试验表明：1 ～ 2 年生橡胶体胚无性系热研 7-33-97 对大中量养分需要量是氮>钙>磷>钾>镁，种植后第一年橡胶体胚苗的养分需求比例为 N：P_2O_5：K_2O=1：0.45：0.35，初步建议该新型种植材料第一年施肥量为：250 g 尿素 +430 g 过磷酸钙 +65 g 氯化钾。这个施肥规律与普通种植材料的相似，但其养分需求总量却比同品系的传统种植材料高 3% ～ 5%，并且磷和钾的养分比例有所增加，证明新型种植材料由于吸收的养分多，从而可为其速生和高产创造基础。

第三节　橡胶树采胶技术研发与推广

割胶是指采用特制的工具 (胶刀) 从橡胶树树干割口处切割树皮使胶乳从割口处流出以获取胶乳的操作，是获取天然橡胶产品的直接手段，也是目前的唯一手段。橡胶树种植七年后才能投产，其经济寿命 (割胶期) 有 20 ～ 30 年，割胶生产的劳动力投入占整个天然橡胶生产劳动力投入的 70% 左右，是

橡胶生产中的中心环节和关键技术。近年来，劳动力成本增加，胶价持续低迷，胶工老龄化日趋严重，熟练胶工短缺等使得世界天然橡胶生产面临劳动力短缺和收益锐减的严峻挑战。只有更进一步提高割胶效率才能有效应对割胶生产所面临的困境。采胶岗位根据天然橡胶产业发展需求并结合国内橡胶生产实际环境，针对我国三大植胶区橡胶生产情况及橡胶树不同树龄阶段的生长产胶特点，开展了橡胶树省工高效系列割胶技术的研发及示范推广工作。

一、超低频割胶技术的研发及推广应用

为应对割胶劳动成本逐年增加及熟练胶工紧缺等问题，采胶岗位于2010—2012年在中国热带农业科学院试验场开展了超低频割胶技术的探索性试验。三年试验结果表明：将割胶频率从d4降低到d7，割胶刀数减少30%时，株产干胶仅下降10.4%～24.0%，而株次干胶产量提高了15.7%～28.1%。d7超低频割胶技术可有效增加胶工每天割胶产量和年产量，具有广阔的生产应用前景，其可能成为解决劳动力成本增加和胶工紧缺等问题的有效技术手段。

针对超低频割胶两割次间隔时间延长树皮干硬的问题，研发生产了一种使树皮松软好割且药效持久的超低频配套刺激剂产品。开展了超低频割胶相关刺激技术和割胶参数的优化研究，确定了一套超低频割胶技术方案及相关产品（表4-6，图4-16，图4-17，图4-18）。

表4-6　超低频割胶技术要点

	指标	具体要求
割胶技术	耗皮量	单刀耗皮量阳刀控制在0.20～0.22 cm，阴刀控制在0.23～0.24 cm
	割胶深度	根据品种树龄确定，不能深割也不能浅割
	割胶刀数	d6年割胶争取达到36刀，d7年割胶争取达到30刀
刺激方法	刺激周期	2刀为一个涂药周期，d6年刺激14～16次，d7年刺激10～13次
	刺激浓度	比d5割制相同割龄段增加0.5个百分点，PR107类品种最高浓度不超过4.0%，RRIM600类品种最高浓度不超过3.0%
	刺激方法	晴天涂药，用毛刷在割线上方2 cm及割线下方0.5 cm处均匀涂施
	刺激时间	割2涂1或者割3涂1，即在进入周期第2刀期间，割第2个或第3个树位时涂第1个树位，最迟于割胶前48 h完成涂药

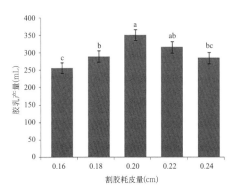

图 4-16 不同割胶耗皮下产量变化

图 4-17 涂施超低频割胶配套刺激剂

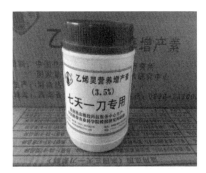

图 4-18 超低频割胶配套刺激剂产品

2014 年针对广东茂名垦区新开割胶树逐年增多而胶工短缺的现状，开始在火星农场、新时代农场和胜利农场的中幼龄割胶树开展 6d1 刀、7d1 刀超低频割胶技术的生产性试验，参试胶树 6.95 万株；2015 年增加了团结农场、曙光农场、水丰农场，参试株数 10.06 万株，并建立了 6 个核心示范区；2016 年试验范围扩大到茂名垦区的 10 个农场，参试株数 48.34 万株；2017 年茂名垦区的 12 个农场均开展试验示范，试验株数 137.79 万多株，占垦区开割树的 35%（表 4-7）。

表 4-7 2014—2017 年茂名垦区超低频割胶试验情况

年份	参试农场（个）	参试生产队（个）	参试株数（万株）	参试农场名称
2014	3	3	6.95	火星、胜利、新时代

（续）

年份	参试农场（个）	参试生产队（个）	参试株数（万株）	参试农场名称
2015	6	7	10.06	火星、胜利、新时代、团结、水丰、曙光
2016	10	30	48.34	火星、胜利、新时代、团结、水丰、曙光、建设、红峰、红旗、红阳
2017	12	127	137.79	火星、胜利、新时代、团结、水丰、曙光、建设、红峰、红旗、红阳、和平、新华

2014年试验第一年，火星农场、胜利农场和新时代农场d6、d7割制试验区干胶产量分别为15 326 kg、7 449 kg和62 757 kg，比对照（采用d4割制）干胶产量分别提高了-28.39%、-54.11%和4.89%（表4-8）。

表4-8　2014年超低频割胶试验产量情况

试验点	割制	总株数（株）	胶工（人）	人均割株（株/人）	刀数（刀）	干胶含量（%）	总产（kg）	株产（kg/株）	人均产量（kg/人）
火星	超低频	12 633	4	3 158	32.7	32.5	15 326	1.21	3 831.5
	d4	360 385	242	1 489	49.8	26.3	691 123	1.92	2 855.9
胜利	超低频	7 064	2.5	2 826	32.0	31.8	7 449	1.05	2 979.6
	d4	876 291	498	1 758	49.0	26.3	1 842 084	2.10	3 699.0
新时代	超低频	34 673	16	2 167	32.0	29.2	62 757	1.81	3 922.3
	d4	669 941	378	1 772	55.0	27.4	1 282 335	1.91	3 392.4

2015年6个核心示范区人均割株达到2 746株，比4d1刀对照的1 667株增加了64.7%；割胶刀数30.3刀，比对照减少了42.6%；干胶含量提高了1.7个百分点；株产下降15.2%，但人均产量达到了4 996.3 kg，比对照提高36.0%。

2016年6个核心示范区人均割株达到3 008株，比4d1刀对照的1 950株，增加了54.3%，割胶刀数31.1刀，比对照减少了30.7%。干胶含量提高了1.5个百分点；株产下降15.0%，但人均产量达到了5 289.4 kg，比对照提高27.4%。

2017年6个核心示范区人均割株达到3 034株，比5d1刀对照的2 285株，增加了32.8%，割胶刀数32.8刀，比对照减少了25.8%。干胶含量提高了 1.1 个百分点；株产下降 5.6%，但人均产量达到了 6 043.2 kg，比对照提高 24.1%。

2015—2017 年 6 个核心示范区 3 年数据平均来看：采用超低频割胶后人均承割株数达到 2 929 株，比对照增加了 48.9%；年割胶刀数 31.4 刀，比对照下降了 50.6%；干胶含量提高了 1.4 个百分点；株产 1.91 kg，比对照下降了 13.6%；人均干胶产量达 5 443.0 kg，比对照提高了 28.6%（表 4-9）。

表 4-9　2015—2017 年超低频割胶试验产量情况

年份	割制	人均割株（株/人）	刀数（刀）	干胶含量（%）	株产（kg/株）	人均产量（kg/人）
2015	超低频	2 746	30.3	28.1	1.89	4 996.3
	d4	1 667	52.8	26.4	2.23	3 674.5
2016	超低频	3 008	31.1	28.3	1.82	5 289.4
	d4	1 950	44.9	26.8	2.14	4 152.2
2017	超低频	3 034	32.8	27.7	2.01	6 043.2
	d5	2 285	44.2	26.6	2.13	4 867.5
三年平均	超低频	2 929	31.4	28.0	1.91	5 443.0
	d4～d5	1 967	47.3	26.6	2.17	4 231.4

茂名垦区超低频割胶技术的推广应用，通过扩大岗位数从而增加了胶工承割株数，大幅度提高了割胶效率，减少了割胶用工，降低了橡胶生产成本；胶工人均产量大幅度提高，有利于增加胶工收入，稳定胶工队伍，最终实现企业增效和职工增收，有助于解决当前生产困境，维护橡胶产业持续、健康发展。超低频割胶技术由于减少了割胶刀数，节约了大量树皮，可延长割胶年限；两割次间隔时间延长，干胶含量相应提高，使得胶树保持良好的产胶潜力，在胶价低迷的形势下达到了养树割胶的目的。采用超低频割胶技术干胶总产量虽会有所下降，但严格按照试验操作干胶减产幅度也呈现逐年下降的趋势，且减产幅度均在预期可接受的范围内。由于该项技术可有效缓解胶工短缺的现状，现已辐射推广到广东阳江地区，在胶价持续低迷的时期，胶工短缺的单位可结合生产实际情况推广应用。

二、气刺短线割胶技术的熟化及示范推广

气刺割胶技术是 20 世纪 90 年代在马来西亚兴起的一种全新采胶技术，其最大的特点是改传统的乙烯载体（乙烯利）刺激为乙烯气体在胶树上直接刺激，改传统的 1/2 割线为 5 ～ 8 cm 或者 1/8 割线（图 4-19，图 4-20）。我国从 1995 年开始对气刺割胶技术进行研究，1997 年进行小型生产性试验，2007 年"橡胶树气刺微割技术研究"获海南省科技进步二等奖。采胶岗位在前期研究的基础上，针对试验中存在的问题开展了从设备改进，到刺激技术和割胶技术的熟化及示范推广工作。

图 4-19　气刺短线割胶技术　　图 4-20　气刺短线割胶与传统割胶割线长度比较

对原有的气刺刺激设备进行生产性改进，设计出了"一种单向进气阀橡胶树刺激装置"（专利号：ZL 201120293149.5）。新设备利用单向进气阀，充气快速安全、漏气少、操作简单且安装速度提高 2 倍以上（图 4-21）。同时，设计出了相配套的"一种橡胶树气体刺激充气装置"（专利号：ZL 201220360457.X），该充气装置由一个贮气容器、一把充气枪和一条PU管组成，充气便捷漏气少，操作简单（图 4-22）。

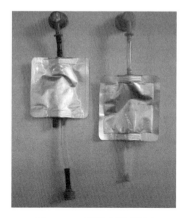

图 4-21 新型刺激装置

图 4-22 新型充气装置

对气刺短线割胶技术中的割面规划、割线长度、刺激位置、刺激剂量、刺激浓度、刺激时间等进行了比较研究。为保持胶树持续的产胶潜力，采用气刺割胶的老龄胶树采用 1/8 割线，通过降低割胶频率、缩短割线，大幅提高割胶劳动生产率；对于进入更新阶段的老龄胶树可根据胶树更新计划安排，逐年延长割线，以最大限度挖掘胶树产胶潜力，同时也能减轻更新树采用传统多线割胶的劳动强度。提出双轮换割面设计，创新了刺激技术并丰富了乙烯气体刺激基础理论内容（表 4-10，表 4-11）。提出了刺激周期调节、割胶频率调节、割胶时间调节、干胶含量指标调节和营养调节等五方面的"气刺短线割胶技术关键调控环节"，形成了橡胶树气刺短线割胶技术要点（表 4-12）。

表 4-10　气刺不同割胶长度干胶产量比较

处理	试前基数	株次产量（g）			净增产率（%）
		试后（2010 年）	试后（2011 年）	试后两年平均	
S/2 d4.ET4%	101.95aA	88.70^d	51.02^c	69.86^b	
S/8U d4.ETG100%	98.568aA	99.64^c	84.80^b	92.22^{ab}	36.5
S/4U d4.ETG100%	106.08aA	104.24^c	91.22^b	97.73^{ab}	34.4
S/2U d4.ETG100%	97.25^a	117.06^b	147.67^a	132.37^a	98.6
3S/4U d4.ETG100%	97.01^a	131.31^a	90.62^b	110.97^{ab}	66.9

注：同列数据后不同小写字母表示差异显著（$P<0.05$），下同。

表 4-11　RRIM600 不同乙烯浓度气刺割胶干胶产量比较

处理	株次产量（g）				净增产率（%）
	试前	试后（2012 年）	试后（2013 年）	试后两年平均	
S/2 d4.ET2.5%	50.45ᵃ	41.55ᶜ	99.13ᵃ	70.52ᵃ	–
S/4U d4.ET3.5%	49.05ᵃ	49.51ᵇ	91.28ᵇ	70.40ᵃ	2.68
Sc8U d4.ETG20%	44.18ᵇ	51.63ᵇ	72.76ᶜᵈ	62.20ᵃᵇ	0.72
Sc8U d4.ETG40%	44.93ᵇ	58.73ᵃ	82.51ᶜ	70.62ᵃ	12.44
Sc8U d4.ETG60%	41.01ᵇ	50.04ᵇ	69.24ᵈ	59.63ᵇ	4.02
Sc8U d4.ETG80%	42.18ᵇ	53.98ᵃ	75.49ᶜᵈ	64.73ᵃᵇ	9.79
Sc8U d4.ETG100%	42.04ᵇ	51.16ᵇ	73.95ᶜᵈ	62.56ᵃᵇ	6.46

表 4-12　气刺短线割胶技术要点

指标		具体要求
割胶技术	割面规划	开割前做好割面规划，将 1/4 割线分成两个 1/8，半年轮换一次
	割线长度	未列入更新计划胶树采用 1/8 树围（S/8），临近更新的可适当延长割线，如采用 1/4 树围（S/4）；阴刀或阳刀割胶
	割胶频率	每 4～5d1 刀（d4～d5），年割胶刀数控制在 50 刀以内
	割胶耗皮	阳刀割胶每刀耗皮控制在 0.16～0.17 cm，阴刀控制在 0.20～0.21 cm。
刺激方法	刺激剂型	乙烯气体刺激剂
	刺激剂量	每株每次 30～50mL（充气时不宜充太满，以防刺激过量；若是长势弱的胶树，要注意酌量减少）
	刺激频率	每 3～5 刀充一次气，如果第一刀增产幅度过大，则须延长充气周期
气室安装	安装部位	阳刀割胶气室安装在割线的下方 10～20 cm 处；阴刀割胶气室安装在割线右上方的 15～30 cm 处
	安装方法	用小铁锤轻轻地将嵌入有钢圈的小塑料盒钉入到树皮里面，不可用力太猛，也不宜钉太深，以免溢出的胶乳堵住气孔
	移换位置	每 45～60d 要将气室的位置移换一次，以免树皮钝化，影响刺激效果
	拆卸方法	用小塑料锤轻轻地敲击气室塑料盒的两侧，塑料盒便松动即可拆卸

开展了气刺短线割胶技术示范工作。"十一五"期间在云南的东风农场、勐满农场、景洪农场、橄榄坝农场、河口农场、孟连农场、德宏热带农业研究所、红河热带农业研究所和广东的南华农场、五一农场、红星农场、胜利农场、红峰农场、红五月农场、织篢农场等建立了 18 个气刺短线割胶技术示范

点，示范面积超过 20 000 亩。各示范点都获得了省工、省皮的好结果，大多数示范点还获得了增产效果。2011 年后，由于受到农垦体制改革的影响，气刺短线割胶技术在云南的应用面积大幅度减少，2011 年示范面积仅 700 亩。2013 年以来，由于橡胶价格持续低迷，使得胶工割胶收入减少，部分胶工开始放弃割胶岗位外出打工，胶工外流现象越来越严重。减轻胶工劳动强度、增加胶工割胶收入、保护胶工利益、留住在岗胶工是当前橡胶生产企业的首要工作。2014 年针对海南垦区胶工短缺、胶园撂荒的现象，采胶岗位与海胶集团合作在老龄胶树上开展橡胶树气刺短线割胶技术试验示范，试验规模逐年扩大，至 2017 年在海胶集团的广坝、阳江、保国、红华、东太、山荣、中建、乌石、中坤、加钗、长征、西联、西达等分公司推广应用，面积达到 53 000 亩，2011—2017 年在我国海南、云南、广东三大植胶区累计推广应用面积达 108 938 亩（表 4-13）。

表 4-13 　2011—2017 年气刺短线割胶技术试验示范情况

年份	试验点（个）	面积（亩）
2011	20	2 200
2012	19	1 200
2013	19	1 295
2014	13	4 883
2015	14	10 806
2016	9	35 554
2017	13	53 000
合计	107	108 938

气刺短线割胶技术由于采用了乙烯气体刺激可获得比常规乙烯利刺激更好的产量效应。如海胶集团广坝分公司普光七队从 2011 年开始采用气刺短线割胶技术，干胶含量虽比对照下降了 1.3 个百分点，但平均株产干胶达到 2.70 kg，比常规对照的 2.23 kg 增加了 0.47 kg，增产幅度为 21.1%（表 4-14）。

对 2014—2017 年各示范点的干胶产量数据分析也发现，采用气刺短线割胶后株产干胶比对照区增加，试验区 4 年平均株产 3.24 kg，比对照区的

2.67 kg 增加了 21.3%，4 年试验区累计增产干胶 1 264.97 t（表 4-15）。

表 4-14　广坝分公司普光七队气刺示范点割胶产量情况

年份	干胶含量（%）		株产（kg）	
	对照	气割	对照	气割
2011	27.4	23.6	2.02	2.47
2012	24.3	23.4	2.39	2.70
2013	26.9	25.4	2.28	2.83
2014	25.6	23.4	2.60	2.99
2015	27.9	26.8	1.76	2.47
2016	23.7	24.7	2.13	2.15
2017	27.4	27.3	2.40	3.27
平均	26.2	24.9	2.23	2.70

表 4-15　2014—2017 年气刺短线割胶技术干胶产量情况

年份	株产（kg）		增产干胶（t）
	对照	处理	
2014	3.10	3.52	35.11
2015	2.45	2.70	46.23
2016	2.51	3.20	374.46
2017	2.63	3.54	809.17
平均	2.67	3.24	
合计			1 264.97

　　气刺短线割胶技术的试验示范由于缩短割线提高了割胶速度，大幅度提高了胶工割胶劳动效率，胶工人均承割株数由原来的 1 200 株增加至 2 200 株以上，可为企业节约割胶用工，一些已撂荒的胶园重新复割增加了企业收入（表 4-16）。胶工承割株数增加，人均干胶产量和收入相应增加，从而调动了胶工割胶积极性，有效缓解了橡胶生产中出现的撂荒弃割现象，保证了植胶企业的正常生产，节约树皮 52.0%，可延长胶树的经济寿命，延长胶树的更新时间（表 4-17）。

表 4-16 2014—2017 年气刺短线割胶人均干胶产量和人均收入情况

年份	人均割株数	人均干胶产量（t）		人均收入（万元）	
		对照	气刺	对照	气刺
2014	2 084	3.42	5.19	2.69	3.22
2015	2 272	3.91	4.80	2.22	2.92
2016	2 341	4.44	4.91	2.51	2.84
2017	2 198	4.00	5.70	2.41	3.47
平均	2 224	3.94	5.15	2.45	3.11

表 4-17 橡胶树气刺短线割胶耗皮情况

示范区	处理（cm/株）	对照（cm/株）	减少耗皮（cm/株）	节皮率（%）
中国热带农业科学院试验场	6.7	14.2	7.5	52.8
海胶八一分公司英岛基地	7.1	15.5	8.4	54.2
海胶广坝分公司红泉九队	8.2	16.1	7.9	49.1
平均	7.3	15.2	7.9	52.0

改传统的凌晨割胶为白天割胶：传统割胶时间在凌晨两点左右，胶工夜间不能得到很好的休息，对人的身体健康有一定的影响。采用气刺短线割胶技术后由于气体刺激作用，胶树乳管膨压在非凌晨时间既可以达到割胶水平，胶工自行调整割胶时间，将传统的凌晨割胶改为白天割胶。白天割胶速度快，割胶环境更安全，劳动舒适度增加，胶工睡眠可以得到保障（图 4-23，图 4-24）。

图 4-23 气刺白天割胶情况

图 4-24 气刺产胶情况

三、乙烯利刺激规范化割胶技术的应用

民营胶园割胶生产技术管理不够规范，不少胶园还采用传统 2d1 刀割制，割胶效率低，伤树严重和耗皮量大；农垦体制改革后部分国有胶园管理下滑，在乙烯利刺激割胶过程中背离割胶技术规程，造成胶树产胶潜力下降和死皮增多等副作用凸显，植胶效益低；胶工老龄化和熟练胶工短缺的现象日益严峻。针对以上橡胶生产中面临的难题，采胶岗位联合其他岗位开展了以乙烯利刺激规范化割胶为主要内容，集成营养诊断及配方施肥技术、病虫害防控技术和产品质量管理技术等配套技术，通过在各植胶区建立示范点，形成一系列针对不同树龄，不同品种的轻简高效生产技术辐射到全国植胶区，以保证我国橡胶产业的效益和效率。

组装形成了新品种热研 7-33-97、云研 77-4 和云研 77-2 等"减刀、浅割、增肥、产胶动态分析、全程连续递进、低浓度短周期"乙烯利刺激割胶技术 1 套。将上述几个正在生产中大面积应用的新品种进行了产胶生理类型划分，制定了相应的割胶强度与刺激强度等技术措施。具体如下：

减刀：施用乙烯利后减少割胶刀数，应用 3d 一刀（d3）、4d 一刀（d4）和 5d 一刀（d5）割胶。采用 d3 割制，每周期割 4～5 刀，年割 60～80 刀；采用 d4 割制，每周期割 3 刀，年割 50～60 刀；采用 d5 割制，每周期割 2 刀，年割 50 刀。不能连刀、加刀，因雨停割所缺涂药周期和割胶刀数推后补齐，以达到所规定的全年割胶刀数为准。

浅割：从养树观念出发，适当浅割，以保护输导组织和产胶组织，防止乳管内缩和死皮，刺激割胶制度割胶深度不小于 0.20 cm。

增肥：合理增施肥料，弥补乙烯利刺激割胶和增加产量对各种养分的需求，保护和提高橡胶树的产胶潜力。

产胶动态分析：应用产胶动态分析指导割胶生产，调节刺激强度和割胶强度，使产胶与排胶保持相对平衡，保护和提高胶树产胶能力，培育高产稳产胶园。热研 7-33-97、云研 77-4、云研 77-2 年平均干胶含量不低于 25%，10 月底以前，1～5 割龄单刀干胶含量不低于 24%，6 割龄以上不低于 25%；进入 11 月以后干胶含量可相应降低 1 个百分点。低于以上规定值应短期休割。

全程连续递进：采用 d3～d4 割制热研 7-33-97、云研 77-4、云研 77-2 开割头 3 年不进行刺激割胶，第 4～5 割年可用 0.5% 乙烯利刺激割胶，第

6～10 割年 1% 乙烯利刺激, 第 11～15 割年 1.5% 乙烯利刺激, 第 16～20 割年 2% 乙烯利刺激, 20 割年以上采用 2.5%～3.0% 乙烯利刺激。若采用 d5 割制, 乙烯利浓度可比 d3～d4 割制相同割龄增加 0.5 个百分点。

低浓度短周期: 采用 d3 割制随着割龄的增加刺激浓度可逐步提高, 但最高不能超过 3%; d3 每 15 d 为 1 个涂药周期, 年涂 10～14 个周期; d4 每 12 d 为 1 个涂药周期, 年涂 14～16 个周期; d5 每 10 d 为 1 个涂药周期, 年涂 16～18 个周期。

由土壤肥料岗位负责, 形成了 3 套与不同气候环境、土壤类型、主栽品种、割胶制度相匹配的土肥技术措施、高产胶园生态保育技术规范 1 套和胶园数字化管理系统 1 套。根据不同植胶区的橡胶生产现状, 开展乙烯利刺激割胶及配套技术集成与示范区相关的示范工作。

表 4-18 橡胶树刺激割胶及配套技术集成与示范区基本情况

植胶区	示范地点	示范品种	面积 (亩)	示范割制
云南	云南热作所江北试验队	云研 77-4	165.8	d4
	勐腊县瑶区乡纳卓村委会回宽村	云研 77-4	218.5	d4
广东	广东水丰农场二队	热研 7-33-97	160	d7
	广东火星农场丰坡队	热研 7-33-97	300	d6
海南	海胶集团邦溪分公司芙蓉田片区十九队	PR107	381.7	d4

云南省勐腊县是我国民营橡胶发展较早、面积较大的地区, 截至 2016 年年底全县民营橡胶 147.5 万亩, 开割面积 96.2 万亩, 种植范围分布在全县辖区的 10 个乡镇 52 个村民委员会。农民收入 60% 以上来源于天然橡胶, 已成为全县涉及范围最广、种植面积最大、从业人数最多的支柱产业。但由于缺少相应的技术支撑, 普遍存在割胶技术差伤树多、割胶效率低耗皮大、乱使用刺激死皮率高等现象, 植胶经济效益差。2014 年开始采胶岗位与西双版纳综合试验站合作在云南勐腊县纳卓村回宽村的农户胶园中开展乙烯利刺激规范化割胶技术、营养诊断配方施肥技术及病虫害防控技术等集成与示范, 示范品种为当地的主栽品种云研 77-4, 示范区采用 4d1 刀, 乙烯利刺激浓度 0.5%, 3 刀为一刺激周期, 对照区采用常规 2d1 刀不刺激。

2014—2017 年 4 年处理区年均割胶刀数 43 刀, 比对照区减少了 29 刀, 减少了 40.3%。处理区的亩产从 2014 年开始试验时的 53.28 kg 增加到 2017 年的

77.35 kg，增加了 45.2%，而对照区从 2014 年的 79.14 kg 到 2017 年的 96.89 kg，仅增加了 22.4%；处理区的株产从 2014 年的 2.10 kg 到 2017 年的 2.67 kg 增加了 27.1%，而对照区仅增加了 22.4%；处理区的株次产从 2014 年的 45.66 g 到 2017 年的 64.94 g 增加了 42.2%，而对照区增加了 41.3%（表 4-19）。以上结果表明：采用乙烯利低频刺激割制在减少割胶刀数，提高割胶劳动生产率的同时刺激增产的效果初步显现，产量逐年增加，技术开始辐射周边地区和胶农。

表 4-19　2014—2017 年云南勐腊示范点产量情况比较

年份	割胶刀数（刀）		亩产（kg）		株产（kg）		株次产（g）	
	处理	对照	处理	对照	处理	对照	处理	对照
2014	46	83	53.28	79.14	2.10	2.87	45.66	34.75
2015	41	68	65.34	83.91	2.43	2.87	59.84	42.86
2016	45	72	78.74	89.83	2.89	3.05	64.48	42.19
2017	41	67	77.35	96.89	2.67	3.29	64.94	49.12
4 年平均	43	72	68.68	87.44	2.52	3.02	58.73	42.23
2017 年比 2014 年（±）	-5	-16	+24.07	+17.75	+0.57	+0.42	+19.28	+14.37
2017 年比 2014 年增长率（%）			45.2	22.4	27.1	14.6	42.2	41.3

　　广东茂名垦区橡胶种植面积达到 40 多万亩，是广东垦区最大的天然橡胶生产基地，但是由于地理条件的限制，该区域受台风和寒害影响频繁，与海南、云南植胶区相比，单产相对较低。茂名垦区多为外来胶工，招胶工难，胶工流动性大，随着垦区大批胶园开割投产，使得胶工紧缺现象更为突出并已成为制约垦区天然橡胶产业发展的一个重要因素。为了应对胶工短缺的现状，维护正常的橡胶生产，结合新开割胶园胶树连续，胶工割胶速度快的特点，于 2015 年在广东茂名电白示范县水丰农场 2 队新开割胶园开展了 7d1 刀超低频割胶及配套营养诊断施肥等技术的集成与示范。示范面积 160 亩，示范品种为热研 7-33-97，2008 年定植，2015 年开割。示范区采用 S/2 d7 割制，对照采用 S/2 d4 割制。

　　2015—2017 年数据表明：采用超低频割制胶工人均割株能达到 3 011 株，比对照增加了 1 176 株，增幅 64.09%；年均割胶刀数 25 刀，比对照减少了 30.6%；干胶含量下降 1.5 个百分点；株产比对照减少 8.95%，但株次干胶产量提高了 34.17%；人均干胶产量增加 52.62%，人均收入相应增加（表 4-20）。通过采用 7d1 刀超低频割制胶工承割株数增加，提高胶工的人均产胶量，进而达到提高胶工收入、稳定胶工队伍的目的；通过采用超低频割制大幅度提高了割胶劳动生产率，降低了橡胶生产成本，最终实现企业增效和职工增收。

表 4-20 2015—2017 年广东水丰示范点年产量情况

项目		2015 年	2016 年	2017 年	3 年平均
割胶株数（株）	处理	2 531	3 248	3 254	3 011
	对照	1 623	1 896	1 986	1 835
刀数（刀）	处理	22	24	28	25
	对照	32	36	41	36
干胶含量（%）	处理	26.2	26.3	27.7	26.7
	对照	25.8	24.2	25.7	25.2
株产（kg/株）	处理	0.64	1.38	1.63	1.22
	对照	0.81	1.33	1.88	1.34
亩产（kg/亩）	处理	16.29	45.10	52.92	38.1
	对照	21.97	41.23	58.36	40.5
株次产 [kg/（株·刀）]	处理	29.09	57.50	58.21	48.3
	对照	25.31	36.94	45.85	36.0
人均产胶（kg/人）	处理	1 613	4 465	5 239	3 772.3
	对照	1 340	2 515	3 560	2 471.7
胶工收入（万元）	处理	2.16	3.60	3.83	3.20
	对照	1.73	2.16	2.35	2.08

四、橡胶树死皮防控技术研发与应用

1. 橡胶树死皮发生现状

橡胶树死皮是指乳管部分或全部丧失产胶能力的现象，其症状为割线排胶减少甚至完全停排。据估计，目前世界各植胶国有 20% ～ 50% 的橡胶树存在死皮现象，每年因此损失 131 万～ 174 万 t 的天然橡胶产量，造成的直接经济损失约 50 亿美元。高死皮率抵消了多项栽培措施的增产效率，橡胶树死皮已成为制约天然橡胶产业发展的重要因素之一，如何对其进行有效的防治是目前生产急需解决的问题。我国是橡胶树死皮发病率较高的国家之一，尤其是在近些年，死皮发病率逐年大幅上升。对我国三大植胶区24个国有农场（分公司）、8个民营农场涉及5个割龄段、11个主栽品种进行了橡胶树死皮现状调研。结果显示，我国橡胶树平均死皮率高达24.71%，少数胶园死皮停割率甚至接近60%。国有胶园橡胶树死皮率、3级以上死皮率、停割率均低于民营胶园。三大种植区国有胶园死皮率和3级以上死皮率从小到大的顺序依次为：云南<海南<广东，死皮率分别为20.77%、28.08%和30.90%。国内大面积种植主栽品种死皮率大小顺序依次为：PR107<GT1<RRIM600。此外，死皮树存在连株分布的现象，且随着割龄的增加，连株分布的现象越发明显。调研显示，我国三大植胶区的橡胶树死皮率和停割率近年来增加的趋势明显，橡胶树死皮防控技术的需求非常迫切。

2. 橡胶树死皮发生的理论模型

此前关于橡胶树死皮的成因有两种观点：一种观点认为由于强度割胶而引起的营养亏缺病；另一种观点认为它是一种传染病。经过项目组的全国性系统调研及研究实践，进一步明确我国橡胶树死皮主要类型是因强割强刺激造成的生理性死皮。综合前人关于橡胶树死皮发生机制研究结果及本体系研究小组的研究实践，提出了"橡胶树生氰或乙烯生物合成产氰过程中氰化物代谢缺陷致病"的死皮发生模型，成为进行橡胶树死皮防治综合技术研发的关键理论基础（图4-25）。

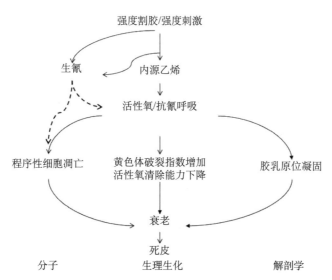

图4-25　"橡胶树生氰或乙烯生物合成产氰过程中氰化物代谢缺陷致病"的死皮发生模型

强度割胶与过量刺激对树体的损伤导致橡胶树体内（至少在排胶影响面）生成大量内源乙烯，因而氰化物作为内源乙烯合成的伴随产物也在短时间内大量累积。同时，环境和胶乳收获压力导致活性氧过度产生，而β-氰丙氨酸合成酶（β-CAS）活性的降低，氰化物代谢能力减弱，导致形成死皮。另一方面，橡胶树所有组织，包括树叶、树干以及种子中都累积了相当数量的亚麻苦苷和亚麻苦苷酶，能强烈生氰。遭遇机械损伤的破裂组织中流出的氰苷与质外体酶结合释放出氰化物。橡胶树易感死皮品系组织中生氰势高，而β-CAS活性相对较低，氰化物代谢缺陷导致树体容易发生死皮。橡胶树生氰或乙烯合成产氰与氰去毒活性之间的严重失衡，导致周围细胞中毒，从而在植物分子生物学、生理生化与组织解剖学方面引起一系列变化，最终导致树皮组织衰老，形成死皮。

建立并运用死皮发生和恢复试验系统，从组织学、生理学及分子生物学角度验证了橡胶树死皮康复综合技术可使死皮树恢复正常产胶。研究结果显示，橡胶树死皮发生和恢复过程中树皮显微结构、胶乳生理参数、活性氧清除相关酶活性以及活性氧相关基因的表达发生显著变化；同时，结果也暗示死皮发生和恢复过程与活性氧信号途径密切相关，为进一步阐明橡胶树死皮发生和恢复机制奠定理论基础（图4-26）。

3. 橡胶树死皮防控技术

首先，针对重度死皮（3级及以上）的防控技术研发了一种橡胶树死皮康复组合制剂，提出了免刨皮直接树干喷施和割面涂施相结合的施用方式，并以此为核心技术形成了橡胶树死皮康复综合技术。以"橡胶树生氰或乙烯生物合成产氰过程中氰化物代谢缺陷致病"为理论基础，筛选橡胶树死皮康复营养剂有效成分，并对各有效成分进行复配，确定相应制剂配方及其配套施用技术，研发了一种橡胶树死皮康复营养剂组合制剂，并制定了相应产品的企业标准。该组合制剂包括胶剂（死皮康Ⅰ），用于割面涂施；水剂（死皮康Ⅱ），用于树干喷施。在重度死皮植株康复过程中，两种剂型的营养剂同时使用。

配套适用技术：①死皮康Ⅰ：轻刮割线上下20 cm范围内粗皮，去除粗皮与杂物，用毛刷将死皮康Ⅰ均匀涂抹在割线上下20 cm树皮上（涂满整个清理面，以液体不下滴为准）。一瓶（0.5 L）每次能涂25棵树左右。该剂型不需要稀释，直接使用；每个月涂3次，连续涂2个月。②死皮康Ⅱ：取1瓶营养剂（1 L），加水到40 L，搅拌均匀。将兑水后的营养剂均匀喷到距地面1.8 m以下的树干及树头。每棵树喷1 L兑水后的营养剂。注意在喷营养剂前，先清

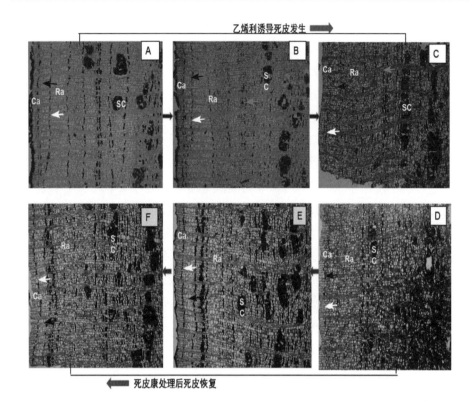

图 4-26　死皮发生和恢复过程中树皮显微结构

A、B、C、D、E和F分别为健康、内缩、严重内缩、部分死皮症状、死皮恢复后内缩和正常排胶的树皮显微结构。白色箭头：正常乳管；蓝色箭头：膨大乳管。

理距地面 1.8 m 树干爆裂粗皮。每个月喷 3 次，连续喷 3 ～ 4 个月。

技术康复效果：在海南、云南与广东针对不同主栽品种进行橡胶树死皮康复综合技术示范。参与示范的橡胶树品种共 9 个，示范结果显示，使用橡胶树死皮康复综合技术可以使 93-114、RRIM600、热研 7-33-97 与 PR107 等橡胶树主要品种死皮停割植株死皮指数比对照植株降低 40% 左右，即可以使约 40% 的橡胶树死皮停割植株恢复产胶，并具有较好的生产持续性，延长割胶生产时间至 2 ～ 3 年以上，有效降低与延缓橡胶树死皮的发生。

这项技术对多数主栽品种死皮恢复有明显促进作用，能满足生产单位和胶农的预期，其平均恢复率达 40%；恢复周期短，一般 4 ～ 6 个月就恢复产胶，并延长割胶时间至少 2 ～ 3 年以上；使用成本较低，营养剂及人工成本 10 元/株；收益高，平均每亩增收约 64 元；产品质量稳定，无毒害。

其次，针对轻度死皮（3级以下）的防控技术提出了采用割面调整与规划技术对死皮植株进行处理与复割，完善了橡胶树死皮康复综合技术内容。针对轻度死皮，首次提出采用破半割胶与割面调整相结合的技术措施。通过对轻度死皮植株阳线、阴线割制进行调整，降低割胶强度，减缓死皮，使多数橡胶树恢复1/2树围割线正常排胶。

采用阳线割胶，将1/2树围的割线平分为两条1/4树围割线。缩短割线后，若死皮未继续加重，两条1/4割线在同一个1/2树围内轮换割胶。轮换若干年，若恢复正常排胶，在两个1/4树围割平的基础上恢复1/2树围割胶；两个1/4割线不排胶现象加重，即转入第二割面，在距地面1.3 m的高度进行1/4树围阳线割胶。阳刀是以年度轮换割面，阴刀是以高度轮换割面，都是从右边到左边进行轮换。若第一、第二割面阳线割胶全部死皮，可以考虑阴刀割胶。阴刀是向上割，在原割面的1/2树围中，先割1/2树围割线的后半部，一直割到距地面1.8 m高处，再转入前半部进行割胶。当割到距地面高度1.8 m处时，转第二割面。阴线4个1/4树围割面的原生皮都已割完，如再生皮长得够厚，则可以开一条短线，进行1/4树围或1/8树围采胶。通过破半割胶及割面规划技术，使轻度死皮植株保持持续产胶。按此技术对轻度死皮植株进行割胶，割胶生产持续时间可达30年。

图4-27　橡胶树死皮康复营养剂组合制剂及其使用方法

a是由液体制剂与胶状制剂组成的中试产品"死皮康"；b是割面涂施之前刮去割线上下粗皮；c是割面涂施胶状制剂；d是树干喷施液体制剂；e是标记植株割胶进行观测。

4. 示范应用与产品升级

2013 年开始，体系分别在海南、云南与广东进行橡胶树死皮康复综合技术示范，并建立近 20 个长期示范点，参与示范的橡胶树品种共 9 个。建立了从试验与示范、推广型示范、样板型推广到较大规模推广的模式，目前，已在海南、云南应用推广，培训胶农近 3 000 人次，培训技术人员近 200 人次，发放技术光碟 5 000 余份。依托国家天然橡胶产业技术体系各综合试验站，新研发的橡胶树死皮康复土壤调理剂的示范工作正在进行。2018 年示范结果初步显示，橡胶树死皮康复土壤调理剂对死皮停割树恢复割胶效果明显，多数示范点死皮恢复率超过 50%，更重要的是土壤调理剂操作简单，大大降低了劳动力成本，更加方便山地施用。

第四节　植胶区生态观测和管理

一、植胶区生态环境观测与橡胶林生态系统碳水循环研究

橡胶园生态岗位团队开展了我国植胶区的生态环境观测工作，目前已建成 10 个观测地点（海南 3 个点、云南 3 个点、广东 1 个点），观测内容包括 4 大类：一是气象指标（年均温、月均温、月最高气温、月最低气温、年降水量、月降水量、光照时数、相对湿度、雨日）；二是立地环境（经度、纬度、海拔）；三是土壤指标（容重、pH、有机质、全氮、全磷、全钾）；四是植被指标（主要物种种类、物种丰富度、群落物种多样性等性状）。

另外，在海南儋州地区建设 2 座高为 50 m 的微气象观测铁塔，进行长期定位观测，主要收集橡胶树生长产胶周期数据（包括橡胶树生长数据、橡胶林产出数据、自然灾害数据）、橡胶林自然环境演替数据（包括大气数据、土壤数据、林下植被数据）、橡胶树生长模拟数据（包括橡胶树直径和树高生长、橡胶树生长环境因子）等 3 大类数据。

结合获得的橡胶林生态系统环境数据，开展橡胶林生态系统碳水循环研究，开创橡胶林生态系统学研究。橡胶林生态系统碳平衡研究取得重大进展，"海南岛橡胶林碳汇研究"获得海南省科技进步二等奖；橡胶林生态系统水平衡研究，进展顺利，为正确评价橡胶林生态系统提供支撑。

二、胶园生物多样性研究

十年来，橡胶园生态岗位团队成员相继开展了中国植胶区（包含海南、广东和云南）橡胶林资源植物的调查与分析，系统研究了橡胶林群落的物种组成、多样性特征及影响因素，其研究成果"中国植胶区橡胶林植物多样性研究"被农业部科技发展中心评价为"国际领先"水平的成果。团队成员还对泰国、老挝、柬埔寨、越南、缅甸等中南半岛国家的橡胶林植物多样性开展了研究。依照国际建立热带森林动态监测样地的方法建立了橡胶林固定样地，开展了橡胶林近自然管理的相关研究，并尝试提出了"近自然管理"可作为提高橡胶林生物多样性的有效途径，上述研究结果在保护生物学期刊 *Tropical Conservation Science* 上发表。

在橡胶林土壤微生物研究方面，团队成员分析了海南和西双版纳橡胶林土壤细菌群落的多样性特征及影响因素，并与热带雨林和热带次生林比较。研究结果表明，当热带森林转化为橡胶林后，土壤细菌群落的多样性并不会降低；在小尺度上季节变化是影响土壤细菌群落组成与多样性分布的主要因素；在地理尺度上，细菌群落的组成差异较大，表明历史偶然性是影响土壤细菌群落的主要因素。上述相关研究成果在国际环境科学期刊 *Science of the Total Environment*、林业期刊 *Forest Science*、保护生物学期刊 *Tropical Conservation Science* 和土壤学期刊 *European Journal of Soil Biology* 上相继发表。

三、橡胶林生态遥感监测

遥感技术是大尺度获取橡胶林空间分布和树龄信息的主要手段，弄清橡胶林的空间分布和年龄结构信息（具体种植时间），对实际生产和科学研究均有重要意义。翔实的树龄和种植面积信息不仅能为当前橡胶产量预测（与年龄高度相关）提供关键参数，同时还能为橡胶木材加工产业和未来中国橡胶产胶潜力的准确把控提供可靠数据。通过结合橡胶林物候变化特征和多源遥感大数据，建立了精确的橡胶林分类算法系统，获得了海南省 2007—2017 年共 7 期年度空间分布图；同时结合 30 年长时序 Landsat 数据集，提出利用橡胶树种植时土地利用变化信息来提取橡胶年龄并建立了树龄反演算法，获得 2015 年为本底图的橡胶种植时间分布图（像元/胶园尺度 R2=0.85/0.99，RMSE=2.34/0.54 年）。根据橡胶林分类及树龄反演结果发现，目前海南省的橡胶林主要分布在儋州市、白沙县、琼中县、屯昌县和澄迈等市县，近十多年来这些地区新种植的橡胶面积最大，分布比较集中。东部文昌市、海口市以及东部至南部沿海内陆地区因台风灾害严重，橡胶林分布相对较少，现存多数为种植时间早于 1990 年的老龄橡胶林。近一二十年来，海南省橡胶种植中心向中北和中西部的儋州市、澄迈县、白沙县等市县移动趋势非常明显。另外，在种植面积较大的几个市县中，琼中县和屯昌县的老龄橡胶林所占面积比重最大。

四、植胶生态环境效应定量评估

随着橡胶林在热带地区大面积种植，社会各界围绕橡胶林种植带来的生态学问题争议很大，植胶的生态环境效应定量评估成为社会各界关注的焦点。针对上述社会关注焦点，橡胶园生态岗位团队成员，在该领域开展了相应研究工作，取得了一些可喜的成绩，这些研究成绩主要包括：首先，通过对我国植胶区生态环境长期定点观测，分析植胶区土壤理化性质，探讨橡胶林种植对区域土壤环境的影响。其次，基于多源多时相遥感影像提取了我国植胶区空间分布与面积动态，成功构建了基于栅格的生态环境质量综合评价模型，定量评估植胶区土地利用变化对生态环境质量的影响。研究发现，1990—2015 年海南省生态环境质量指数略有下降，但生态环境质量转好的区域明显大于转差的区域；橡胶林地生态环境质量转好，增加的橡胶林地主要转出自生态环境质量指数相对较低的植被类型。

五、环境友好型生态胶园建设

环境友好型生态胶园是依据生态系统平衡理论和近自然林理论，通过协调橡胶生产活动与胶园及其所处的区域环境的相互关系，从而建立稳定健康、具有较高多样性特征（物种、生态系统或景观多样性），能够发挥多种生态效益，且在一定程度上能够获取橡胶产量的橡胶园。它在获取橡胶经济产量的同时不会对所处的环境带来显著的不利影响，以改善生态环境、提高经济效益和可持续发展为目标，着力构建以橡胶林为主的多物种、多层次和良性生物环境的复合生态系统，以丰富胶园生物多样性，提升胶园生态功能。目前，橡胶园生态岗位团队探索开展了多功能生态胶园的建设实践工作，分别在国家天然橡胶产业技术体系文昌综合试验站、琼中综合试验站、东方综合试验站初步建立了多功能生态胶园。

六、林下资源综合利用

从"十三五"开始，林下资源综合利用技术研究纳入产业体系种苗扩繁岗位的研究内容。经过几年的发展，取得了如下进展。

①收集了一批林下优异种质资源，建立了一套林下种质资源适应性快速评价技术体系，筛选出一批优良新资源或新品种，如食梗芋、南芪、竹薯、魔芋、雷公笋等。以及提高南芪、魔芋、食梗芋等作物的种苗高效繁育技术。

②研发出一批市场前景较好、实用性强的成龄胶园新模式，如全周期间作模式胶园建设技术，"橡胶+牧草+南药+畜禽+粪便还田"橡胶林下健康种养循环利用技术，橡胶林下南药（南芪、砂仁、草豆蔻、益智、巴戟天、广金钱草、地胆头、相思茶、肾茶、海南地不容等）、蔬菜（魔芋、食梗芋、竹薯、生姜等）、香辛饮料（咖啡、可可、肉桂、糯米香、山萎等）、花卉苗木（散尾葵、鱼尾葵、鸟巢蕨、竹柏、一帆风顺、黄金鸟等）、食用菌（竹荪、鹿角灵芝、大球盖菇、白背木耳等）绿色高产高效间作技术及其他作物（棕叶、百香果、印奇果等）的间作技术。与云南版纳综合试验站、广东茂名和湛江综合试验站、海胶集团等企事业单位合作，在云南西双版纳，广东茂名和湛江，海南定安、澄迈、文昌、儋州、东方、白沙等县市建立了一批高标准林下经济模式示范基地，示范面积 6 000 多亩，推广种植南芪、食梗芋、竹薯、益智、砂仁、草豆蔻等林下耐阴作物，示范区内增加胶园综合效益 30% ～ 50%，辐射带动周边地区推广橡胶林下经济模式 10 多万亩。

③初步建立了一批林下资源产品加工技术，如芋梗酸菜及其即食食品、饮料、蘑菇酱、南芪酒、地胆头酒等产品的加工方法，以及南芪、益智等精油的萃取、纯化方法。

第五章 病虫害防控

病虫害是制约橡胶种植业顺利发展的重要因素，严重的病虫害甚至摧毁整个产业。据统计，橡胶树病虫害每年造成产量损失一般在15%以上，我国橡胶树主要病虫害有白粉病、炭疽病、根病、害螨、介壳虫、小蠹虫等，每年因病虫害造成的损失理论上超过6万t，价值10亿元人民币。橡胶树病虫害高效防控技术仍有待于进一步研究和改进。橡胶树树体高大，普通药剂（药械）很难达到冠层顶部，其有效防控一直是国内外面临的难题。经过十年的研究，我们在病虫害监测及测报网络建设、病原检测及生物学特性、病害致病分子生物学研究、品种抗性评价、病虫害防控技术（包括药剂剂型及配套施药技术）等方面取得了一定的成果。

第一节 病害防控

我国橡胶树主要病害有叶部病害白粉病、炭疽病、棒孢霉落叶病、季风性落叶病；茎干病害割面条溃疡病、死皮病；根病等，其中白粉病、炭疽病及根病危害最为严重。体系项目建设以来，病害防控岗位围绕橡胶树主要病害在其监测、检测及生物学特性、综合防控等方面开展研究。

一、病虫监测及测报网络建设

白粉病是橡胶生产上最严重的制约因素，因白粉病造成的产量损失平均约20%，严重年份达60%以上，它的发生和流行同当地的气象因子、橡胶树物候期和田间病原菌数量这三个因素紧密相关。国内外防治橡胶树白粉病基本采用喷撒硫黄粉等药剂的方法。白粉病发生较轻的年份每年喷施1～2次，较重的年份施3～6次。能否准确测报病害发生危害趋势、把握好施药时机是防治效果好坏、防治成本高低的关键。目前，我们已经在海南、云南、广东的32个县市建立了52个监测站，132个固定观察点，通过对白粉病测报技术规范的宣传续传、病虫害监测站的建设和技术培训，在我国橡胶主栽区建立起一个完整的橡胶树白粉病测报数据采集和报送网络，通过专家系统预测预报，准确把握施药时机，比盲目施药提高防治效果 30%，减少用药 40%。该监测网络同时监测及报送其他病虫害发生、发展情况数据。

二、病原检测及生物学特性

1. 炭疽菌病原鉴定和生物学特性

分析了我国橡胶树炭疽菌主要类群和田间优势种群，比较分析两类群菌株在形态、生长速率、致病能力等各方面的异同，监测田间种群对常用药剂咪鲜胺和多菌灵的敏感性。明确了我国橡胶树炭疽菌病原种类有胶孢炭疽菌复合群和尖孢炭疽菌复合群，且大部分胶园以胶孢炭疽菌复合群为主要病原类群；橡胶树两类群炭疽菌不同菌株间分生孢子萌发时间、孢子萌发率、附着胞形成时间和形成率有一定差异，但种间无明显差异；两类群炭疽菌目前对咪鲜胺敏感性无明显差异；各省区橡胶树炭疽菌对多菌灵仍有较好的敏感性，未发现高抗菌株。

2. 根病早期检测和生物学特性

由于根病种类复杂，早期难识别，形态学鉴定周期长，利用分子技术对病原真菌种类进行早期诊断技术便成为一种迫切需求。目前利用褐根病菌的一对特异性引物 GIF/GIR，建立了褐根病菌的分子检测体系，灵敏度为 100 ag/μL（图 5-1，图 5-2）。为了寻找到更为快速、灵敏、可靠且低成本和可视化的检测方法，红根病菌和褐根病菌的 LAMP 分子检测技术正处于研究进展中。

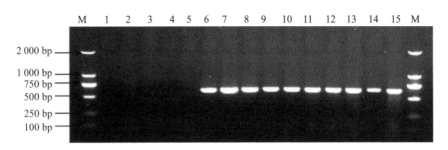

图 5-1　引物 GIF/GIR 对褐根病菌的 rDNA-ITS 序列扩增产物电泳

泳道 M 为 DL 2000 Marker，泳道 1 为清水对照，泳道 2 为 GP010，泳道 3 为 HC001，泳道 4 为 SR001，泳道 5 为 RL001，泳道 6～15 为不同来源橡胶树褐根病菌菌株（pn002，pn004，pn006，pn008，pn011，pn012，pn016，pn018，pn019，pn020）。

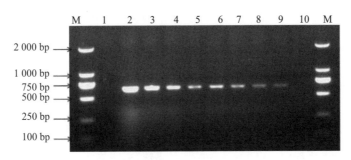

图 5-2　特异性引物灵敏度检测

泳道 M 为 DL 2000 Marker，泳道 1 为清水对照，泳道 2 ~ 10 为扩增所用的 DNA 浓度，分别为：1 ng/μL、100 pg/μL、10 pg/μL、1 pg/μL、100 fg/μL、10 fg/μL、1 fg/μL、100 ag/μL、10 ag/μL。

对橡胶树白根病病原菌、褐根病病原菌以及臭根病病原菌的生物学特性进行了研究，包括不同培养条件最佳培养基、温度、pH、光照以及病原菌致死温度，不同营养环境包括最佳利用碳源和氮源对生长的影响，为有效预防和防治不同种类的橡胶根病提供理论依据。

三、病害致病分子生物学研究

1. 白粉菌

完成了专性寄生菌橡胶树白粉菌 HO-73 基因组及互作转录组的测序，获

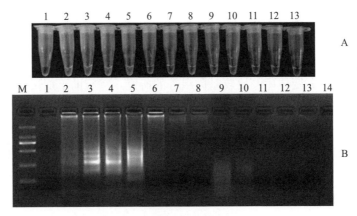

图 5-3　橡胶褐根病菌特异性分析

A：SYBR Green I 显色图；B：引物 PnSC2 LAMP 琼脂糖凝胶电泳图；M：DL 2000 标准分子量

1. 不加 DNA；2 ~ 5. 橡胶褐根病菌；6. 橡胶炭疽病菌；7. 杧果炭疽病菌；8. 橡胶紫根病菌；
9. 柱花草炭疽病菌；10. 橡胶白根病菌；11 ~ 13. 橡胶红根病菌。

得主要基因编码区域。全基因组白粉菌预测候选效应分子（CSEPs），预测的
141个橡胶树白粉菌效应蛋白，对其中具有Y/F/WxC结构域的橡胶树白粉菌效
应蛋白基因序列进行基因克隆鉴定及毒性功能筛选（图5-4）。大部分蛋白具
有白粉菌效应蛋白特有的Y/F/WxC结构域。

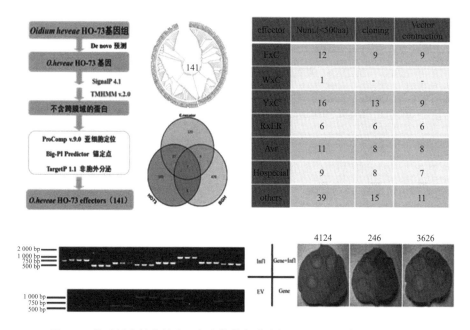

图5-4　橡胶树白粉菌效应蛋白生物信息学分析预测及基因克隆、毒性验证

2. 炭疽菌

完成了一株橡胶树胶孢炭疽病菌HBCg01菌株全基因组测序和生物信息
分析组装。对突变体库、比较基因组等的研究，将有助于加快研究速度和更
为深入地了解其分子致病机理。筛选获得32株致病缺陷性突变体，开展了
部分致病基因的克隆和功能研究；完成了P型ATP酶28个成员敲除载体的构
建，获得了17个P型ATP酶基因的敲除突变体，其中有5个（Cg01、Cg09、
Cg22、Cg27、Cg20）P型ATP酶基因敲除突变体丧失致病力，验证了Cg09
为钙调ATPase基因，该基因调控HBCg01菌株生长速度、产孢量、菌落形
态、孢子大小、维持细胞完整性和致病性；明确了胶孢炭疽菌CAP20蛋白为
脂滴包被蛋白，定位在菌丝和分生孢子内脂滴上，参与炭疽菌附着孢膨压形
成功能。

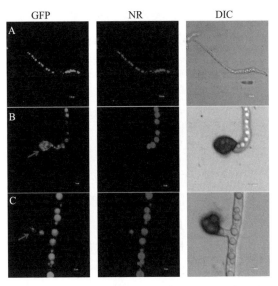

图 5-5 橡胶树炭疽菌 **CgCAP20** 蛋白亚细胞定位

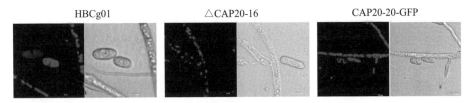

图 5-6 橡胶树炭疽菌 **CgCAP20** 基因缺失突变体 (△ CAP20-16)、野生型菌株

(HBCg01) 和互补转化子 (CAP20-16-GFP) 体内脂滴分布

四、品种抗性评价

通过高致病力接种菌的筛选、接种方法的试验和对比、病害分级标准的确定等一系列工作，建立起室内抗病性鉴定技术体系；分别用室内离体橡胶叶接种法、田间种质圃人工接种和自然发病条件下定期田间病害调查方法相结合，开展了我国重要橡胶树种质对白粉病、炭疽病和棒孢霉落叶病抗性鉴定和评价。不同方法鉴定结果略有差别。结合各种方法，对炭疽病抗性鉴定，筛选出抗病种质 8 份；中度感病 (MS) 类型 19 份，感病 (S) 类型 16 份，高度感病 (HS) 类型 3 份。抗病 (R) 类型的品种有：IAN873、云研 77-2、云研 77-4、幼 1、热研 8-79、热研 88-13、文昌 217 和云研 277-5；高度感病 (HS) 类型的品种有：南华 1、热研 7-18-55 和 -KRS13。对棒孢霉落叶病抗性鉴定，筛

选出高抗 4 份、中抗 19 份、轻感 14 份、中感 7 份、高感 2 份。其中 IAN873、文昌 11 为高抗品种，热研 7-33-97 为中感品种，PR107 和大岭 17-155 为高感品种。

五、防控技术研究

1. 橡胶树叶部病害综合防控技术

橡胶树树体高大，许多药剂难以送达树冠层，常规药剂多为水剂或粉剂，只能在橡胶树苗圃及胶林的部分区域使用，常规使用喷粉机及烟雾机扬程高度往往达不到树冠顶部，是当前叶部病害防治工作中的瓶颈因素。从药剂研制及药械改进入手，研发了"一药多治"兼治多种病害的 15% 嘧咪酮热雾剂及"病虫兼治"高扬程适用药剂，并改进了 2 种橡胶植保专用药械和 1 种通用喷洒部件，喷射高度提高至 18m 以上，药物在橡胶树冠层的沉积率提高 10% ～ 30%，药物利用率平均提高 15%，与传统施药机械比，工效提高 10% ～ 50%，且喷药效果受天气条件制约性小并减轻了劳动强度。

图 5-7 药剂定型发烟情况

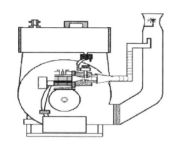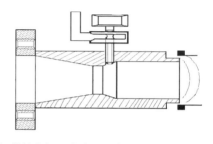

图 5-8 高扬程热力喷雾机结构和烟雾发生器局部剖视

　　在中国热带农业科学院试验场检验了 15% 嘧咪酮热雾剂田间防治效果，供试的杀菌剂有 15% 嘧咪酮热雾剂和 15% 粉锈宁热雾剂、硫黄粉、15% 咪鲜胺·腈菌唑烟雾剂等 6 种，不同杀菌剂用相匹配的植保机械施药。施药 2 次，根据施药后 10 d 的调查结果比较防效，15% 嘧咪酮热雾剂的防效最好，15% 粉锈宁热雾剂药效最差。且施药后 10 d 的调查数据显示，15% 嘧咪酮热雾剂施药 2 次的防效优于硫黄粉施药 3 次，表明 15% 嘧咪酮热雾剂的持效期要优于 325 目硫黄粉（表 5-1，表 5-2，图 5-9）。

　　15% 嘧咪酮热雾剂在云南红河、德宏，海南琼中、万宁，广东湛江试验站等站点进行了 2011—2015 年为期 5 年的扩大防治试验，防治面积 5 000 亩次以上，防治有效期达 10d，对白粉病施药 1 次效果与施 2 次硫黄粉效果相当；对炭疽病防效达 85% 以上。德宏试验结果，用嘧咪酮防治后，炭疽病危害叶片病情未发展，叶片未脱落，而对照区炭疽病危害叶片基本落光。

表 5-1　中国热带农业科学院试验场 5 队 7 种药剂施药后 5d 对橡胶树白粉病的防治效果

处理	病叶率%	病情指数（%）			防效（%）		
		平均值	差异显著性		平均值	差异显著性	
			0.05	0.01		0.05	0.01
15% 粉锈宁热雾剂	80	25.29	b	B	33.25	e	D
15% 咪鲜胺·腈菌唑热雾剂	60	17.46	cd	CD	53.91	cd	BC
15% 嘧咪酮热雾剂	44	10.26	e	E	72.92	a	A
30% 戊唑醇·咪鲜胺热雾剂	59	17.37	cd	CD	54.16	cd	BC
16% 百咪鲜酮热雾剂	60	19.08	c	C	49.64	d	C
硫黄粉（325 目）（2 次）	57	16.47	d	CD	56.53	bc	BC
硫黄粉（325 目）（3 次）	49	11.07	e	E	70.78	a	A
对照	85	37.89	a	A	–	–	–

表 5-2　中国热带农业科学院试验场 5 队 7 种药剂施药后 10d 对橡胶树白粉病的防治效果

处理	病叶率（%）	病情指数			防效（%）		
		平均值	差异显著性		平均值	差异显著性	
			0.05	0.01		0.05	0.01
15% 粉锈宁热雾剂	80	26.1	b	B	34.09	e	D

（续）

处理	病叶率（%）	病情指数			防效（%）		
		平均值	差异显著性		平均值	差异显著性	
			0.05	0.01		0.05	0.01
15%咪鲜胺·腈菌唑热雾剂	60	18.18	e	D	54.09	b	B
15%嘧咪酮热雾剂	44	11.7	f	E	70.45	a	A
30%戊唑醇·咪鲜胺热雾剂	59	19.35	de	CD	51.13	bcC	B
16%百咪鲜酮热雾剂	60	21.6	cd	CD	45.45	cd	BC
硫黄粉（325目）（2次）	57	23.31	bc	BC	41.13	de	CD
硫黄粉（325目）（3次）	49	21.42	cd	CD	45.9	cd	BC
对照	85	39.6	a	A	-	-	-

图5-9　嘧咪酮炭疽病防治前（左）、嘧咪酮炭疽病防治后（右）

2. 根病化学防治技术

橡胶树根病防治药剂单一且昂贵，长期使用防效有所下降，亟待开展橡胶树根病综合防治技术研究。针对不同杀菌剂对橡胶树白根病菌、褐根病菌以及红根病菌的敏感性，筛选出丙环唑、戊唑醇、咪鲜胺、腈菌唑等药剂，这些药剂对主要根病病原菌抑菌效果较好、毒力较强。对筛选的抑菌效果较好的单剂进行不同配比的二元复配，测定其对主要根病病原菌的联合毒力和进行毒力增效分析，筛选针对性强、高效低成本的十三吗啉替代药剂中试品"25%根康乳油"（表5-3，表5-4，图5-10）。2013—2018年在云南、海南植胶区累计完成9万株感染根病树的大田防治试验，初步统计防效达75%，药剂成本比十三吗啉减少35%。现在云南红河地区建立根病防治试验示范点，面积1 790亩。2013年与农药企业签订了"根康"产品登记协议书，对剂型进行优化和改进。"根康"产品获农业部农药田间试验批准证书号（SY201500942），目前申请登记材料基本完成。

表5-3 云南河口地区25%根康乳油防治橡胶树红根病情况

处理	发病率（%）		病情指数		防效（%）
	施药前	施药后	施药前	施药后	
25%根康乳油 20mL/株	100	30.56	11.73	4.63	69.09
25%根康乳油 30mL/株	100	13.89	11.11	1.54	90.80
25%根康乳油 40mL/株	100	27.78	11.11	3.09	78.67
75%十三吗啉乳油 30mL/株	100	7.41	13.58	1.23	97.14
清水对照	100	100	11.11	17.28	/

表5-4 云南版纳地区25%根康乳油防治橡胶树褐根病情况

对照				75%十三吗啉乳油				25%根康乳油			
施药前		施药后		施药前		施药后		施药前		施药后	
发病率(%)	病情指数	发病率(%)	病情指数	发病率(%)	病情指数	发病率(%)	病情指数	发病率	病情指数	发病率	病情指数
100	46.67	100	100	76.28	30.7	2.56	2.56	86.36	39.47	1.39	1.39
总株数		13		42				73			
死亡率（%）		100%		2.38				1.73			
防治效果（%）		—		95.74				98.28			

根康处理前红根病区（云南河口2013.12.5）

根康处理4次后（2014.11.26）

图5-10 使用根康处理前后的橡胶林

在生物防治方面，分离获得一株产铁载体细菌具有良好拮抗作用的生防 *Bacillus subtilis* Czk1，Czk1除对橡胶树根病菌有强烈拮抗作用外，还对橡胶炭疽病、白粉病有较好的生防效果；可在土壤和橡胶树体内定殖，对橡胶植株有明显的促生作用。室内研究发现其与根病化学防治药剂"根康"具有良好的相容性，为菌株Czk1的田间应用奠定了基础,丰富橡胶根病综合防治措施 (图 5-11)。

处理(Czk1菌液灌根)　　　　对照(培养基菌液)

图 5-11　Czk1 对橡胶树的促生以及对炭疽病的抑制效果

第二节　虫害防控

橡胶树害虫为害是天然橡胶产业发展的重要限制因素,虫害岗位紧紧围绕橡胶虫害问题及防控的技术与相关基础支撑等需求,在橡胶树害虫的种类及重要种类的天敌资源、发生为害特点与种群消长动态及影响因子、天敌资源利用基础、害虫监测技术和防治技术等方面进行创新研究,并取得突破。

一、害虫 (螨) 种类和天敌资源

1. 害虫 (螨) 种类

近年来,针对橡胶树害虫的发生与为害情况调查发现,随着我国橡胶种植规模逐渐扩大、生产管理方式和品种结构改变以及气候条件变化等原因,害虫的发生产生了新的变化。

一是橡胶树出现新的害虫为害。共计发现新的害虫种类19种,首次发现蓟马严重为害橡胶树,鉴定发现蓟马种类有 8 种,包括黄胸蓟马 *Thrips hawaiiensis*、花蓟马 *Frankliniella intonsa*、基毛大蓟马 *Megalurothrips basisetae*、茶黄蓟马 *Scirtothrips dorsalis*、端大蓟马 *Megalurothrips distalis*、棕榈蓟马 *Thrips palmi*、赭武雄管蓟马 *Hoplandrothrips ochraceus* 和针蓟马 *Astrothrips aureolus*;首次发现侧多食跗线螨 *Polyphagotarsonemus latus* 在橡胶苗圃严重发生为害;在云南发现油桐尺蛾 *Buasra suppressaria* 对橡胶造成严重为害;在海南和云南发现东方真叶螨 *Eutetranychus orientalis* 和比哈小爪螨

*Oligonychus biharensis*严重为害橡胶叶片；在海南和云南发现金龟子严重为害橡胶小苗。发现 2 种新入侵害虫，包括中对长小蠹*Euplatypus parallelus*在海南和云南严重为害橡胶树，大洋臀纹粉蚧*Planococcus minor*为害橡胶叶片和幼嫩枝条。

二是发现橡胶树害虫新的发生特点。监测发现六点始叶螨在古铜期、淡绿期等幼嫩期严重发生，而该虫过去一直认为只为害成熟叶片；发现橡胶树小蠹虫可为害活树致死，以往多发现小蠹虫在枯死或断头树等残缺植株上为害；橡胶树害螨已从过去的只有六点始叶螨*Eotetranychus sexmaculatus*为害发展为比哈小爪螨和东方真叶螨等多种害螨同时发生为害，有些区域林段已演变为以东方真叶螨或比哈小爪螨为主。

三是明确了橡胶树重要害虫种类。叶螨、介壳虫和小蠹虫是橡胶树重要的害虫类群。六点始叶螨*E. sexmaculatus*、东方真叶螨*E. orientalis*、比哈小爪螨*O. biharensis*、橡副珠蜡蚧*Parasaissetia nigra*、橡胶树材小蠹*Xyleborus affinis*、中对长小蠹*E. parallelus*等是我国近年来的橡胶主要害虫。

2. 重要害虫（螨）天敌

针对橡副珠蜡蚧、叶螨等橡胶树重要害虫开展了天敌资源调查，调查记述了橡副珠蜡蚧和叶螨的天敌资源，发现橡副珠蜡蚧的天敌昆虫 27 种（已鉴定 20 种，未鉴定 7 种，其中寄生性蜂 19 种、捕食性天敌 8 种），寄生性真菌 2 种，发现寄生蜂新种 1 种；查明橡胶叶螨的捕食性天敌 16 种，其中捕食螨天敌 15 种，捕食性瓢虫 1 种。明确了日本食蚧蚜小蜂*Coccophagus japonicus*、斑翅食蚧蚜小蜂*Coccophagus ceroplastae*、副珠蜡蚧阔柄跳小蜂*Metaphycus parasaissetiae*、纽绵蚧跳小蜂*Encyrtus sasakii*是橡副珠蜡蚧的本土优势天敌，拟小食螨瓢虫*Stethorus parapauperculus*、尼氏真绥螨*Euseius nicholsi*等是橡胶六点始叶螨的重要天敌。

二、害虫防控及天敌利用基础

研究揭示橡胶树主要害虫的发生规律、成灾的生物学生态学机制和重要天敌利用的生物学和生态学基础。

1. 发生规律和年生活史

在海南开展了橡胶树六点始叶螨和橡副珠蜡蚧的年度发生动态监测，发现六点始叶螨在海南年发生有 2 个高峰期，分别为 4—5 月和 10—11 月。六点始叶螨在海南年发生约23代，田间世代重叠。橡副珠蜡蚧田间世代重叠现象明显，其在海南省儋州市橡胶苗木上一年可以繁殖5代，高峰期出现在7月和8月。

2. 发育繁殖条件

采用特定时间生命表研究手段，研究揭示了六点始叶螨、东方真叶螨和橡副珠蜡蚧在不同寄主、物候和温度等条件下的室内种群特性和增长潜力。结果显示，对于六点始叶螨，其种群增长嗜好较高的温度，在32℃条件下其内禀增长率最高，为0.3270，高于其他4个供试温度；在热研7-33-97和PR107等橡胶主栽品种上易暴发成灾，其内禀增长率分别为0.118 3和0.106 1，显著高于其他品种上的增长潜力；六点始叶螨在古铜期和淡绿期等叶片上比在稳定期及老化期叶片上具有更大的种群增长能力，古铜期叶片上其内禀增长率为0.104 1。对于橡副珠蜡蚧，在橡胶和南瓜上的内禀增长率分别为0.068 1、0.043 8，显著高于木薯、柑橘、番石榴、荔枝等10多种寄主上的；橡副珠蜡蚧种群增长嗜好温度为23～27℃，其在25℃时种群内禀增长率最高，为0.053 3，显著高于其他温度。对于东方真叶螨，在橡胶品种GT1上种群具有最大的增长潜力，其内禀增长率为0.224 5，而RRIM600对其具有良好抗性，其内禀增长率为0.203 8，其他供试品种介于其中。

3. 天敌利用生物学和生态学基础

围绕橡副珠蜡蚧寄生蜂和六点始叶螨等害螨的捕食螨、拟小食螨瓢虫等捕食性天敌利用的问题，从发育生物学、繁殖生物学以及温度、食物（猎物）等对天敌的发育繁殖以及控害能力等层面研究揭示了日本食蚧蚜小蜂、斑翅食蚧蚜小蜂、副珠蜡蚧阔柄跳小蜂、纽绵蚧跳小蜂、金小蜂等5种橡副珠蜡蚧寄生蜂和拟小食螨瓢虫、巴氏钝绥螨、加州钝绥螨和尼氏真绥螨等4种叶螨重要天敌的应用基础。

研究揭示，斑翅食蚧蚜小蜂对橡副珠蜡蚧2～3龄若虫、日本食蚧蚜小蜂和纽绵蚧跳小蜂对橡副珠蜡蚧2龄若虫至褐色期成虫、副珠蜡蚧阔柄跳小蜂和金小蜂对橡副珠蜡蚧成虫有良好的控制作用；日本食蚧蚜小蜂、副珠蜡蚧阔柄跳小蜂、纽绵蚧跳小蜂、金小蜂为卵育型寄生蜂，成虫期补充蜂蜜和蔗糖不仅能延长成虫寿命，还能促进卵子发育，显著增加产卵量，对种群增长有重要作用；斑翅食蚧蚜小蜂为卵熟寄生蜂，成虫期补充营养有利于延长成虫寿命；通过比较不同温度条件下不同寄生蜂的怀卵量、发育速率、寿命及后代数量和寄生能力等指标，发现在 24 ～ 27℃ 条件下，斑翅食蚧蚜小蜂、日本食蚧蚜小蜂具有较大的种群增长潜力；在 27 ～ 30℃ 条件下副珠蜡蚧阔柄跳小蜂、纽绵蚧跳小蜂种群增长较快，副珠蜡蚧阔柄跳小蜂在 30℃ 温度条件下控害效能最高。

围绕本土天敌拟小食螨瓢虫和尼氏真绥螨及商品化天敌巴氏钝绥螨和加州钝绥螨，研究发现其对橡胶叶螨均具有较好的控害能力，但对六点始叶螨、东方真叶螨和比哈小爪螨及不同虫态的嗜好性存在明显差异。拟小食螨瓢虫对六点始叶螨和东方真叶螨的卵、幼螨、若螨、成螨等虫态均表现出良好的嗜食性，且具有很大的捕食能力，其成虫理论最大捕食量 43.3 头 /d；尼氏真绥螨嗜食六点始叶螨，且对不同螨态均具有良好的捕食能力，对成螨、若螨、幼螨和卵的理论最大捕食量分别为 49.79 头、106.83 头、157.25 头、38.59（粒）/d，但其对比哈小爪螨和东方真叶螨的捕食能力较低，理论最大捕食量只有六点始叶螨的 1/10 到 1/3，不取食比哈小爪螨的卵；巴氏钝绥螨对六点始叶螨、东方真叶螨和比哈小爪螨均有较好的捕食能力，对 3 种害螨的不同虫态嗜食性均依次为幼螨、若螨、成螨、卵；加州钝绥螨对比哈小爪螨具有较好的捕食能力，其对成螨、若螨、幼螨和卵等日理论最大捕食量均高于对东方真叶螨和六点始叶螨的捕食量，其取食比哈小爪螨时的发育速率也明显快于取食六点始叶螨和东方真叶螨的。在不同温度条件下，本土天敌尼氏真绥螨在 33℃ 相对高温条件下控害效能最高，而加州钝绥螨在 30℃ 时表现出最好的控害能力。

依据上述各天敌的发育与繁殖的条件需求及控害能力，提出日本食蚧蚜小蜂、斑翅食蚧蚜小蜂、副珠蜡蚧阔柄跳小蜂、纽绵蚧跳小蜂、拟小食螨瓢虫、巴氏钝绥螨、加州钝绥螨和尼氏真绥螨等天敌的应用策略。对于橡副珠蜡蚧，副珠蜡蚧阔柄跳小蜂和日本食蚧蚜小蜂优先考虑通过在室内大量扩繁应用于生产上的防治，当低温季节和田间 2 龄和 3 龄若虫虫口比例较大时，可扩繁释放斑翅食蚧蚜小蜂作为副珠蜡蚧阔柄跳小蜂释放应用的补充。对于叶螨，应根据田间的害螨发生种类选用合适的天敌，当田间发生以六点始叶螨为主时，应选用尼氏真绥螨，加州钝绥螨可在东方真叶螨或比哈小爪螨为优势种群时使用，拟小食螨瓢虫在害螨发生时均可通过助迁进行保护利用。

三、虫害防控技术

1. 技术与产品研发

围绕橡副珠蜡蚧、六点始叶螨和小蠹虫等的监测与防控需求，初步研发出其监测、生物防治、应急防控和理化诱控关键技术和产品。

研发出以人工调查为主的六点始叶螨和橡副珠蜡蚧的监测技术，规范了取样方法；研发出以诱剂诱集为主的小蠹虫监测技术，明确了诱剂配方，研发出新的简易诱瓶。

筛选出橡副珠蜡蚧等介壳虫的安全高效防治药剂，发现爱本（氟啶虫氨氰·毒死蜱）对橡副珠蜡蚧具有良好防效，且可兼防矢尖蚧。研制出15%的噻嗪酮·高效氯氰菊酯热雾剂，其防效可达80%，初步解决高大树木的施药难题。

根据橡副珠蜡蚧以及其天敌副珠蜡蚧阔柄跳小蜂和日本食蚧蚜小蜂等的发育繁殖嗜好的寄主和温度等条件需求，解决以南瓜为寄主的橡副珠蜡蚧扩繁技术，并初步解决了副珠蜡蚧阔柄跳小蜂和日本食蚧蚜小蜂的规模化扩繁的条件配置、食物制备、虫源接种及天敌收集等技术和流程，规模生产出天敌产品，初步解决其释放技术。

研究解决了巴氏钝绥螨的以粉螨为替代食物的人工扩繁技术，解决了其食物制备、扩繁环境配置及其扩繁流程，小规模生产出天敌产品。

筛选出马鞭草烯酮、小蠹二烯醇和马鞭草烯醇等3种小蠹虫诱剂，在橡胶园可诱集到小蠹虫14种，其中包括重要种类中对长小蠹、橡胶材小蠹、循胸材小蠹、对粒材小蠹、茶材小蠹、铲尾长小蠹、日本双棘长蠹、角面长小蠹、小杯长小蠹、锥尾长小蠹、尖尾材小蠹、窝背材小蠹、阔面材小蠹、肩角褐粉蠹等。研制出1个橡胶小蠹虫的聚集信息素及制剂配方，设计了小蠹虫诱捕器（获外观设计专利）并开发了生产诱捕器的模具，进行了田间使用技术试验。

2. 示范应用及效果

依靠所研发的橡胶树害虫监测技术、橡副珠蜡蚧的应急防控技术、橡副珠蜡蚧的生物防治技术、六点始叶螨的生物防治技术和橡胶小蠹虫的诱控技术，应用所研发的日本食蚧蚜小蜂、副珠蜡蚧阔柄跳小蜂、金小蜂等天敌、15%噻嗪酮·高效氯氰菊酯热雾剂和小蠹虫诱剂配方以及所研发的2种简易放蜂器、

3 种接蜂装置、1 种野外养虫笼、1 种小蠹虫诱捕装置等 7 种简易装置，在海南、云南、广东等示范应用橡副珠蜡蚧、六点始叶螨、橡胶小蠹虫等的监测技术、化学防治技术、天敌与化学药剂的协调应用技术等，取得良好成效。其中，监测技术覆盖率超过 85%；橡副珠蜡蚧的生物防治技术已在海南天然橡胶产业集团有限公司的多个农场及澄迈等市县的多个农民胶园应用，实现有虫不成灾；在海南和云南进行橡胶树小蠹虫诱捕监测与防治技术和产品示范与应用，诱捕效率高，有效掌握了橡胶小蠹虫的发生动态，控制了小蠹虫严重发生区域林段的危害。示范应用取得良好的经济效益、社会效益和生态效益。

第六章　天然橡胶加工与机械化

第一节　天然橡胶初加工

天然橡胶初加工产品主要分为技术分级橡胶（即标准橡胶）和浓缩天然胶乳两大类。技术分级橡胶自20世纪70年代投入生产以来，一直采用"胶园鲜胶乳→加氨保存→加酸凝固→清洗、脱水→造粒→干燥→包装"的工艺。直到90年代以后，除全乳胶级技术分级橡胶外，其他级别的技术分级橡胶均采用"混合凝块→三级清洗→脱水→造粒→干燥→包装"的工艺。这两种工艺沿用至今已有三四十年的历史，虽然这种工艺对我国天然橡胶产业的发展做出了重大贡献，但也存在一些急需解决的问题：①"加氨保存"和"加酸凝固"是一对矛盾的生产工艺，浪费大量的氨和酸，增加了生产成本；②胶粒水含量高（30%以上），干燥时间长，能耗高；③采用重油或柴油等作为干燥能源，碳排放量大；④高温长时间干燥（120℃，3～4 h），对橡胶质量有一定的影响；⑤废水废气处理重视不够，环保问题频发。

浓缩天然胶乳自20世纪60年代实现商品化以来，一直采用离心法生产，而且以高氨浓缩胶乳为主。目前，国内高氨浓缩胶乳生产普遍存在以下问题：

①在鲜胶乳保存时一般加入0.2%～0.3%的氨，如运输路途较远或生产专用浓缩胶乳时加氨量高达0.3%～0.5%，离心车间环境恶劣；② TT、ZnO、月桂酸皂等添加过量，对浓缩胶乳使用性能不利；③浓缩胶乳质量不稳定，贮藏过程中胶乳变质发臭的现象时有发生；④国产浓缩胶乳"合格不合用"的问题突出，尤其高端制品如避孕套生产用浓缩胶乳品质达不到生产的要求，长期依赖进口；⑤采用大量硫酸凝固胶清，增加了废水处理的难度。

以上问题严重地影响我国天然橡胶的可持续发展。因此，对天然橡胶生产过程进行全面升级是非常必要的，也是非常紧迫的。

国家天然橡胶产业技术体系加工技术岗位自2008年以来，从鲜胶乳保存体系、生产工艺、产品质量到标准和环保等进行全面研究，为我国天然橡胶加工技术升级提供支撑。

一、技术分级橡胶

1. 低碳绿色加工技术与装备

针对传统技术分级橡胶生产工艺中的原料处理、脱水造粒、干燥等工段存在的弊端，研究低碳环保、节能减排、提升质量的新工艺新设备，形成低碳绿色加工技术与装备。该技术装备主要涵盖鲜胶乳微生物凝固技术、天然橡胶单螺杆脱水技术、天然橡胶微波干燥技术、新型天然橡胶加工技术集成示范等。

微生物凝固胶乳技术：鲜胶乳无氨或低氨保存，利用筛选出的一种微生物的培养液代替传统有机酸来快速凝固鲜胶乳，凝固时间在 0.5 ～ 2 h 内可任意调控。该技术在云南和海南垦区分别建立了微生物凝固天然橡胶示范生产线，使得鲜胶乳的凝固成本与传统酸凝固工艺相比下降 37% ～ 57%，产品的拉伸强度提高 10% 以上，达到农业行业标准 NY/T 459—2011《天然生胶子午线轮胎橡胶》的质量要求，为制备高性能天然橡胶提供了一个较好的选择。该项技术通过农业部科技成果鉴定（证书号：农科果鉴字〔2005〕第 052 号），并获中华农业科技三等奖。

图 6-1　微生物凝固中试生产线及生产运行

天然橡胶单螺杆脱水技术：设计出集脱水、挤出和造粒为一体的单螺杆脱水机。在脱水段，随着单螺杆的转动，湿胶料沿着锥形机筒的直径逐渐变小（螺杆的杆径由大变小）的方向推进，螺杆上螺纹的螺距由大到小，相应的螺槽容积也沿着胶料的推进方向由大变小，加上机筒内表面沿着轴线方向设有防滑槽对湿胶料的摩擦作用，湿胶料中的水很快分离排出；进入挤出段，螺杆的巨大扭力和沿着机筒的圆周固定螺钉销的巨大撕裂力以及由大变小的螺槽容积的挤压力，附加较高温度的作用，当湿胶料通过挤出板时，瞬间产生膨胀闪爆，原有的致密结构变得疏松，大部分水分变成水蒸气挥发；同时切粒装置将胶料切成粒状。单螺杆脱水机能使湿胶料的含水量降到 20% 以下，比传统脱水机节能 10%、节水 40% 和减排 35%，实现节能减排、清洁生产，解决了企业生产过程中胶粒含水量过高的问题。该项技术获授权专利有：一种湿天然橡胶单螺杆脱水机（专利号：ZL 2010 2 0227299.1）、一种湿天然橡胶单螺杆脱水机进料装置（专利号：ZL 2013 2 0433254.3）、一种提高湿天然橡胶挤压膨胀脱水干燥效果的方法（专利号：ZL 2014 1 0147990.1）。"天然橡胶单螺杆脱水技术的研发"通过农业部的技术成果鉴定（农科果鉴字〔2012〕第 18 号）。

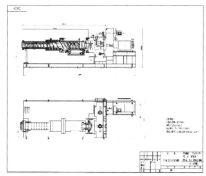

图 6-2 单螺杆脱水机

天然橡胶微波干燥技术：采用微波为干燥热源，湿胶料干燥时间由热空气介质干燥的 3 ～ 4 h 缩短到 30 ～ 40 min，由于干燥时间短，橡胶受热时间短，较好地保持橡胶原有性能质量，效率高，节省能源，无二氧化碳、二氧化硫排放，利用该技术同时研制出天然橡胶微波干燥机，并通过农业部成果鉴定（农科果鉴字〔2007〕第 065 号）。

新型天然橡胶加工技术集成示范：在海南建立了示范基地，将新设计的单螺杆脱水机和微波干燥机、热空气干燥机等，组装集成一条低碳加工生产线，配套完成了干搅机、冷却装置、打包机等设备设施，对压片、温度、压力、速度等工艺参数进行优化，形成整套示范生产线，对微生物凝固胶片、酸凝固橡胶、恒黏橡胶等胶种进行示范性生产，解决了现生产工艺中高温长时间干燥、影响产品质量一致性的突出问题。

图 6-3　天然橡胶微波干燥机

①单螺杆脱水与热空气干燥集成工艺：在现有生产线中用单螺杆脱水机代替绉片机和锤磨机（或撕裂机），由于经过单螺杆脱水机的湿胶粒水分含量低，因此采用热空气干燥的温度较低（110℃），干燥的时间也较短（1.5～2 h），生产的技术分级橡胶，其拉伸强度略为提高（19～20 MPa），且干燥效率提高 1 倍。

②单螺杆脱水与微波干燥集成工艺：由于单螺杆脱水后胶粒的含水量较低，微波干燥时间大为缩短，仅用 0.75～1 h，生产的技术分级橡胶，其拉伸强度有较大提高（21～22 MPa），且无二氧化硫排放。

图 6-4　2t/h 天然橡胶低碳加工生产线及热泵干燥机

2. 新型恒黏天然橡胶生产技术

目前，生产恒黏天然橡胶的工艺方法一般是在湿胶粒装箱后喷洒盐酸羟胺水溶液，然后干燥。但盐酸羟胺与醛基的结合易受到环境的影响而导致不稳定，在贮存过程中门尼黏度仍会发生变化。通过研究天然橡胶初加工和贮存过程分子链端基结构变化，提出了通过端基缩合引起分子链交联的机制，并采用硫醇类化合物对天然橡胶分子链端基结构进行保护，抑制天然橡胶贮存过程中分子链之间的交联，控制门尼黏度。由于硫醇与醛基缩合产物非常稳定，所制备的恒黏天然橡胶门尼黏度变化小于 5 个单位，由此形成新型恒黏天然橡胶生产技术，即在新鲜胶乳中加入 2-硫醇基苯并噻唑，搅拌均匀后停放 1 h，胶乳凝固干胶含量 24%，胶乳凝固后停放 8 h，控制干燥条件：110℃ ×40 min（1段）、95℃ ×120 min（2段）、80℃ ×80 min（3段）。该技术在广东和海南建立了中试基地，通过反复试验，克服了传统鲜胶乳凝固工艺和湿凝胶颗粒干燥工艺对恒黏天然橡胶生产的影响，确定了恒黏天然橡胶的生产工艺，完成了恒黏胶的示范性生产。所生产的恒黏天然橡胶提供给企业试用，完全符合企业生产要求。该技术获授权专利"一种恒黏天然橡胶的制备方法"（专利号：ZL 2010 1 0183085.3)，并通过农业部的科技成果鉴定（农科果鉴字〔2012〕第 19 号）。

图 6-5　恒黏胶的示范性生产及成品

3. 低蛋白质天然橡胶生产技术

研究用微生物的方法去除鲜胶乳中蛋白质的生产工艺，控制技术分级橡胶中氮含量在 0.1%以下，"一种提高脱蛋白天然橡胶抗氧老化性能的方法"获授权专利（专利号：ZL 2010 1 0183070.7)。通过竞争，该技术获得国防科工委批准，列为 071 项目资助。经过三年的研究，形成了低蛋白质天然橡胶生产工艺，建立了一条中试生产线，完成了项目的各项任务，顺利通过国防科工委验收。

4. 高性能天然橡胶加工技术

开展了民航轮胎、高铁减震专用胶的研制，以微生物凝固天然橡胶鲜胶乳，研究不同加工工艺（挂片、铺片、造粒）及贮存时间对天然橡胶理化指标及物理机械性能的影响（图 6-6)。结果表明，采用挂片工艺晾放 3 d 时，硫化胶的拉伸强度最大，达 25.93 MPa，其他各项指标也都满足民航轮胎、高铁减震器的要求。

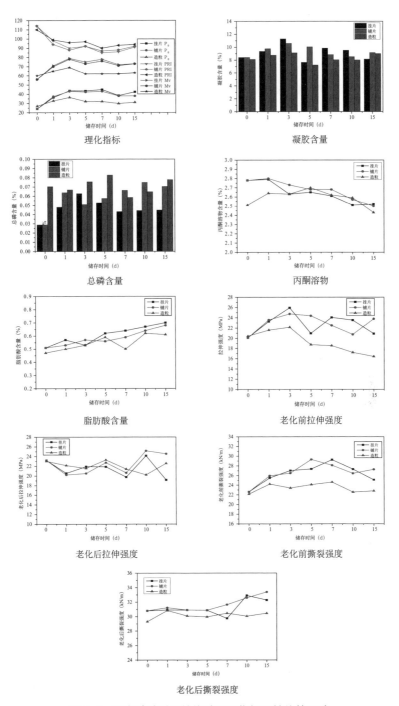

图 6-6　贮存试验对天然橡胶理化指标及性能的影响

5. 其他

为解决我国天然橡胶质量一致性不好的问题，提高我国天然橡胶质量及产业科技竞争力，岗位率先开展了天然橡胶质量一致性的调控研究。对国内外天然橡胶技术分级橡胶及浓缩天然胶乳的质量进行对比分析，并初步提出全乳胶及凝标胶质量一致性的调控方法，同时还开展了高品质胶清橡胶制备技术的研究。目前，胶清橡胶由于氮含量过高，一般被列为等外胶，研究将低蛋白质天然橡胶技术应用于制备高品质胶清橡胶，"一种提高胶清橡胶的各项技术指标达到标准橡胶 10 号胶要求的方法"获授权专利（专利号：ZL 2013 1 0111954.5），在海南屯昌建立了中试基地，完善高品质胶清橡胶的生产工艺，生产的胶清橡胶各项指标达到了 SCR5 的水平。

二、浓缩天然胶乳

1. 天然胶乳低氨及无氨保存技术

目前生产上普遍采用 NH_3 及 NH_3（0.7%）+TT/ZnO 作为鲜胶乳、浓缩胶乳的保存剂。但氨的挥发性、刺激性使其在高浓度时对生产环境造成恶劣影响，严重影响工人的身心健康。TT、ZnO 作为天然橡胶加工的硫化促进剂、活性剂，添加量不同时对制品的加工工艺、性能产生不利的影响；TT 在高温时会产生致癌的亚硝酸铵化合物，影响制品的安全性；TT/ZnO 分散体制备费工、耗时，其在胶乳中的分散程度直接影响保存效果及产品的性能。因此，传统的天然胶乳氨保存技术严重制约了乳胶工业的可持续发展。自 20 世纪四五十年代，人们就开始了天然胶乳低氨或无氨保存技术的研究，但由于保存效果、保存剂毒性及成本等方面的原因，天然胶乳低氨、无氨保存技术一直都没有在生产应用上取得突破。天然橡胶产业体系初加工技术岗位采用水溶性、不挥发性的广谱抗（抑）菌剂 HY（一种均三嗪衍生物）和 HB（一种丙二醇衍生物）作为天然胶乳无氨及低氨保存体系的第一保存剂，与其他低成本的抗（抑）菌剂或氨复配，配制成低氨、无氨、超低氨保存体系。通过分析其对天然胶乳保存效果、理化指标及性能影响的规律，结合低氨、无氨浓缩胶乳的中试生产及制品应用试验，分析其优点及不足，并加以改进，形成以 HY 为主的天然胶乳低氨及无氨保存技术（图 6-7），该技术主要包含以下内容：

①鲜胶乳 HB 无氨保存体系：用于无氨浓缩胶乳生产时鲜胶乳的保存。组成配方：HB 0.1%、Na_2CO_3 0.1%（按鲜胶乳重量计，下同）；保存效果：鲜

胶乳保存6 d时，挥发脂肪酸值低于0.1；性能：生胶的六项指标符合GB/T 8081—2008 SCR5的要求，硫化胶膜的物理机械性能不低于用氨作保存剂时的性能；成本为27.7元/t。

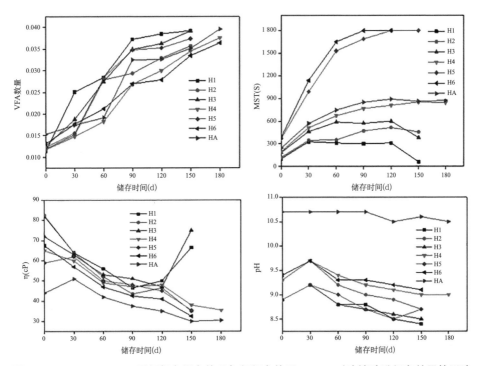

图6-7 HY（H1～H6）无氨复合保存体系与氨保存体系（HA）对浓缩胶乳保存效果的影响

②浓缩胶乳HY无氨保存体系：用于浓缩胶乳的无氨保存。组成配方：HY 0.3%、SDS 0.2%、KOH 0.1%（按浓缩胶乳重量计，下同）；保存效果：浓缩胶乳可有效保存180 d以上，挥发脂肪酸值低于0.04、机械稳定度达到650 s，其他各项指标符合ISO-2004: 2010（E）标准的要求；性能：浓缩胶乳的成膜特性、干燥特性、硫化胶膜的物理机械性能及制品的安全性与高氨浓缩胶乳相当；成本为190.4元/t（鲜胶乳用HB保存）。

③鲜胶乳HY低氨保存体系：用于低氨浓缩胶乳生产时鲜胶乳的保存。组成配方：HY 0.05%、NH_3 0.1%；保存效果：鲜胶乳保存48h时，挥发脂肪酸值低于0.1；性能：生胶的六项指标符合GB/T 8081—2008中SCR 5的要求，硫化胶膜物理机械性能优于氨保存产品的性能，老化系数接近于1；成本为22.3元/t。

④浓缩胶乳HY低氨保存体系：用于浓缩胶乳的低氨保存。组成配方：

NH_3 0.29%，HY 0.3%；保存效果：浓缩胶乳可有效保存 180 d 以上，挥发脂肪酸值为 0.04 左右，机械稳定度超过 650 s，其他指标均符合 ISO-2004: 2010 (E) 标准的要求；性能：浓缩胶乳成膜特性、干燥特性良好，硫化胶膜的物理机械性能优于高氨浓缩胶乳；成本为 162.6 元/t（鲜胶乳用 HY 保存）。

⑤浓缩胶乳 HY 超低氨保存体系：用于浓缩胶乳的超低氨保存。组成配方：NH_3 0.15%、HY 0.4%、月桂酸 0.05%、KOH 0.1%；保存效果：浓缩胶乳可有效保存 180 d 以上，挥发脂肪酸值、机械稳定度等指标符合 ISO-2004: 2010 (E) 标准的要求；性能：硫化胶膜的物理机械性能优于高氨浓缩胶乳；成本为 185.38 元/t（鲜胶乳用 HY 保存）。

天然胶乳低氨、无氨保存技术与传统氨保存技术相比可明显延长鲜胶乳、浓缩胶乳的保存时间，保证天然胶乳的质量，降低浓缩胶乳腐败、变质的概率。以 HY 保存剂在生产中的应用情况为例，HY 对浓缩胶乳保存效果良好，可很好地解决浓缩胶乳在炎热的夏天易变质、发臭的问题，为工厂挽回巨大的经济损失；新保存技术所制备的生胶、浓缩胶乳的各项指标均符合相关标准的要求，且不影响浓缩胶乳的成膜特性、干燥特性、硫化胶膜的物理机械性能及制品的安全性（图 6-8）；同时该技术在不使用 TT、ZnO 的情况下，将浓缩胶乳的氨含量控制在 0.3% 以下，有效解决了高浓度氨造成的环境污染以及 TT、ZnO 对浓缩胶乳质量一致性、制品安全性带来的不利影响，具有低碳、环保的特点。

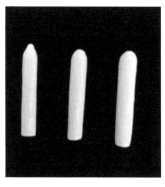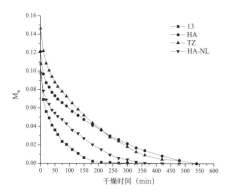

图 6-8　HY (13) 低氨浓缩胶乳与氨 (HA)、传统低氨 (TT/ZnO) 浓缩胶乳的成膜特性与干燥曲线

低氨、超低氨、无氨浓缩胶乳的中试生产试验结果表明，天然胶乳低氨、无氨保存体系不影响鲜胶乳收集、沉降、离心等浓缩胶乳生产工序的运行；且新的保存体系为水溶性分散体系，在胶乳中分散均匀，不仅可省去TT/ZnO分散体的磨料工序，还可减少胶乳搅拌时间及搅拌过程中产生的凝胶，节约能耗和人工成本；同时，利用浓缩胶乳生产的副产物制备胶清胶时，每吨胶清胶可减少50%～66.7%的凝固用酸量，减轻了高浓度硫酸盐对废水处理工序中厌氧池厌氧发酵的影响，极大降低了浓缩胶乳废水处理的难度。超低氨浓缩胶乳在医用导尿管及家用手套的生产试验结果表明，产品制成率可与传统高氨浓缩胶乳相当，且生产过程中不使用除氨设备及试剂，免除了噪声和化学污染，车间环境良好清新，具有良好的环境效益（图6-9）。

医用导尿管生产试验　　　　家用手套生产试验　　　　探空气球生产试验

图 6-9　HY 低氨、中氨、无氨浓缩胶乳生产应用试验

目前，该技术已在海南、广东三家浓缩胶乳厂推广应用，生产的低氨、无氨浓缩胶乳在广东、湖南等地的乳胶制品企业用于医用导管、家用手套、制鞋胶黏剂、探空气球等产品的生产，取得了良好的经济、社会和生态效益。同时，该技术也已通过农业农村部科技发展中心的成果评价{农科中心（评价）字〔2018〕第62号}，被评价为国际先进水平。

2. 浓缩天然胶乳离心新工艺及设备

目前，浓缩天然胶乳离心工艺50多年来一直没有改进，但种植橡胶的品系、采胶制度、鲜胶乳的质量等都有了很大的变化，伴随着浓缩胶乳质量一致性问题的出现，特别是挥发脂肪酸值、总干差、机械稳定度在贮存期间波动大，有的不符合质量要求，与进口浓缩胶乳比较，有明显的差距，因此，国内高端乳胶制品厂家普遍使用进口浓缩胶乳。可见，离心浓缩工艺的改进是必须的。

通过改变工艺的参数如胶乳浓度等，开展了不同季节（6月、9月、11

月）鲜胶乳稀释离心工艺的研究，结果表明：将鲜胶乳的总固体含量稀释至23%后再离心，浓缩胶乳的总干差可控制在1.0以下，停放3个月后总干差不超过1.3，且对浓缩胶乳的挥发脂肪酸值、机械稳定度影响不大，可有效提高浓缩胶乳的质量。

天然橡胶体系与海南橡胶集团、广州双一乳胶制品有限公司三方合作，将鲜胶乳无氨保存技术、稀释离心浓缩工艺与浓缩胶乳中氨、超低氨保存技术组装集成，研制避孕套专用胶乳。初步结果表明，通过稀释离心处理后，浓缩胶乳总干差、金属离子含量明显降低，而且总干差在贮存过程中变化不大；采用新型保存体系，浓缩胶乳的挥发脂肪酸值、机械稳定度、黏度均符合要求，且热稳定性较好，预硫化胶乳黏度、热稳定度在存放过程中波动小；浸渍制品表面光洁，无凝粒；金水加工分公司硫化胶膜的物理机械性能较好。

目前国内生产企业所用的传统胶乳离心机运行2.5h左右就需要停机清洗，既耽误时间又增加生产的人工成本，严重影响生产效率。为实现离心机高效自动排渣功能，提高生产效率，研制出自动除渣胶乳离心机。该设备采用了高强度轻重量的新材料，改进了传统碟式分离机的转鼓结构，优化了碟片结构和进、出料区布局，并设计出浓缩胶乳离心工艺在线控制仪，加工成自动控制箱1套，初步实现了离心过程的远程控制。天然橡胶体系与南京中船绿洲机械有限公司合作设计并试制了生产用自动除渣胶乳离心机样机1台，并在广垦茂名分公司开展了两批次的生产试验。结果表明，通过调整调节管及调节螺丝的大小和长度，该离心机能够连续稳定运行1个班次（8h），并得到合格的产品，但是在排渣时会有堵胶现象出现，目前该机仍在改造调试中（图6-10）。

自动控制平台　　　　　　　　　　　　离心机样机

图6-10　浓缩胶乳离心工艺在线控制平台及设备

三、天然橡胶加工废水废气的综合处理与利用

如今对环保的要求越来越严，橡胶生产企业首当其冲，环境治理迫在眉睫。天然橡胶体系初加工技术岗位多次对我国三大垦区的天然橡胶加工厂的废水废气治理现状展开调研，并对废水及废气的成分进行了系统分析，多方位开展了天然橡胶加工中废水废气的综合处理与利用工作。

1. 废水方面

一是从源头上减少硫酸根离子浓度，寻找一种胶清胶凝固新方法，目前已研发出一种氧化物与有机酸联合 2 h 左右凝固胶清胶的方法；二是筛选针对性强的高效菌株降解废水污染物，开展了厌氧氨氧化同步脱硫除氮菌的筛选工作；三是开展废水的综合利用研究，开展了废水中白坚木皮醇分子印迹提取技术研究，对白坚木皮醇分子印迹材料吸附、分离工艺条件进行优化，最终分离得到了光学纯度达到 99.1% 的白坚木皮醇样品（图 6-11）。

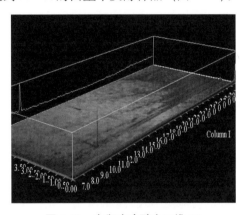

图 6-11　白坚木皮醇全二维 3D

2. 废气方面

天然橡胶加工废气污染主要是臭气污染，初加工技术开展了不同来源的臭气处理方法的研究。针对酸化池的臭气污染问题，采用弹性气柜收集酸化池臭气，同时构建了天然橡胶加工废气生物处理装置，提高臭气的去除率，明显改善橡胶加工厂的生产环境；针对凝杂胶堆积及加工干燥过程中产生的臭气，参照现今在环境治理方面有较好表现的EM菌混合菌液模式，将筛选到的对凝杂胶臭气处理效果较好的菌株，配制成一种凝杂胶臭气除臭液。在广垦橡胶集团茂名分公司应用除臭液对杂胶房内堆积的杂胶、生产线上的杂胶及干燥

废气喷淋，结果发现喷淋除臭方式对凝杂胶发臭具有一定的去除效果，除臭液浓度的增加并不会对橡胶产品质量造成负面影响，且处理后废气中氨气浓度明显降低，各挥发性物质种类和含量与处理前相比变化较大，且大多在嗅阈值以下（图6-12）。

利用该种除臭液来处理天然橡胶加工废水，发现除臭液可以减轻废水的发臭程度，虽然初期加有除臭液的废水COD较空白样高，但处理过程中废水的COD下降速度更快，最终降低至同样的水平。后续还将继续开展该种生物除臭液处理橡胶加工中废水臭气的生产应用试验。

图6-12　小型生物除臭喷淋塔

第二节　天然橡胶改性利用

一、胶乳改性

天然胶乳的改性主要有物理改性和化学改性。物理改性分为填料填充改性和共混改性，主要是提高天然胶乳制品的机械性能，如抗拉伸强度和耐撕裂性能等；化学改性是利用天然橡胶分子链中的不饱和双键，通过卤化、接枝、环氧化等各种反应，将新的官能团引入天然橡胶分子链，从而提高天然胶乳制品的透气性、耐油性、阻燃性等。作为最早开展天然胶乳改性的单位之一，改性与综合利用岗位的团队成员早在20世纪90年代就开展天然胶乳改性研究。近年来，在通过天然胶乳改性制备环氧化天然橡胶、天甲橡胶、氯化天然橡胶、脱蛋白天然橡胶、黏土胶、恒黏天然橡胶、子午线轮胎专用胶等领域取得了多项原创性成果，拓宽了天然橡胶的应用领域（图6-13）。

1. 天然橡胶环氧化改性技术

围绕天然橡胶环氧化，开发出了一系列关键控制技术：如环氧度精准控制、开环副反应抑制、新型防老剂、绿色轮胎应用等，实现了环氧化程度为25和40的两种环氧化天然胶乳工业化和商品化，广泛应用于增容剂、胶黏剂

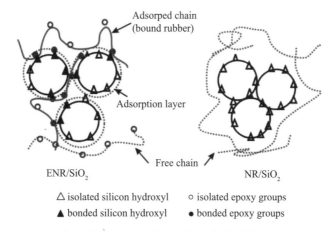

图 6-13 二氧化硅／环氧化天然橡胶基绿色轮胎材料界面作用机理

等领域。"一种提高环氧化天然橡胶老化性能的方法"发明专利获 2015 年湛江市专利优秀奖（图 6-14）。

2. 聚甲基丙烯酸接枝改性天然橡胶（天甲橡胶）技术

通过对产品聚甲基丙烯酸甲酯含量的精准控制，获得了天甲橡胶定伸应力精准控制技术，实现了高抗冲、耐油性、优黏合天甲橡胶胶乳制备技术，并在广东建立了生产示范基地，采用本项技术能精确生产不同型号的天甲橡胶产品（图 6-15）。目前，有数个牌号的天甲橡胶在市场上流通，实现了天然橡胶产业的提质增效。

3. 增强型天然橡胶母炼胶技术

传统的干法混炼时间长、能耗高、粉尘大、填料分散困难，且橡胶分子破

图 6-14 环氧化天然橡胶及其中试车间

图 6-15 天甲橡胶及其反应装置

坏严重。天然橡胶体系改性与综合利用岗位成员在不改变现有的 NR 加工生产基本工艺及设备的条件下，开发出了湿法共混新工艺，通过胶乳改性制造出性能优异的 NR 复合材料。其优点是混炼时间短、填料分散性好，显著降低胎面胶料的滚动阻力，提高抗湿滑性能和耐磨性能，减低生产能耗，是绿色轮胎的优势原材料。

二、干胶改性

由于长链大分子在固体状态很难发生化学反应，天然橡胶干胶改性主要以物理改性为主。一方面是围绕天然橡胶生胶高品质化，通过优化生胶胶工的采胶、凝固、脱水、干燥等过程，实现天然橡胶由"通用胶"向"特种胶"转变；另一方面，是将天然橡胶与纳米填料、合成橡胶、塑料等共混，获得高性能的天然橡胶复合材料。干胶化学改性主要分为不带活性端基和含有活性端基的液体天然橡胶两大类，广泛应用于火箭固体燃料、航空器密封、建筑物黏接、防护涂层等领域，一般通过对天然橡胶的热降解、光降解、氧化降解、酶降解、化学降解获得。

1. 高性能特种工程天然橡胶加工技术

随着我国先进装备的发展对橡胶基础材料高性能的要求，高性能化改性已成为我国天然橡胶产业发展的迫切需求。"十三五"以来，改性和综合利用团队围绕国家战略安全需求，重点推进航空、航天、兵器和重大民生工程领域的高性能弹性体材料国产化的技术研发，发挥岗位在橡胶品种资源、胶园科学管理技术和制胶加工技术的综合优势，通过对 NR 分子结构设计，研发了分子改性 NR 凝固、脱水和干燥新工艺及配套装备，制造具有高强度、超低生热、高耐疲劳的NR材料（图6-16，图6-17）。其性能指标达到或部分超过进口的同类马来西亚产品，打破"中国天然橡胶无法应用于高端领域"的论断，突破了天然橡胶在空军装备减震、空军轮胎、陆基装备减震等领域的进口替代，实现了相关材料的行业论证和型号应用。

图6-16　典型恒黏天然橡胶生产工艺流程

图6-17　特种天然橡胶微生物恒温恒湿凝固装置

2. 高性能天然橡胶纳米复合材料技术

针对传统天然橡胶共混技术能耗高、污染大等问题，体系团队创新性地提出了"静电自组装"技术，有效地改善了湿法共混中纳米填料易团聚、界面相互作用低、材料力学性能差等缺陷，形成了一整套具有自主知识产权的高性能天然橡胶纳米复合材料加工关键技术，广泛地应用于高性能（高强度、耐撕裂、抗湿滑等）及功能化（柔性导电、电磁屏蔽、光谱增强等）天然橡胶复合材料开发（图6-18）。依托该技术，设计制造了"纳米天然胶片"和"天然橡胶复合弹力布"生产线，研发出系列高性能体育弹性器材、医用乳胶手套、医用乳胶导管和电器密封附件等，并在湛江市信佳、嘉力、博大等橡胶制品有限公司进行推广应用。这项技术 2013 年获天然橡胶高性能化技术研发"中华农业科技奖"二等奖（2011 年获天然橡胶/纳米碳管复合材料高性能化研究获海南省科学技术奖二等奖），2012 年"胶乳共混法"天然橡胶/二氧化硅纳米复合材料制备工艺研发获海南省科学技术奖三等奖。

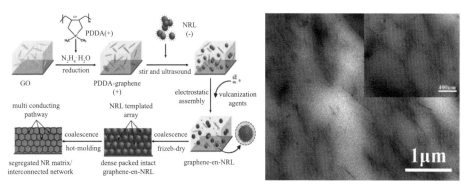

图 6-18　基于静电自组装的天然橡胶功能材料湿法制备工艺及其微观结构

三、木材改性

为提高我国橡胶林栽培的综合效益，高效增值地利用胶园重要副产资源——橡胶木材，促进我国植胶区传统的橡胶木材初加工产业和江浙、珠三角等地区橡胶木制品企业产品的技术升级，体系开展了高温热改性生产炭化木、环保型橡胶木防腐防虫保护、有机—无机改性剂浸注改性技术研究，自主研发第二代环保型橡胶木改性工艺，并制造容量 35m³ 生产型炭化窑。该技术赋予橡胶木类似珍贵木材柚木的外观颜色，大幅度改善了橡胶木材的尺寸稳定性，其平衡含水率在潮湿的海南省由 15% ～ 19% 降至 8% ～ 12%，尺寸稳定性和耐腐性提高 30% ～ 50%，产品达到国标炭化木地板和地采暖实木地板标准要求。

改性与综合利用团队与海南农垦林产集团、浙江富得利木业等企业合作，产业化生产炭化橡胶木实木地板，建设了年产量 5 000 m³ 的橡胶木高温热改性生产炭化亩示范生产线，开发了炭化橡胶木实木地板、集成材指接板和实木家具等产品（图 6-19），获得了橡胶木高温热改性生产炭化木产业化关键技术。这项技术于 2016 年通过成果鉴定，2017 年获得海南省科技进步二等奖。目前，有 2 家江浙企业利用该技术研制重点新产品面向国内外推广。

图 6-19 热改性橡胶木地板坯料及户外栈道

第三节 天然橡胶机械

天然橡胶生产管理机械化水平还较低，国内外均未完全实现全程机械化作业，目前，种植、除草、压青、施肥、植保、采胶等均主要依赖人工作业，效率低、成本高。近年来天然橡胶价格持续低迷，而劳动力价格持续上升，橡胶种植效益持续降低，目前平均每吨劳动成本 8 000 ~ 10 000 元，约占产值的 70%，已成为制约天然橡胶产业发展的瓶颈，而且从事天然橡胶生产管理的胶工基本都是 20 世纪五六十年代人员，愿意从事胶园管理的胶工越来越少，胶园面临着无人管的窘境。农业机械化是现代农业的重要特征和根本标志，机械化不但可提高生产效率，减轻劳动强度，降低生产成本，而且可促进各类栽培技术、管理技术的推广应用，产生明显的技术替代效果，因此天然橡胶生产管理机械化是实现天然橡胶产业现代化的必由之路。2017 年天然橡胶产业体系增加了生产机械化岗位，两年来团队主要在田间管理和采收机械方面开展了研究，研制了电动割胶技术、胶园机械施肥技术和胶园机械除草技术并开发了系列装备。

一、电动割胶技术

针对使用传统推式割胶刀存在劳动强度大、技术要求高等问题，体系团队研发电动割胶技术。研制了 4GXJ-I 型锂电无刷电动胶刀（图 6-20），主要由锂电池、电机、传动机构、刀片和限位装置等组成，锂电池提供动力，电机通过传动机构带动刀片进行往复运动，限位装置控制切割深度和厚度对橡胶树皮进行切割，完成割胶。未经过割胶培训的新胶工，经过 5 ~ 7 d 的培训基本可上岗割胶，比传统割胶节约培训时间 20 d 以上，大幅降低了技术难度、培训时间和劳动强度。割胶深度和耗皮厚度由限位装置保护控制，可有效减少因人工操作不当导致的伤树，减少树皮的消耗量，延长胶树经济周期。电动割胶刀采用 2 000 mA·h 锂电池为动力，充满电可连续使用 3 ~ 5 h，可完成 800 株以上橡胶树割胶，整机重（不含电池）约 350 g，平均每年每株树使用成本约 0.30 元。

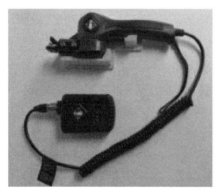

图 6-20　4GXJ-I 型电动胶刀

　　体系团队在海南、云南、广东三大植胶区开展了技术培训与小规模推广应用。已在海南、云南、广东开展技术培训 50 期、培训 1 400 余人次，在缅甸、老挝、柬埔寨、马来西亚等 10 多个主要植胶国家开展培训 14 期、培训 300 余人次，推广电动胶刀 1 000 余台。电动胶刀的研制解决了采胶机械"有无"的问题，大幅降低了割胶技术难度和劳动强度，使割胶由"专业技术依赖型转变为大众'傻瓜'型"，但还存在下刀、收刀困难，胶线缠绕等问题，需要进一步持续改进和不断完善。

二、胶园机械化施肥

　　在天然橡胶生产周期中，每年需要对橡胶树进行多次施肥，以满足橡胶树生长需要。传统的作业方式是依靠人工先在橡胶树之间挖 40 ~ 50 cm 深的施肥穴，再在施肥穴内施肥培土，劳动强度大、效率低。针对不同地形条件和施肥农艺要求，体系团队研制了 2FJL 胶园开沟施肥机、2FJY 胶园开沟施肥机和 2FJX 小型胶园开沟施肥机等系列胶园施肥机械，用于胶园开沟施肥作业，也可用于果园、林地等开沟施肥作业。

　　胶园开沟施肥机，主要由机架、肥料桶、排肥装置、开沟装置和防堵装置等组成，根据南方湿度大及肥料特性，采用刮板式排肥装置，其驱动可根据机手的需要采用拖拉机后输出、液压马达或电机传动；开沟装置通过U形螺栓固定在机架上，可根据不同地形条件和农艺要求更换不同的开沟器，防堵装置通过螺栓固定在机架上，可根据不同工作条件选择安装。胶园开沟施肥机通过三点悬挂与拖拉机相连，作业时，拖拉机带动机具前进，防堵装置的圆盘切刀向前滚动，杂草、藤蔓等在圆盘切刀滚切作用下被切断，随后开沟器进行开沟并将切断的杂草、藤蔓等推翻到旁边，从而有效防止杂草、藤蔓等缠绕、拥堵。同时下肥盘转动，肥料在自身重力、导肥容腔及向心力的作用下，被导向下肥盘的边缘，并被刮肥板刮至排肥筒中，通过下肥管完成施肥，一次可完成开沟、施肥作业。

　　2FJL胶园开沟施肥机采用犁式开沟器开沟，开沟犁通过U形螺栓固定在机架上，可单独使用深开沟犁和浅开沟犁，以适应不同的施肥农艺要求（图6-21）。该机主要用于土质较松的平缓地胶园开沟施肥作业，配套90～100型拖拉机，开沟深度20～55 cm，施肥均匀性≥80%，生产率可达每小时10～15亩，作业成本每亩10～15元。该施肥技术及装备在海南东方、儋州和广东湛江等地胶园进行了试验，已在广东湛江垦区地势较为平坦的胶园推广应用。

　　2FJY胶园开沟施肥机采用圆盘刀开沟，主要用于杂草较多、土质较硬的平缓地胶园开浅沟施肥作业（图6-22）。配套60～90型拖拉机，开沟深度15～20 cm，施肥均匀性≥80%，生产率每小时8～12亩，作业成本每亩10～12元。该机具在广东湛江进行了小面积的试验，尚未进行推

图6-21　2FJL胶园开沟施肥机

图6-22　2FJY胶园开沟施肥机

广应用。

2FJX小型胶园开沟施肥机，采用偏置式旋耕刀开沟，主要用于丘陵、山地环山行种植的胶园开沟施肥作业（图6-23）。配套20-30型小型履带式拖拉机，机具宽度100 cm，开沟深度15～20 cm，施肥均匀性≥80%，生产率每小时6～10亩，作业成本每亩12～15元。目前装备还在试验评价阶段，未进行推广应用。

图6-23 2FJX小型胶园开沟施肥机

三、胶园机械化除草

在天然橡胶生产中，每年需要对胶园进行2～3次控萌除草作业。目前主要使用割灌机或砍刀进行除草作业，劳动强度大、效率低。针对平地、坡地、山地等不同地形，体系团队研制了双辊除草机、单辊除草机、小型山地胶园除草机和背负式电动胶园除草机等除草机械。

1. 双辊除草机

双辊除草机是针对多年弃管弃割的胶园研发的，主要用于平地、缓坡地弃管弃割胶园复割作业前的杂草、灌木粉碎还田作业，代替传统的人工灭荒作业（图6-24）。配套120型拖拉机，生产率每小时2～3亩，作业成本每亩60～100元，与人工灭荒相比生产效率提高20倍以上，每亩降低作业成本20元以上，在广东湛江进行了小面积的推广应用。双辊除草机也可用于菠萝叶、辣椒秸秆等粉碎作业。

2. 单辊除草机

单辊除草机主要用于平地、缓坡地正常管理的胶园控萌除草作业（图6-25）。配套80-100型拖拉机，生产率每小时5～6亩，作业成本每亩5～8

元。单辊除草机也可用于果园、菜地等粉碎作业。

图 6-24 双辊除草机

图 6-25 单辊除草机

3．小型山地胶园除草机

小型山地胶园除草机主要用于丘陵、山地幼龄胶园环山行除草作业（图 6-26）。配套 20-30 型拖拉机，生产率每小时 2 ～ 3 亩，作业成本每亩 10 ～ 15 元，该机具在广东湛江进行了小面积的试验，尚未进行推广应用。小型山地胶园除草机也可用于果园、菜地等粉碎作业。

4．背负式电动胶园除草机

背负式电动胶园除草机主要用于丘陵、山地胶园控萌除草作业，具有质量轻、噪声低、震动小等特点（图 6-27）。生产率是人工的 3 ～ 5 倍，在海南、云南、广东三大植胶区开展了技术培训与推广应用。背负式电动胶园除草机也可用于丘陵、山地果园等除草作业。

图 6-26 小型山地胶园除草机

图 6-27 背负式电动胶园除草机

四、高扬程喷粉机

根据橡胶树树冠高大而现有的橡胶树白粉病防治设备——背负式喷粉机扬程不够高、生产率低的特点，体系团队研发了高扬程喷粉机，主要用于平缓地胶园喷粉作业，配套 50-80 型轮式拖拉机，扬程达 20 m 以上，生产效率每小时 150 ～ 200 亩，作业成本每亩 1 ～ 2 元，同时减少药剂对胶工的伤害。高扬程喷粉机也可用于槟榔等果园白粉病防治作业。

图 6-28　高扬程喷粉机

近年来，天然橡胶生产机械化岗位根据生产需求，已研发了电动割胶刀、胶园施肥机械和胶园除草机械等生产管理机械，但大都处于研发试验阶段，成熟度不高，有待进一步熟化。如电动割胶刀存在下刀、收刀困难，胶线缠绕等问题，施肥机械存在可靠性、适应性较差，均匀度不高等问题。需要通过大量田间试验进行改进完善熟化，为天然橡胶生产管理提供技术装备支撑，并建立胶园生产管理机械化作业试验点，开展不同地区、不同农艺条件下田间试验，分析不同条件下机械化作业的生产效率、作业成本、对胶树生长的影响等，探索适宜的机械化作业技术模式，形成机械化作业技术规范，加快生产机械化技术的推广应用。

第七章 天然橡胶产业经济与政策建议

第一节 国内天然橡胶产业现状

天然橡胶产业是我国热区种植规模最大、从业人员最多的农业产业。作为典型的资源约束型产业，伴随着国际宏观环境以及国内社会经济形势的变化，天然橡胶产业发展状况也随之转变。总体表现为传统要素的发展动力趋缓，产业生存发展压力加大，供给侧结构性改革与产业转型升级正在进行。

一、天然橡胶生产情况

1. 我国是世界第四大天然橡胶生产国

2018 年底，天然橡胶种植面积达 114.49 万 hm^2，干胶产量 81.93 万 t，分列世界第三位和第四位（表 7-1）。天然橡胶种植主要分布在海南、云南和广东三省，广西、福建两省区有少量种植。海南省植胶面积 792.53 万亩，产量 35.07 万 t，平均单产 61.34 kg/亩，种植面积和产量分别占全国的 46.15% 和 42.8 %。云南省种植面积 857.07 万亩，产量 45.48 万 t，平均单产 92.02 kg/亩，种植面积和产量分别占全国的 49.91% 和 55.5%。广东省种植面积 67.78 万亩，产量 1.39 万 t，平均单产 39.88 kg/亩，种植面积和产量分别占全国的 3.95% 和 1.7%。云南已发展成为中国最好的天然橡胶生产基地，植胶面积、单产、总产量等指标位居第一。

全国产胶市县 67 个，涉胶家庭 69.77 万户，涉胶总人口 323.15 万，胶农人数 100.66 万，从业人员 130.73 万人。从属性上看可分为农垦和民营两类。长期以来，农垦在我国天然橡胶产业中处于十分重要的地位。2018 年，云南农垦天然橡胶种植面积 210.6 万亩，产量 13.94 万 t。海南农垦种植面积 364.79 万亩，产量 18.0 万 t。合计分别占全国的 33.50% 和 38.98%。农垦作为国有力量和大型企业，具有重要的市场地位和产业竞争力。

表 7-1　2008—2018 年中国天然橡胶种植面积和总产量

年份	种植面积（万 hm²）	总产量（万 t）
2008	93.21	54.78
2009	97.07	64.34
2010	102.48	68.70
2011	108.13	75.08
2012	113	80.0
2013	114.4	86.48
2014	115.1	87.7
2015	116	82
2016	115.8	77.4
2017	115.9	81.37
2018	114.49	81.93

注：资料数据来源于农业农村部南亚热带作物办公室、"全国热带、南亚热带作物生产统计资料"。

2. 天然橡胶生产保持总体稳定

我国热区地处热带北缘，适合橡胶种植的土地资源有限，可用于继续扩大种植橡胶的土地非常有限。部分胶园种植在不适合种植橡胶的高寒、陡坡地区。受近年来天然橡胶价格低迷影响、其他效益更高的热带经济作物竞争和城镇化建设步伐加快占用土地等影响，橡胶种植面积存在减少的压力。但由于天然橡胶较好的变现能力、收益长期性以及与当前土地适配性强的特点，加上缺乏可大规模替代的作物，种植面积并没有出现明显的下降。2017 年中央 1 号文件明确提出，要以主体功能区规划和优势农产品布局规划为依托，科学合理划定天然橡胶生产保护区 120 万 hm²。2019 年中央 1 号文件提出，在提质增效基础上，巩固天然橡胶生产能力。天然橡胶生产预期保持稳定。

3. 天然橡胶对外合作发展成效显著

2002 年以来，广东、海南和云南三大农垦积极实施国家农业对外合作战略，谋划全球配置资源，拓展海外产业发展空间。2008 年以后，以国有企业（包括国有控股或参股企业）为主，民营企业为辅。据不完全统计，中国天然橡胶产业对外投资形成的总资产已经超过100亿元，累计已在境外拥有了约10.95万hm² 的胶林，16座加工厂，年加工能力达到90万t。投资环节以种植、制胶加工和贸易为主，重点投资区域为东南亚和非洲。2013年后，积极利用"一带一路"建设契机，广东农垦并购泰国第三大橡胶企业——泰华树胶（大众）有限公司，海南农垦收购了新加坡R1公司和印度尼西亚最大的天然橡胶企业KM公司，云南农垦发挥地缘优势，深耕老挝。根据中国农业国际交流协会2017年农业对外合作百强企业评选，有5家天然橡胶企业上榜，其中海南天然橡胶产业集团股份有限公司排名第3，广东省广垦橡胶集团公司排名第11，云南农垦云橡投资有限公司排名第16。产业链延伸到下游的贸易、物流、仓储等环节，逐步建成种植、加工、销售、物流及相关业务的全产业链条，构建了跨国空间产业链。

二、天然橡胶消费和贸易情况

1．天然橡胶消费量迅速增长

1978年改革开放后，中国的天然橡胶消费量不断增加。2001年中国加入世贸组织（WTO），中国橡胶产品出口市场突然扩张，促进了国外橡胶制品业在我国的投资，扩大了天然橡胶消费。2001年我国天然橡胶消费量超过美国，成为全球第一大天然橡胶消费国。按数量计算，中国分别在2003年、2004年超过日本和美国成为世界第一大轮胎生产国和出口国；按重量计算，中国分别在2005年和2006年超过日本和美国，成为世界第一大轮胎出口国。天然橡胶消费量从2000年的不到100万t快速增加到2017年的548万t，年均增长10.3%。2018年全国天然橡胶消费量为564万t，比上年增长2.9%。

2．天然橡胶消费正在向外转移

随着我国劳动力资源优势和投资政策优势逐渐减弱，橡胶工业投资出现减少，同时，全球经济放慢，轮胎需求增长下降。特别是近年来我国先后被美国、印度、巴西和欧盟等国家和地区实施特别保护、反倾销、反补贴（双反）调查和制裁，在近期的中美贸易摩擦中，美国又对中国出口的几乎全部橡胶制品加征关税。为了规避贸易壁垒和降低生产成本，融入国家"一带一路"倡议向国际化发展，我国越来越多的轮胎企业已经或正在计划"走出去"到国外建厂。随着国内橡胶越来越多的橡胶制品企业"走出去"，我国国内天然橡胶需求增长速度将逐渐放缓甚至下降。

3. 天然橡胶进口增速由快速增加转向逐步放缓

我国天然橡胶的需求量快速增加，需要通过大量进口天然橡胶来满足需求。2000—2017 年，我国天然橡胶进口量以年均 15.9% 的速度增加，从年进口天然橡胶 93.0 万 t 增加到 566.5 万 t（胶乳没有折成干胶），天然橡胶对外依存度从 65.5% 上升到接近 85%。来源地非常集中，2017 年，我国进口各类天然橡胶共 566.5 万 t，其中从泰国、马来西亚、越南和印度尼西亚进口的天然橡胶分别占进口总量的 51.2%、15.1%、15.4% 和 12.7%，从上述 4 个国家进口的天然橡胶共占进口总量的 94.4%。总体来看，我国天然橡胶产量增长缓慢，远远不能满足巨大的市场需求，国内自给不足将继续存在。另外，我国越来越多轮胎企业不断地"走出去"，国内需求量减少，预期我国的天然橡胶进口增速将逐渐放缓。

三、存在的主要问题

1. 价格持续低迷

自 2011 年起，天然橡胶供需格局出现逆转，由供不应求转为供过于求。

2018 年，受国内库存高企、需求不旺、贸易战影响下游企业出口等因素的影响，国内天然橡胶价格继续下跌。全乳胶天然橡胶全年平均价格为 1.1 万元/t，比 2017 年下跌 22%。根据天然橡胶生产国联合会（ANRPC）和国际橡胶研究小组（IRSG）最新预测，全球天然橡胶产能过剩要延续到 2026 年后，价格将维持低位。

2. 天然橡胶产业可持续发展困难

我国可用于天然橡胶种植的土地面积仅约 1 800 万亩。截至 2018 年，我国天然橡胶种植面积已达 1 717.38 万亩，适宜种植天然橡胶的土地资源已经接近饱和，依靠扩大种植来提高天然橡胶产量的潜力十分有限。在土地日益增值和其他作物竞争下，天然橡胶生产相关的材料和服务价格提高、劳动力供给不足，成为天然橡胶产业发展不确定性增加的重要影响因素。此外，在持续低价影响下，我国胶农们面临着很大的经济压力，大部分胶农种植积极性受到了严重打击，导致有些胶农出现"弃割""弃管"、砍胶改种其他作物的现象。植胶企业和胶农的收入下降，生产经营困难，生产要素投入大幅减少，胶工短缺和老龄化问题加剧显现，不利于维持和扩大天然橡胶生产。

3．天然橡胶产业竞争力和话语权较弱

我国天然橡胶种植区域位于热带北缘，受风害、寒害侵袭较为严重，进入 21 世纪以来，单位面积产量一致徘徊不前。与东南亚天然橡胶主产国相比，在生产成本、单产产量和产品质量等多方面存在劣势，国际竞争力较弱。国外天然橡胶快速发展及其对天然橡胶资源的控制也对我国天然橡胶产业形成了一定的外部压力。天然橡胶生产国联盟行动加强，提升调控天然橡胶产销和市场价格能力，鼓励在产胶国发展橡胶工业。发达国家和国际资本也加强对全球资源配置的控制。我国虽然是世界上最大的天然橡胶消费国，但在国际上并未形成市场主导地位，国际市场话语权、影响力和控制力不能与之匹配。

4．产业扶持政策不足

天然橡胶生产周期较长，自然和市场风险都很突出。我国天然橡胶产业扶持政策包括国家天然橡胶基地建设项目、橡胶林造林和抚育补贴试点、橡胶树保险保费补贴、天然橡胶良种补贴（已取消）、非生产期抚育管理补助试点（已停止），以及关税政策等。近年，在精准扶贫背景下，部分地区实施了天然橡胶"期货+保险"和价格（收入）保险。总体来说，我国天然橡胶产业的支持政策体系尚未建立。与产业发展需求相比，覆盖面和受益范围不够广，胶农得到的实惠不多。特别是因为一些主客观因素，导致天然橡胶产业扶持政策一直未取得较明显的成效，比如，补贴多来源于中央财政安排的专项资金，地方政府缺乏配套项目管理经费，实际操作中会存在地方政府参与积极性不高、缺乏反馈改进机制等问题。

第二节　决策咨询情况

截至 2018 年初，根据不完全统计，天然橡胶产业技术体系产业经济岗位、海口试验站等岗站为农业农村部等国家部委和地方政府提供了百余条决策咨询，同时积极为企业提供决策咨询建议。相关决策咨询紧紧围绕产业发展需求，服务主管部门决策需要，突出天然橡胶产业经济理论创新和管理创新研究，在天然橡胶发展战略、政策优化与创设、产业发展问题应对等方面发挥了信息与智力支撑。

一、为农业农村部等国家部委决策提供咨询情况

1. 提交天然橡胶产业支持保护政策建议

天然橡胶产业支持保护政策一直是研究的重点。一是对各类补贴政策的评价。"十二五"期间，在海南儋州、白沙，广东茂名，云南西双版纳收集了良种补贴资料，完成《天然橡胶良种补贴政策实施效果评价报告》《天然橡胶非生产期补贴政策调研报告》《天然橡胶标准化生产抚育技术补助实施调查报告》等。二是天然橡胶目标价格补贴报告的撰写。完成《中国天然橡胶目标价格补贴政策建议》，阐述了天然橡胶目标价格补贴的必要性、可行性，以及实施天然橡胶目标价格补贴政策的思路与建议。三是关税对天然橡胶产业的影响研究。提交了《关税下调对我国天然橡胶产业的影响分析》报告。四是开展天然橡胶价格（收入）保险调查和研究工作。参与完成了《关于"天然橡胶收入保险试点"政策研究报告》。五是参与国务院发展研究中心、农业农村部农垦局等课题调研，撰写《云南植胶区天然橡胶产业资源整合建议》《关于促进我国境外天然橡胶产业发展的报告》《组建中国天然橡胶集团公司研究》等向相关部门报送。

2. 参与天然橡胶产业战略和规划报告写作

参加了农业农村部农垦局的"天然橡胶生产能力建设规划"的编写工作，完成《天然橡胶生产能力建设规划（2017-2025）》。参与了《农垦社会经济"十三五"规划》的写作。专题研究"新时期三大植胶农垦联合战略"，并参与写作《国际大胶商培育计划》《农垦国际大胶商天然橡胶科技创新工程中心实施方案》。主持编制《农垦天然橡胶产业对外合作规划》。此外还有《高端热作产业培育计划》《关于设立天然橡胶产业发展基金的建议》《中国天然橡胶产业发展联盟章程》《天然橡胶监测预警体系建设》《天然橡胶资源保护立法前期研究报告》等报告或资料的研讨与撰写。

3. 做好岗位政策研究与工作任务

根据农业农村部科技教育司和天然橡胶产业技术体系的有关要求，每年按时提交年度政策建议报告，提交了有关专题报告，如《天然橡胶贸易和生产政策研究报告》《当前天然橡胶形势与问题的报告》，更好地服务于农业农村部。参与产经岗位第四组"农业绿色发展与乡村环境治理研究组"，每年围绕确定的题目开展决策研究。2018年参与完成了《生态宜居乡村建设模式与分类施

策建议》的研究工作。

二、为地方政府决策提供咨询情况

1. 提供天然橡胶保险决策咨询服务

在发展战略方面，体系发挥优势，为海南省农业农村厅等研究编制了天然橡胶产业发展规划，参与了政府主管部门主持召开的座谈会等。政策保险方面，从 2011 年开始，开展风灾对天然橡胶产业发展影响调查研究。通过实地调研，分析了胶农保险意愿及橡胶树风灾保险实施对策，向海南省政府研究室提交了优化风灾保险的建议报告。2018 年，又针对天然橡胶价格（收入）保险、收入保险实施等问题，为海南省白沙县政府、云南省农业农村厅热作处等提供了咨询建议。2018 年 9 月，海南正式启动天然橡胶价格（收入）保险全覆盖工作。

2. 为海南省热带农业发展提供咨询服务

充分发挥专家优势，为海南省有关农业方面的政策文件出台献计献策。针对热带农业的概念界定，提交了《热带特色高效农业概念与作物确定》的报告。针对自贸区自贸港建设背景下热带农业发展、生态循环农业、热带农业品牌建设、南繁基地建设等问题，参加了省委政策研究室、农业农村厅的专家咨询或论证会。

三、为企业决策提供咨询情况

为植胶区三大农垦企业提供了改革发展咨询服务。2012 年为海胶集团编写"十二五"战略规划，包括未来五年总体规划以及生产基地建设、人力资源管理、对外合作战略、财务管理等专项规划内容。多次为海南农垦投资控股集团做报告，包括《海南农垦如何办得更好一点》《海南农垦的过去、现在与未来》专题报告。受邀参加海胶集团种植结构调整及产业发展研讨会，对海胶集团橡胶和非胶产业发展提出了"全要素时空规划"的咨询建议，提出海胶应该在不同时间与地域充分发挥土地、资本、技术等不同要素的生产价值。此外，跟踪了云南农垦体制改革、广东农垦天然橡胶走出去发展，为云南农垦和广东农垦做多次专题报告。2018 年，受广东农垦的邀请，完成了《超低频新割制技术经济分析与评价调查研究报告》。

第三节　政策推动情况

致力于天然橡胶产业相关研究，为农业农村部、地方政府以及企业提供决策咨询，并通过决策咨询推动了部分产业政策创新，如良种补贴、非生产期抚育技术补助、天然橡胶收入保险、天然橡胶生产保护区建设等。此外，结合国家政策对相关理论进行研究，其中最具有代表性的是中国天然橡胶对外合作与空间产业链研究，这一研究不仅为天然橡胶产业对外合作发展奠定较好的理论基础，也为天然橡胶产业可持续发展提供决策参考。

一、生产保护政策的加强

2013 年 5 月，农业部印发《2013 年天然橡胶标准化抚育技术补助试点工作方案》，开展天然橡胶非生产期抚育管理补助试点。2015 年中央 1 号文件提出"启动天然橡胶生产能力建设规划"，并将天然橡胶纳入林业有关补贴政策。海南省政府在《2018 年海南省农业保险工作实施方案》中将天然橡胶收入保险纳入了政策性农业保险的项目，正式启动天然橡胶价格（收入）保险全覆盖工作。

二、天然橡胶监测预警的实施

通过固定监测农户的实践，在农垦局的领导与组织下，与中国农垦经济发展中心等撰写了《天然橡胶产业信息监测体系建设研究报告》，推动了天然橡监测预警项目的实施。增设了《天然橡胶产业运行预警体系建设项目》，列入了《农业农村资源等监测统计经费项目》。监测预警工作的开展，将产业信息整合分析，促进了天然橡胶全产业链信息联通。

三、天然橡胶对外合作发展及其规划编制

2011 年提出了天然橡胶跨国空间产业链的概念，提出了构建中国—东盟天然橡胶空间产业链是实现天然橡胶产区良性合作的一种高效的模式，出版了《中国天然橡胶空间产业链研究》等专著。专题研究了构建大胶商的具体实施路径，提出了宏观、中观、微观的联系路径，对国际大胶商战略的实施产生了

积极的理论支持。培育具有国际竞争力的天然橡胶企业集团已成为农垦工作的重要要点。

2012 年，启动了天然橡胶企业对外合作的问题及政策专题研究，梳理了东南亚主要产胶国对外资企业在税收、投资等方面的优惠政策，分析了我国在橡胶企业与东南亚国家合作给予的政策支持现状，从税收、资金等方面提出了下一步促进我国橡胶企业对外合作的政策支持措施，为拓展我国天然橡胶产业发展空间提供了决策参考。2012 年和 2015 年召开"天然橡胶走出去发展专题研讨会"，并向农业部等有关部门报送了《关于促进我国境外天然橡胶产业发展的报告》，推动了农垦局编制《农垦天然橡胶产业对外合作规划》，指导天然橡胶产业走出去发展（图 7-1）。

图 7-1　2015 年 1 月 16 日在珠海召开天然橡胶走出去发展对策研讨会

四、呼吁交易进口胶种设置，促进和规范市场

2014—2015 年两次向海关总署报送《中国天然橡胶协会关于尽快实施〈复合橡胶通用技术规范〉国家标准的紧急呼吁》《关于严格实施天然橡胶进口标准的呼吁》等文件，推动了 2015 年 7 月 1 日新复合橡胶标准的正式实施。持续跟进混合橡胶问题，2016 年与中国合成橡胶工业协会联合向海关总署、农业部等有关部委报送了《关于规范混合橡胶进口管理的报告》，并联合发布了《混合橡胶通用技术规范》，进行行业自律，推动出台国家规范。

为适应当前我国天然橡胶加工初产品结构调整和市场需求，2018年向农业农村部提出了"尽快编制和颁发20号标准天然橡胶（SCR20）专门行业标准，以促进我国天然橡胶产业持续健康发展"的报告，推动国产20号标准橡胶（SCR20）和我国境外20号标准橡胶行业标准的完善和修订工作，为上下游生产和市场交易提供依据。向证监委及时报送了《关于我国期货市场优先推出国产品牌20号标准天然橡胶交易和列为保税交割衍生品的函》，并积极推动天然橡胶期权的上市，助力我国天然橡胶市场的稳定和产业发展。

第八章　技术推广应用

第一节　架起政府行业产业科技的桥梁

面对全球数据化、信息化的发展新趋势，在农业农村部的领导和支持下，利用中国天然橡胶协会优势，协调技术支持和转化渠道，搭建技术沟通平台，做好相关信息咨询，服务产业发展需要。

一、产业热点问题的沟通协调

在政府、行业之间搭建沟通渠道，针对复合胶和混合胶无序进口对国内天然橡胶种植业和贸易造成的冲击，积极与中国合成橡胶工业协会联合向海关总署、农业农村部等有关部委呼吁交易进口胶种设置，推动相应标准出台，促进和规范市场。

2015年11月配合受中央财经领导小组办公室委托的中国国际工程咨询公司就我国天然橡胶产业的问题与出路课题赴三大植胶区进行调研。2018年积极参与由国务院发展研究中心组织的"我国橡胶产业发展战略与创新发展模式研究"课题的研究工作，进一步明确了天然橡胶属于国家战略资源、重要农产品和保障国家安全的重要物资的定位，加大国家扶持力度，实现涉胶企业和胶农诉求，加强科技兴胶，推进天然橡胶产业对外合作战略，为稳定我国天然橡胶产业可持续发展打下基础。

2016—2018年多次走访商务部有关司局反映国产胶受低价进口胶冲击问题，请求国家对国内植胶企业实施贸易救济，并向商务部、国家发改委等报送了《关于贸易调整援助我国天然橡胶产业发展的报告》，引起商务部的重视。为保护胶农的利益，缓解企业产品滞销带来的资金压力和天然橡胶产业的困难，2018年向有关部委报送了《收储滞销我国天然橡胶的紧急呼吁》和《收储滞销国产天然橡胶，提振我国橡胶市场的报告》，请国家收储或定向轮储植胶区滞销国产天然橡胶，引起了有关部门的重视。从2015年开始至今，积极

· 141 ·

配合商务部贸易救济调查局（原公平贸易局）进行美国对华乘用车及轻型卡车轮胎产品反补贴调查。

二、产业链上下游的对接交流

2011—2018 年定期召开"天然橡胶产业经济分析会"。交流国有、民营天然橡胶产业经济发展情况，研究探讨我国天然橡胶产业市场应对措施，进一步探讨产业发展的对策，增强上下游的生产、研发和销售的对接（图 8-1）。

图 8-1　2016 年 8 月 25 日天然橡胶产业市场分析会议现场

与国内行业部门、大型企业共同举办或协办天然橡胶产业论坛，提高了橡胶生产、贸易信息交流的有效性。参加海南、云南、广东垦区举办的国际橡胶产业发展论坛、上海衍生品论坛等并做主旨发言，不仅提升了产业影响力，还增强了国际话语权（图 8-2）。

图 8-2　2017 年 11 月 18 日国际橡胶产业论坛现场

三、产业信息收集、监测与服务

1．开展天然橡胶期货培训

2011 年共举办橡胶产业培训班 3 期，培训 300 多人。2012 年举办"2012 年天然橡胶期货产业服务培训班"1 期，培训 140 人。2013 年举办"期货服务三农，农业风险管理培训班"5 期，培训 300 多人。2014 年举办"期货服务三农，农产品风险管理培训班"3 期，培训人员 200 多人。2015 年举办期货培训班 1 期，培训 80 多人（图 8-3）。

图 8-3　2013 年培训活动现场

2．收集和整理天然橡胶产业相关数据

①会同海南中橡市场、上海期货交易所等单位收集整理天然橡胶电子交易、现货交易、期货交易等市场情况和数据，跟踪市场动态变化。

②建立市场监测点。2014 年建立海胶金江产地监测点，着手开展海南植胶产区天然橡胶市场价格监测与调查研究工作，及时完成监测点日报价格和交易量的数据库建设及关系分析。2015 年建立云胶产地监测点，在云南植胶产区开展市场价格监测与调研工作；同年建立中化国际上海销地监测点，开展销地市场监测。2018 年进一步完善了监测点的设置。

③完成"天然橡胶生产情况年度统计""天然橡胶现货主要产品成交情况年度统计""我国海关天然橡胶进出口年度统计数据"，建立自 2000 年起的月度海关天然橡胶主要品种进出口数据库，收集中国橡胶工业年度发展情况、橡胶消耗情况及再生胶、合成胶年度生产统计数据。

3. 开展天然橡胶市场信息服务

2013—2018 年，组织中国农垦经济发展中心，中国天然橡胶协会，中国热带农业科学院橡胶所，中国热带农业科学院信息所，海南、云南、广东农垦三大橡胶公司及中化国际，上海期货交易所及有关证券公司等单位专家组成天然橡胶全产业链分析师团队，研究会商并定期发布天然橡胶市场监测会商报告。在此基础上，在《中国农业信息网》上开设有关天然橡胶信息栏目，定期发布天然橡胶"期货交易快讯"和"市场展望"，累计发布信息2 400 余篇。

4. 分析和研究天然橡胶市场形势

2015—2018 年共发布市场形势会商报告 48 期，加强了产销地信息的快速有效沟通，促进产业健康持续发展。此外，还编写"境外主要产胶国外汇进出管理分析与研究""东南亚主要产胶国投资环境调查分析与研究""天然橡胶境外企业营销模式与营销策略研究""农垦企业天然橡胶走出去战略的区域选择研究""植胶产区天然橡胶市场价格监测与调查研究"等 5 篇研究报告，为热区、垦区天然橡胶产业发展能力得到进一步提升服务。

第二节　植胶区产业发展与技术推广

一、海口综合试验站

2011 年国家天然橡胶产业技术体系海口综合试验站成立，主要面向全国植胶区开展技术服务。

1. 开展千叶有机液肥的试验示范推广

为促进千叶有机液肥在天然橡胶生产的推广应用，海口综合试验站于2011—2013 年分别在海南天然橡胶产业集团股份有限公司（以下简称"海胶集团"）的金江分公司、立才分公司和广东农垦的织篢农场和红五月农场的橡胶中小苗和开割树进行了千叶有机液肥试验，结果表明千叶有机液肥对中小苗生长在高浓度时促进作用比较大，在橡胶开割树上按千叶液肥原液与乙烯（灵）利 1:1 的比例混合后进行涂抹割面处理，具有一定的增产和减少死皮的作用，平均株产比试验前增加 0.05 kg，平均干胶含量增加 0.03%（图 8-4）。

图 8-4　2013 年 1 月 24 日在海口召开千叶有机液肥实验交流会

2. 开展无氨胶乳技术的试验和推广

随着我国对环境保护重视程度的增加，为减少氨在天然橡胶生产过程中造成的环境污染，海口综合试验站从 2013 年开始，组织海胶集团金水橡胶加工厂、北京天一瑞博科技发展有限公司等有关单位成功开展了天然浓缩胶乳新型防凝保鲜剂应用试验，取得了良好的试验和推广效果（图 8-5，图 8-6）。该保存剂对浓缩胶乳具有防凝保存效果，其在生产加工过程中无刺激性气体产生，能够一定程度上改善生产环境，具有一定的应用推广前景。2016—2017年在进一步验证此新型保存剂使用效果和浓缩胶乳的工艺性能基础上，2018年开展了下游制品企业推广性应用，2019 年在扬州召开"无氨保存浓缩天然胶乳推介与应用发布会"，经现场专家评审，一致认为无氨保存离心天然浓缩胶乳的应用，可实现天然胶乳制品生产的环保、绿色化生产，具有较大的社会

图 8-5　2015 年 2 月 4 日在海口召开天然胶乳防凝保鲜剂应用标准测试技术验收会

图 8-6　2018 年 10 月 23 日，"浓缩天然胶乳无氨保存胶乳规格"评审会

效益、经济效益和环保效益。目前，使用该项技术生产的无氨浓缩胶乳已得到温州隆亨乳胶制品有限公司、北京乳胶厂 (北京华腾橡塑乳胶制品有限公司)、浙江环球鞋业有限公司、江苏爱德福乳胶制品有限公司、江苏金世缘乳胶制品有限公司等发泡材料加工厂用户的认可和欢迎，同时制定出台了《浓缩天然胶乳无氨保存离心胶乳规格》行业标准。

3. 免磨割胶刀、初加工自动化技术评审推介

2016 年 4 月 27 日在广东阳江召开了"免磨割胶刀效果评价研究总结暨鉴评会"，并呼吁植胶区大力推广使用 (图 8-7)。

2018 年 11 月 1 日组织专家对"西双版纳中化橡胶有限公司景洪工厂生产线优化及自动化建设项目"进行评审鉴定，认为该技术实用，应用前景广阔 (图 8-8)。

二、东方综合试验站

2009 年国家天然橡胶产业技术体系东方综合试验站成立，服务海南省白沙、昌江、乐东和东方 4 个县市农垦、民营橡胶产业。

1. 区域橡胶产业发展情况

至 2018 年，辖区 4 个县市拥有橡胶面积 201 万亩，其中：开割面积约 167.85 万亩，干胶总产量为 8.41 万 t；其中农垦橡胶面积为 77.7 万亩，干胶总产 3.73 万 t，民营橡胶面积 90.15 万亩，干胶总产 4.68 万 t。按照种植时间划分，农垦从 20 世纪 60 年代开始植胶至今已经历三代胶园建设。其中，第一代胶园橡胶树品种以 PR107 和 GT1 为主；第二代胶园品种以 PR107、海垦 2

图 8-7　2016 年 4 月 27 日免磨割胶刀效果　　图 8-8　2018 年 11 月 1 日西双版纳中化橡
　　评价研究总结暨鉴评会现场　　　　　　　　胶有限公司现场鉴定会

和 RRIM600 为主；第三代胶园品种以热研 7-33-97、热研 7-20-59 等为主。

2．产业面临的主要问题

①胶工老龄化、短缺日益凸显。虽然海南农垦近几年进行了割制的改革和创新，积极推广低频、超低频割胶和气刺短线割胶作业，但由于割胶作业环境差、连胶价持续低迷，橡胶生产对劳动力吸引力不足，农垦企业胶工老龄化、短缺的问题日益凸显。

②胶园产出率低，经营困难。橡胶树的生产周期长，平均可达 25 年左右，少数胶园割龄甚至超过 40 年。海南植胶区历年来频繁发生台风与寒害，东方综合试验站所在地区常年遭受干旱影响，老龄胶园有效割株保存率低，加上橡胶树受死皮影响，生产胶园平均有效割株为 60% 左右。即使是管理与技术相对较好的农垦企业，橡胶亩产仍不足 80 kg；加之胶价持续低迷，长期在11 000 元/t 左右徘徊，以天然橡胶生产为主的农场、公司与农民面临许多困难，产业发展举步维艰。

③产业的机械化水平低，有待进一步提高。目前，橡胶产业的机械化水平较低，新植胶园的开荒、挖穴可实现机械化，但橡胶树的定植、抚管和割胶作业依然主要靠人工。一方面是研发的胶园作业机械化机具还不成熟，另一方面主要是受植胶地多为山地的限制，大部分胶园仍采用传统的种植/生产和管理模式，难以实现胶园的机械化生产作业。此外，割胶作业技术水平要求高与天然橡胶产业劳动报酬较低的矛盾，影响橡胶产业健康发展。因此，亟须研发适应目前胶园生产的机械化、智能化生产工具，提高劳动效率，降低生产成本，提高天然橡胶单位面积经济效益。

3．开展工作情况

依托国家天然橡胶产业技术体系平台，立足海南天然橡胶产业，东方综合试验站紧紧围绕如何推动产业提质增效、促进产业增产增收、绿色健康发展，致力于橡胶树新品种、新技术、新材料的引进、示范与推广，并积极组织和参与科技服务与培训工作，发挥农垦企业技术优势，带动区域内民营橡胶生产技术进步，积极推进天然橡胶产业健康发展。近十年来，东方综合试验站依托海胶集团广坝分公司，开展多项新技术的示范与应用，进展情况如下。

①橡胶树抗风抗寒高产新品种选育与区域性试种示范基地建设。2013年，在海南东方市海胶集团广坝分公司玉龙作业区 33 队建立了试验示范基地约 234.6 亩，参与示范的橡胶新品种有 9 个，共 5 608 株。基地实行规范化管

理，苗木生长良好。2018 年 11 月，技术人员对苗木生长进行测定，测定结果显示：PR107 平均茎围 27.6 cm，年均增粗 4.6 cm；RRIM600 平均茎围 32 cm，年均增粗 5.3 cm；热垦 628 平均茎围 42.4 cm，年均增粗 7.0 cm；热研 7-33-97 平均茎围 36.1 cm，年均增粗 6.0 cm；热研 4-26 平均茎围 38.8 cm，年均增粗 6.5 cm；热研 8-79 平均茎围 35.9 cm，年均增粗 6.0 cm；热研 87-6-62 平均茎围 35.1 cm，年均增粗 6.0 cm；热垦 523 平均茎围 37.1 cm，年均增粗 6.2 cm；热垦 525 平均茎围 36.6 cm，年均增粗 6.1 cm。按照茎围由大到小的排列顺序是：热垦 628、热研 4-26、热垦 523、热垦 525、热研 8-79、热研 87-6-62、热研 7-33-97、RRIM600 与 PR107。针对每个示范新品种分别建立试验区档案，包含生长、抗性、抚管等数据，并逐年完善，为该地区新品种选育与示范打下坚实基础。

②新型种植材料示范与应用，推动产业提质增效。2011 年 7 月，海胶集团广坝分公司玉龙作业区 21 队建立约 50 亩橡胶籽苗芽接材料的试验示范点，目前正在收集相关试验数据。此外，2014 年在广坝分公司玉龙作业区 33 队和红泉作业区 2 队、3 队建立自根幼态无性系苗示范基地 312.8 亩，共 10 438 株。2016 年，在普光 16 队新种 4 036 株小筒苗和 4 005 株组培苗。2017 年，海胶集团总部在广坝分公司建设胶园宽行密植间作示范基地 1 000 亩，采用大型全苗种植，经过半年多认真落实，实际完成 1 353 亩，于当年 9 月底定植完成。定植苗木约 4 万株，品系为热研 7-20-59。其中 600 亩苗木类型为橡胶树大全苗，其余种植材料为袋育苗，2018 年新增定植 704.5 亩，累计达到 2 057.5 亩。

③积极推进新割制示范与应用，促进产业节本增效。为缓解胶工短缺的压力，提高胶工收入，稳定胶工队伍，联合采胶岗位专家开展橡胶树气刺短线割胶技术应用与示范。从 2011 年开始示范，至 2018 年已经推广到 11 个生产队，面积 17 907 亩，近 24 万株，人均割株 2 160 株，人均产胶近 7 t。2019 年，海胶集团已明确要求各基地分公司符合技术应用条件单位对 16 割龄以上胶园采用气刺短线割胶技术。

④橡胶树死皮防控技术研究与示范，挖掘胶园生产潜力。橡胶树死皮是天然橡胶产量提升的重要限制因素之一。从 2013 年开始，东方综合试验站开展死皮防控技术示范。死皮防控技术对该示范点橡胶树品种 RRIM600 的死皮停割植株死皮指数降低与割线症状恢复有显著促进作用，复割的处理植株产量稳

定且逐渐增加。此外，复割的处理植株在复割3年后死皮指数变化不明显，而对照植株复割后死皮症状明显加重，甚至可能重新停割。

⑤开展橡胶树缓控释专用肥研制及施用技术示范，建设生态胶园。2009年开展橡胶树缓控释专用肥研制及施用技术示范工作。在广坝分公司红泉9队科研站14号林段布置橡胶缓控释专用肥料（肥料棒）田间效果试验。试验选用RRIM600开割树，开割5年，割制S/2 d/4。试验处理施用缓控释专用肥，对照施用普通橡胶专用肥，试验采用等养分量施肥。负责试验地日常管理和产量数据的收集，协助试验树围测量、养分释放和迁移测定、基础土壤和叶片样品采集。通过长期的试验与示范，为新技术转化提供科学依据，为高效省工施肥打下良好基础。

⑥积极探索胶园林下经济，提高胶园产出率。为提高土地利用率，自2010年积极探索农林复合利用模式，引进橡胶园林下资源利用技术研发与示范，协助开展所服务区域的橡胶园林下资源开发利用技术现状调查，形成一套适合东方、昌江、乐东、白沙等植胶区的橡胶园间作模式及技术。完成情况：开展林下土地资源的开发利用及间作技术的调研，间作了香蕉、茄子、辣椒、生姜、玉米、南瓜等林下经济作物并建立示范基地，稳定胶工队伍。

⑦开割胶园保水抗旱技术集成与示范。建立试验示范点并收集试验数据。完成情况：已在广坝分公司红泉作业区14队开割胶园建立示范点约619亩，橡胶树总株数为20 420株。

4．技术推广应用情况

十年来，东方综合试验站在体系首席科学家、岗位专家和其他试验站站长及同行的指导和帮助下，通过建立新品种、新技术试验示范基地，加强新品种与新技术的应用及推广，取得了一些阶段性的成果。

①气刺短线割胶技术从示范到应用。2011年，气刺短线割胶技术在海胶集团广坝分公司普光7队建立示范基地，面积为20亩，685株。2014年，该项技术开始在两个生产队大面积应用，2018年，已经推广到11个生产队，面积17 907亩，近24万株。由于该项技术的示范与应用，2015年，东方综合试验站依托单位广坝分公司被海胶集团授予"总裁特别奖"，广坝分公司生产技术部也获得"总经理特别奖"。2019年，海胶集团已明确要求各基地分公司符合技术应用条件单位对16割龄以上胶园采用气刺短线割胶技术。

②橡胶树抗风抗寒新品种选育与区域性试种示范为新品种选育奠定基础，

通过5年的示范基地建设，本项目已初步掌握了9个品种的生理特性，对9个品种在非生产期的性状有了综合性的了解，为新品种选育奠定了理论依据。

③橡胶树死皮康复综合技术防效明显，复割植株产量稳定。该技术平均死皮恢复率达40%，一般4～6个月就恢复产胶，并延长割胶时间2年以上，为示范县橡胶生产中死皮防控提供了较好的科技支撑。橡胶树死皮康复综合技术正在不断扩大示范应用面积。

④橡胶树大型全苗培育技术示范。结合胶园全周期间作模式推广。该项技术完成了橡胶种苗向大型全苗的升级过程，不但节约种植成本，提高成活率，也缩短非生产期1～2年，同时胶园土地得到充分利用，颇受企业欢迎。目前，该项技术已在海胶集团多家分公司推广。

⑤阶段性成果。十年来，结合综合试验站重点任务，通过对试验示范基地建设，东方综合试验站发表相关科技论文5篇。2017年，被海胶集团授予莫东红"海胶工匠"称号；同年，人力资源和社会保障部、农业部联合授予莫东红"全国农业先进工作者"荣誉称号。

三、琼中综合试验站

1. 区域橡胶产业发展情况

琼中试验站十年间辐射区为海南中部地区：琼中、屯昌、五指山示范县市，橡胶产业分布情况为：琼中示范县总面积90.4万亩，其中：民营胶面积49.51万亩（开割39.6万亩，中小苗9.91万亩），农垦胶面积40.89万亩（开割29.55万亩，中小苗11.34万亩），屯昌示范县总面积49.6万亩，其中：民营胶面积28.87万亩（开割23万亩，中小苗5.87万亩），农垦胶面积20.73万亩（开割面积14.48万亩，中小苗6.25万亩），五指山示范市21.12万亩，其中：民营18万亩（开割13.5万亩，中小苗4.5万亩），农垦3.12万亩（开割2.7万亩，中小苗0.42）。

2. 产业存在的问题

海南中部地区7-9月雨季较多，而气刺采胶往往是在下午割胶，推广气刺采胶存在雨冲胶较多的问题。胶工割胶劳动强度大，机械代程度低，迫切需要加快研发和推广机械化割胶。

3. 新品种、新技术推广应用情况

①推广橡胶树围洞法抗旱节水定植新技术（图8-9）。2010—2013年在

海南中部琼中县海胶阳江、乌石、加钗等分公司，屯昌县海胶中坤分公司推广橡胶树围洞法抗旱节水定植技术，通过推广该项技术的应用，可节省盖草成本 1.8 元/株，淋水成本 0.5 元/株。共节省了定植成本 2.3 元/株（按当时劳务价），提高劳动生产率。3 年间推广该项技术应用 6.5 万亩，企业降本提效 500 万元。

图 8-9　橡胶树围洞法抗旱节水定植新技术

②橡胶树根病综合防治技术的熟化与应用（图 8-10）。2011—2013 年在琼中、屯昌、五指山三个示范县市推广"根康"药液防治橡胶树根病的防治技术，首先在琼中示范县海胶阳江分公司大丰片二队选择示范点，通过以点示范然后向屯昌、五指山示范县市推广。通过施用"根康"药液配合挖隔离沟，橡胶树根病得到有效控制，轻微病株可得到恢复。三年来该项技术推广应用到 28 个生产单位（户），防治橡胶树根病（样株）2 484 株，挽回直接经济损失 30 万元。

图 8-10　橡胶树根病防治

③橡胶树气刺短线微割技术在老龄胶园的推广应用（图 8-11）。2015 年琼中试验站在海胶集团阳江分公司大丰片 7 队小范围采用气刺短线割胶，取得良好成效后，于 2016—2018 年连续 3 年在海胶集团阳江分公司推广应用该项技术（表 8-1）。3 年来推广气刺割胶单位 53 个生产队，推广面积 15 762 亩/次，割株 25.5 万株/次。气刺微割技术是一项省工、高效采胶新技术，采用该项技术可提高劳动生产率 30%，增产 20% ~ 24%，推广气刺割胶技术 3 年共增加产量 204 t，提高经济效益 224.4 万元。

表 8-1 2018 年海胶集团阳江分公司气刺微割技术推广示范数据对比

割胶制度	有效割株（株）	割胶岗位（个）	计划产量（t）	完成产量（t）	完成计划（%）	割胶刀数（刀）	涂药周期（个）	平均干胶含量（%）	人均产胶（kg）	人均收入（元）
气割	75 108	48.5	255.2	233.5	91.5	42	8	26	4 814.4	21 905
常规	102.5 万	882	4 573	3 207	70.1	42.2	11	27.1	3 636	16 544
对比					+21.4	-0.2	-3	-1.1	+1 178.4	+5 361

图 8-11 推广示范气刺短线微割技术

④新品种（材料）推广示范。2010 年 9 月，在海胶集团阳江分公司大丰片区 6 队建立了 175 亩的橡胶树抗风抗寒新品种区域性试种示范基地，种植品种有：热研 7-33-97 计 954 株；热垦 628 计 982 株；文昌 217 计 972 株；PR107 计 959 株；RRIM600 计 991 株等 5 个品种，总株数为 4 858 株。

通过定植以来对上述 5 个品种的观察和鉴定，得出了热垦 628 生长量最快，年单株增粗可达 8.8 cm，其次为 RRIM600，抗性方面 PR107 抗风性能最强，热研 7-33-97 次之（表 8-2），为海南中部地区橡胶新品种的种植和推广起到了示范作用。今后还将持续跟踪其产胶量以及其副性状等方面情况。

表8-2 橡胶抗风抗寒新品种选育区域性试种示范区苗木生长量对比

品系	种植日期	定植株数	总周径（cm）		平均株径（cm）		平均单株增粗（cm）	保苗率（%）
			2016 年	2017 年	2016 年	2017 年		
热研 7-33-97	2010.9	954	38 064.6	41 880.6	39.9	43.9	4.0	100
PR107	2010.9	959	37 113.3	40 086.2	38.7	41.8	3.1	100
文昌 217	2010.9	972	37 908.0	41 893.2	39.0	43.1	4.1	100
热垦 628	2010.9	982	46 841.4	55 483.0	47.7	56.5	8.8	100
RRIM600	2010.9	991	37 261.6	44 892.3	37.6	45.3	7.7	100
合计/平均		4 858	197 188.9	224 235.3	40.6	46.1	5.6	100

⑤新型种植材料推广示范。2010 年以来琼中试验站分别在琼中、屯昌、五指山等示范县市推广种植了橡胶树籽苗芽接苗种植示范区，种植面积 290 亩，种植株数 9 860 株，为海南中部地区推广橡胶新型定植材料提供了示范平台。

2014 年和 2016 年分别在琼中和屯昌两示范县建立了橡胶树自根幼态无性系种苗试种基地，琼中示范县在海胶阳江分公司大丰 2 队，定植面积 132 亩，定植株数 4 488 株；屯昌示范县在海胶中建分公司 12 队，定植面积 100 亩，定植株数 3 400 株。组培苗具有速生快长、苗木生长均匀的特点。

四、万宁综合试验站

1. 区域橡胶产业发展情况

2018 年，万宁综合试验站对所辖区域垦区 6 个分公司（或片区）的天然橡胶种植生产等情况（如品种、树龄分布、开割面积、更新面积、新植面积、产量等信息）进行调查。调查结果如下：6 个分公司的总植胶面积 48.64万亩，各品种分布情况是：PR107 占 33.3%，RRIM600 占 57.4%，大丰 95 占 0.5%，热研 7-33-97 占 7.8%，热研 7-20-59 占 0.2%，其他占 0.8%；各树龄的分布情况是：1970 年前占 3.0%，1971—1980 年占 23.8%，1981—1990 年占 36.0%，1991-2000 年占 10.4%，2001—2010 年占 14.0%，2011—2018 年占

12.8%；现有开割面积 405 527 亩 767.3 万株，占橡胶总面积的 83.4%，总产量为 14 624 t，平均亩产 36 kg，平均株产 1.9 kg；当年更新面积 9 056 亩，占开割面积 2.2%，新植面积 3 257 亩，占开割面积 0.8%。

2．产业存在的问题

由于单位面积产量低下，成本偏高，加上胶价低迷，极度缺乏胶工，迫切需要改良品种，提高产量和品质，提高价格，增强产业竞争力。

3．新品种、新技术推广应用情况

①进行新品种区域性试验示范，用以优选品种并加以推广。目前海垦橡胶种苗公司所繁育的橡胶苗 90% 以上均为热研 7-33-97，该品种已成为海胶集团各基地分公司的当家品种。

②开展新型种植材料——体胚无性系繁育与示范，目前已种植体胚无性系 150 亩，并获得了良好的种植经验。特别是 2015 年种植的 43.4 亩体胚无性系，累计茎围热研 7-33-97 比袋装苗增加 5.6 cm，PR107 比袋装苗增加 6.9 cm。

③橡胶树小型苗培育技术研发示范，用以减少种植成本，缩短非生产期。目前已扩大种植至 300 亩，2015 年种植的 2 个地块，其中一块比袋装苗增加 2.5 cm，而另一块比袋装苗增加 5.2 cm，其快速生长优势非常明显，深受种植户欢迎。

④开展省工高效割胶及配套技术集成与示范，示范面积达到 1 018 亩，通过两年示范，均取得良好效果。2017 年全队胶工 7 人，年均割胶（10 月底止）19.0 刀，在减刀 44.6% 的情况下，完成干胶总产 17.987 t，人均收入为 21 518 元。比试前（9 442 元）增收 12 076 元，增长了 1.28 倍。2018 年全队胶工 7 人，年均割胶(11 月底止)17.0 刀，在减刀 50.4% 的情况下，完成干胶总产 20.807 t，人均收入为 19 978 元，比试前增收 10 536 元，增长了 1.12 倍（表 8-3）。

表 8-3　万宁综合试验站省工高效割胶技术应用情况

年份	割制	树位（个）	胶工（人）		割胶刀数（刀）		干胶含量(%)		干胶总产(t)		人均收入（元）	
				对比		对比		对比		对比		对比
2016	d4	42	14		34.3		30.0		20.432		9 442	
2017	d7	42	7	-7	19.0	-15.3	29.7	-0.3	17.987	-2.445	21 518	12 076
2018	d7	42	7	-7	17.0	-17.3	28.7	-1.3	20.807	+0.375	19 978	10 536

⑤开展橡胶树死皮防控技术研究与示范，其目的在于修复死皮，提高产量。示范结果说明：施用死皮康复土壤调理剂对示范点PR107的死皮停割植株死皮指数的降低与割线症状的恢复有明显促进作用。处理植株死皮指数比试验前显著降低，死皮指数降低程度超出对照8.67，而对照植株试验前后死皮指数降低值并无明显差异；处理植株单株死皮长度恢复率比对照植株单株死皮长度恢复率增加14.82%，土壤调理剂相对防效达到13.39。橡胶树死皮康复土壤调理剂是死皮康复营养剂（2015—2016年示范产品）的升级产品，是一种类似肥料的根施缓释颗粒制剂，其目的是节本增效。通过升级，人工成本降低至少80%，原材料与生产成本也有所降低，更重要的是缓释颗粒制剂采用根施方式，能提高树体对有效成分的吸收效率，促进死皮康复。

五、文昌综合试验站

1．区域橡胶产业发展情况

2009—2018年文昌、海口、定安、澄迈、临高五个市县橡胶产业发展情况：橡胶累计种植面积9.1万亩，300万株，主要品种包括热研7-33-97、PR107、文昌217、文昌11、RRIM600等。其中各示范市县橡胶产业发展情况如下：

海口片区东昌分公司：2009—2018年，橡胶累计种植面积7 084亩，26.2万株。品种包括：PR107、热研7-33-97、文昌217、文昌11。

定安片区金鸡岭分公司：2009—2018年，橡胶累计种植面积24 519亩，58.1万株，均为中小苗。其中PR107累计13 866亩，33.8万株，热研7-33-97为10 277亩，24.3万株。

临高片区红华分公司：2009—2018年间，橡胶累计种植面积21 306亩，64.1万株，其中已开割树1 076亩，3.1万株，未开割树20 230亩，61万株。

澄迈片区西达分公司：2009—2018年，橡胶累计种植面积37 352亩，98.4万株，其中已开割树3 974亩，11万株，未开割树33 378亩，87.4万株。

文昌片区海垦橡胶所：2009—2018年，橡胶累计种植面积850亩，3.1万株，品种包括文昌217、文昌11、热研7-33-97。

2．产业存在的问题

①橡胶价格连续 5 年低迷，产值较低，对橡胶产业的良好发展起到抑制作用。

②胶工队伍老龄化，人员逐年减少。如海口片区东昌农场胶工从 2016 年的 480 名减少到 2018 年的 150 名。割胶技术不断下滑，割胶劳动强度大与收入低形成鲜明对比，胶工上岗割胶的积极性不高，年轻居民不愿意割胶。

③垦区调节产业结构需要，出现较大面积的橡胶更新，试验活动及技术推广方面遇到阻力较大。

3．新品种、新技术推广应用情况

近年来，由于橡胶价格持续低迷，橡胶产业的发展受到严重考验。为支撑橡胶产业持续发展，在技术推广方面，文昌综合试验站着重推广了气刺微割技术、橡胶自根无性系繁育技术及橡胶小筒苗种植技术三种技术；在橡胶品种方面，文昌综合试验站主推热研 7-33-97、热研 72059 和文昌 11 等 3 个品种；另外，文昌综合试验站为发展林下经济种植模式，推广了林下牛大力、林下鹿角灵芝、林下太子参和林下王草 4 种不同种植模式。

①气刺微割技术的推广。文昌综合试验站气刺微割技术累计推广面积为831.5 亩。其中，在临高片区红华分公司推广应用面积为 217 亩；在海垦橡胶研究所 2 队、3 队、4 队累计推广面积 350 亩；海口片区东昌分公司在 38 队、39 队累计推广面积 264.5 亩，其中更新树 63.4 亩。

②新种植材料繁育技术的推广。文昌综合试验站于 2016 年 10 月在海垦橡胶研究所 2 队建立 37.5 亩示范基地，品种为热研 7-33-97，定植株数 1 228株。文昌综合试验站橡胶小筒苗种植技术累计推广面积 164 亩，其中，在澄迈片区西达分公司种植面积 75 亩，在海垦橡胶研究所种植面积 89 亩。

③新品种推广情况。文昌综合试验站橡胶新品种推广种植热研 7-33-97、热研 72059、文昌 11、文昌 217 等品种共 2 万多亩。

④橡胶林下经济种植模式探索研究情况。在橡胶价格持续低迷的情况下，文昌综合试验站积极开展探索研究橡胶林下种植模式，先后在海垦橡胶研究所进行橡胶林下间种牛大力、橡胶林下间种太子参、橡胶林下培育鹿角灵芝获得成功，推广面积 400 多亩，提高了单位面积效益，为胶工增加了经济收入。

六、西双版纳综合试验站

西双版纳综合试验站设 5 个示范市县（景洪市、勐腊县、勐海县、江城县、孟连县），位处云南天然橡胶产业核心区域，2018 年天然橡胶种植面积 539.70 万亩，开割面积 359.92 万亩，产干胶 34.55 万 t，平均亩产 95.99 kg（表 8-4）。

表 8-4 2018 年西双版纳综合试验站各示范市县天然橡胶产业基本情况

示范市县	种植面积（万亩）	开割面积（万亩）	干胶产量（万 t）	亩产（kg）
景洪市	198.43	133.21	11.730	88.06
勐腊县	224.77	162.65	16.500	101.44
勐海县	34.32	14.99	1.306	87.12
江城县	50.00	20.80	2.300	110.58
孟连县	32.18	28.27	2.714	96.00
合计/平均	539.70	359.92	34.550	95.99

1. 景洪市

（1）产业发展情况

景洪市位于云南南部，西双版纳傣族自治州中部，地跨北纬 21°27′～22°36′，东经 100°25′～101°31′。地势四周高、中间低，南部多缺口，利于西南季风深入内部，受印度洋西南季风和太平洋东南季风的影响，常年湿润多雨，属北热带和南亚热带湿润季风气候，年平均气温 18.6～21.9℃，年平均降水量 1 200～1 700 mm，是国内种植天然橡胶的最适宜地区。天然橡胶产业是西双版纳的传统支柱产业，经过五十多年的发展，景洪市天然橡胶种植规模定型，基地化格局已形成，并进入胶园的更新换代时期，正朝着规模化加工、专业化生产、标准化管理、集约化经营以及境外橡胶资源合作的方向迈进。天然橡胶已成为景洪市农业经济发展的特色优势产业，是广大职工、农户重要的收入来源和致富奔小康的主要途径，有力地支撑了全市农业和农村经济的发展。

2018 年景洪市橡胶面积 198.43 万亩，开割 133.21 万亩，干胶产量 11.73 万 t，产值 105 570 万元，其中民营橡胶种植面积 149.1 万亩。全市 10 个乡镇、1 个街道办事处均有橡胶种植，共有 4.96 万户、11.9 万人参与和从事橡胶生产经营活动。全市现有初级加工厂 25 家，其中省级龙头企业 3 家，州级龙头企业 11 家，主要产品为标准胶系列 SCRWF、SCR5、SCR10。景洪市的橡胶在替代进口、减轻对外依赖、支持国防和国家经济建设等方面做出了重要贡献，同时提供了大量就业机会，促进了当地经济发展和农民增收。种植橡胶提高了森林覆盖率，减少了水土流失，改善了气候和生态环境，对维护地区生态平衡发挥了重要作用。

（2）产业发展面临的瓶颈问题

景洪市橡胶产业发展中存在种苗质量参差不齐、胶园管理措施不够科学、种植密度过大、优良新品种少、单产增长乏力、病虫害防控难、胶园土壤肥力下降、胶园物种单一、产品结构不合理、副产物综合利用水平低、胶园综合产出低等问题，影响了景洪市橡胶产业的提质增效，有必要针对这些问题开展研究，为天然橡胶产业可持续发展提供更好的技术支撑。农村劳动力对新技术的思想认识不够，接受新技术、新措施的能力还较差，科技意识不够强，还不能完全科学地掌握橡胶树的种植管理、施肥、病虫害防治、割胶、磨胶刀等技术，胶园管理跟不上，产前投入不足，资源利用率低，效益差。特别是近几年来橡胶价格低迷，胶农种植管理积极性不高，许多胶园部分改种水果等其他作物，更新种植橡胶的面积有减少的趋势，给橡胶树新品种的推广带来了一定困难。

景洪市 3—4 月天气干旱，6—8 月降水量多影响了割胶刀次。橡胶林可能遭受的自然灾害有风灾、火灾、寒灾等，还有白粉病、根病、炭疽病、叶螨等病虫害，胶园病虫害防治存在方法落后、污染、低效等问题。这些因素都不同程度导致产量损失。

民营胶园交通条件差，硬化路面基本没有，以泥路为主，很多胶园没有修建生产道路，肥料等物资运输困难，收胶站点少，产品多以胶园凝胶为主，也在一定程度上影响了产品质量。

（3）技术推广应用情况

2009—2018 年，全市共改造二代更新胶园面积 20 万亩，橡胶良种推广面积为 154 594.1 亩，占二代更新改造胶园面积的 77%。推广良种以云研 77-4、云热 77-2、PR107、GT1 为主，还有少量的云研 73-46、热垦 628、热垦 426、热研 8-79、热研 7-33-97。以袋装小苗、芽接苗为主，有部分籽苗芽接苗和少量的组织培养苗、裸根芽接桩苗（表 8-5）。

表 8-5　2009—2018 年景洪市橡胶良种推广情况（单位：亩）

年份	嘎洒	勐龙	勐罕	勐养	普文	景哈	景讷	大渡岗	勐旺	基诺	街道办
2009	3 346.7	2 756	3 742	3 140	857	2 396.2	872	1 089	1 349	3 190.5	787
2010	5 690.6	1 183	3 032	2 244	1 618	3 060	984	1 437	1 008	1 917	1 678
2011	4 600	1 823	3 004	2 624	2 452	2 979	2 364	1 942	896	1 896	848
2012	2 181	1 830	2 480.1	2 266.5	1 454	1 495.7	864	974.5	712	2 891	734.2
2013	1 601.5	1 725	2 389.5	1 418.1	2 842.5	1 153	1 466	482.6	408.1	2 328	701.7
2014	1 560	1 650	1 800	1 160	630	1 080	360	230	260	690	640
2015	1 700	1 760	1 620	890	560	1 130	450	350	180	730	650
2016	1 550	1 700	1 490	790	480	1 160	230	210	170	750	590
2017	1 490	1 630	1 570	1 100	390	1 010	210	190	140	890	460
2018	1 500	1 490	1 500	1 230	360	1 230	180	150	130	910	430
合计	25 219.8	17 547	22 627.6	16 862.6	11 643.5	16 693.9	7 980	7 055.1	5 253.1	16 192.5	7 518.9

2. 勐腊县

（1）产业发展情况

2018 年，勐腊县橡胶种植面积为 224.77 万亩，开割胶园面积为 162.65 万亩，年产干胶 16.5 万 t；其中民营橡胶 149.22 万亩，开割胶园面积为 96.26 万亩，干胶产量 11 万 t。前期主要品种是 RRIM600、GT1、PB86、云研 77-2、云研 77-4，近年来逐步推广了云研 73-46、热研 8-79、热研 7-33-79、热垦 628、PR302 等品种。2018 年更新面积 10 197 亩，无新植面积。橡胶产业覆盖全县 10 个乡镇，涉及从业人员 65 065 户、220 390 人，胶工人数 100 969 人（其中，国有农场 23 595 户、55 354 人，胶工人数 18 451 人；民营种植户 41 470 户、165 036 人，胶工人数 82 518 人），人均毛收入达 7 713.6 元/年，橡胶生产收入占农民人均纯收入的 60%，是农民收入的主要来源。

（2）产业发展面临的瓶颈问题

橡胶产业分布在勐腊县的 10 个乡镇，点多面广，工作量大，并且各乡镇橡胶专业技术人员较少，部分技术人员的业务水平较低，一定程度上制约了民营橡胶各项工作的顺利实施。建议州、县人民政府在加强技术队伍建设的同时，提高技术人员素质，稳定技术人员队伍，建立一支强大的、稳定的、特别能战斗的橡胶专业技术队伍，便于更好地服务于"三农"。

胶农应用新技术意识淡薄，传统的依赖思想严重，推广应用新技术难度较大。建议各级财政加大对橡胶生产各项培训的投入，加大技术培训力度，以期通过科技普及提高科技意识，达到科技兴胶的目的。

民营橡胶低产胶园多，割胶技术水平低，科技投入较少。建议进一步加大投入，改造现有胶园，促进产业提升，使现有胶园发挥最佳效益。

病虫害预测防治水平低，抗病虫害和抵御自然灾害能力弱。建议投入一定的财政资金，建立天然橡胶病虫害预测防治网络体系，提高预测水平，加大防控能力，降低病虫害危害造成的损失。

资金紧缺，知识更新困难，信息来源少，制约了技术人员素质的提高和推广工作的开展。建议上级主管部门每年组织一次专业技术人员的培训，采用请进来教、走出去学和互相交流的方式，提高专业技术队伍素质。

橡胶市场疲软、干胶价格低影响胶农生产积极性，制约了橡胶产业的发展。

橡胶加工企业安全生产监督管理工作实施有难度。

（3）技术推广应用情况

2009 年以来，勐腊县主要推广种植的新品种有云研 77-2、云研 77-4、云研 73-46、热研 8-79、热研 7-33-97、热垦 628 和 PR302，共种植 12.4 万亩，其中籽苗和组培苗种植面积较少（表 8-6）。

勐腊县割胶制度主要是 2d1 刀和 3d1 刀，其中个体、私营、农户以 2d1 刀割制为主，3d1 刀为辅。

表 8-6　2009—2018 年勐腊县天然橡胶技术推广应用情况（单位：亩）

年份	推广新品种面积	品种							新的种植材料		新割胶制度
		云研 77-2	云研 77-4	热研 8-79	热垦 628	PR302	热研 7-33-97	云研 73-46	组培苗	籽苗	d/3
2009	15 300	7 300	8 000								2 000
2010	12 900	5 200	7 700								2 000
2011	12 550	4 900	7 650								100 000
2012	12 160	3 700	8 460								90 000
2013	14 020	6 670	7 350								70 000
2014	12 008	5 828	6 180								70 000
2015	10 582	4 000	6 000	330		152			100		65 000
2016	13 242	5 660	7 100	330		152				500	50 000

(续)

年份	推广新品种面积	品种							新的种植材料		新割胶制度
		云研 77-2	云研 77-4	热研 8-79	热垦 628	PR302	热研 7-33-97	云研 73-46	组培苗	籽苗	d/3
2017	10 502	3 500	5 250	660	330	330	182	250	182	1 758	50 000
2018	10 197	3 000	3 000	1 000	1 000	1 000	197	1 000	197	3 788	45 000

3. 勐海县

（1）产业发展情况

为深入推进勐海县天然橡胶产业发展，促进产业可持续发展和胶农增收致富，加快社会主义新农村建设，勐海县严格按照《云南省西双版纳傣族自治州天然橡胶管理条例》和"突出特色建基地，围绕龙头建基地，着力优质建基地"的要求，大力扶持天然橡胶产业的发展，实施了以"低产低质胶园改造，高产优质示范，先进适用技术和新品种推广，加强胶树防病防虫体系"等为主要内容的标准优质天然橡胶示范基地建设推进工程。通过引进和推广新品种、新技术，加强病虫害预测防治等一整套措施，逐步建立科学种植、规范管理、优质高产的标准优质天然橡胶园，橡胶产业的发展为边疆农民群众脱贫致富和边疆稳定做出了重要贡献。

全县有 11 个乡镇、1 个农场，其中，有天然橡胶种植的乡镇 7 个（打洛镇、勐满镇、勐往乡、西定乡、格朗和乡、勐宋乡、布朗山乡），涉及 29 个村委会、202 个村民小组。2018 年底，勐海县种植橡胶（含农场）总面积 34.32 万亩，主要品种为云研 77-2、云研 77-4、GT1、RRIM600、PR107。平均树龄为 15 年，其中 2018 年更新面积 1 376 亩，开割面积 14.99 万亩，干胶产量 13 059 t，产值 1.1 亿元。

（2）产业发展面临的瓶颈问题

生产技术落后，优良品种覆盖率低。一是管理者文化素质偏低。由于植胶区大部分胶农地处边境，文化素质较低，缺乏科学选种、种植和管理技术，加上前些年受市场的影响，许多胶农出现盲目种植橡胶，割面消耗殆尽，导致伤树严重，以致只割几年胶树就出现死皮、耗皮过大，产量低，相当一部分 15～20 年割龄的胶园已失去产胶能力。二是重割轻管现象严重。民营胶农文化素质普遍较低，胶农追求短期得利，胶价高时过度割胶，管理粗放，新割制、戴防雨帽（帘）等技术不能及时掌握，导致病虫害加重，致使橡胶园生产能力低下。三是胶园优良新品种覆盖率低。近年来，通过贯彻落实国家天然橡胶良种补贴政策，部分企业和农户新植及更新胶园实现了良种化。但由于良种繁育体系不健全，优良种苗供给率低，仍存在优良品种少、品种混杂、长势参差不齐、产量低、效益差等问题。

橡胶生产基地和种苗基地基础建设薄弱，产业化经营水平不高。目前勐海县橡胶产业以农户分散种植、分散经营为主，农民的胶乳销售采取单一的个体经营户收购渠道，价格随意性大，波动性也大，难以保障农民的最大利益。另外，因个体经营户加工能力有限，胶水加工不及时，胶水过滤不好，杂质多，造成外观色泽不好，质量差，农户收入也因此受到影响。

病虫害防治措施滞后。胶农对胶园建设品种布局、幼林管理、割胶技能认知率低，农民缺乏病虫害提前预防措施，加上受气候的影响，六点始叶螨、介壳虫、白粉病等病虫害严重发生，导致部分年份的橡胶开割林基本停割，严重影响了优质标准天然橡胶园的建设。

受市场因素影响，价格长期低迷，胶农积极性低。

（3）技术推广应用情况

为转变勐海县橡胶产业发展现状，加速橡胶种植的现代化发展进程，促进经济林业产业发展，有效解决优良新品种覆盖率低、生产技术落后、产业化程度底、病虫害防治措施滞后等产业发展问题，勐海县加大财政资金投入，扶持大然橡胶产业发展。

①标准化天然橡胶高产高效生产胶园建设。集成行间覆盖、间套种、扩带改土、增施有机肥、配方施肥、修枝整型、保水、保土、保肥护根、绿色防控等先进橡胶园改造和抚育技术应用，建成标准化天然橡胶高产高效生产示范基地2个（1 400亩），植胶区新技术推广覆盖率达70%。

②新品种推广。勐海县自2005年开始推广云研77-2、云研77-4等橡胶新品种，2009年以后大面积推广种植，目前在勐海县推广种植的天然橡胶新品种面积达11万亩，新品种覆盖率达32.3%。依托国家天然橡胶产业技术体系，积极开展热研7-33-97和云研73-46两个橡胶新品种的芽接苗和组培苗试验、示范161.5亩。建立规范的割胶制度。勐海县现行割胶制度有d2、d3、d4。民营胶园以d3、d4割制为主，开割面积在12万亩左右；农场胶园主要以d2、d3割制为主，割龄在15年以下采用d2割制，割龄在15年以上则采用涂

抹乙烯利刺激、d3 割制，开割面积在 2.5 万亩左右。

4．江城县

（1）产业发展情况

江城县橡胶种植源于 1983 年，且种植规模较小，当时种植面积为 885
亩。经过三十多年的发展，在原江城县曲水橡胶公司及思茅鑫元公司基础
上，发展壮大到以云南农垦集团云胶江城公司、天骄橡胶有限责任公司、嘉
禾橡胶有限责任公司为主，辅以个体、私营、农户经营开发的格局。2018
年，江城县 4 个乡镇种植个体橡胶近 50 万亩，开割面积 20.8 万亩，从事橡
胶产业的共有 8 396 户、41 923 人。橡胶产业解决了江城县约 1/4 的劳动力
就业。其中干胶产量 2.3 万 t，产值 2.6 亿元（其中，国有农场面积 12.31 万
亩，开割面积 11.3 万亩，干胶产量 1.3 万 t，产值 1.5 亿元；民营橡胶种植面
积 37.69 万亩，开割面积 10.5 万亩，干胶产量达 1 万 t，实现产值 1.1 亿元）。
目前，橡胶产业种植已遍布各乡（镇），成为江城县的绿色支柱产业，增加
了就业，带动科技和文化发展，增加财税收入，促进了社会进步。

（2）产业发展面临的瓶颈问题

①割胶意愿不强，胶工流失严重。近年来橡胶价格持续低迷，割胶收入
低，打击了胶农积极性，加之低频刺激割胶制度应用少，割胶频率高、劳动强
度大、自然灾害频发，致使胶农割胶意愿不强，胶工流失严重。

②投入不足。重割轻管现象普遍存在，在施肥、病虫害防治、林地管理等
方面投入严重不足。

③割胶技术差，割胶时间随意性强。近几年大面积开割，胶农缺乏系统割
胶技术培训，割胶技术较差。

（3）技术推广应用情况

2009 年以来，江城县橡胶种植面积快速增长，十来年种植面积达到 30 万
亩，主要种植品种以云研 77-2、云研 77-4、GT1 和 RRIM600 为主，云研 73-
46、热研 8-79、热研 7-33-97 有小面积种植，种苗以传统裸根芽接桩和袋装苗
为主，籽苗和组培苗较少。

江城县割胶制度主要是 d2、d3、d4，其中个体、私营、农户以 d2 割制为
主，面积为 7 万亩，天骄公司和江城公司以 d3 割制为主，面积为 12 万亩，江
城公司少部分使用 d4 割制，面积 2 万亩。

刺激割胶在江城县使用较少，目前使用刺激剂的面积 3.2 万亩左右，主要

集中在 20 年割龄以上和 d4 割制使用，其中 20 年割龄以上刺激浓度 3.0% 左右，面积 1.2 万亩，d4 刺激浓度 1.0%。气刺微割在江城公司有一个示范点，示范面积 170 亩。

5．孟连县

（1）产业发展情况

孟连县橡胶种植源于：国营孟连农场屯垦戍边县办农场 1962 年开始，历经了由县办农场—军垦农场（生产建设兵团）后沿用国营孟连农场称谓至今。2018 年从事橡胶产业的共有 5 885 户 27 255 人，种植面积 32.18 万亩，其中开割面积 28.27 万亩，干胶产量 2.714 万 t，产值 3.26 亿元（其中国营孟连农场面积 2.2 万亩，开割面积为 2.1 万亩，产量 0.14 万 t，产值 0.168 0 亿元，民营种植面积为 30 万亩，开割面积 26.17 万亩，产干胶 2.575 万 t，实现产值 3.09 亿元）。橡胶产业是孟连县的支柱产业，为边疆农民脱贫致富、增加财政收入、促进社会进步发挥了重要作用。

（2）产业发展面临的瓶颈问题

由于橡胶市场价格持续低迷，胶农对管胶、割胶失去信心，胶园管理和割胶技术大幅下滑，出现了弃管弃割外出打工的现象。由于更新橡胶树的砍伐指标数量和时间限制，影响老胶园更新。资金投入不足，管理差，死皮逐年增多，胶园质量下降。

（3）技术推广应用情况

①新品种的推广应用。2009 年农场与云南省热带作物科学研究所合作种植了 325.73 亩的标准化示范园（品系为云研 77-2 和云研 77-4，现已有 95% 的达到开割），带动了周边老百姓的新品种的种植和发展。2010 年农场 6 队定植 313.82 亩（现已经开割），2014 年 5 队定植 138.71 亩，2016 年 4 队定植 98.53 亩，2017 年定植 495.29 亩（其中 4 队 63.71 亩，6 队 431.58 亩），2018 年定植 499.74 亩（其中 5 队 173.2 亩，6 队 326.54 亩），品系是热研 8-79、热垦 628 和热研 7-33- 97。

②新型种植材料（籽苗和组培苗）推广。与云南省热带作物科学研究所合作共建了国家天然橡胶产业技术体系 102.9 亩示范基地，品系主要是热研 8-79（籽苗 54.5 亩）和热研 7-33-79（组培苗 48.4 亩），其他新推广的是热垦 628 和热研 8-79。今后准备带动自己的更新计划和周边的发展，起到示范作用。

③刺激割胶的推广。农场本部除了 8 队外（1996 年定植），其余的生产

队都使用乙烯利和胶乳灵刺激割胶（浓度 2.5%～3%），d3 割制，面积 1.7 万亩。周边的老百姓大部分采用 d2 割制，少部分用 d3 割制。

④气刺微割技术的推广。农场曾经在 2 队进行过试验，胶乳增长 1.5 倍以上，问题是肥料一定要跟得上。周边的老百姓也有试验的，但目前没有推广。

孟连县种植橡胶发展最快的是 1983 年、1984 年、1988 年、1989 年，种植品种主要有云研 77-4、云研 77-2、RRIM600、GT1 和 PR107，分别是 8 万亩、5 万亩、10 万亩、9 万亩、2 万亩；热研 8-79、热垦 628 和热研 7-33-97 共有 498 亩。

七、德宏综合试验站

1. 辐射区域橡胶产业发展情况

德宏综合试验站技术推广应用主要辐射德宏、临沧两州市，截至 2018 年 12 月，区域内橡胶种植面积共 120.68 万亩，其中，德宏州有 20.14 万亩，开割 6.65 万亩，产量 3 847.8 t，产值 3 811.66 万元，主要分布在芒市、瑞丽、盈江、陇川等 4 县（市）；临沧市有 100.21 万亩，开割 47 万亩，产量 47 000 t，产值 51 700 万元，主要分布在耿马、沧源、双江、镇康、临翔等 5 县（区）。

2009—2018 年，根据体系建设要求，结合地方产业规模，德宏综合试验站将芒市、瑞丽、盈江、耿马、沧源等 5 个县（市）确定为产业技术推广应用示范县，各示范县产业发展情况如下。

①耿马示范县橡胶产业发展情况。耿马示范县隶属临沧市，地处东经 98°48′～99°54′，北纬 23°20′～24°02′，海拔在 450～3 323.5 m，境内属南亚热带季风气候类型，年均气温 19.2℃，年均降水量 1 400 mm。全县拥有土地面积 3 837 km²，90% 以上的土地分布在热带和亚热带。耿马县辖 11 个乡镇和孟定、勐撒和华侨农场等 3 个农场，是临沧市最大的橡胶种植县，橡胶种植面积辐射孟定、勐简、勐撒 3 个乡镇，涉及橡胶从业人员 8.7 万人，涉胶家庭 2.1 万户，割胶工 6.3 万余人。截止到 2018 年 12 月，种植橡胶面积为 62.89 万亩，实有数量数 1 886.7 万株；更新橡胶林地 0.27 万亩，开割投产面积累计 34.0 万亩，开割数量达 75 万株，单株年产干胶 3.4 kg，平均亩产干胶 102 kg，全年干胶总产量 34 656 t，总产值 38 060 万元。种植品种以 RRIM600、PR107、GT1、云研 77-4 和云研 77-2 为主，其他还有热研 7-33-97、热研 8-79、热研 7-20-59、IAN873、云研 73-46、云研 1 号、湛试 327-

13、热垦 523、热垦 525 和大丰 95 等品种。树龄 40 年以上的胶园 4.98 万亩、30 ～ 40 年的胶园 3.97 万亩、20 ～ 30 年的胶园 31.31 万亩、10 ～ 20 年的胶园 17.36 万亩、10 年以下的胶园 5.84 万亩。全县从事橡胶产业发展公司（加工、种植）个体种植大户有 82 家，专业合作社 2 个。有标准橡胶加工厂 13 座，产品主要有全乳标准橡胶（SCRWF）、5 号标准橡胶（SCR5）、10 号标准橡胶（SCR10）和 20 号标准橡胶（SCR20）等。

②沧源示范县橡胶产业发展情况。沧源示范县隶属临沧市，地处东经 98°52′ ～ 99°43′，北纬 23°04′ ～ 23°40′ 之间，位于临沧市西南部。全县有土地面积 2 539 km²。示范县北部海拔较高，南部较低，年平均温度为 17.2℃，橡胶种植主要分布在班老、班洪等几个乡镇。截至 2018 年 12 月，全县共有橡胶种植面积 14.6 万亩，其中开割 7.96 万亩，产量 6 547 t（2016 年）。沧源华建橡胶股份有限公司是沧源最大的一家种植企业，橡胶种植面积约 2 万亩，其他多数是以民营橡胶为主。种植品种包括 PR107、GT1、RRIM600、PB86、云研 77-4 和云研 77-2 等。产量方面，华建公司平均产量 75 kg/亩。民营橡胶在组织管理、割胶技术、病虫害防控方面均处于全省中等偏低水平。

③瑞丽示范县橡胶产业发展情况。瑞丽示范县（市）位于德宏州西部，处于东经 97°31′ ～ 98°02′，北纬 23°38′ ～ 24°14′，属南亚热带季风气候，年平均温度 20℃，年降水量 1 394.8 mm。土地面积 1 020 km²，总人口 27 万。瑞丽示范县（市）大面积种植橡胶始于 1965 年，民营橡胶于 1980 年后取得长足发展。橡胶主要种植于户育乡、姐勒、姐相、瑞丽农场和畹町农场。截至 2018 年底，瑞丽市橡胶种植面积 10.98 万亩，实际开割面积 5.15 万亩。其中一代胶园 2.53 万亩，种植品种混杂，纯品种胶园较少，主要种植品种为 GT1、PR107、PB86 和 RRIM600 云研 1 号等；二代胶园种植时间在 1999 年和 2015 年后，约 8.05 万亩，种植品种较单一，主要为云研 77-4、云研 77-2 和 PR107 等。全市橡胶各品种面积及占总面积分别为：云研 77-4 5.074 万亩、占 47.96%；云研 77-2 0.895 万亩、占 8.46%；GT1 1.81 万亩、占 17.11%；PR107 0.626 万亩、占 5.91%；PB86 0.05 万亩、占 0.47%；RRIM600 0.29 万亩、占 2.74%；云研 1 号 0.19 万亩、占 1.8%；其他品种约为 1.645 万亩、占 15.55%。全市共有种植户 7 413 户，从业人员达到 1.16 余万人；有橡胶专业合作社 3 个，橡胶加工厂 10 个，2018 年产干胶 5 467.96 t，产值 5 300 多万元。

④芒市示范县橡胶产业发展情况。芒市地处德宏州东南部，位于东经98°01′～98°44′，北纬24°05′～24°39′之间。年平均气温19.6℃，年平均降水量1 654.6 mm，总面积2 987 km²。芒市示范县的橡胶种植始于1952年，全市橡胶种植面积7.31万亩，其中民营橡胶种植面积5.77万亩，遮放农场管委橡胶种植面积1.54万亩。开割面积1.53万亩，干胶产量1 218 t。主要分布于遮放镇、风平镇、轩岗乡、西山乡、中山乡、三台山乡等乡镇，有2.8万人参与橡胶产业生产经营活动。全市从事橡胶产业发展公司（加工、种植）有6个，专业合作社5个。品种主要以RRIM600、PR107、GT1、云研77-4和云研77-2为主。40年以上树龄的胶园500亩、30～40年的胶园8 000亩、20～30年的胶园18 000亩、10～20年的胶园22 000亩、10年以下的胶园9 200亩。辖区有橡胶简易加工厂20座，国有农场2座，年加工能力4 500 t。

⑤盈江示范县橡胶产业发展情况。盈江县位于德宏州西北部，位于东经97°31′～98°16′，北纬24°24′～25°20′之间，境内大雪山海拔3 404.6 m，为境内最高点；那邦拉沙河口海拔210 m，为境内最低点，"立体气候"明显，年平均气温19.3℃，年日照平均2 364.5 h，年平均降水量1 464 mm，年平均相对湿度80%，有国土面积4 429 km²。盈江县1904年引种橡胶，是中国橡胶母树之乡，全县种植橡胶的有7个乡镇1个农场，涉及52村（队）1 616户，全县天然橡胶面积约为20 863亩，开割面积12 645亩（其中民营3 495亩，农场约9 150亩），农场种植面积9 635亩。主要种植品系为PR107、RRIM600、桥植、河口3-11、GT1、云研77-2和云研77-4。树龄在40～50年的胶园主要分布在平原、太平、芒允等地30多个村寨，树龄在15～30年的胶园主要分布在平原、太平、芒允、新城、那帮、苏典等地。全县仅盈江农场和那帮农场各有一个胶厂外，未有其他橡胶生产企业。为提高橡胶林下的资源利用率，主要推广橡胶林下间套种茶叶、咖啡、菠萝、火龙果等种植模式。

2. 辐射区域橡胶产业发展存在问题

①低温干旱单产低，需求抗寒高产新品种。低温干旱是德宏片区植胶的短板，盈江、芒市、瑞丽示范市县按云南省植胶区划定为3类植胶区，与耿马、沧源示范县的1类、2类植胶区比较，德宏州冬季低温、干旱持续时间较长，年采胶时间比1类植胶区少20～30 d。德宏片区民营胶园，占区内橡胶产业总面积的60%，而且大部分是2004—2009年橡胶价格高时盲目扩种的，存在

超海拔、超密度植胶等问题。多数胶园种植密度过大，光照不足，加上低温气候，橡胶树树干爆皮流胶、"烂脚"现象突出；低温造成白粉病等病害流行，树干爆皮流胶后小蠹虫为害率增高。2011年以来，胶价持续低迷，企业和种植户的管理积极性受挫，资金投入不足，施肥、割胶、防雨割胶、病虫害防治等措施跟不上，导致胶树生势弱，单产低。2011年和2015年，德宏综合试验站分别在片区内开展产业发展情况调研和技术需求情况调研，片区内的企业和种植户对抗寒性优于云研77-22、云研77-4，产量高于PR107的胶木兼优的品种有较大的需求愿望。

②割胶工难求，需求省工高效的割胶技术。割胶工老龄化、割胶成本高等是整个橡胶产业的痛点。随着人们生产生活方式的改变，传统的管理方式、割胶时间和方法对新一代割胶工已不适应。如2008—2011年橡胶价格高时，有的农户不按常规割胶，采取晚饭后割胶，早上收胶，有的随意上岗割胶，伤树严重，甚至存在"小树抢割、中树强割、老树乱割"等"杀鸡取卵"的割胶现象，影响了胶树正常生长及经济寿命，造成胶树生长缓慢，抗逆性较差，抗病能力减弱；2011—2018年胶价低迷时，又丢荒弃割，不施肥，不统一防治病虫害，造成橡胶树白粉病大面积流行，落叶严重和介壳虫为害蔓延等情况，致使幼龄胶园开割年限延长，开割胶园割胶天数不够，产量下降。这些问题虽然与橡胶市场的价格有直接关系，但是，省工高效的割胶方法和技术是目前产业发展需求最强的一项关键技术。

③病虫害防控困难，需求绿色防控新药新技术。一方面是统防统治困难，由于部分县市政府财政资金困难，橡胶产业没有作为主导产业来扶持和发展，农业技术推广部门和乡镇农业服务中心兼管橡胶产业技术推广的科技力量不足，缺资金、缺技术和缺管理人才，致使统一规划、统防统治等技术措施难以落实，虽然部分村寨成立了专业合作社，但没有发挥实质作用。另一方面是传统的白粉病防治药剂硫黄粉污染重，绿色防治药物缺乏，防治设备和技术手段落后。德宏片区橡胶林下多数间套种咖啡、茶叶、菠萝、百香果、南药等经济作物，防治橡胶树白粉病，使用污染残留重的硫黄粉对下层作物不利，其他烟雾剂药物防治效果不佳。这也是目前防治橡胶病虫害需要解决的重要技术需求。

④收胶和凝固胶乳的流程耗工污染，需求环保省工的胶乳凝固收胶技术。包括德宏片在内的云南植胶区多数是山地、坡地，雨天胶园路滑。传统

的割胶—收鲜胶乳—运胶—凝固—压片—烘干—制粒的加工方式中，加工厂排污需要治理，收胶乳、凝固胶乳的过程劳动强度较大，耗工耗时，尤其是在坡地上收新鲜胶乳和运输途中，不仅劳动强度大，容易洒泼造成胶乳损失。因此，急需一次性在胶碗上快速清洁凝固的技术，这样，收胶时直接拉个手持车篮收胶坨，方便快捷，降低胶工的劳动强度，同时减少加工厂的凝固流程，降低加工成本和污染。

3．新品种、新技术推广应用情况

2009—2018 年，德宏综合试验站根据国家天然橡胶产业技术体系确定的重点任务和各岗位专家的试验研究安排，在德宏、临沧的 5 个示范县分别建立了新品种、新技术试验示范基地 6 个，其中德宏 4 个、临沧 2 个。通过试验示范基地的带动和辐射，新品种、新技术推广应用取得较好的成效（表 8-7）。

表 8-7　2009—2018 年德宏片区新品种、新技术试验示范基地

示范县（市）	基地名称	建设时间（年）	建设地点	面积（亩）	示范内容
瑞丽	橡胶树抗寒高产新品种选育与区域性试种示范基地	2010—2020	瑞丽德宏热作所科研基地	239	高产、抗寒、速生新品种适应性种植；新品种展示。
	橡胶树省工高效技术示范基地	2014—2020	瑞丽德宏热作所科研基地	80.6	"7 天 1 刀"超低频割胶技术示范；低频割胶配套管理技术示范
芒市	橡胶树咖啡立体高效种植示范基地	2011—2020	遮放农场户拉分场四队	300	橡胶树立体、高效栽培技术示范；橡胶/咖啡示范
盈江	橡胶树茶叶间作技术示范基地	2011—2020	盈江农场平原分场一队、芒允分场八队	70	橡胶树与茶叶间作示范
耿马	橡胶树高产新品规范化种植及配套技术示范基地	2011—2020	孟定农场三作业区八队	30	橡胶树规范化种植示范；橡胶树高产新品种配套技术示范
沧源	橡胶树新品种标准化种植及民营股份制管理示范基地	2011—2020	班老乡华建公司班老基地	35	新品种云研 77-2、云研 77-4 标准化种植技术示范；民营股份制管理示范

（1）新品种区域试验及配套技术集成示范效应显著

①抗寒高产品种区域试验成效显著。2009 年体系启动后，德宏试验站在

建设依托单位的科研基地选择第一代胶园更新规划，2009 年砍树规划开垦，2010 年定植试种新品种 7 个：热垦 525、热研 7-33-97、IAN873、热研 8-79、云研 77-4、湛试 327-13 和热垦 628；试验设 3 次重复，共 239 亩。通过 9 年的生长观测，保存率 91.1%，平均茎围 43.3 cm。其中平均生长量表现较好品种为 IAN873，平均茎围 47.3 cm；其次为热研 7-33-97，平均茎围 46.7 cm。从开割率上看以热研 7-33-97 为最高，开割率为 67%（表 8-8）。

表 8-8   定植第 9 年试验区 7 个品种的生长、开割情况

品种	株数（株）	2018 年平均茎围（cm）	2017 年平均茎围（cm）	2018 年净增茎围（cm）	开割株（离地 1 m 处 45 cm）（株）	开割率（%）
热垦 525	485	41	39	2	200	41.2
热研 7-33-97	858	46.7	43.7	3	575	67.0
IAN873	607	47.3	43.1	4.2	374	61.6
热研 8-79	941	39.1	36.9	2.2	198	21.0
云研 77-4	1 029	43.4	40.4	3	453	44.0
湛试 327-13	661	40.9	37.4	3.5	207	31.3
热垦 628	557	45.1	41.9	3.2	320	57.5
合计/平均	5 138	43.4	40.3	3.1	2 327	45.3

长期以来，德宏、临沧植胶区的二代更新胶园都以云研 77-4 为主推品种，但近年来随着云研 77-4 大面积投产，该品种的问题也慢慢凸显。面临的最主要问题：首先是产量低，据 2017 年全省品种汇评结果看其平均单产仅80 kg；其次是死皮率较重，如孟定农场死皮率为 24.6%。通过新品种示范区和示范基地新品种的试验性试种示范，逐渐筛选出一批在抗性、产量、速生性方面较为优良的品种，比如 INA873 和热研 7-33-97 在速生性上表现优异；湛试 327-13 在抗寒性方面具有优势；热研 8-79 在产量上表现较其他品系较好，据孟定示范基地测产数据显示达 9 ～ 10 kg/（株·年）的产量。一批新品种的试验性种植成功，为本区域橡胶产业未来的发展提供了强劲的发展动力和广阔的前景。

②建立在孟定、沧源示范县市的新品种种植和规范管理示范效果明显。2011—2018 年，在孟定农场橡胶树高产新品种规范化种植及配套技术示范

基地，管理和运行规范。示范基地示范品种为PR107，面积158亩，2014—2017年年平均干胶产量3.4 kg/株，102 kg/亩，产值1 020～1 224元/亩。在沧源班老乡沧源华建橡胶股份公司示范基地种植的云研77-4品种2 000亩，2011—2016年平均亩产干胶71.3 kg，该公司管理规范，正常割胶和加工生产，公司的经营管理模式值得推广应用。2016年体系年终总结会期间，全体参会人员前往该示范基地调研、观摩。

（2）省工高效割胶及配套技术集成与示范应用增产明显

①气刺短线割胶技术试验和推广应用。2014—2018年在德宏植胶区开展了省工高效的"气刺短线割胶技术"试验，提升橡胶树干胶产量19.3%，节约耗皮8.31%，提升割胶速度2倍；2015年在遮放农场推广应用30亩，经测产统计分析，运用气刺微割处理，干胶平均含量32.49%，比处理前低3.76%，但干胶总产量比处理前增加49.9%，比对照增产136%。

②"七天一刀"省工高效割胶技术试验示范。2017—2018年开展的"七天一刀（d7）省工割胶技术"试验，明显降低单位面积劳动投入。试验选德宏热作所基地内2006年定植的云研77-4共600株进行超低频割胶试验。采用1/2树围3d1刀（S/2 d3）的割制对每个树位采集基础产量，结合德宏的气候特点，采用d5和d7的割制试验，刺激周期分别为30 d、30 d和15 d，收集对比产量、干胶含量、死皮率。2017年由于白粉病严重停割；2018年割胶正常，按S/2 d3割制+涂药进行基础产量采集，采用刺激割胶后各处理的株次产量均大幅增加，d5、d7分别比d3节约用工27.8%、40.3%；2019年持续试验观察，d7的产量是d3的83.3%，达到预期目标。

③电动割胶刀推广应用。德宏试验站将电动胶刀赠送给胶农应用，割胶效率由原来的人均割胶500株，产量1.6 t，收入16 000元，提高到人均割胶900株，产量2.88 t，收入28 000元。电动割胶刀的应用提高了劳动经济产出和胶农收入，促进了德宏、临沧植胶区橡胶产业竞争力的提升。

（3）橡胶树特色与经济作物间套种技术推广应用，胶园效益明显提高

①橡胶林下间种咖啡、茶叶的生态效益明显。2011年，根据示范县的植胶条件和产业发展特色，合理规划示范基地示范内容及范围，分别与遮放农场和盈江农场合作建立橡胶树与咖啡、茶叶、南药等经济作物立体高效种植示范基地，形成了德宏地区橡胶树宽行密植模式，芒市和瑞丽示范县（市）的橡胶林下间种咖啡为主，盈江以间作茶叶为主。近年来，在示范基地良好的生态和

经济效益的示范作用下，带动了示范县（市）国有农场和民营橡胶开展对该模式大规模的推广应用。如瑞丽和芒市示范点橡胶咖啡间作面积约 5.3 万亩，占其橡胶总种植面积的 25.7%；盈江农场橡胶茶叶间作推广面积 4 800 余亩，占其橡胶种植面积的 22.8%。

②示范带动间作模式的胶园经济效益良好。截至 2018 年底，德宏植胶区已发展橡胶林下间种经济作物总面积 9.11 万亩，占其总植胶面积 37.1%，其中橡胶间种咖啡 8 万亩，橡胶间种茶叶 3.05 万亩，橡胶间作水果 1.25 万亩。芒市遮放农场橡胶树立体高效种植示范基地面积 516 亩，橡胶树行距 12 m×2 m，亩植橡胶树 28 株。2003 年 6 月定植，2011 年开割。单株产干胶 3.88 kg（2014 年），平均亩产干胶 108.64 kg；距橡胶树 3 m 定植咖啡，株行距 1 m×2 m，定植咖啡 220 株，间作率 66.6%，2011—2015 年橡胶园亩产干豆 80 kg，胶园每亩增加收入 800～1 600 元。盈江农场胶茶间作，间作率 47.8%，亩产鲜茶叶 196.8 kg，每亩胶园增收 300～600 元。

③通过橡胶林下间种咖啡、茶叶的示范推广，带动德宏农垦和省内外农业企业进行模式扩展。诸如橡胶/四季豆、橡胶/香蕉、橡胶/菠萝、橡胶/百香果等模式，如 2016—2018 年，瑞丽农场橡胶幼林套种百香果，橡胶树行距 2 m×12 m 和 2 m×14 m，23～27 株/亩，橡胶树行间土地利用率为 66.7%～71.4%，当年种植、当年见效，定植 5 个月开始投产。生产周期控制在 18 个月内，平均亩产百香果鲜果 1 815 kg，亩产值 1.09 万～2.90 万元。按白香果市场最低价计算，扶管期胶园每亩至少可创收 8 000 元，价格高时可达到 20 000 元。

（4）病虫害防控监测预警技术与体系建设，促进片区产业能力提升

①病虫害防控监测预警能力得到提升。依托综合试验站，建立了科学防治橡胶树病虫害是影响橡胶产出的观念。德宏试验站以本区域农场和植胶大户为基础，建立了橡胶树病虫害固定监测点 18 个，安装林间自动气象观测站 12 台，辐射带动辖区自建监测点 340 个，掌握了橡胶树病虫暴发流行的原因和预测预报的方法及相关配套监测标准。

②病虫害防控监测预警速度得到提升。与本地区州市气象局、移动公司合作，应用手机发布年度气象预测报告和每日即时气象信息；应用 QQ 群、微信群发布相关措施指示，指导区域橡胶产业生产和管理。在科学预警预报体系指导下，区域内橡胶树病虫害防治措施由喷药 4～6 次降低至 2～3 次，防治成

本由 12 元/亩降至 7.6 元/亩，大大降低了橡胶产业的生产成本，提高病虫害防治效率。区域内橡胶产业应对自然灾害的能力得到提升，应用推广面积达89.9 万亩。

③应用"橡胶树死皮恢复技术"降低橡胶树死皮指数 2.05%，四六级死皮恢复率 6.43%；应用"MT 热雾剂橡胶树两病防治技术"，相对传统的硫黄粉防治对白粉病防效提升 9.1%。大量新技术和新方法的试验性应用，使污染减少、成本降低，大大提升本区域橡胶产业运行效益。

（5）技术推广应用带动科技培训、科技扶贫成效显著

①新品种、新技术应用带动科技培训等科技服务成效突出。德宏、临沧植胶片区均属边疆少数民族地区，科技文化水平相对落后，虽有农垦植胶经验推广，但更大面积的民营植胶仍处于植胶技术较落后状态。德宏综合试验站在完成重点任务的基础上，发挥橡胶科研技术优势，对本区域内胶农进行橡胶种植技术、病害防控技术等的培训和应急性技术服务。2009—2018 年，德宏综合试验站累计开展技术培训 127 期，培训橡胶产业技术骨干 1 937 人，胶农 12 965 人，发放技术资料 7 990 册以及少数民族语言割胶技术光盘 20盘；开展应急性的技术服务 48 次。2010—2014 年分别在瑞丽、芒市、孟定等示范县市开展技术骨干培训，每次培训首席科学家亲临指导和实地调研，割胶、植保、种苗等岗位科学家应邀到现场授课和实地指导。专家们及时把橡胶产业科技创新成果和信息传播到试验站、传播到示范县市、传播给种植户，有力地促进了区域橡胶产业技术水平的提升（图 8-12，图 8-13，图8-14）。

图 8-12　2011 年 11 月 23 日在瑞丽市举办技术骨干培训

图 8-13　2012 年 6 月 7 日在耿马县举办技术骨干培训

图 8-14　2012 年 2 月 20—22 日在盈江县举办橡胶病虫害防治等技术培训

②新品种新技术助力脱贫攻坚。德宏综合试验站配合建设依托单位，积极承担示范县的扶贫攻坚任务（图 8-15，图 8-16）。在瑞丽市、耿马县，通过"挂包帮、转走访"共建档立卡户 30 户，其中橡胶种植户 14 户。主要挂钩瑞丽市弄岛镇等秀村委会，在贺弄村和光明村建档立卡户 27 户 71 人，在临沧地区耿马县孟定镇芒美村建档 3 户 10 人。主要帮扶措施包括：配合或帮助等秀村委会肉牛养殖小区、瑞丽市鹏恒养殖农民专业合作社、瑞丽市玉柚柚子专业合作社、蛋白桑种植户发展种养殖产业；指导和帮助光明村、贺弄村橡胶种植户、柚子种植户、香蕉种植户科学规划种植，开展科技培训；帮助贫困户就业转移发展服务业等。2014 年以来，建设依托单位每年轮换派科技人员驻村工作队员 2 人，累计投入 8 万元用于扶贫工作和过年慰问金；同时为建档立卡户提供钾肥和复合肥累计 12 t，捐款 5 000 元，支付驻村工作队员工作经费 3 万元。截至 2018 年 12 月，"挂包帮"建档立卡的 30 户已脱贫 27 户，未脱贫 3 户。德宏综合试验站赠送胶农电动割胶刀 8 把，喷粉机 2 台，培训 12 场次，割胶效率由原来的人均割胶 500 株，产量 1.6 t，收入 16 000 元，提高到人均割胶 900 株，产量 2.88 t，收入 28 000 元。争取政府转移支付资金 10 万元用

于扶持村集体培训用设施和扶持贫困户种子、种苗等。指导橡胶种植户更新胶园宽行密植（2 m×16 m）和橡胶幼林间套种咖啡、红薯、菠萝等经济作物，增加效益，在胶价低迷时，通过间作增加收入，解决生活困难。瑞丽农场第一、三、四分场职工在幼龄胶园间套作红薯亩产 1 500 kg，产值 5 100 元；间作菠萝亩产 2 000 kg，产值 4 800 元；间作咖啡亩产 1 500 kg 鲜果，产值 3 750元，间作香蕉亩产 2 500 kg，产值 6 200 元；间作百香果亩产 1 500 kg，产值1.05 万元。

图 8-15　德宏综合试验站赠送"挂包　　　图 8-16　培训村民用电动胶刀割胶
　　　　　扶贫村"村民电动胶刀

八、红河综合试验站

1．区域橡胶产业发展情况

红河综合试验站所在地主要技术服务的示范县有河口县、金平县、绿春县、马关县、麻栗坡县。该地区种植的天然橡胶品种主要有GT1、RRIM600、云研 77-2、云研 77-4、热研 7-33-97 和PR107 等 6 个，近两年新推广种植的品种有热研 8-79、热垦 628 等。其中，GT1、RRIM600 的树龄一般在15 ～ 25 年，云研 77-2、云研 77-4、热研 7-33-97 的树龄一般在 11 ～ 15年，热研 8-79、热垦 628 的树龄一般在 4 ～ 8 年。5 个示范县的植胶总面积为 92.99 万亩，其中，开割面积 23.52 万亩，幼龄胶园 69.47 万亩，年总产量3.15 万 t。

2．产业面临的主要问题

目前生产面临的瓶颈问题主要是受天然橡胶市场疲软的影响，胶工生产积极性不高，造成部分胶园丢割、弃割现象严重。解决这一问题的主要措施，一是要加大研究和推广橡胶树省工高效割胶及配套技术的力度，通过改进和优化割胶技术，降低胶工的劳动强度，提高劳动生产效率；二是要推广种植抗逆高产橡胶树新品种，提高植胶单位面积产量。

3. 新品种、新技术推广应用情况

红河综合试验站于 2008 年开始参加国家天然橡胶产业技术体系工作，主要是配合首席科学家和各岗位专家开展相关研究、示范推广、培训等工作。十年来，在首席和各岗位科学家的指导下，红河综合试验站主要开展了六方面的工作。

①承接体系和研究室重点任务。主要有橡胶树省工高效割胶及配套技术集成与示范应用、橡胶树新品种区域试验及配套技术集成示范、新型种植材料——体胚无性系繁育与示范应用、橡胶树死皮防控技术研究与示范、浓缩天然胶乳加工新技术的研发与集成示范等；

②在技术服务的河口、金平、绿春、马关、麻栗坡等 5 个示范县建立 7 个示范基地，示范基地面积达 3 561 亩。建立的示范基地主要有：橡胶树抗寒高产新品种区域性试种示范基地 497 亩，橡胶树省工高效割胶及配套技术示范基地 179 亩，橡胶树死皮防控技术研究与示范基地 100 亩，橡胶树小筒苗试验示范基地 100 亩，橡胶树介壳虫、小蠹虫绿色防控技术示范基地 100 亩，橡胶树根病综合防控技术熟化与示范应用基地 2 585 亩。

③开展滇东南地区相关扶贫工作。主要是制定本地扶贫任务方案，在金平、绿春等县建立橡胶树高产示范基地 316 亩，橡胶树根病综合防控技术熟化与示范应用基地 784 亩。通过技术培训、技术服务等手段，促进当地胶农增产增收，产业增效。

④开展科技培训与服务。充分利用在各示范县建立的示范基地，全年全程特别是在天然橡胶生产关键季节、关键环节，开展科技培训和服务工作。十年来，红河综合试验站共举办橡胶树高产栽培、橡胶树割胶、橡胶树主要病虫害识别与综合防治、橡胶树根病防治等技术培训班 124 期，培训农技人员 846 人次，胶农 5 389 人次；在河口、金平、绿春、马关、麻栗坡等示范县建立橡胶树病虫害监测点 20 个，及时了解和掌握橡胶白粉病、炭疽病、六点始叶螨、介壳虫、根病等病虫害的发生情况，并将监测情况及时反馈到生产单位，为生产单位发布橡胶树病虫为害预警信息共 60 期，有利于植胶单位及时有效地防治病虫对橡胶树的为害，为促进当地橡胶产业发展提供了

技术支撑。

⑤开展区域产业基础数据调查收集。开展区域内天然橡胶种植、地方农场种植、民营种植情况，包括品种、树龄分布、开割面积、更新面积、新植面积等信息调查收集。

⑥开展应急性工作。调研区域内天然橡胶产业动态信息和突发性生产问题，及时上报天然橡胶生长、疫情等方面的情况，并落实体系专家提出的建议与措施方案，开展区域内产业的应急、救灾等工作。十年来共开展天然橡胶灾情调查、橡胶树介壳虫为害情况调查及防治、产业技术需求调查等应急性工作26项，为示范服务区域的天然橡胶生产发展提供了科学指导。

九、茂名综合试验站

为发展橡胶生产，打破新中国成立初期帝国主义对中国天然橡胶的封锁、禁运，1951年，成立华南垦殖局。同年11月21日，叶剑英同志从广州出发实地考察，到茂名县高州东门坳三棵橡胶树下，他把手用力往外一挥："从这里开始，一直向南，都可以种橡胶。"经过六十多年的橡胶生产和发展，广东农垦成为中国三大植胶区之一，茂名农垦也成为广东农垦的主要植胶基地之一。2009年国家天然橡胶产业技术体系茂名综合试验站成立，服务区域为茂名农垦的高州、电白和化州三个示范点。

1. 区域橡胶产业发展情况

至2018年，茂名农垦拥有橡胶面积26 836.88 hm^2，干胶总产量为1.09万t，连续4年突破万吨。拥有橡胶树845.94万株，按照种植时间划分，其中一代胶园（1968年之前）30.36万株，占3.6%，品种以PR107和GT1为主；二代胶园（1969—2000年）264.7万株，占31.3%，品种以93-114、IAN873和GT1为主；三代胶园（2001—2018年）550.88万株，占65.1%，品种以热研7-33-97为主，298.32万株，占三代胶园的54.2%。橡胶开割树505.23万株，停割15.07万株，占3.0%。

2. 产业面临的主要问题

①胶工老龄化、短缺日益凸显。虽然茂名农垦近几年进行了割制的改革和创新，积极推广低频、超低频割胶和杯胶作业，但由于割胶作业环境差，在广东这个大环境下，劳动吸引力不足，胶工老龄化、短缺的问题日益凸显。

②胶园产出率低，农场经营困难。橡胶的生产周期长达 30 多年，而广东植胶区历年来频繁发生风害、寒害，老胶园有效割株保存率低，甚至有些不足 50%；加上天然橡胶价格持续低迷，以天然橡胶产业为主的农场经营困难；近几年胶园更新率低，而胶园林下经济又在起步摸索阶段，胶园整体的产出率低。

③产业的机械化水平低，有待进一步提高。目前，茂名农垦的橡胶开荒、种植实现机械化，但橡胶树抚管和割胶作业依然主要靠人工。一方面是研发的橡胶机械化产品还不成熟，另一方面主要是受植胶地多为山地的限制，大部分胶园采用传统的种植模式，难以实现机械化施肥；尤其是施用橡胶专用有机肥劳动强度大，割胶作业技术水平要求高，与天然橡胶产业劳动报酬较低的矛盾，导致橡胶产业健康发展受阻。因此，亟须研发适应目前胶园生产的机械化、智能化工具，提高劳动效率，降低生产成本。

3. 新品种、新技术推广应用情况

依托国家天然橡胶产业技术体系平台，立足广东农垦天然橡胶产业，茂名综合试验站紧紧围绕如何推动产业提质增效、促进产业增产增收、绿色健康发展，致力于橡胶树新品种、新技术、新材料的引进，示范与推广以及科技服务与培训工作，积极推进天然橡胶产业积极健康发展。

①完善橡胶籽苗芽接技术，实现工厂化育苗，提高良种覆盖率。2004 年从中国热带农业科学院橡胶研究所引进橡胶籽苗芽接技术，由于环境的因素，当时芽接成活率较低。为实现规模化生产，茂名综合试验站团队成员致力于籽苗芽接技术的提升，开展了从芽条、育苗基质、芽接操作、育苗装置等几方面进行了一系列的试验和研究，使平均芽接成活率提高至 80%，形成了一套集种子处理、沙床催芽、籽苗培育、营养土配制、小型芽条增殖、籽苗芽接、小型苗培育、炼苗等技术为一体的橡胶育苗技术体系，配套玻璃现代育苗温室，实现橡胶育苗工厂化。建设面积 3 万多 m³ 的广东农垦天然橡胶种苗繁育基地，成为全国最大的天然橡胶种苗繁育基地。十多年来向广东的茂名农垦、阳江、揭阳和汕尾四大垦区供应以热研 7-33-97 为主的优良种苗 500 多万株，实现了良种良苗在新一代胶园全面覆盖，保障了垦区橡胶种苗的质量，为垦区橡胶产业积极健康发展打好基础。

②籽苗芽接技术的提升培养了一批批芽接管理人员和熟练的芽接工。这些技术人员随着广东农垦天然橡胶"走出去"，被派遣到马来西亚、柬埔寨等植

胶地区开展种苗繁育工作。目前，茂名综合试验站培养的芽接技术人员被派往广垦橡胶在海外的 3 个种苗繁育基地达 20 多人。马来西亚的沙巴州和沙捞越州各有一个种苗繁育基地，年出圃能力达 200 万株；广垦（柬埔寨）农业科技有限公司，有种苗繁育基地面积 30 hm²，年出圃能力达 100 万株，橡胶工厂化育苗成功实现"走出去"。

③试验与推广橡胶新品种，推动产业提质增效。通过建立橡胶树抗风抗寒优良新品种区域性试验基地，跟踪和调查热研 7-33-97、云研 77-4 等优良新品种的适应性，加快新品种在垦区的应用和推广，优化橡胶品种结构，促进产业提质增效。热研 7-33-97、云研 77-4 种植第 8 年可达到开割标准，抗风性和抗寒性等综合性状良好，产量表现早期高产。热研 7-33-97 前 3 年平均年株干胶产量达 2.0 kg 以上，第 4 年可达 3.0 kg；云研 77-4 第 2 年可达 2.0 kg。通过示范与推广，目前热研 7-33-97 和云研 77-4 在茂名农垦种植株数为 298.32 万株和 51.98 万株，分别占新一代胶园的 54.2% 和 9.4%，热研 7-33-97 成为垦区的主打品种。

④试验和推广橡胶树新型种植材料。2010 年从中国热带农业科学院橡胶研究所引进热研 7-33-97 自根幼态无性系，建立了广东第一个自根苗示范试验和示范基地，随后陆续于 2012 年、2013 年和 2016 年在胜利、红峰和新时代建立示范基地。试验结果表明自根苗大田表现良好，种植成活率达 96.2%，与同一品种芽接苗相对比，生长速度快，树围增粗提高 5.0%，且林相整齐，均匀度高，抗风优良，产量优势大，采用"五天一刀"割制，第 2 年同比增产 22%。2016 年采用引进袋苗和沙床苗培育相结合的方式开始在区域内规模推广自根苗，至 2018 年共推广种植 100 562 株，推广面积 3 000 多亩。

⑤试验与推广橡胶新割制，促进产业节本增效。为缓解胶工短缺的压力，提高胶工收入，稳定胶工队伍，联合采胶岗位专家开展低频和超低频割胶试验。2017 年垦区全面推行"五天一刀"。2014 年开展"六天一刀""七天一刀"超低频割胶试验。通过试验示范与推广，超低频割胶制度的推广株数从 2014 年的 6.95 万株，增加到 2018 年的 182.4 万株，推广率达 37.1%，人均产胶 6.77 t。通过辐射带动，2018 年广东农垦推广超低频割制 236.1 万株，占橡胶开割树的 30.2%，在新增 155 万株开割树的情况下，胶工人数减少了 1 266 人，有效缓解了胶工短缺的压力，稳定胶工队伍，促进了企业节本增效、胶工

增收。

⑥研制和推广橡胶树专用有机肥，建设生态胶园，推进产业绿色发展。2009 年在土壤与肥料岗位科学家的指导下，研制橡胶专用配方有机肥 3 个。同年成立了茂名市名富生物科技有限公司，专门承担橡胶专用有机肥的生产。团队成员承担茂名、阳江、揭阳和汕尾垦区胶园地力的普查工作，按照"三年一轮回"的要求，采集胶园土壤和叶样进行分析检测，同时，为下一年的橡胶树专用配方肥的"大配方、小调整"提供参考依据。通过十年的积累，不仅建立了胶园地力的基础数据库，且累计推广橡胶树专用有机肥 20 多万 t，实现有机肥的使用在区域内胶园全面推广，减少了化肥的使用，保证化肥使用量零增长，改善胶园土壤环境。

2009 年，从马来西亚引进葛藤，在中小苗胶园建立以葛藤为绿肥的生态胶园，至 2016 年茂名农垦实现了葛藤在中小苗的覆盖率 80% 以上，推进产业绿色健康发展。

另外，2018 年在土壤与肥料岗位专家的指导下，引进橡胶树缓控专用肥，在茂名农垦建立了橡胶树缓控专用肥示范基地，为高效省工施肥打下良好的基础。

⑦积极探索胶园林下经济，提高胶园产出率。为提高土地利用率，自 2015 年积极探索农林复合利用模式，引进益智、香料砂仁、石斛、金花茶、五指毛桃等林下经济作物建立示范基地，并开展林下益智推广工作。目前茂名农垦胶园发展以益智为主的林下经济 4 000 多亩，有望提高土地产出率，增加胶工收入，稳定胶工队伍。

4. 阶段性成果

十年来，茂名综合试验站在体系的指导和帮助下，通过建立、跟踪新品种、新技术试验示范基地，加强技术的应用及推广，取得了阶段性的成果。获得授权发明专利 2 项，实用型专利 1 项，发表相关科技论文 20 篇，通过成果鉴定 2 项，获得成果奖 7 项。"橡胶工厂化育苗技术"以及"胶园地力提升成套技术集成"通过成果鉴定。主持申报的"橡胶工厂化育苗技术"先后获得 2013 年茂名市科学技术奖一等奖、2015 年广东省科学技术三等奖以及 2014—2016 年农牧渔业农业技术成果奖一等奖。主持申报的"胶园地力提升成套技术集成"获得 2014 年茂名市科学技术奖一等奖，"测土配方施肥技术在橡胶和水果的应用"获得 2015 年广东省农业技术推广奖三等奖。"橡胶树新品种的应用及推广"获得 2017 年广东省农业技术推广奖三等奖。参与申报的"所地企合作推动橡胶良种热研 7-33-97 示范与产业化"获得 2014—2016 年农牧渔业丰收奖农业技术推广奖合作奖。

依托体系平台,加强人才队伍的建设。橡胶籽苗芽接示范基地的管理团队种苗中心获得全国总工会授予的"工人先锋号",团队成员陈海坚获得 2015 年广东省"劳动模范"称号、谢黎黎获得 2016 年"全国农业先进个人"称号。

十、湛江综合试验站

1. 区域天然橡胶产业发展情况

湛江综合试验站主要服务广东和广西植胶区,橡胶种植以农垦为主,个体户种植很少,种植总面积 2.04 万 hm^2,包括广东垦区的徐闻、廉江、阳江、粤东和广西垦区的东兴示范县,种植面积分别为 0.46 万 hm^2、0.27 万 hm^2、0.83 万 hm^2、0.27 万 hm^2 和 0.21 万 hm^2。广东的 4 个示范县,2017 年底共有植胶面积 1.83 万 hm^2(651 万株),其中开割面积 1.02 万 hm^2(278 万株)、未开割面积 0.81 万 hm^2(373 万株),实际开割面积为 0.73 万 hm^2(173 万株),产干胶 0.35 万 t,平均 479 kg/hm^2;当年减少和更新面积较少。

橡胶树种植树龄分布如图 8-17 所示,以 30 年以上树龄和 15 年以下树龄为主具体为 1985 年前种植的橡胶面积所占比例较大为 40.49%;1986-2005 年

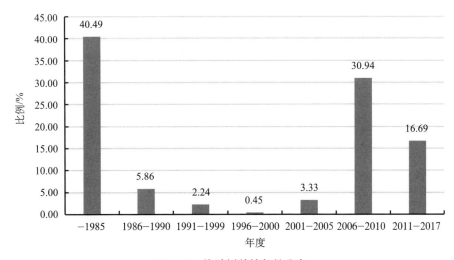

图 8-17 橡胶树种植年份分布

种植橡胶树较少，为 0.22 万 hm²、占总面积的 11.88%；2005 年后种植橡胶树面积为 0.87 万 hm²、占总面积的 47.63%。

橡胶树种植品种结构如图 8-18 所示，2000 年以前种植的品种主要是老品种，其中 PR107、93-114、南华 1 所占比例较大，在 9% 以上，其他杂品种占 23.11%；新种植品种中热研 7-33-97、云研 77-4 和热垦 525 为主，合计比例占总面积的 30% 以上。

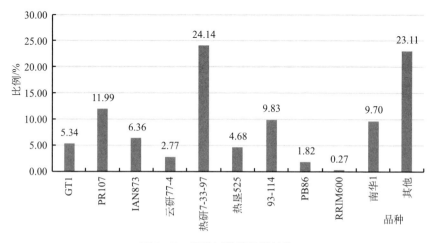

图 8-18　橡胶树种植品种结构

2．面临的主要问题

①生产经营与管理技术落后。橡胶种植生产经营与管理仍以传统计划或者集体方式为主，未建立或应用现代化的经营管理手段，缺乏先进的橡胶生产和经营管理技术。

②抗性高产品种与特色品种不足。随着现代橡胶产业和科技的快速发展，市场需求对橡胶种植品种提出新的要求，如高性能胶品种、适于机械化生产的品种和专用胶品种等，这对橡胶育种技术提出新的要求。目前，以杂交选育橡胶树抗寒高产优良品种取得较大的成效，对橡胶树种植产业的品种更新换代起到积极的推动作用。然而，由于橡胶树抗寒高产选育种遗传基础研究薄弱，对精准开展亲本选配和后代选择方面指导意义不强，造成优良品种选出率低、选出周期长，抗性高产优良品种仍然缺乏，特色品种培育处于起步阶段。

③"机械化""智能化"的高效生产技术缺乏。橡胶种植生产属于劳动密

集型产业，种植管理与采胶需要投入大量的劳动力。在劳动力紧缺的情况下，胶园灭荒、施肥和病虫害防治机械化是生产迫切需求的；"电动胶刀"急需在生产上普及应用，"智能化"割胶是最终的需求。

3. 开展的工作情况

结合示范县橡胶种植产业发展情况与技术需求，紧密依托岗位专家研发的新品种、新技术、新材料，在建立试验示范基地和科技培训的基础上，开展技术推广与科技服务工作，为解决示范县产业技术需求和推动产业发展起到积极作用。主要工作情况如下：

①新品种新技术示范与推广应用。根据示范县天然橡胶产业技术需求，结合岗位专家研发的橡胶树新品种新技术，建立了橡胶树优良新品种（热研7-33-97、云研77-4、热垦525、热垦628、文昌11等）、新技术（低频割胶技术、死皮防控技术、刺激割胶及配套技术）和新材料（橡胶树籽苗芽接苗、小筒苗育苗和体胚无性系繁育苗）试验示范基地5个。按照示范基地要求加强抚管与跟踪调查，对试验数据进行收集与记录，并结合示范基地建设开展科技培训和现场会等，扩大示范效果，辐射带动橡胶新品种新技术推广和应用。

②科技培训与技术指导。结合示范县生产技术需求和示范基地建设，联合天然橡胶生产管理部门、地方培训机构，组织举办"天然橡胶生产和割胶新技术""新割制和微生物凝固剂技术""林下经济种养技术""新型职业农民专业技术""保险与防灾"等科技培训班共33期，培训生产部门农技人员和胶农2 418人次，发放科技小册子和光盘约300余份。结合广东、广西垦区新一代胶园建设过程中抗寒高产橡胶品种选择、胶园林下资源综合利用等方面开展专项技术服务20余次，指导科技骨干和技术员100余人次，派出专家近80人次，开通电话与网络咨询，提供胶园种植技术方案等。

③灾害调查与复产指导。广东垦区植胶环境较差，自然灾害频发，针对发生的冬春低温寒害，台风"威马逊""海鸥""彩虹""莲花"和"山竹"等灾害，积极组织团队成员到灾后发生区开展受灾情况调查、灾后复产处理指导，并对风害情况进行了收集整理。针对橡胶树生产的主要病害白粉病和炭疽病的发生，及时组织团队对病害情况进行全面调查与防治技术指导。

4. 技术推广应用情况

①良种良苗支撑产业更新换代。通过对橡胶树优良品种与优良种苗培育技术的示范与推广，逐步实现了示范县良种良苗的更新换代，有力促进了天然橡胶种植产业现代化进程，达到省工增效的目的。A. 在新一代胶园建设中热研 7-33-97 和云研 77-4 合计应用比例达 50% 以上，热研 7-33-97 和云研 77-4 是示范县种植品种更新换代的当家品种。初产期产量表现良好：热研 7-33-97 开割前 3 年可达 2.00 kg/株以上，云研 77-4 产量较热研 7-33-97 略低，较大幅度提高了单位面积产量，受到植胶农场的广泛认可与喜爱。B. 橡胶种苗从裸根苗、袋装苗到目前广泛应用的籽苗芽接苗，逐步提高了橡胶苗种植成活率和生长速度。籽苗芽接苗的全面应用减轻了种植劳动强度和投入，缩短了开割年限。调查发现，籽苗芽接苗增粗比袋装苗和裸根苗快 7.97% 和 8.59% 以上，可提前 0.5 ～ 1 年开割。C. 新研发的小筒苗育苗技术和体胚无性系繁育苗技术正在小面积地推广应用。示范基地调查发现，小筒苗育苗技术成活率比籽苗高 6.0% 以上；体胚无性系繁育苗比籽苗增粗快 0.07 cm，可较大幅度提高种苗种植效率，减轻劳动强度和种植成本，达到轻简化生产的效果。

②低频割胶应用节本增效。通过（超）低频割胶示范基地的辐射作用，带动产业全面应用，在缓解价格持续低迷和用工短缺方面起到积极作用，达到节本增效的目的。低频割胶技术在阳江示范县"五天一刀"占 94%、"七天一刀"占 6%，徐闻示范县"五天一刀"和"七天一刀"割胶占比分别是 11.11% 和 2.22%；刺激割胶及配套技术在粤东示范县全面实施。在效应方面，"七天一刀"比"四天一刀"干胶含量提高 1% ～ 3%，劳动力节省 20% 以上，株产干胶降低用工支出 30%。低频割胶技术在阳江示范县"五天一刀"占 94%、"七天一刀"占 6%，株次产、岗位总产干胶分别增长 33.2% 和 32.2%。

③死皮防控效果显著。死皮药剂防控技术显著提高了植株死皮恢复树的产量，药剂处理 1 年和 2 年的恢复植株产量分别是对照的 7.21 倍和 4.21 倍，为示范县橡胶生产中死皮防控提供了较好的科技支撑。死皮防控技术正在不断扩大示范应用面积。

④胶园林下产业扶贫初见成效。在现阶段胶价持续低迷，产业效益较低的情况下，发挥胶园林下土地资源，发展林下经济，可适当增加胶工收入，提高

橡胶产业综合效益。在廉江示范县开展了胶园林下种植中药材，从贵州和云南引进太子参和香料砂仁分别试种成功，胶园林下示范种植香料砂仁面积300余亩。

⑤阶段性成果。十年来，结合综合试验站重点任务，发表相关科技论文25篇，授权橡胶树新品种权1件，发明专利2件，实用新型专利7件；主持申报的"橡胶树抗寒高效育种体系建立与应用"成果，获得2016年海南省科技进步奖二等奖。

第九章　体系技术成果展示

第一节　科技奖励

一、热研 7-33-97 的示范与产业化

2016 年获得全国农牧渔业丰收奖农业技术推广合作奖。

通过以点带面的模式，热研 7-33-97 的推广显著提升了产业水平，新种胶园热研 7-33-97 的应用比例达 80% 以上。截至 2015 年，其推广总面积 230 万亩，项目期内为 140 万亩。其中海南平均亩产约 95 kg，广东为 70 kg，较对照种增幅达 12% 以上，使琼、粤植胶区第三代品种占比由 6% 提升至 25%，极大推进了品种良种化，提高了橡胶安全供给水平，促进了农民增产增收，创造了巨大的经济和社会效益。合作单位共同完成的"橡胶树热研 7-33-97 推广应用"获得了 2009 年度海南省成果转化特等奖。

项目建立"研、学、产"紧密合作机制。与合作方签订了协议，建立定期互访会晤机制，设立联系人，定期就示范区建立、组织实施等工作进行商议。充分发挥示范区辐射带动作用。项目组根据产业需求，统筹布局，在海南、广东等地建立示范区共计 23 个，总面积达 2 800 余亩。在示范区建设上，形成操作规范，并统一供种、统一抚管标准、统一采胶制度、统一病虫害防治方法、统一技术标准。同时示范以科学"种、管、养、割"丰产栽培技术体系。建立健全良种繁育推广体系。参与单位明确分工、明晰权责，构建了高效的原种圃—增殖圃—大型中心苗圃良苗繁育技术体系，以幼砧连续嫁接方式获取良种幼态优势苗木，保存于原种圃进行复壮和保纯，后供种建设大型增殖圃，以提供合作单位筛选的大型中心苗圃，从源头保证了种苗质量。

创新推广服务模式。由过去的科研、生产、经营脱节情况向"育繁推"全天候合作模式发展，建立了"科研院所＋农技推广部门＋龙头企业＋合作社＋示范农户＋辐射户"的组织模式，以及"优良品种＋配套技术＋多维培训"的

推广服务模式。在推广过程中，共培训骨干 3 918 名，胶农 98 717 人，推送信息 10.7 万条，发放资料 10.27 万份。

图 9-1　热研 7-33-97 获奖证书

二、抗寒高产品种云研 77-2 和云研 77-4 的选育与应用

2017 年获得云南省科技进步奖二等奖。

云南植胶区由于纬度偏北、海拔偏高、冬季热量不足，低温寒害是云南发展天然橡胶产业的主要限制因素。云南省热带作物科学研究所历时 4 年多，通过隔离授粉、抗寒有性系比、抗寒无性系比、无性初级系比、区域性高级系比和生产试种等试验，选育了云研 77-2 和云研 77-4 两个抗寒高产新品种，初级系比试验表明开割后 1～4 年云研 77-2 和云研 77-4 的年平均单株产量为 2.76 kg 和 3.08 kg，分别是对照 GT1 的 131.5% 和 146.2%；高级系比试验表明开割后 1～11 年云研 77-2 和云研 77-4 年平均产量为 1 932 kg/hm² 和 1 834 kg/hm²，分别为 GT1 的 144.3% 和 136.9%；2001—2016 年多点区域试验和生产试验表明云研 77-2 和云研 77-4 的年平均产量为 2 359 kg/hm² 和 2 004 kg/hm²，分别是 GT1 的 148.64% 和 131.94%。抗寒性强，多年抗寒性观察表明云研 77-2 和云研 77-4 的寒害均级比对照低 0.45～1.00 级。

两个品种均为三倍体，不结实，木材积蓄量大。2000—2015年在云南省内推广应用245.45万亩，占更新、新植胶园的56.5%。经济效益评价生产期将年增产干胶9.68万t，新增经济效益181.57亿元。国内外均无橡胶树抗寒品种和橡胶树三倍体品种应用于生产，该成果在橡胶树抗寒高产育种上有重大突破。

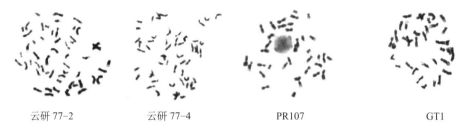

云研77-2   云研77-4   PR107   GT1

图9-2　云研77-2、云研77-4及其父母本PR107和GT1的染色体

图9-3　橡胶树隔离授粉园

（GT1×PR107）

图9-4　新品种（左）抗寒性比

GT1（右）强

图9-5　云研77-2

胶乳产量高

图9-6　云研77-4

胶乳产量高

图9-7　对照品种

GT1胶乳产量一般

三、橡胶树新型增产素研发及产业化生产

2015 年获得中华农业科技奖二等奖。

其主要内容如下：首先根据橡胶树营养及施肥、产排胶的特点和特殊的收获方式，将无机营养、有机营养和生物激素进行合理配伍，成功研制出橡胶树专用的新型增产素（液体状），在此基础上对新型增产素的生产工艺和关键参数进行优化，最终研制出规模化、标准化、半自动化橡胶树割面营养增产素生产线，替代传统人工和提高生产效率。应用本成果中新型增产素提高橡胶产量（干胶）5% 以上，割胶用工减少 30% 以上，死皮发病率相对降低 2/3，耗皮量减少 20% ～ 40%，胶树经济寿命延长 1/4 ～ 1/3（8 ～ 10 年）。目前使用该成果每年为海南、广东植胶区提供约 1 000 t 的橡胶树增产素，直接为橡胶产业提供服务。

图 9-8　生产线及产品

图 9-9　获奖证书

四、橡胶树割胶技术集成与大面积推广应用

2011 年获得海南省科学技术奖成果转化一等奖。

该成果是在国家和海南省科技进步奖的基础上，由中国热带农业科学院橡胶研究所、海南天然橡胶产业集团股份有限公司、海南省热带作物开发中心共同协作，构建新割胶技术应用推广体系。这一体系大面积推广了"减刀、浅割、增肥、产胶动态分析、全程连续递进、低浓度短周期、复方乙烯利"等具有中国特色的刺激割胶新技术，取得了显著效果：①推广应用面积 25.75 万 hm²；②提高了单位面积产量 10% ～ 15%，增加了胶农收入；③比传统割制提高了劳动生产率 50% ～ 150%；④比传统割制减少树皮消耗

25.5% ～ 52.0%，增长了胶树的经济寿命；⑤提高了海南省割胶生产技术水平，推进海南省天然橡胶业的发展；⑥增收节支降低成本，提高了企业的总体效益，增强植胶企业的国际竞争力。科研单位与生产部门共同构建了新割胶技术应用推广体系，完善服务网络；实行新技术推广与技术培训、技术咨询相结合，以点带面、循序渐进的方式和机制，保证新技术推广应用的健康发展；实现了大面积推广应用割胶新技术的安全性、规范性、通用性和可持续性。2010年，新割胶技术在海南推广应用面积达 25.75 万 hm^2，9 376.6 万株。全省大面积推广五年来累计净增产干胶 62 329 t，新增产值 130 092.4 万元，实现利润 107 695.9 万元，仅海南农垦每年就节省胶工 44 374 人。由于割株和人均产胶量的增加，胶工工资相应提高了 1.4 ～ 1.9 倍，对缓解胶工短缺，优化和稳定胶工队伍发挥了重要作用。

图 9-10　割胶技术培训

图 9-11　割胶技术操作示范

图 9-12　获奖证书

五、乙烯灵刺激割胶技术在橡胶生产中的推广应用

乙烯灵刺激割胶技术在橡胶生产中的推广应用获 2011—2013 年度全国农牧渔业丰收奖农业技术推广成果奖一等奖。

低频刺激割胶是当前国内外割胶技术研发的热点问题，乙烯灵刺激割胶技术主要用于橡胶树低频刺激割胶领域。为克服或减轻乙烯利刺激割胶中产生的副作用，乙烯灵是根据橡胶树产胶与排胶生理平衡的互补效用原理，通过长期严格的产胶促进剂和载体筛选研究而成的一种新型刺激剂，其特点是施用后橡胶树排胶快、干胶含量高、死皮率低、再生皮恢复好。乙烯灵刺激割胶的核心技术是根据橡胶树的品种、树龄、割胶制度等调节施用的浓度、剂量、周期。体系与科研单位与生产部门密切配合，成立专家组，制定实施方案，举办各种类型的技术培训，使技术推广工作有序进行。2001—2012 年大面积推广应用十二年来，在海南、广东、云南胶园共推广应用乙烯灵累计达 567 万亩，十二年间共增产干胶 19 890 t，新增产值 42 261 万元，新增纯利润 39 070 万元。其中 2010—2012 年推广 212 万亩，增产干胶 7 947 t，新增产值 22 272 万元。平均每亩每年增产干胶 3.51 kg，新增产值 75 元，新增纯利润 69 元。同时提高了割胶劳动生产率，企业增效胶工增收，提高了干胶含量，降低了死皮率。

图 9-13　获奖证书

六、海南岛橡胶林碳汇研究

海南岛橡胶林碳汇研究 2018 年获得海南省科技进步奖二等奖。

全球气候变暖，人类活动导致大气中 CO_2 浓度升高是最大元凶。我国作为发展中大国，减排压力大。人工林固碳能力是我国碳贸易谈判的重要筹码，有必要着重研究人工林碳汇功能；橡胶林是我国热区最大的人工林生态系统，而海南拥有中国约 50% 的橡胶林，对其碳汇功能研究也是"加强生态文明建设谱写美丽中国海南篇章"的需要。

这项成果创新设计观测系统，开发配套的数据处理软件，构建了站点尺度橡胶林碳汇观测技术体系，提升了碳汇长期观测的可靠性和稳定性，利用耦合涡度相关等微气象方法探明橡胶林每年每亩平均碳汇为 9.92 t，远高于热带雨林和其他人工林；构建了区域尺度的橡胶林遥感分类和树龄反演方法，反演获得海南岛橡胶林空间分布（总体识别精度 > 95%，与统计数据相差 5%，当前国际识别精度 88% 左右）及年龄空间分布图（平均值估算误差小于 1 年，当前国际误差 5 年左右），准确估算海南岛橡胶林总碳汇为 176 万 t/年；耦合涡度相关、生物量清查及遥感模型方法，实现由点及面估算海南岛橡胶林碳汇，较好解决了橡胶林碳汇研究的尺度扩展问题，系统定量评价了海南岛橡胶林碳汇功

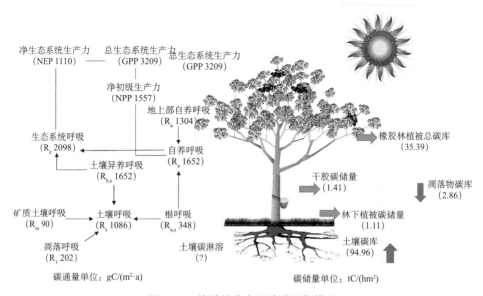

图 9-14 橡胶林生态系统碳平衡模式

能，摸清了海南岛橡胶林碳汇时空变化特征，并提出橡胶林增汇技术措施。

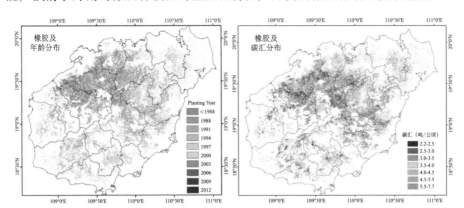

图9-15 海南岛2015年橡胶树林年龄分布（左）和橡胶林碳汇空间分布（右）

图9-16 获奖证书

七、中国植胶区橡胶林植物多样性研究

大规模植胶后的橡胶林群落的植物多样性一直缺乏系统评价和科学认识，中国热带农业科学院橡胶研究所采用典型取样与随机取样相结合的方法，系统分析了中国植胶区橡胶林植物组成、多样性特征及其影响因素，开展了近自然管理对橡胶林群落多样性的影响，将林业上著名的"近自然林"理论应用在天然橡胶的生产中，首次全面对中国植胶区橡胶林植物多样性进行调查与研究，在采集和鉴定13 000多份植物标本的基础上，确定了中国植胶区橡胶林植物物种组成及特征，记录了维管束植物917种，橡胶林植物群落主要由大戟科、蝶形花科、含羞草科等组成，群落的地理成分以热带分布为主。系统分析了橡

胶林下资源植物的用途，识别出中国植胶区药用植物682种，为我国林下南药产业的发展、生物多样性资源利用及构建橡胶林复合生态系统奠定了基础。首次明确了中国植胶区橡胶林植物多样性特征及影响因素。橡胶林生物多样性受人为因素影响较大，其他因素如林龄、郁闭度、海拔、坡向、坡度对多样性影响的贡献率仅为20%。从产业生态化的角度，提出了近自然管理橡胶生产的产业模式，作为提高橡胶林生物多样有效途径，提高了橡胶林的生态价值和社会价值。出版了《中国植胶区林下植物》3卷（海南卷、广东卷、云南卷）。

图9-17 中国植胶区橡胶林下常见植物

第一排从左到右，分别为姜黄、桢桐、野牡丹、禾串树；第二排从左到右，分别为百花鬼针草、天门冬、长春花、百日菊。

图9-18 近自然管理橡胶林植物多样性

左上图为近自然管理与常规管理种植面积曲线图；左下图为近自然管理前橡胶林林相；右图为近自然管理后林相图

八、橡胶树主要叶部病虫害高扬程化学防治技术研究与应用

该研究获 2014 年海南省科学技术奖二等奖。

这项成果在国家天然橡胶产业技术体系、国家科技支撑计划等项目支持下，研究和创新了橡胶树白粉病、炭疽病、六点始叶螨、介壳虫等主要叶部病虫害的高效、环保化学防治技术，并集成和应用。

通过室内毒力，测试了嘧菌酯、咪鲜胺、三唑酮、丙环唑等杀菌剂成分对橡胶主要叶部病原菌的单独和联合抑菌效果，筛选出防效最佳的单剂丙环唑和嘧菌酯·咪鲜胺·三唑酮配方组合；测试了哒螨酮、阿维菌素和毒死蜱等杀虫剂成分对主要叶部害虫的单独和联合杀虫效果，筛选出防效最佳的哒螨酮·阿维菌素和阿维菌素·毒死蜱配比。

筛选出分散性能好、闪点适中、发烟效果好的溶剂和表面活性剂，测试并确定溶剂和表面活性剂添加次序及最佳用量；研制出 15% 嘧·咪·酮热雾剂、10% 丙环唑超低容量油剂、15% 哒·阿维热雾剂和 20% 阿维菌素·毒死蜱油烟剂。并研发出两种橡胶植保专用药械和一种通用喷洒部件，喷射高度达 18 m 以上，药物在橡胶树冠层的沉积率提高 10% ～ 30%，药物利用率平均提高 15%，与传统施药机械相比，工效提高 10% ～ 50%，且喷药效果受天气条件制约性小并减轻了劳动强度。

这项技术成果的最大特点是减轻劳动强度、提高施药效率和确保病虫害防治效果。橡胶树主要叶部病虫害白粉病大规模防治时，效果比传统药剂硫黄粉和咪酰酮高出 10%，多种病虫害兼治。2008 年以来累计应用面积达 225.6 万亩次，增收节支 10 512 万元。

九、橡胶树重要叶部病害检测、监测与控制技术研究

该技术获 2012 年海南省科学技术奖一等奖。

这项成果是在国家天然橡胶产业技术体系、国家科技支撑计划、农业部农垦局病虫害疫情监测等项目支持下集成获得的。掌握三大叶部病害在我国橡胶主产区的分布、为害及其发生发展趋势，在病害主要发生区域建立监测网点。建立棒孢霉落叶病和炭疽病病原菌分子检测技术，利用 ISSR、RAPD 和 AFLP 等分子标记技术获得国内橡胶树重要叶部病害病原菌遗传基础多态性数据，明确其种群遗传特性；明确了国内橡胶树棒孢霉落叶病菌、炭疽病菌生物学特

性，构建高效稳定的橡胶树炭疽菌和多主棒孢病菌遗传转化体系，获得两种炭疽菌 ATMT 突变体和多主棒孢病菌原生质体转化突变体。建立了致病力变异突变体筛选方法，得到致病力变异突变体。建立了橡胶树重要叶部病害室内外抗病性评价方法，开展橡胶树主要品种（种质）对 3 种重要病害的抗病性评价。该成果研究橡胶树棒孢霉落叶病在中国的适生性分析，基本摸清其在云南河口县橡胶苗圃地全年的发病规律及病害消长动态。建立多主棒孢病菌毒素分离与纯化技术，并将毒素应用于种质的抗病性评价，通过 cDNA-AFLP 技术，比较分析橡胶树品种热研 7-33-97 受多主棒孢病菌侵染前后基因表达情况，获得基因差异表达相关数据。筛选获得对多主棒孢病菌具有抑杀作用的杀菌剂，以及对毒素具有钝化作用的无机盐，并将杀菌剂和毒素钝化剂进行混配，研发复配药剂"保叶清"及其微乳剂配方，形成防治关键技术并对其进行熟化与示范。

十、天然橡胶高性能化技术研发

该项技术研发获得中华农业科技进步奖二等奖。

针对我国天然橡胶精深加工程度低、创新程度不高、产品性能长期处于较低水平、高端产品长期被国外垄断等产业技术现状，本项目以天然橡胶高性能化为目标，在研究天然橡胶纳米补强理论的基础上，成功研发系列高性能天然橡胶纳米复合材料及应用技术。主要内容：①通过填料-填料、填料-基体界面相互作用调控，实现天然橡胶中填料均匀分散和能量耗散网络构筑；②设计系列配方，实现天然橡胶纳米复合材料性能提升（拉伸强度提高 20% ~ 30%、撕裂强度提高 20% ~ 40%、热降解温度提高近 20℃）；③实现工艺技术工程化，设计"纳米天然胶片"和"天然橡胶复合弹力布"生产线，取得了良好的经济、社会和生态效益。

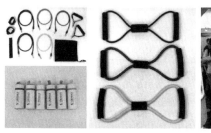

图 9-19　高性能天然橡胶技术应用产品及参展现场

十一、橡胶木高温热改性生产炭化木关键技术研究与示范

该成果获得 2017 年海南省科技进步奖二等奖。

为提高我国橡胶林栽培的综合效益，高效增值利用胶园重要副产资源橡胶木材，促进我国植胶区传统的橡胶木材初加工产业和江浙、珠三角等地区橡胶木制品企业产品技术升级，自主研发了第二代环保型橡胶木改性工艺并制造容量 35 m³ 生产型炭化窑，与海南农垦林产集团、浙江富得利木业等企业合作，产业化生产炭化橡胶木实木地板，建设了年产量 5 000 m³ 的橡胶木高温热改性生产炭化木示范性线，开发了炭化橡胶木实木地板、集成材指接板和实木家具等产品，获得了橡胶木高温热改性生产炭化木产业化关键技术。该技术赋予橡胶木类似珍贵木材柚木的外观颜色，大幅度改善了橡胶木材的尺寸稳定性，其平衡含水率在潮湿的海南岛由 15% ～ 19% 降至 8% ～ 12%，尺寸稳定性和耐腐蚀性提高 30% ～ 50%，颜色类似珍贵木材柚木，产品达到国标炭化木地板和地采暖实木地板标准要求，目前江浙有 2 家企业将其作为重点新产品面向国内外推广。

高温热改性炭化橡胶木 批量生产	高温热改性炭化橡胶木 外观颜色	高温热改性炭化橡胶木 实木地板

图 9-20　橡胶木热改性炭化木技术应用

十二、橡胶树抗寒高效育种体系的建立与应用

该技术集成获得农垦部科技成果奖 1 项；审定品种 1 个，评定小规模推广级品种 2 个、试种级品种 12 个。创制出 93-114、IAN873 和湛试 336-2 等一批优良抗寒新种质，在选育种中广泛应用。

针对橡胶树抗寒材料少、理论基础薄弱、抗寒高产品种严重缺乏等问题，经过近五十年的研究，在抗寒高效育种体系建立和新品种培育方面取得了突破性的进展。

①制定了橡胶树抗寒力早期鉴定方法。研发的室内人工低温冷冻与抗寒前哨点系比相结合的抗寒力早期鉴定方法，实现了对抗寒材料在短期内大量、多批次的有效筛选，以空间换取时间，达到快速初选抗寒品系的目的。

②初步探明了橡胶树抗寒力是可遗传的数量性状。

③研发了橡胶树抗寒高产定向亲本选配技术。以橡胶树抗寒遗传特征为理论依据，构建了以亲本具有优良性状多、良好特殊配合力和抗寒性状互补等为原则的选配技术，为定向培育抗寒高产的优良品种提供了技术支持。

④建立了橡胶树抗寒高效育种技术体系。该技术体系加快了选育种进程，提高了抗寒优良品种的选出率和质量，成为橡胶树抗寒高产育种的主要方法。选育出的 93-114 和 IAN873 等成为北纬 18° ～ 24° 植胶区的当家品种，应用面积 16.54 万亩，2013—2015 年干胶销售收入 3.3 亿元。

十三、云南天然橡胶产业关键技术研究与集成示范

2017 年获云南省科技进步奖二等奖。

主要技术内容：橡胶树优良品种选育、推广及种苗繁殖新技术开发；山地胶园高产、高效、安全栽培技术集成与示范；子午线轮胎专用胶及低蛋白浓缩胶乳生产关键技术集成与产业化开发；橡胶副产物综合利用关键技术集成与产业化开发。经专家委员会鉴定，项目成果整体达到国内同行业领先水平，在热带北缘抗寒植胶、山地生态胶园可持续经营技术研究与示范方面具国际领先水平。

技术经济指标：收集特异种质 61 份，筛选出抗寒育种材料 93 份，创制了高产基因型 54 个；杂交培育出 5 个品种，茎围生长量增长 10% 以上、干胶产量提高 27% 以上；筛选出两个胶木兼优品种，茎围生长量提高 11.49% 和 20.87%，干胶产量提高 38.46% 和 29.63%。建立了一套橡胶树籽苗繁殖技术，提早出圃 1 年以上，出圃率提高 6 倍。构建了胶园生态系统生态学综合评价指标体系，建立生态种植模式试验基地 1 000 亩；研发出 4 个专用肥配方；建立了主要病虫害监测体系；筛选出 14 种防治药剂，防效 76% 以上；研制出 1 种死皮预防剂，4 ～ 5 级新增死皮率控制在 0.5% 以下；创建并优化了胶乳生理参数数据库和安全采胶评价指标，集成创新气刺微割采胶新技术，提高采胶效率 24% 以上。技术集成示范 10.83 万亩（含对照 1.03 万亩），干胶增产 22.5%。集成创新了高效生物凝固法生产子午线轮胎胶技术，产品质量达到行

业标准，规模化生产吨干胶加工成本降低 5.2%；确定了蛋白酶分解乳胶蛋白的最适条件，筛选出适合低蛋白浓缩胶乳的稳定剂，完成了中试应用。开发了以橡胶木屑为主要原料的食用菌生产基质、以橡胶木屑废菌包和橡胶籽油粕为主要原料的有机肥料和有机无机复混肥；研发出从制胶废水中规模化分离提取白坚木皮醇的技术，产品原料级纯度 70% 以上、试剂级纯度 98% 以上。

图 9-21　获奖证书

应用推广情况：2011—2014 年，繁殖良种籽苗 64.97 万株，推广良种28.15 万亩。推广高效、安全栽培技术 129.13 万亩，增产 9.74%，辐射带动262.91 万亩。建立了 500 t 低蛋白浓缩胶乳示范生产线、800 万袋食用菌栽培示范基地；改建了 2 万 t 子午线轮胎专用胶生产配套设施、2 万 t 有机肥料和10 万 t 有机无机复混肥生产线。技术培训 5 346 人次。效益情况：2011—2014年，实现总产值 42.70 亿元，新增产值 2.97 亿元。

十四、橡胶工厂化育苗技术

2016 年获全国农牧渔业丰收奖农业技术推广成果一等奖。

橡胶工厂化育苗技术是广东农垦热带作物科学研究所以橡胶籽苗芽接技术为基础，以育苗温室为工厂化基础设施，育苗杯、育苗托为工厂化育苗装置，通过研究室内小型绿色芽条技术、研制营养土配方、设计育苗杯与育苗托、优化芽接过程等关键技术，形成了一套集种子处理、沙床催芽、籽苗培育、营养土配制、小型芽条增殖、籽苗芽接、小型苗培育、炼苗等技术为一体的橡胶育苗技术体系。橡胶工厂化育苗技术与传统大田育苗技术相比优点如下：①芽接成活率高，芽接成活率达80%以上；②育苗周期短，育苗周期缩短约1年；③杯苗为传统袋装苗的1/6，劳动强度低；④均匀度好，林相更为整齐；⑤根系较完整，成活率高。建立年产200万株的种苗繁育基地，十年来通过橡胶籽苗芽接培育了以热研7-33-97为主的优良品系橡胶种苗500多万株，供应广东农垦四大垦区。向广东农垦海外育苗基地输送芽接技术人员20多名，在海外建立了总年产能达300万株的3个种苗基地。

图 9-22　获奖证书

第二节　主推品种

一、热研 7-33-97

选育单位：中国热带农业科学院橡胶研究所。
品种来源：RRIM600×PR107。

审定情况：1993 年通过农业部科学技术成果鉴定。

审定编号：(93) 农科果鉴字 0197 号。

特征特性：速生高产抗风。生长速度快，开割前年均茎围增粗 7.51 cm，开割后年均茎围增粗 1.94 cm，均显著高于对照 RRIM600。植后 7～8 年开割。抗风能力较强，平均风害累计断倒率为 2.23%，比 RRIM600 低 3.6 个百分点。抗白粉病能力强于 RRIM600。死皮率低于 RRIM600。抗寒力中等。

产量表现：在基本试验区和生比区，热研 7-33-97 的产量均极显著高于对照 RRIM600，干胶含量也明显高于 RRIM600。

栽培要点：以亩植 32 株左右为宜，宜早春用袋装全苗定植，植前施足基肥。加强胶园管理，促进苗木生长，不必采用摘顶促枝措施。开割前 3 年适当浅割，注意养树割胶，之后若应用改制割胶制度时，可参照 RRIM600。

适宜区域：该品种适合在海南省大规模推广种植。云南一类植胶类型区、广东植胶区阳坡规模推广。

二、热研 917（热研 7-20-59）

选育单位：中国热带农业科学院橡胶研究所。

品种来源：RRIM600×PR107。

审定（认定或登记）编号：国审热作 20000005（审定号），CNA007793G（新品种权登记号）。

农业部品种登记号：GPD橡胶树（2018）460002

审定（认定或登记）情况：国审。

1. 特征特性

植物学特性：叶痕马蹄形，托叶痕平伸，芽眼近叶痕。叶蓬圆锥形至半球形，叶蓬长，蓬距较短，疏朗。大叶柄较长，平伸，叶枕较长，顺大，上方平，嫩枕紫红色。小叶柄中等长度，两侧小叶柄上仰，小叶柄膨大 1/2。蜜腺微突，常为 3 枚，腺点面平，有周边。叶片倒卵状椭圆形，叶缘具小至中波，叶面不平，3 小叶显著分离。乳胶白色。

生长：开割前后年均茎围增粗分别为 6.38 cm 和 2.89 cm，均高于对照 PR107 和 RRIM600。

产量：在初比区，前 11 割年平均年产干胶 6.04 kg/株，为对照 RRIM600 的 113.5%；在高比区，前 9 割年平均年产干胶 3.95 kg/株和 1 467 kg/hm²，分别为对照 PR107 的 178.7% 和 168.6%。

抗性：抗风能力优于对照 RRIM600，与 PR107 基本相当，风害后的恢复生长能力较强。

适宜区域：可在海南省推广种植，云南一类植胶区试种。

成龄胶园

叶片特征

叶蓬特征

图 9-23 热研 917 特征

2．技术要点 （包括注意事项）

种植形式与密度：以亩植 33 株左右为宜，推荐种植形式为 3 m × 7 m。

早期胶园管理：宜早春袋装全苗定植，植前施足基肥。此期间以保证齐苗、壮苗为原则，同时加强施肥管理，保水保肥。

成龄胶园管理：该品种需要加强胶园管理。宜根据营养诊断结果，均衡施肥。在重风区按抗风栽培技术要求进行管理，培养良好树形，合理修剪。

割胶管理：应用乙烯利刺激割胶时浓度要合理，以发挥其高产潜力。

3．推广情况

目前在海南省各县市均有种植，总应用面积约为 2 万亩。

审定证书　　　　　　　　　　　　新品种权证书

图9-24　获奖证书

三、热研8-79

选育单位：中国热带农业科学院橡胶研究所。

品种来源：热研88-13×热研217。

审定情况：1998年被评为小规模推广级品种，2000年被评为中规模推广级品种。2001年通过全国农作物品种审定委员会审定。

审定编号：国审热作2001001。

特征特性：高产，早熟，稳产且高干含。热研8-79是目前我国自主选育的最高产品种之一。该品种抗风性与RRIM600相当，抗白粉病、炭疽病能力较强。

产量表现：该品种具有高产、早熟、稳产的特点。高产性：在高比区，1～11割年平均年产干胶5.77 kg/株，2 504 kg/hm²（167 kg/亩），比对照RRIM600高产52.0%和51.0%，在中国热带农业科学院试验场等生比区年均干胶产量为2 130～2 814 kg/hm²。早熟性：在高比区第2割年株产干胶即达4.62 kg，对照RRIM600第1～25割年年均株产仅4.58 kg。稳产性：该品种干胶产量稳定，高比区株产干胶第2～4割年分别为4.62 kg、5.57 kg、6.76 kg，随后连续6割年均在6 kg以上，单产在第3割年约2 500 kg/hm²，其后6割年产均稳定在2 500～3 100 kg/hm²。干胶含量较高，高比区平均干胶含量32.2%，比对照RRIM600高2.2%。

栽培要点：热研8-79为早熟高产品种，在常规管理条件下，投产初期即有较高的产量，因此，此时期需加强胶园管理，适当增加肥料投入，并做好营养诊断工作，均衡施肥。在投产初期，特别是前3年，应控制割胶强度，适当浅割，注意养树割胶。因幼树采用刺激割胶制度效果不理想，在实行刺激割胶时，宜使用低刺激强度，以免死皮增加，达到稳产高产、省工高效的目的。

适宜区域：适宜在海南中西部中风区及云南1类植胶区种植。

四、热垦628

选育单位：中国热带农业科学院橡胶研究所。

品种来源：IAN873×PB235。

审定（认定或登记）编号：热品审2013001。

审定（认定或登记）情况：国审。

1. 特征特性

植物学特性：茎干直立，叶痕呈马蹄形，腋芽贴近叶痕；鳞片痕与托叶痕呈一字形。叶蓬弧形，蓬距较长。大叶枕顺大，具浅沟；大叶柄平直、粗壮且平伸。小叶枕膨大约1/3；小叶柄中等长度，有浅沟，上仰。蜜腺腺点突起，2～3枚，分离，周边不明显。叶片椭圆形，叶基楔形，叶端锐尖，叶缘无波，主脉平滑；叶片肥厚，有光泽，三小叶分离。胶乳为白色。

生长：生长快，立木材积蓄积量大。高比区开割前生长非常快，茎围年均增粗达8.67 cm，可提前1年开割，立木蓄积量大，10龄树材积能达到0.31 m³。

产量：高比区前4割年平均干胶含量28.0%，与RRIM600相当，每年株产和单产分别为2.23 kg/株和849 kg/hm²，明显优于对照RRIM600，分别为对照的146%和169%。

抗性：抗平流型寒害表现好，抗风性与PR107基本相当，死皮率较低。

适宜区域：海南中西部、广东雷州半岛、云南1类植胶区。

图9-25　成龄胶园（茎干直立，分枝高，树冠小，枝叶量少）

2. 技术要点（包括注意事项）

种植形式与密度：以亩植33～38株为宜，推荐种植形式为 (2.5～3) m×

(7 ～ 8) m。

早期胶园管理：宜早春袋装全苗定植，植前施足基肥。此期间以保证齐苗、壮苗为原则，同时加强施肥管理，保水保肥，不建议采用摘顶促枝措施。

成龄胶园管理：该品种需要加强胶园管理。宜根据营养诊断结果，均衡施肥，并较RRIM600等传统品种较大幅度增加肥料投入，以保证胶树的生长产胶潜力。

割胶管理：该品种速生，但达开割标准投产时树皮尚较薄，割胶前3年，应控制割胶强度，适当浅割，注意养树，刺激割胶乙烯利使用浓度宜参照RRIM600。

3．推广情况

目前在海南儋州、琼中、白沙、万宁、临高、东方，云南西双版纳、德宏地区均有适应性试验区，试区总面积约3 000亩。

图9-26　品种审定证书

五、云研77-2

选育单位：云南省热带作物科学研究所。

品种来源：GT1×PR107。

审定编号：国审热作20000007。

特征特性：高产、抗寒、速生和副性状优良。

1．主要特征

大叶枕短圆，顺或微突，上平有窝；大叶柄青绿色，平伸或微下倾。小叶柄长度中等，膨大 1/2，紧缩区明显。蜜腺微突起，腺点较小，3～4 枚，点面平或微突，周边明显。叶片椭圆形，叶色深绿，有光泽，主脉与侧脉均较平滑，叶基主侧脉夹角较小，叶基渐尖，叶端芒尖。

2. 主要特性

生长：速生，主干粗壮直立，树形倾向于 PR107 个体，木材量大，与对照品种 GT1 比较，茎围生长快 8.3%～15.2%。

产量：产量高，初级系比区，开割后第 4 年单株年产量为 2.76 kg，为对照 GT1 的 131.5%。云南省热带作物科学研究所高级系比区、勐满农场适应性系比区和勐醒农场适应性系比区 3 个试验点 1～11 割年的平均产量 1 9321 kg/hm²，为对照 GT1 的 144%。对刺激割胶反应良好，各试区平均单株干胶产量增产幅度为 21.0%～60.6%，每公顷增产幅度为 53.7%～79.5%。

抗性：抗寒力较强，比 GT1 约高 0.5 级。白粉病和炭疽病抗性与 GT1 相当。

3. 技术要点

选择土层厚度 100 cm 以上、土壤疏松肥沃、有机质含量 15 g/kg 以上、pH4.5～6.5、排水良好、地下水位在 100 cm 以下、坡度<30°的土地种植。种苗采用籽苗或小苗芽接苗等新型种植材料。植穴 60 cm×70 cm×80 cm，每穴施 20 kg 腐熟有机肥和钙镁磷肥 1 kg。定植后胶园的管理执行《橡胶树栽培技术规程》（NY/T 221—2016）。

图 9-27 云研 77-2 特征

4. 适宜区域

云南省可在哀牢山以西，中、重寒害类型区海拔 900 m 以下阴坡，哀牢山以东，中、重寒害类型区和广东省轻、中寒植胶类型区推广种植。

图 9-28　品种审定证书

六、云研 77-4

选育单位：云南省热带作物科学研究所。

品种来源：GT1×PR107 品种。

审定编号：国审热作 20000008。

特征特性：速生、高产、抗寒和副性状优良。

1．主要特征

叶蓬大、半球形或大弧形，较密闭。叶枕长而顺，上平有浅窝。大叶柄粗硬而长，先端膨大短突。小叶柄短肥，沟浅宽，膨大 1/2～2/3，紧缩区明显。蜜腺微突起，腺点 2～4 枚，多连生，点面平或微凹，周边厚。叶片为较长的椭圆形，叶色深绿，光泽不显，叶缘有微波，主脉粗，侧脉细，主脉与侧脉的角度小，叶端芒尖，3 小叶微下倾。

2．主要特性

生长：主干粗壮直立，树形倾向于 GT1 品种个体，木材量大。与对照 GT1 比较，茎围生长快 6.5%～14.8%。

产量：产量高，初级系比区，开割后第 4 年单株产量为 3.08 kg，为对照 GT1 的 146.2%。云南省热带作物科学研究所高级系比区、勐满农场适应性系比区和勐醒农场适应性系比区 3 个试验点 1～11 割年的平均产量 1 8341 kg/hm²，为对照 GT1 的 136.9%。对刺激割胶反应良好，各试区平均单株干胶产量增产幅度为 28.6%～51.2%，每公顷增产幅度为 32.1%～48.1%。

抗性：抗寒力较强，比GT1约高1.0级。死皮率、白粉病和炭疽病抗性与GT1相当。

图9-29　云研77-4叶片和叶蓬

3. 技术要点

选择土层厚度100 cm以上、土壤疏松肥沃、有机质含量15g/kg以上、pH4.5～6.5、排水良好、地下水位在100 cm以下、坡度<30°的土地种植。种苗采用籽苗或小苗芽接苗等新型种植材料。植穴60 cm×70 cm×80 cm，每穴施20 kg腐熟有机肥和钙镁磷肥1 kg。定植后胶园的管理，执行《橡胶树栽培技术规程》(NY/T 221-2016)。

4. 适宜区域

云南省可在哀牢山以西，中、重寒害类型区海拔900 m以下阴坡，哀牢山以东，中、重寒害类型区和广东省轻、中寒植胶类型区推广种植。

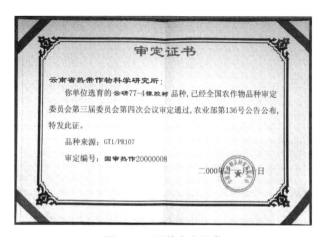

图9-30　品种审定证书

七、云研 73-46

选育单位：云南省热带作物科学研究所。

品种来源：GT1×PR107 注册登记：登记号 20070004。

注册情况：通过云南省林业厅登记，2017 年进入云南省推广级。

特征特性：抗寒、高产、速生。

1. 主要特性

生长：长势强、速生，树干直立、粗壮，分枝习性好，胶乳白色，干胶含量高。雌雄花发育不全，不结实。

产量：云南省热作所 1980 年初比，1～5 割年平均干胶含量 32.90%，株产干胶 2.32 kg，比对照 GT1 高 78.5%；云南省热作所、孟连农场、勐养曼弄干适应性系比区，1～6 割年平均干胶产量为 1 851.50 kg/hm²，比对照 GT1 高 77.90%；2011—2015 年在云南省热作所、孟连农场、勐养曼弄干、东风农场和勐满农场等 5 个生产性试验区的平均干胶产量为 1 956.75 kg/hm²，比对照 GT1 高 25.81%。

抗性：抗寒力强于 GT1，在 1999—2000 年冬低温寒害严重年，已分枝幼树平均寒害 0.02 级，比 GT1 轻 2.40 级，开割林地平均寒害 0.46 级，比 GT1 轻 0.50 级，抗条溃疡病中等。

2. 技术要点

选择土层厚度 100 cm 以上、土壤疏松肥沃、有机质含量 15 g/kg 以上、pH4.5～6.5、排水良好、地下水位在 100 cm 以下、坡度 <30° 的土地种植。种苗采用籽苗或小苗芽接苗等新型种植材料。植穴 60 cm×70 cm×80 cm，每穴施 20 kg 腐熟有机肥和钙镁磷肥 1 kg。定植后胶园的管理执行《橡胶树栽培技术规程》(NY/T 221-2016)。

3. 适宜区域

可在哀牢山以西，中、重寒害类型区海拔 900 m 以下阴坡，哀牢山以东，中、重寒害类型区推广种植。

图 9-31　云研 73-46 叶片和叶蓬

图 9-32　品种注册证书

第三节　主推技术

一、橡胶树小筒苗育苗技术

　　针对当前我国橡胶树苗木生产中育苗生产效率低、劳动强度大、苗木较重、主根短或根系卷曲等问题, 橡胶树种苗扩繁与生产技术岗位研发出一套橡胶树小筒苗育苗技术及定植技术; 设计发明出上大下小的筒状育苗容器和配套的培育架子，研发出相应的育苗基质和水肥管理技术，根据小筒苗特征建立相应的捣洞法定植技术。

图 9-33　捣洞法定植技术

　　①苗圃地与设施。除常规的裸根苗、小苗芽接苗、籽苗芽接苗需准备的育苗设施条件外，橡胶树小筒苗培育采用的育苗容器为上口直径 6 cm，下口直径 2 cm、高 36 cm 的圆锥形筒状容器和配套育苗架。

　　②胚苗材料。裸根苗、籽苗芽接苗、小苗芽接苗、组培苗均可。

　　③育苗基质。育苗基质以表土：其他有机质（如牛粪）：椰糠 (0.5：0.5：1)，椰糠：其他腐殖质（如水藓泥炭）(1：1) 均可。将配制完成的育苗基质混匀，装入育苗杯中，按 10 株/架排列。

　　④胚苗移栽。移栽时先用木棒在育苗筒中间捅出一个长度长于胚苗主根，宽度大于砧木的洞，将胚苗主根插入洞中，用木棒将四周育苗基质朝主根处压紧，淋足定根水。

　　⑤苗木抚管。水分管理视季节和天气、育苗基质保水情况而定。如基质保水情况较好，一般隔天需要淋足水 1 次；如基质保水情况一般，一般

每天需要淋足水 1 次；如遇高温炎热的夏季，需要每天早晚各淋一次水。养分管理可以通过与水分管理一起进行，每两周滴灌一次 1%复合肥溶液(N：P：K=17：17：17) 100 mL/杯，也可以每月施复合肥 (N：P：K=17：17：17) 0.3 ～ 0.5 g/杯。抹芽操作同籽苗芽接苗、裸根苗以及小苗芽接苗培育。

⑥出圃和定植。橡胶树小筒苗育苗筒底部有少量根系穿出，同时苗木达 2 蓬叶即可出圃。种植方法建议采用捣洞法定植技术。在开垦质量较差或不易捣出小植穴或捣不成完整小植穴的胶园，建议可采用常规定植方法进行小筒苗大田定植。

小筒苗培育时间 4 ～ 6 个月，全苗重约 0.5 kg，主根长 ≥ 35 cm，根系直立、无卷曲缠绕，有耐运输、易定植，定植易成活，植后恢复生长快等特点。该技术育苗生产标准化程度及育苗效率较高 (15 000 株/亩)。与小筒苗配套的捣洞法定植技术简单易学、容易操作，比常规袋苗定植的工作效率提高 1 倍以上，定植成活率高 (95%)，植后苗木长势良好。

这项技术还可用于林木或果树育苗，提升林木育苗技术水平，革新苗木定植技术，提高生产效益。

图 9-34　橡胶树小筒苗 (籽苗胚苗)　　　图 9-35　橡胶树小筒苗 (小苗芽接胚苗)

二、橡胶树籽苗工厂化育苗技术

橡胶工厂化育苗技术是广东农垦热带作物科学研究所以橡胶籽苗芽接技术为基础，研发室内小型绿色芽条技术、研制营养土配方、设计育苗杯与育苗托、优化芽接过程等关键技术，形成了一套集种子处理、沙床催芽、籽苗培育、营养土配制、小型芽条增殖、籽苗芽接、小型苗培育、炼苗等技术为一体的橡胶育苗技术体系，配套玻璃现代育苗温室，实现橡胶育苗工厂化。橡胶工厂化育苗技术与传统大田育苗技术相比优点如下：①劳动生产率可提高 3 倍，且劳动强度低；②土地利用率提高约 10 倍；③育苗周期短，育苗周期缩短约 1 年；④可实现全天候生产作业；⑤夏季免受台风影响，冬季免受寒害影响，较好地解决了国内外橡胶育苗工厂化、产业化和规模化生产的难题。十年来通过橡胶籽苗芽接培育了以热研 7-33-97 为主的优良品系橡胶种苗 500 多万株，向广垦海外育苗基地输送芽接技术人员 20 多名。

这项技术 2013 年通过茂名市科技局组织的成果鉴定，鉴定结果为国内领先水平，先后获权专利 3 项，其中国家发明专利 2 项，实用型专利 1 项。获得了 2013 年茂名市科学技术进步奖一等奖、2015 年广东省科学技术进步奖和 2014—2016 年全国农牧渔业丰收奖成果奖一等奖。试验站种苗中心也被授予"工人先锋号"。

图 9-36　籽苗芽接大棚内景　　　图 9-37　育苗基地自动化喷灌系统

三、自根幼态无性系育苗技术

自根幼态无性系（组培苗），具有高产、速生、高抗等优点，我国突破了橡胶树组培苗多代次大规模繁育技术，建立了一套较为成熟的工厂化生产技术与工艺。

1. 技术原理和性能指标

技术原理：以橡胶树花药、内珠被等外植体体胚发生为基础，诱导体细胞胚次生体胚发生，实现胚到胚的循环增殖，最终达到橡胶树自根幼态无性系快速增殖的目的。

性能指标：年体胚增殖系数达 10 000，体胚再生植株频率平均达 70%，体胚植株沙床移栽成活率达 90% 以上，装袋成活 96%。

2．定植和抚管

参照小筒苗定植和抚管技术。

3．应用前景

可在世界范围内推广应用。根据前人大量的研究和本研究团队的大田生产性验证，结果表明，橡胶树组培苗比常规芽接苗速生，缩短 1 年非生产期，林相整齐，茎围均一度高，主干干性强，抗风优良，同比增产 20%～30%。

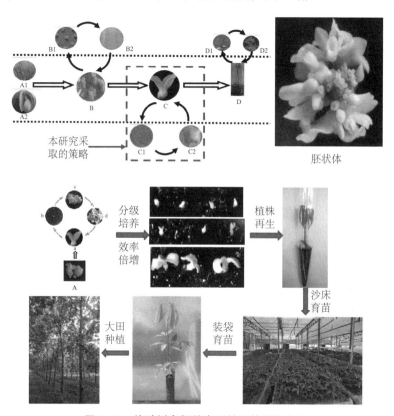

图 9-38　橡胶树自根幼态无性系的繁育方法

四、橡胶树安全刺激割胶技术

通过多年试验与技术集成，完成了从实生树和国内低产芽接树到高产芽接树，从中老龄割胶树到幼龄割胶树，从较耐刺激品种到中等耐刺激品种的橡胶树割胶技术体系改进及应用，研究创建了"减刀、浅割、增肥、产胶动态分析、全程连续递进、低浓度短周期、复方乙烯利刺激割胶"等具有中国特色的割胶技术体系。该成果 2006 年获得国家科技进步二等奖。

增产增效情况：应用该技术可提高产量 10% ～ 15%，提高劳动生产率 50% ～ 150%，节约树皮 26% ～ 52%。

技术要点

①减刀：减少割胶刀数，从 2d 割一刀改为 3d、4d 甚至 5d 割一刀，大大节约了劳动力，并延长了胶树的产胶年龄。根据不同品系及树龄等条件，选择合适的割胶频率、割线长度、阴阳线轮换与组合方式。

②浅割：橡胶树施用乙烯利后应适当浅割，以保护输导组织和产胶组织，防止乳管内缩和死皮。还根据不同品种的产胶潜力和耐刺激程度提出不同的割胶深度，比如 PR107 不超过 0.18 cm，RRIM600 不超过 0.20 cm。

③产胶动态分析：动态分析干胶含量，调节刺激强度和割胶强度，使产胶与排胶保持相对平衡。在割胶上采取"稳、紧、超、养"的季节安排，"保一促二"（保第一蓬叶，促第二蓬叶）的叶蓬生长节奏，争取高效刀、减少低效刀，避免有害刀的割胶策略，"三看"（看物候、看天气、看树情）割胶的养树措施。

④增肥：必须合理增施肥料，弥补乙烯利刺激割胶和增加产量对各种养分的需求，保护和提高橡胶树的产胶潜力。有条件的单位采用营养诊断配方施肥技术，科学施肥。

⑤全程、连续、递进刺激割胶制度：根据橡胶树的割胶年龄采取不同的刺激强度和割胶强度。耐刺激品系（如 PR107 等）开割头 3 年就可用低浓度（0.5% ～ 1%）乙烯利刺激，随着割龄的增长刺激浓度可逐步提高；不耐刺激品系（如 RRIM600）开割头 3 年不刺激，第 4 ～ 5 年开始低浓度刺激，以后随割龄增长而提高刺激剂浓度。

⑥低浓度、短周期刺激割胶制度：采用低浓度复方乙烯利（<5%）、短周期（<15 d）刺激产量更佳，胶树更安全，可以获得更多的高效刀，而且乙烯利分解后残留的酸根比高浓度的少，不易伤害树皮。根据不同品系、不同割龄选择合适的刺激剂涂用周期与浓度。

⑦产量刺激剂：已研发出专利产品如乙烯灵等复方乙烯利，能有效减轻单方乙烯利的副作用。将配制好的刺激剂 2 g，均匀涂在割线（不拔胶线）和割线上方 2 cm 宽处。

⑧控制增产幅度：我国最早认识到并实行了合理控制乙烯利刺激增产

的幅度以实现高产稳产。对于高产芽接树，采用d3割制，则控制在比对照（S/2 d/2 不刺激）增产 10%，d4 割制比 d3 增产 5% ～ 10%，d5 割制比 d4 增产 0 ～ 5%。

适宜区域：适宜全国植胶垦区，包括国有胶园和民营胶园。

五、橡胶树气刺短线割胶技术

当前橡胶生产面临割胶生产成本增加，胶工老龄化日益严重的困境。省工高效割胶技术的研发及推广应用是当前橡胶产业发展急需破解的重大技术问题，也是解决目前困境的最有效的方法。橡胶树气刺割胶技术是将传统的 1/2 割线缩短为 1/8 割线，改乙烯利刺激为乙烯气体刺激的全新高效采胶技术。我国从 1995 年开始对气刺短线割胶技术进行了系统研究，1997 年开始进行小型生产性试验，根据我国橡胶生产的特点，还制定出了适合我国的气刺短线割胶技术要点。该成果 2007 年获得海南省科技进步二等奖，并经多年多点试验示范，大幅度地提高了割胶劳动生产效率，受到了植胶企业和胶工的好评，具有良好的推广应用价值。

1. 增产增效情况

气刺短线割胶技术由于将S/2割线改为S/8割线，割胶速度提高 1 倍以上，提高劳动生产率80%以上，胶工每日承割株数从 300 株增加到 800 株，减少 50%的胶工需求，胶工年产量提高 2 倍以上。为生产企业节约了用工成本，缓解了胶工短缺的现状，同时也增加了胶工收入。

2. 技术要点

①割面规划。开割前须做好割面规划，把当年的割面及每月的耗皮量用画板画出来，以利胶工把握割面划分、割线斜度、割面轮换、耗皮控制等割胶操作。

②割胶制度。割线长度：未列入更新计划的橡胶树采用 1/8 树围（S/8），临近更新的可适当延长割线，如采用 1/4 树围（S/4）；阴刀或阳刀割胶。割胶频率：每 3 ～ 5 d 一刀（d3 ～ d5），月割 7.5 ～ 8.0 刀。割胶深度：割胶深度控制在 0.25 ～ 0.30 cm。割胶耗皮：阴刀割胶每刀耗皮控制在 0.16 ～ 0.18 cm，阳刀控制在 0.14 ～ 0.16 cm。

③刺激方法。刺激剂型：乙烯气体刺激剂，浓度为 100%。刺激剂量：每株每次 30 ～ 50 mL（气袋体积是 60 mL 的，充气时不宜充太满，以防刺激过

量；若是长势弱的胶树，要注意酌量减少）。刺激频率：一般是每 3 ～ 5 刀充一次气，如果第一刀增产幅度过大，则须延长充气周期。

④气室安装。安装部位：把气室安装在割线（阴刀）右上方的 15 ～ 30 cm 处；阳刀则安装在割线的下方。

安装方法：用小铁锤轻轻地将嵌入有钢圈的小塑料盒钉入到树皮里面，不可用力太猛，也不宜钉太深，以免溢出的胶乳堵住气孔。

移换位置：每 45 ～ 60 d 要将气室的位置移换一次，以免树皮钝化，影响刺激效果。拆卸方法：用小塑料锤轻轻地敲击气室塑料盒的两侧，塑料盒便松动即可拆卸。

⑤适宜区域：适宜在全国植胶垦区老龄胶树及列入更前计划的胶树上使用。

⑥注意事项：增产幅度以控制在 10% ～ 15% 为宜。由于乙烯刺激强度较大，因此在推广应用当中要注意产胶动态分析，如出现增产幅度偏大、干胶含量急降、排胶时间过长、割线乳管内缩等情况时，应及时采取降低割胶频率、减少刺激剂量、延长刺激周期等措施。

六、低频采胶技术

该技术改进了刺激剂剂型，合理调节刺激浓度和刺激周期，显著提高了产量及割胶劳动生产率；通过采取浅割、复方、低浓度、短周期、营养诊断施肥等一系列的措施，保持了胶树健康及稳产高产（10% ～ 15%）；割胶刀数大幅减少（30% ～ 60%），节约树皮 25% ～ 52%，延长了胶树经济寿命（5 ～ 8 年），实现了割胶生产高产高效的可持续性发展。该成果 2006 年获得国家科技进步二等奖。适用于 PR107、RRIM600、热研 7-33-97、热研 7-20-59、大丰 95、GT1、云研 77-4/2 等不同品系的成龄开割胶园。

技术要点：参见"橡胶树安全刺激割胶技术"的技术要点。

七、胶园覆盖少耕技术

胶园少耕技术是指在橡胶园的植胶带、萌生带间进行覆盖以减少除草、松土和施肥等抚管作业。

1. 死覆盖技术

依据当地实际情况，采用秸秆、地膜或盖草布等材料覆盖在植胶带上或橡胶树根盘处以建立起一层"死覆盖"。秸秆材料的覆盖厚度一般约 20 cm，地膜厚约 0.3 mm，盖草布厚度约为 0.5 mm。也可采用秸秆材料+地膜或盖草布，即铺设地膜或盖草布，再在地膜或盖草布上覆盖秸秆材料。秸秆覆盖可抑制杂草生长约 2 ～ 4 个月，地膜和盖草布可抑制杂草生长 6 ～ 12 个月。

2. 生物控萌技术

生物控萌技术即在胶园行间种植覆盖作物，建立"活覆盖"以抑制其他杂草生长和增肥土壤。根据当地实际情况，在幼树胶园萌生带按一定密度种植豆科覆盖植物如爪哇葛藤、四棱豆、毛蔓豆、无刺含羞草、猪屎豆、山毛豆等和牧草如柱花草等阳生植（作）物。在成龄胶园萌生带按一定密度要求种植魔芋、五爪毛桃等耐阴或阴生植（作）物。建立方法包括先清地，然后撒播种子或苗木或插条移栽等，一些藤本类覆盖作物会缠绕橡胶树，可及时将其割断，也可以刈割覆盖作物作为"死覆盖"或压青材料。

橡胶园覆盖少耕技术能降低土壤板结、土壤酸化、污染水源等风险，提高土壤保水、保土、保肥能力，有利于橡胶园环境友好；减少工人铲草灭荒用工，提高田间抚管效率，降低劳动强度，减少生产成本，为橡胶树的速生高产创造优良的生态环境。

图 9-39 胶园覆盖少耕技术

八、橡胶树精准施肥技术

在土壤肥料效应、胶树营养特性和胶园养分空间变异等研究的基础上，把橡胶树传统施肥技术与3S等现代信息技术有机集成，建立橡胶树精准施肥技术体系。该技术与橡胶树传统施肥技术相比，具有施肥数量精，位置准，决策快，肥效高，成本省，时效长的六大特点，填补了橡胶树变量施肥理论研究的空白，革新了橡胶树施肥机制。该技术经海南省科学技术厅组织专家鉴定，评价结果为国际领先。该技术成果分别于2009年、2010年和2011年先后获得中国热带农业科学院科技进步奖一等奖、海南省科技进步奖一等奖、中华农业科技成果二等奖。

1. 增产增效情况

自2004年始，分别在海南、云南、广东不同生态类型植胶区的国有、地方农场及农户胶园进行示范应用。通过五年多的示范应用，累计应用面积达18.1万hm^2，共增产干胶1.07万t，橡胶树产量平均提高3%～8%；增收节支1.7亿元，经济和社会效益均较显著。

2. 技术要点

①建立橡胶园基础数据库。收集应用区近三年的施肥数据、产量数据、胶园信息（包括橡胶树品种、定植年度、开割时间、割胶制度、在割株数等）等数据，以及土壤图、胶园分布图等图件，经标准化处理后，建立应用区橡胶园基础数据库（包括空间数据库和属性数据库）。

②采集与分析橡胶园土壤和橡胶树叶片样品。采集橡胶树精准施肥技术应用区域橡胶园的土壤和橡胶树叶片样品，分析胶园土壤和橡胶树叶片养分含量。

③进行橡胶树营养诊断。根据橡胶树营养诊断指标体系，对橡胶树的营养状况进行诊断。

④进行橡胶树精准施肥模型的修正。根据应用区橡胶园土壤养分和橡胶树叶片养分特征，对橡胶树精准施肥模型进行修正，建立适合应用区的橡胶树精准施肥模型。

⑤制定橡胶树精准施肥方案。根据橡胶树精准施肥模型，计算出施肥配方；同时结合生产管理措施，制定科学合理的橡胶树精准施肥方案。

⑥橡胶树精准施肥指导：通过发放施肥方案建议卡、网络发布、手机短

信、网络互动、电话咨询等方式，对用户进行橡胶树精准施肥技术指导。

⑦适宜区域：全国植胶区。

九、云南山地橡胶树白粉病综合管理技术

该项综合管理技术是以现代植物病害流行学理论为指导，通过对病害流行规律以及胶树群体病害严重度对干胶影响规律的调查，研发出适于云南山地作业的防治新技术。该项技术克服和纠正了橡胶树白粉病防治的盲目性和生产上常规防治技术的观念，提高橡胶树白粉病防治的认识和防治水平，是一项将白粉病控制在产胶量最高，胶果大量减少，显著抑制季风性落叶病和降低割面条溃疡病的新技术。应用该项技术指导防治橡胶树白粉病，可以减少施药次数的用药量，从而减少环境污染，降低劳动强度，取得显著的经济、社会和生态效益。该项技术由"云南山地橡胶树白粉病流行规律及预测研究"（国家科技进步三等奖）和"橡胶树白粉病对橡胶产量损失的研究"（农业部科技二等奖）组装而成。

1. 增产增效情况

该项技术推广应用可增产 5% 以上，并可减少环境污染，降低劳动强度。

2. 技术要点

①中等病情是经济上容许的病害水平，又是最经济合理的防治标准。以中病作为防治标准，预测重或特重病林地适度用药，将病情控制在中病范围内，可较将病害防治至轻病以下的常规防治增产 7.4%，节省防治费用 30% 以上。

②橡胶树白粉病严重落叶后，在保护好第二蓬叶和次年中等病情以下，可以减少人为休割而造成的损失，对后期产量和死皮病无明显影响。

③保留中等程度的白粉病，可减少近 50% 的胶果，季风性落叶病的落叶量减少 53%，达到控制季风性落叶病和割面条溃疡病的明显效果。

适宜区域：云南山地橡胶树种植区。

注意事项：应用该项技术，必须进行物候和病情观察，严格按防治指标指导防治，将病情控制在中病范围内。

技术依托单位：云南省热带作物科学研究所。

十、橡胶树根病化学防治新技术

根病是橡胶生产上三大毁灭性病害之一，其危害根颈部，造成颈部腐烂，植株枯死，损失巨大，是限制橡胶单产提高的重要生物因子。根病的防治十分困难，一直以来，防治根病灌根药剂长期单一使用十三吗啉，虽防效不错，但价格昂贵、长期使用防效下降，难以实现大面积推广应用。本技术针对橡胶树根病防治缺乏高效、低毒、低成本药剂的现状，经过近十年技术研发，研制出"根康"复方药剂，其对橡胶树红根病、褐根病等主要根部病害有预防、治疗和铲除作用。在海南、云南植胶区经过六年的田间验证，认为防效稳定。目前该药剂已取得农业部田间试验批准证书号（SY201500942）。本项技术复方药剂高效、低毒、低成本，施用简便，全年都可使用，可大面积推广应用。

1．农业防治

开垦时彻底清除杂树桩，用 5% 的 2，4，5-涕正丁酯，以及 20%2，4-D 丁酯药剂毒杀。在定植穴内和周围土中如发现有病根，要清除干净，防止病根回穴。

搞好林段管理，消灭荒芜，增施有机肥。种植覆盖作物。每年至少调查一次。调查时间宜在新叶开始老化到冬季落叶前。及早发现，挖隔离沟或清除病株，并施用药剂进行及早的防治。

隔离沟是在根病树、与根病树相邻的第二株和第三株橡胶树间各挖深 1 m、宽 30～40 cm 的深沟，阻断健康树的根系与病根接触，可有效防止根病的传播。然后定期（一般 2～3 个月）清除沟中的土壤和砍断跨沟生长的根系。

图 9-40 清除病株并挖隔离沟

2．化学防治

采用"根康"复方药剂，其对橡胶树红根病、褐根病等主要根部病害有预防、治疗和铲除作用。每年5—10月施药，雨后3～5d施药最佳。每年两次施药。第一次施药2个月后进行第二次施药，连续施用2年。橡胶树根病发生初期，病株和与病株相邻两株橡胶树，离橡胶树头20～30cm处，围绕橡胶树根颈周围挖一条约宽15cm、深5cm的浅沟，将药剂30mL，用清水3000mL兑成药液，混匀后将药液均匀淋灌于小沟内及橡胶树头，待药液完全渗透后再用土壤将浅沟封好。

十一、橡胶炭疽病综合防治技术

通过深入调查及研究，发现橡胶炭疽病菌主要分为两大类，胶孢炭疽菌和尖孢炭疽菌，并对这两种不同的炭疽菌进行了系统的比较，补充完善了我国对橡胶炭疽菌的认知。在做好农业防治措施的基础上，结合预测预报，抓住防治关键时期进行化学防治橡胶炭疽病的综合防治策略，可避免盲目用药，节约成本，保护环境。

十二、橡胶树橡副珠蜡蚧防治技术

橡副珠蜡蚧对橡胶的为害主要是成虫和若虫用口针刺吸、取食橡胶树幼嫩枝叶的营养物质，从而影响橡胶树的生长。由单头虫引起的为害较小，但是虫口数量大时，其介壳密被于植株的表面，严重影响橡胶树的呼吸和光合作用，会造成枯枝、落叶，严重时整株枯死。另外，橡副珠蜡蚧还会分泌大量蜜露，诱发煤烟病。

1．农业防治

加强胶林的管理，提高橡胶树的营养状况，增强其对虫害的免疫能力。搞好胶园卫生，注意胶树枯、弱枝和细枝的修剪及除去有虫枝条和林间杂草等。

2．生物防治

①保护利用天敌：在自然界，橡副珠蜡蚧的天敌资源比较丰富，有寄生蜂、草蛉、褐蛉、捕食性瓢虫及寄生菌等类群，应重点保护利用副珠蜡蚧阔柄跳小蜂、斑翅食蚧蚜小蜂和纽绵蚧跳小蜂等寄生蜂，当田间寄生率达30%以上时可依靠天敌的自然控制作用。

②天敌释放：将室内扩繁副珠蜡蚧阔柄跳小蜂、日本食蚧蚜小蜂等寄生性

天敌释放到橡副珠蜡蚧发生的橡胶园，释放方法为每 3 株悬挂一个放入寄生蜂蛹的放蜂器，每隔 10d 释放 1 次，连续释放 3 次。在大暴发时应选用对天敌低毒的防治药剂进行控制，如溴氰菊酯、三氟氯氰菊酯等药剂。

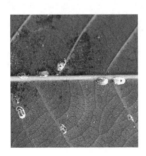

图 9-41　叶片上的蚧虫幼虫
被寄生蜂寄生

图 9-42　枝条上的蚧虫幼虫
被寄生蜂寄生

3．化学防治

①喷雾法（主要用中、幼林及苗圃）：一般在晴天的上午及 16:00 以后施药。每亩可选用爱本（氟啶虫胺氰·毒死蜱）10 mL 兑水 15 kg、20% 敌介灵 EC75 mL 兑水 60 kg、48% 毒死蜱 75 mL 兑水 60 kg、2.5% 功夫 20 mL 兑水 60 kg 进行防治。

②烟雾法（主要用于开割林）：于晴天的凌晨 3～4 时开始施药。可选用 15% 噻·高氯热雾剂按 200 mL/亩或介螨灵进行防治。

十三、六点始叶螨防治技术

该虫为害主要是以口针刺入植物组织吸取细胞液和叶绿素。其症状表现为开始时沿叶片主脉两侧基部为害，造成黄色斑块，然后继续扩展至侧脉间，甚至整个叶片。轻则使叶片失绿，影响光合作用，重则使叶片局部出现坏死斑，严重时叶片枯黄脱落，并形成枯枝，致使胶园停割，影响产量。

1．农业防治

①减少虫源：避免选用六点始叶螨的中间寄主树种台湾相思等作为防护林，以减少六点始叶螨冬季的生活场所，从而降低其翌年发生基数。

②提高胶树的抗虫性：加强对橡胶树的水肥管理，做好保土、保水、保肥和护根，增施农家肥料和复合肥，提高橡胶树抵抗病虫害的能力。

③控制采胶：对中度为害的开割树要降低乙烯利使用浓度或停施乙烯利，

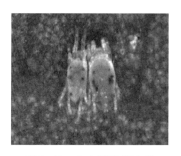

图 9-43　六点始叶螨成螨

(左：雄成螨；右：雌成螨)

图 9-44　为害橡胶老叶

达到重度为害的胶树要及时停割。

2．生物防治

①保护与利用天敌：胶园生态系统比较稳定，天敌十分丰富，根据调查六点始叶螨天敌昆虫有 16 种，包括钝绥螨、长须螨、食螨瓢虫、捕食螨、草蛉及寄瘿蚊等类群。其中捕食螨数量最多，平均每叶可达 0.4 ～ 0.6 头，对害螨有很大的控制作用。

天敌释放：通过人工扩繁天敌，将拟小食螨瓢虫、捕食螨等优势天敌释放到六点始叶螨发生的橡胶园。当每叶片平均有六点始叶螨 2 ～ 3 头时开始释放，天敌释放期间避免施用杀虫剂。

图 9-45　巴氏新小绥螨
捕食六点始叶螨

图 9-46　拟小食螨瓢虫
幼虫

图 9-47　拟小食螨瓢虫
成虫

3．化学防治

可选用 1.8%阿维菌素（2 500 ～ 3 000 倍液）、15%哒螨灵（2 000 倍液）、73%克螨特(2 000 ～ 2 500 倍液)、5%尼索朗（2 000 倍液)等低毒药剂进行防治。螨害发生在苗圃或幼树上时可采用普通喷雾器喷雾法防治；螨害发生在开割树上，喷雾器无法将药液喷到受害部位时，需要采用烟雾法，可选用 15%的哒螨灵热雾剂、15%克螨特热雾剂、15%哒·阿维热雾剂和 15%克螨特热雾剂等按 200 mL/亩的用量用烟雾机喷施烟雾剂，药液经高温挥发后被气流吹到橡胶树叶层，沉降于叶片上，害螨取食后，可将其杀死。

施药时需要观察，若害虫密度达到每叶 6 头以上时要对中心病株和重发病株进行防治，在第一次施药后 6～7 d 观察虫口数量决定是否需要再次防治，大暴雨后也需要观察虫口数量决定是否防治。

十四、生态胶园创建技术

技术依托单位：云南省热带作物科学研究所针对目前橡胶树种植业经济收益较低、生态功能较弱、抗风险能力较差的现状，按照生态学和经济学原理，从植胶区自然环境特点出发，通过改善胶园种植结构，改变传统的单一作物（植物）种植模式和改进现有胶园管理措施，构建以橡胶树为主的复合农林生态系统，建设生态胶园，增加胶园的生物多样性，提升胶园生态功能和经济功能，实现胶园的可持续健康发展。

增产增效情况：该项技术贯彻"绿水青山就是金山银山"的生态文明发展理念，是新一代胶园建设的发展方向，可有效提高胶园的土地利用率，增加胶园的总体经济收益，提升胶园的生态服务功能。

技术要点：

①开垦胶园。根据林地类型，采用适当的斩岜、清岜方式开垦。25°以下的坡地，清除树头草根，清岜后进行全垦，再开挖间种作物的窄环山带或通沟。25°～35°的坡地，开挖环山等高种植带，保护带适度保留林下原生植被。种植带内倾 5°～8°。

②选用良种。因地制宜地选用农业农村部审定的品种，如云研 77-4、云研 77-2、云研 73-46、热垦 628、热垦 523、热研 7-33-97、PR107、GT1 等。不宜选用未经审定的品种。

③种植模式。采用"片段化、网格化、立体化"种植方式，推行"山顶戴帽、腰间系带、足底穿鞋"和"林下植灌、灌下养禽"的建设模式。

"片段化"种植：在山顶、沟谷峭坡、胶园周边等区域应当保留原生自然植被，或种植珍贵用材、乡土树种。水肥条件较好的山脚平缓地段，选择种植经济效益高的作物。

"网格化"种植：合理布局林间道路。路基两侧种植树形好、生长快的用材树种，形成网格化的布局。

"立体化"种植：在坡度25°以下橡胶树的行间、珍贵用材及乡土树种林下采用混种、间套种等方式，种植咖啡、茶叶、香蕉、菠萝、辣木、诺丽等经济作物，形成胶—果、胶—茶、胶—咖、胶—草、胶—苗、胶—药、胶—菌、胶—花等生物多样性种植模式。坡度在25～35°的地段，以橡胶树单种为主，保护带适度保留林下原生植被或种植绿肥。

④适时定植。定植季节以雨季初、中期为主。穴土湿透时，及时定植。定植后穴面应当覆盖2 cm左右的松土，并盖草。有条件的，可采用地膜覆盖。

⑤林下养殖。适时在胶园种植牧草，养殖一定数量的家禽、蜜蜂或家畜，形成胶—禽、胶—蜂、胶—羊、胶—牛等种养一体化生态模式。

⑥除芽修枝与补换植。未分枝的幼树在每年低温期后，及时除去低部位萌动芽，修剪寒害枯枝。已分枝的幼树，第一轮分枝应当保持在3 m以上。珍贵用材及乡土树种只保留主干。经济林树种应修除下垂枝，适当疏去过密枝、病枯枝等。

第一次补植，在定植当年8月底前进行，可用与原定植同品种同苗龄苗木进行补换。第二次补植，在定植次年的6月底前，对越冬后的缺株、弱株再进行一次补换，用同品种大一龄的苗木补植。若还有缺株，可再用大苗补植一次。

⑦科学施肥。根据土壤和植物营养诊断结果科学施肥。肥料施用以有机肥为主，化肥为辅。施用时间应根据橡胶树和其他植物的生长习性、季节和肥料的性质而定。在每年雨季初期和后期施入有机肥10～20 kg/株。橡胶树配方肥应在5—9月分1～2次施用，第一年0.4 kg，第二年0.5 kg，第三年0.6 kg，第四年起施0.8～1.0 kg。幼树可沿橡胶树冠滴水线（垂直投影处），吸收根最密集处开挖施肥沟。开割橡胶树，平缓地在两行橡胶树中间开挖施肥沟，坡地在种植带面内侧开挖施肥坑，坑长1.0 m、宽0.4 m、深0.4 m。仅施化肥时也可开宽0.2 m、深0.2 m的沟。

⑧梯田除草盖草。幼林梯田面通过降解膜或防草席覆盖抑草。保护带杂草生长旺盛，可多次人工或机械控萌，保持原生植被或覆盖作物在50 cm以下。

严禁施用化学除草剂。定植的树种根圈应常年进行盖草，盖草距树干10 cm，半径60 cm以上，厚度15～20 cm。有烂脚寒害地区，冬前应将盖草扒开，或结合维修梯田在草面盖土。盖草材料缺乏时，也可用地膜覆盖。

⑨梯田维护。梯田维修每隔 1 ～ 2 年进行 1 次，除了在扩挖肥穴时穿插进行外，可在雨季结束后统一作业，做到梯田面平整、内倾，露根要及时培土，崩缺或下陷要及时填补。

⑩病虫害防控。采用农业防治措施（合理间作套种、加强胶园和水肥管理、清洁胶园、挖隔离沟等）、物理防治技术（人工捕捉、悬挂黑光灯等）、生物防治技术（释放天敌控制蚧虫等）和化学防治技术（喷施硫黄粉、低毒高效农药等）等多种方法防治橡胶树病虫害。

图 9-48　生态胶园创建

十五、高产胶园的生态保育技术

针对我国植胶区气候环境条件特殊，干湿季节明显，降水分布不均匀，雨季降水多且强度大，地表径流对土壤冲刷强烈，地表生物循环快等特点，研发高产橡胶园土壤保育技术。其技术要点是：在橡胶园行间每两株挖一水肥沟，水肥沟长、宽、深分别为 2 m、0.6 m、0.5 m（对于坡度较大，实行环山行等高定植的胶园，则采取在环山行内壁挖通沟）；肥沟压青盖草培肥，每沟每年施有机肥 40 kg，压青 40 kg 或压甘蔗渣 10 kg；肥沟覆膜，薄膜厚 0.015 mm，长 2.5 m，宽 1 m。水肥沟填满后，则再在附近新挖同样肥沟。

十六、全周期间作模式胶园建设技术

橡胶园全周期间作种植模式是一种采用直立树形品种和宽窄行种植形式进行局部密植，预留更多空间供发展其他种养生产活动的耕作模式。在整个生产周期内，胶园的大行间约有占胶园面积 50% 或以上的露地。本模式在不增加投资、不明显减少干胶产量和提高胶园抗风能力等的前提下，可大幅增加胶园产出，胶园土地利用率达 150% 以上；可增加劳动就业岗位，增加胶农经济收入。

技术要点：

①品种：采用呈直立型树形、高产高抗的橡胶树品种。

②种植形式：株距 2 m、小行距 4 m、大行距 20 m，28 株 / 亩。

③开垦方式：采用全垦或带垦方式开垦，最宜的植行方向为东西行向，具体行向可根据地形或间作生产经营需要而定。

④定标：若坡度较小且对生产作业无大碍，按东西行向定标。以地块中东西向最长的一个植行为基行，向两侧平移，每隔 20m 一小行。不足 20m 宽的按常规株行距定标。若坡度较大或坡向变化较大，按等高方法定标。

⑤开行挖穴：沿小植行所在位置，采用机械开通沟，或人工挖穴，坡度大的结合修环山行同时进行；大行间根据间作等生产需要作适当平整；小行中间可开小通（肥）沟（也可在定植后 2 ～ 3 年时开沟）。同常规下基肥，回土。

⑥定植和补换植：将苗木按其长势分成 2 ～ 3 批，分批定植，淋足定根水和遮阴保苗。定植后 2 ～ 4 个月内，用较大的苗木进行补换植，确保定植当年成活率 100%，且长势均匀。

⑦植后抚管：按常规要求进行抚管，在植后 3 ～ 4 年可在小通沟施肥压青；但禁止实施打顶等促进分枝的措施。

⑧间作：幼树期在离开橡胶树 2m 以外的大行中开展间作；大树期在离开橡胶树 3 ～ 4 m 以外的大行中开展间作，间作物可以是各种作（植）物，但应根据市场需求和环境条件等进行确定。间作物种植管理同其他作物要求。

本模式适合于坡度约 15° 以下区域。本模式的关键是选用直立型品种和宽窄行种植形式，不可诱导分枝但可适当修剪偏斜枝条。

图 9-49　全周期间作胶园

第四节　新 工 艺

一、天然橡胶低碳高质加工新工艺

天然橡胶低碳高质加工新工艺通过"天然橡胶单螺杆脱水技术的研发"
（专利号：ZL 2010 2 0227299.1，农科果鉴字〔2012〕第 18 号）和"天然橡胶
微波干燥新技术"（农科果鉴字〔2007〕第 065 号）关键技术的集成，组装为
一条低碳高质工艺生产线，湿胶料经过单螺杆脱水机后，胶粒结构疏松，含水
量在 20% 以下，解决了现生产工艺中胶粒含水量过高、高温长时间干燥、影
响产品质量一致性的突出问题。研制示范了 4 种集成工艺。

1．单螺杆脱水与热空气干燥集成工艺

即在现有生产线中用单螺杆脱水机代替绉片机和锤磨机（或撕裂机），由
于胶粒水分含量低，因此热空气干燥温度较低（110℃），干燥时间也较短
（1.5～2 h），橡胶质量提升，其拉伸强度为 19～20 MPa。

2．单螺杆脱水与微波干燥的集成工艺

由于水分吸收微波后迅速蒸发，干燥时间大为缩短，仅用 45～60 min，
无二氧化碳排放，橡胶质量有较大提高，其拉伸强度为 21～22 MPa。

3．单螺杆脱水与太阳能+空气干燥的集成工艺

类似于烟片胶的生产工艺，干燥温度 65℃，干燥时间 24 h，完全采用
清洁能源生产，橡胶性能指标与烟片胶也极为接近，且拉伸强度有更大提高
23～24 MPa。

4. 单螺杆脱水与微波干燥和太阳能+空气干燥的集成工艺

湿胶料快速经过微波处理，水分含量降至10%左右，再进入太阳能+空气能干燥，干燥时间缩短为12 h，橡胶性能指标也与烟片胶接近，且拉伸强度也较高（22 ~ 23 MPa）。

二、天然胶乳低氨及无氨保存工艺

针对传统天然胶乳保存体系在生产应用中存在的环境污染及影响制品加工工艺、安全性等突出问题，采用水溶性、不挥发性的广谱抗（抑）菌剂作为天然胶乳第一保存剂，通过与其他低成本的抗（抑）菌剂或氨复配，研发形成了天然胶乳低氨及无氨保存技术。该技术用于鲜胶乳、浓缩胶乳生产加工前的防凝、保鲜（保存剂），该技术所形成的保存体系成本适中，对鲜胶乳、浓缩胶乳保存效果优于传统的高氨、低氨保存体系。

工艺要点：采用水溶性、不挥发性的广谱抗（抑）菌剂作为天然胶乳第一保存剂，通过与其他低成本的抗（抑）菌剂或氨复配成新型胶乳保存体系，代替传统的氨+TT/ZnO来保存鲜胶乳及浓缩胶乳。

应用效果：可使鲜胶乳保存6 d时的挥发脂肪酸值 $\leqslant$ 0.1（HB保存剂用量 $\leqslant$ 0.1%），使浓缩胶乳保存期超过6个月（HY保存剂用量0.05% ~ 0.4%，氨含量0 ~ 0.29%），产品质量满足国标要求，有效解决高氨污染，降低废水处理难度，避免TT、ZnO对浓缩胶乳质量一致性、制品安全性带来的不利影响。所生产的低氨及无氨浓缩胶乳已在广东、湖南等地的乳胶制品企业用于医用导管、家用手套、制鞋胶黏剂、探空气球等产品的生产。

第五节 研发产品

一、橡胶树专用缓释配方肥

橡胶树专用缓控释肥是根据橡胶树营养特性和养分需求规律、胶园土壤理化性状、植胶区气候特点和肥料养分控释技术等研制，经过缓释材料筛选、配方拟定和调校、肥料原料选择、肥料试制、室内肥料效果评价、田间肥料效果验证等多环节探索和研究，研发出橡胶树专用缓释配方肥，并获得海南省肥料登记证（琼农肥〔2017〕准字 0041 号）。肥料富含橡胶树生长所需的大量和中微量营养元素，添加有益于产胶活性物质，肥料总养分含量≥45%。

橡胶树专用缓控释肥养分齐全、配比合理，养分释放与胶树营养需求同步，肥效稳定、持久，能有效提高养分利用效率和肥料利用率。橡胶树施用本专用肥后，光合作用明显增强、合成和排出胶乳能力加强、抗逆能力明显提高，促进橡胶树生长速度和增加干胶产量的效果显著。

产品使用方法：每年 3～5 月一次性施用，采用沟施或穴施，年施肥量 0.75～1.5 kg/株。专用肥料养分规格多样化（20-14-11-2、20-11-14-2、12-22-11-2、12-14-19-2），以适用于不同胶园土壤类型的橡胶开割树和幼树。包装规格为 25 kg/袋或 50 kg/袋。

图 9-50　肥料产品及登记证书

二、死皮康

"死皮康"是一种橡胶树死皮康复营养剂，产品包括胶状制剂与液体制剂两种，分别采用树干涂施与树干喷施的方法处理死皮植株。本品由中国热带农业科学院橡胶研究所死皮防控团队研发，2014 年开始在海南、云南和广东多地试验与示范，取得良好效果。使用本产品及技术可以使多数橡胶树主栽品种死皮停割植株病情指数明显降低，恢复产胶，并具有较好的生产持续性，延长其割胶生产时间，同时可以降低与延缓橡胶树轻度死皮的发生与发展。

"死皮康"胶状制剂（500 mL）主要成分：钼、硼、锌等橡胶树所需微量元素，以及植物活性物质、抗菌成分等。本品不含任何刺激剂。

使用方法：使用前先摇匀，用毛刷蘸取适量营养液涂施于橡胶树割线上下20 cm的割面，每株约20 mL的用量，以药剂均匀分布于割面不下滴为至。使用周期为每次10 d，连续施用两个月。

"死皮康"液体制剂（1 000 mL）主要成分：本产品为复方营养液，其主要成分包括中大量元素钙、钾、镁和微量元素硼、钼等，以及植物活性物质、抗菌成分等。本品无毒且不含任何刺激剂。

使用方法：使用前将本品用自来水稀释40倍，即每瓶兑水配制成40 L的溶液，均匀喷施于死皮树树干（距离地面1.6 m以下部分）及根部，每株树喷施1 L，树干与根部各50%。每周喷施一次，连续喷施4个月为宜，重度死皮或停割树可适当延长喷施时间。

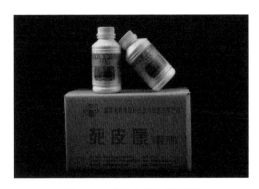

图9-51　"死皮康"营养液

三、胶乳干胶含量测定仪

利用微波衰减法快速测定天然胶乳及浓缩天然胶乳中干胶含量。天然胶乳干胶含量测定的标准法是实验室手工测定法，其优点是测量准确，但是该方法耗时（需要8～72 h）、耗电、操作繁琐，仅适用于测量小量样品，无法满足干胶计量的快速、准确、在线检测的实际需求。胶乳干胶含量测定仪将微波技术应用到胶乳干胶含量测定，使干胶含量测定实现了技术性的革命，具备了便携、快速、准确的计量特点，去除标准法干胶含量检测操作繁琐、费时、费工的缺陷，实现了干胶含量的在线检测，解决了胶农田间地头无法卖胶的难题。

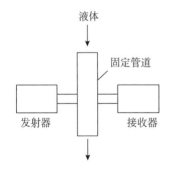

图 9-52　穿透法测试应用示意

图 9-53　胶乳干胶含量测定仪

1．技术参数

①测定范围：10%～50%（质量百分数，天然鲜胶乳干胶含量）。

②样品温度：15～35℃。

③环境温度：15～35℃。

④电源：交流电，220 V，50 Hz。

⑤设备重量：7.5 kg。

⑥长×宽×高：33×24×18（cm）。

⑦测量速度：120～150次/h。

2．特点

①仪器利用胶乳中水分子、固形物、干胶在不同温度下对微波的不同反应进行测量，运用计算进行修正，采用以实验室标准法为平行比对、建立标准曲线、系统矫正的方法，因而保证其测量的准确性。

②仪器实际单次测量时间为2～5 s，每小时可综合测定样品数量为120～150个，能够满足快速测量的要求。

③仪器采用的直接数显的方式，可以让胶农及收购商直观测量数据，避免现场不能显示数据，背后作弊的可能；

④仪器轻便，能够实现田间地头现场测量。

四、电动胶刀

以锂电池为动力，通过无刷电机驱动刀片往复运动进行割胶，根据树形设计了仿形限位保护器，使割胶深度和耗皮厚度达到毫米级精准控制，使割胶由"专业技术依赖型转变为大众'傻瓜'型"，大幅降低了割胶技术难度和劳动强度，有效降低了伤树情况的发生，缩短 60% 的新胶工培训时间、节约新胶工60% 培训成本。4GXJ-1 电动胶刀主要技术参数如表 9-1：

表 9-1　电动胶刀主要技术参数

名　　称	无刷电动胶刀	型　号	4GXJ-1
额定电压	12V	耗 皮 量	1.0 ～ 2.5 mm
空载转速	(0 ～ 11 000 r/min) ±10%	锂电池容量	2 000 mA·h
空载电流	≤ 2.0A	持续工作时间	2 ～ 3 h，可割 300 ～ 500 株树
切割行程	1 ～ 2 mm	净重（不含电池）	350g

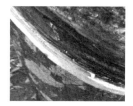

图 9-54　4GXJ-1 型电动胶刀及割面

五、热处理炭化橡胶木

热处理炭化橡胶木采用纯物理方法改性橡胶木的环保生产技术，经过改性处理的橡胶树木材色泽与柚木等珍贵硬木类似，颜色典雅，尺寸稳定性提高 30% ～ 50%，耐腐性能提高 50% 以上，能够生产各类中高档实木家具，实木地板，实木门，集成材等，板材具有尺寸稳定、纹理清晰、环保耐久等特性。热处理炭化橡胶木可生产的产品包括：

图 9-55　热处理橡胶木实木地板

①实木地板：厚度为 1.8 cm 的独幅实木地板，可开发柚木色和黑胡桃两

个主要色系，也可以着覆盖色。

②家具材：传统橡胶木的各种规格均可生产，尤其适合生产实木办公家具，实木仿古家具等对尺寸稳定性和耐久性要求较高的产品。

③集成材：生产集成材指接板、直拼板、木楼梯等，具有更好的抗变形，抗腐朽性能，适合实木门、实木浴室柜、实木定制装修等。

下编
体系认识与工作感悟

万众同心——谱写胶林里的壮歌

黄华孙

首席科学家/高产品种改良岗位科学家　中国热带农业科学院橡胶研究所

有这么一棵树，它虽是农作物，但其产品却是重要的工业原料和战略物资；有这样一棵树，它虽商业化栽培历史不长，但其产品的工业化发展进程至为迅速；有这么一棵树，它一生源源不断产生乳汁，制成的产品为人类广泛利用，堪称"树中慈母"——它就是橡胶树。

橡胶树原产南美亚马孙河流域，虽不是世界上唯一能生产天然橡胶的植物，但却是最具商业化开发价值的产胶植物。我国的天然橡胶科研和产业发展与新中国的建设同步，在党中央的关怀下，迎来天然橡胶科研的第一个春天，从全国各高校和机构抽调精干力量组成科研团队，针对我国植胶区气候条件包括温、光、水、热等不足，通过橡胶种植区划选择宜林地，为确定生产发展布局、建立农场和品种对口配置提供依据；发展了橡胶树热带北缘减灾栽培技术，为我国大面积北移栽培打下了坚实的基础；通过良种引进、选育与推广，使我国天然橡胶单产在 20 世纪 80 年代即达到世界平均水平，提前二十年实现良种化；建立了具有我国鲜明特色的橡胶树割胶技术体系，大大提高了劳动生产率，节省了树皮消耗；完善了橡胶树营养诊断指导施肥技术和两病防治技术措施，确保了橡胶树的高产稳产，科研事业取得了丰硕成果和世界瞩目的成就。

随着经济的快速发展，2001 年我国成为世界第一大天然橡胶费国，2017年消费量达到 470 万 t，约占全球天然橡胶消费量的 35%。但因国内环境条件限制，植胶面积难以大规模扩展，目前植胶面积保持在 1 700 多万亩，干胶产能约 100 万 t，需求保障能力仅约 20%，此外，国产天然橡胶质量一致性不佳，高端和特种性能用胶基本依赖进口。目前世界天然橡胶资源高度集中在极少数几个国家，容易产生贸易保护和价格控制。产业迫切需要采取各项先进技术，最大限度提高我国天然橡胶总产量，并加强产品初加工工艺改革，促进我国天然橡胶产业技术升级，提高平抑国际市场天然橡胶价格能力，确保我国经济运行和国防战略安全。但随着 20 世纪 90 年代后期科研经费的缩减，前辈专家逐步退休，天然橡胶科研队伍一度经受了青黄不接的尴尬，科研力量变得小而分散，科研目标分散，与生产实际需求脱节的现象愈加明显。如何整合全国植胶区科技资源，形成攻关合力，支撑天然橡胶产业可持续发展，亟待一个强有力的组织和平台。

现代农业产业技术体系切中了当下农业科研包括天然橡胶科研的肯綮，有效地将全国各地分散的科研力量凝聚在一起，产、学、研紧密结合，使体系建设成为提升农业科技创新能力的重要机制。经过近十年的建设，天然橡胶产业技术体系建立了一支由 14 名岗位科学家组成的服务于国家目标的基本研发队伍，涵盖了从育种、种苗、栽培、割胶、病虫防控、产品加工、机械化到产业经济全产业链条，整合了全国 90% 的科研力量，设立了 10 个综合试验站，覆盖 44 个植胶县，胶园面积占全国植胶总面积的 90% 以上，实现了全国一盘棋，同时架起了科研与生产之间的桥梁。体系建设开启了天然橡胶科研事业又一个春天。

一、任务来源于生产，研发方向和内容靶标性强

为做好产业技术体系整体工作任务规划，体系在我国三大植胶区组织开展了产业技术需求一线调研，通过发放调查问卷、实地调研和座谈等方式，了解我国天然橡胶产业现状、技术需求和生产实际中急需解决的问题，经全体体系人员讨论，形成了体系八项核心工作任务。

针对从 2012 年天然橡胶胶价持续下跌，近年更在成本线上下徘徊，而生产资料和用工成本不断上扬，其中割胶劳动完全依赖手工作业，用工成本占整个植胶成本的 70% 左右，产业比较效益严重下滑，胶工流失及老龄化等现象日益加剧等问题，体系向两方面聚焦，一方面是开展省工高效割胶技术的研发与集成应用，大力开展七天一刀等超低频割胶技术、气刺短线割胶技术的熟化配套，降低死皮发生发展率，提高割胶劳动生产效率和效益；另一方面启动割胶机械化和智能化技术研发，将割胶作业由专业型、技术型、高强度型转变为"一键式、傻瓜型"操作，大幅降低割胶对人工技能的要求，减轻劳动强度和降低生产成本。

针对我国植胶区气候类型复杂多样，低温和台风是影响我国天然橡胶产业发展的主要限制因素，从品种和种植材料两方面下入手，一方面对近期选育的热垦 628、云研 73-46、热研 7-33-97、热研 8-79、云研 77-2、云研 77-4、云研 80-1983 等新品种，开展区域示范和配套栽培管理、割胶技术集成，实现跨区域的品种配置；另一方面，对原有的种植材料进行升级，熟化体胚无性系繁育技术，实现种植材料的更新换代，并开展接穗和砧木品种的双向改良和互作利用研究。

针对国内天然橡胶质量一致性差，"合格不合用"现象突出，尤其高端制品和军用特种用胶品质达不到生产要求等问题，开展产品质量调控、高端特种制品用胶、浓缩胶乳生产及保存等工艺技术研究，提高产品质量和一致性。针对我国天然橡胶产业长期重技术，轻经济研究的倾向，统筹考虑天然橡胶产业的特性，综合考虑成本、产量价格预警等，从生产和市场两个方面，分析产业发展环境与形势，研究产业发展的问题和出路，寻求积极的产业扶持与保护政策。

这些任务从生产中来，研发成果又针对生产而去，科研与生产从而找到了结合点。

二、岗站协同工作，技术研发出实效

产业技术体系建立了研发中心和试验站两个层次，研发中心各研究室各岗位侧重技术研发和技术指导，试验站侧重技术示范和熟化配套。为更好地执行体系各项研发任务，研发中心和试验站既各司其职，又需要密切合作。体系建立之初，为做好岗位和站点工作间的衔接，对体系各岗位承接的每项任务的核心内容、考核目标、需试验站配合承担的任务及要求进行了全面梳理，各综合试验站完善在当地的熟化示范方案，并开展示范基地建设，服务区域产业发展，同时进行产业监测，对岗站间工作经费使用也进行了沟通安排，通过梳理，使各个岗位、各个试验站明确了各自负责的工作任务、工作目标和工作要求，岗站协作，紧紧围绕整体工作部署开展工作。

体系十年一路成长，不断整合我国天然橡胶主要科研力量，形成了涵盖全产业链的强大技术研发网络。不同领域的专家聚集在一起，为同一个问题从不同方面建言献策，使问题的解决变得更加快速有效。如低频割胶技术的集成与示范应用，采胶等岗位科学家负责技术研发，共同商定实施方案，细化落实低频割胶周期、刺激剂浓度和使用周期、耗皮厚度等技术指标和要求，研制气刺设备装置，委托相关工厂进行成品批量生产并为示范点提供设备，保障示范工作顺利进行。综合试验站站长负责相关试验示范用地，落实试验示范的布置和观测，试验站负责熟化和配套生产管理措施，加强胶工技术培训、制定适合的任务指标和相应的计酬方法、调整耗皮量考核指标、改进冬春管理办法等。岗站通力合作，通过组织参观学习、会议交流、技术培训等多种途径宣传带动，使技术大规模推广应用到其示范县范围内，在广东茂名、海南琼中等地取得良好示范应用效果，人均承割株数比对照增加了40%；年割胶刀数比对照下降了50%；干胶含量有一定程度的提高；虽然株产比对照下降了15%左右，但人均干胶产量比对照提高28%。广东省茂名农垦局明确指出，实施超低频割胶技术是天然橡胶生产的一项重大技术改革，是有效解决当前用工短缺、降本增效的现实出路，符合当地实际，甚至认为是实现橡胶产业可持续发展的必行之路。

三、做好示范基地建设，助力技术推广应用

示范基地是促进农业科技与农业产业紧密融合的重要纽带，是体系建设中的重要一环。体系的研发成果通过示范基地，经过熟化、完善和配套，集成应用于生产，辐射带动科技在产业的规模应用，提升农业科技支撑，引领产业发展水平，加快产业的转型和升级。示范基地依托体系各综合试验站，让产业技术体系研发中心各研究室和岗位的研发成果走出实验室，与生产经验进行组装集成，在不同区域展示适应当地产业发展和生产管理特点的高产抗性新品种、节本增效技术，宣传科学管理、绿色发展的理念，成为体系研发成果的重要展示窗口。天然橡胶产业技术体系依托10个综合试验站，在全国34个植胶大县建立了70个示范基地，面积1.2万亩。这些基地按照各试验站所处地域、环境特点以及未来发展需求和趋势进行规划布局。针对广东劳动力成本上升、胶工短缺、产业比较效益低等产业现状，主要以低频刺激割胶技术、林下空间利用示范为主体，提高胶工劳动生产率，增加单位面积产出；根据海南部分地区有大量胶园进入更新期的现状，以气刺割胶技术示范为主体，挖掘胶树产能；对于云南气候类型多样，部分地区病害多发以及民营胶园为主体的情况，以丰产抗逆栽培综合技术、病虫害防控示范为主体。在确定示范基地核心技术内容基础上，明确建设方向，由各综合试验站牵头，各相关岗位协助开展。

经过体系长期的投入和建设，示范基地显示出了较好的示范性和成效性。通过低频割胶和气刺割胶技术的示范，带动了生产企业的观念由增加地产向增加人产转变，提高企业用工效率和劳动生产率。通过丰产抗逆栽培综合技术的示范，引导带动了周边上百万亩民营胶园学习和应用新成果、新技术，对于改变胶农传统思想观念，带动周边胶农学科技、用科技、依靠科技致富起到了很好的效果，民营胶园产量比以前有了不同程度的提升，而且死皮现象明显减少。通过品种区域示范，极大带动了新品种在生产中的应用规模，新品种已占新植胶园的 80%以上。

四、加强产业技术服务，发挥科技支撑作用

体系作为融合各个领域专家、依托各个示范县的一个科技组织，对生产上的突发性问题解决起来游刃有余。遇植胶区发生灾情，体系在第一时间了解情况，并实时提出应对措施和技术服务方案，迅速组织相关领域专家分赴受灾各市县开展技术培训和巡回指导，最大限度地挽回经济损失。记得 2011 年的"纳沙"台风过后，我们及时赶到到"灾害现场"，站在地头，橡胶林一片狼藉，胶农非常激动："胶树倒了，专家第一时间赶到指导我们，相信希望还在。"树倒了，希望还在。这句话表明我们科技人员得到了百姓的信任，工作得到肯定。经常到田间地头走走，跟胶农聊聊天，掌握一线资料，也深知胶农对科技的渴望，意识到加强技术推广培训的重要性，体系每年培训胶农至少5000 人次以上。岗位专家在体系总体协调组织下，深入基层进行技术推广培训，试验站人员也积极参与其中，充分发挥胶农与专家的纽带作用，成为科技服务和示范推广的主体。

积极为政府决策提供咨询服务，根据产业发展中存在的问题进行调研并上报相关部门，针对贸易商抓住海关品种复合胶、混合胶漏洞大肆进口问题，与中国合成橡胶工业协会联合向有关部委报送了关于规范复合橡胶和混合橡胶进口管理的报告，向国务院报送了《关于加强橡胶归类管理，促进橡胶有序进口，拯救我国橡胶产业的紧急请示》，并启动标准制定工作，进行行业自律，推动出台国家规范，治理行业乱象，为海关执法提供依据，有效遏制无序进口。在境外植胶相关企业调研基础上，向有关部门报送了《关于促进我国境外天然橡胶产业发展的报告》。2015 年配合中央财经领导小组办公室委托的中国国际工程咨询公司就我国天然橡胶产业的问题与出路课题调研，巩固我国天然橡胶产业的战略定位，稳定我国天然橡胶产业可持续发展。

五、抓住文化建设的牛鼻子，弘扬风清气正的学术氛围

科研是学术探索的过程，其学术氛围关系"为什么做科研、怎么做科研"这个根本问题，决定着科研人员的价值取向。体系不仅要做好技术研发和示范服务，同时还应加强体系的精神与文化建设。良好学术氛围的形成是一个不断积累、不断深化、不断完善的过程。天然橡胶产业技术体系一直倡导在工作实践中不断提升对体系的认识，明确职责定位，以主人翁的姿态，不断凝聚体系内团队和体系外部力量，要把论文写在大地上。"无论人生还是事业，看准了，就把根深深扎下去，才能有所建树"。不仅要求科研试验要从田间来，到田间去。更要求我们产业技术研发中心及各试验站骨干多到田间地头调研，尤其是青年科研人员，要发扬老一辈的"泥腿子"精神，到田间地头去，与胶农面对面交流，了解实际生产中的问题，使自己的科研方向与生产需求一致，保持科研活动旺盛的生命力。

六、依托单位支持是技术示范推广应用的关键

体系并没有打破现有的行政体制，因此工作离不开依托单位的支持。大多数试验站的建设依托单位是当地的科研机构或企业的技术研发中心、生产部门，抓住体系工作与建设依托单位工作的结合点，将技术研发和示范基地建设融入依托单位工作中，不仅可以促进基地建设，还能助力技术的推广应用。如东方、茂名等综合试验站，在示范基地的建设上依托单位领导的大力支持，与岗位科学家联合将技术示范落到实处，展示出良好的增产增效增收效果，同时通过大规模多频次的技术培训和推广，在该区域加速了技术成果的大面积推广和应用，成为海胶和广垦集团的示范典型。

体系建设运行十年来，天然橡胶产业技术体系最大的感受是稳定了方向，整合了资源，凝聚了团队，这是以往任何一类科研项目都无法达成的。天然橡胶虽说是国家重要的战略物资，但全国植胶面积仅 1 700 多万亩，属于小宗作物。小产业在申请大的科研项目上竞争力弱；申请小的项目，又造成方向零散，目标不集中，对于生产周期长达三十多年的橡胶树而言，三年五年的研发时间难以孕育大成果。体系成立后，经费渠道稳定了，科研方向围绕产业需求确定，目标聚焦，岗位科学家有明确的职责，试验站有固定的服务区域，聘任期限五年，考评合格则可继续聘任，因此工作内容上延续性强，聘任人员能安下心，着眼长远开展技术研发，重视基础数据收集，以既对自己负责，也对产业发展负责的态度，服务产业体系持续发展。在团队建设上，更是发挥了重要作用，形成了稳定的科研队伍，老、中、青搭配的梯队逐步形成，一批优秀人才脱颖而出，有一人获得全国五一劳动奖章，两人被评为全国农业先进个人，一人获得中国热带作物学会颁发的杰出贡献奖。

体系的发展需要全体人员的共同协作和努力，在新的时期，天然橡胶产业技术体系全体人员会继续共同努力，珍惜体系的机会，维护体系的声誉，为体系的发展建设添砖加瓦，共同推动体系更快、更好的发展。我们致力研究的橡胶树，拥有革命精神与祖国使命，前辈已然书写了山野掘伟业的篇章，我们将在体系的支持下，继续勇攀科技高峰，向国家和产业交出一份满意的答卷，谱写胶林里的壮歌。

农业科技创新的保障——上中下游衔接，持续稳定支持

田维敏

育种技术与方法岗位科学家　中国热带农业科学院橡胶研究所

农业科技创新是一个系统工程，既要根据需求导向开展前端的应用基础研究和中端的技术研发与集成，也要有稳定持续的经费支持。创建的农业产业技术体系，在很大程度上解决了这一问题。为此谈谈个人几点感悟。

在进入产业技术体系前，我的科研工作完全依赖国家自然科学基金资助。在1999—2007年的八年间先后获批五项国家自然科学基金课题，其中三个课题是关于树木营养贮藏蛋白方面的，一个课题是关于乳管分化方面的，一个课题是关于橡胶合成调控方面的。在选题方面考虑学科问题多，考虑产业问题少；在动力方面主要是对求真的兴趣。由于缺乏稳定的经费支持，所以需花大量的精力去争取项目，不能保障研究工作的连续性。虽然这些工作为进入体系后开展的工作打下了良好基础，但是研究与产业需求明显脱节。

进入产业技术体系以后，从认识到能力都有了很大提升。我体会到了农业科技创新的社会责任感和历史使命感。通过两代人的艰辛努力，在我国的海南、云南和广东建立了三大植胶区，使我国跻身世界主要产胶国的行列。但是，我国天然橡胶产业仍然面临诸如高产抗寒品质极度贫乏、种植材料升级、栽培方式变革和产业升级等技术瓶颈，这是时代赋予我们这一代人的使命。当我在田间地头看到胶农面对自然灾害无能为力的时候，我是多么想给他们提供一些高产抗逆的新品种啊！但是我没有。从那刻起，我的肩上就多了一份社会责任感。现在，不仅是对求真的兴趣，更重要的是社会责任感和历史使命感成为我进入体系开展技术研发的动力。

体系为根据产业需求导向开展前端的应用基础研究和中端的技术研发与集成搭建了桥梁，而且每年有70万元的稳定支持。十年来，我围绕高产抗逆品

质选育做了大量的基础性研究、应用基础研究和技术研发工作。尝到了失败的滋味，也感受到成功的喜悦。橡胶树的产量育种周期十分漫长，按现有的育种规程，从授粉到品种需要四年多年，而且对杂交亲本和杂交后代的选择带有很大的随机性，效率低下。这一问题是一个世界性难题，至今没有攻破！

一般而言，作物的产量育种首先需要把产量这一综合性状剖析为几个主要构成性状，然后通过杂交，不断汇集优良的构成性状，淘汰不良性状，最后获得目标品种。但是，橡胶树的产量形成不同于主要农作物。它是橡胶树的一种胁迫反应，是割胶导致胶乳（乳管细胞的细胞质）流失而引起胶乳代偿性再生。在天然橡胶生产中，通过不断割胶，收集流出的胶乳，用作提炼天然橡胶的原料。因此，橡胶树产量形成具有连续收获、累进计产的特点，产量构成性状难于剖析，使得目前只能靠试割测产进行橡胶树的产量育种。

由于橡胶树的经济寿命长，所以高产品种不仅要高产，更要稳产，因此，橡胶树的产量育种应聚焦产胶潜力，而不是短期（2～5年）的割胶产量。那么，橡胶树的产胶潜力的构成性状是什么？又如何鉴定评价种质的产胶潜力呢？

通过十年的努力，终于回答了这两个问题。已知决定橡胶树天然橡胶产量的关键因素有三个：一是树干树皮中的乳管数量；二是两次割胶间的胶乳再生；三是割胶后的排胶持续时间。前两个因素与产胶有关，主要取决于遗传因素，后一个因素与排胶有关，受环境因素影响很大，而且乙烯利刺激可以显著延长排胶持续时间。所以，产量育种应针对前两个因素。由于形成层分化次生乳管的能力强弱决定树干树皮中乳管数量的多少，而橡胶合成效率高低决定两次割胶间的胶乳再生快慢。所以，乳管分化能力和橡胶合成效率应当是橡胶树产胶潜力的两个主要构成性状。

我们利用橡胶树的初次割胶效应（产生密集乳管），通过试割诱导乳管分化，以产生密集乳管的多少评价乳管分化能力强弱。这种方法不受环境和人为因素影响，而且同一种质的2年生萌条、4年生幼树和8年生未开割树的乳管分化能力高度相关。同时，我们建立了以13C-MVA（甲羟戊酸）为底物的胶乳体外合成橡胶的实验系统，用该实验系统揭示了割胶树的橡胶合成效率显著高于未开割树，与事实相吻合。我们用上述两种方法分别评价了经过人工选育的魏克汉种质和不经过选育的1981' IRRDB种质的乳管分化能力和橡胶合成效率，发现通过试割测产选出的品种，乳管分化能力和橡胶合成效率普遍强于

　　不经过选育的种质，这一方面说明了评价方法的可靠性，也说明乳管分化能力和橡胶合成效率是产量选择的两个主要的构成性状。

　　在完成橡胶树全基因组草图的基础上，我们正通过重测序和GWAS手段研发乳管分化能力和橡胶合成效率相关的分子标记和关键基因，有望实现分子标记辅助的产量选育和基于基因型的定向选育种，甚至是基于基因编辑的转基因育种，解决橡胶树产量育种周期长、效率低下的世界性难题。另一方面，由于我国的植胶区地处热带北缘，经常性遭受寒流侵袭，因此，高产品种还需要有较强的低温胁迫抗性。虽然橡胶树是一种原产亚马孙河流域的热带树木，但是通过长期的大田鉴定，已发现一批低温胁迫抗性有明显差异的种质。我们将采用大数据手段研发抗低温胁迫相关的分子标记，挖掘关键基因，为高产耐低温胁迫新品种选育提供技术支撑。

夯实基础，稳步促进天然橡胶产业发展

和丽岗

抗逆品种改良岗位科学家　云南省热带作物科学研究所

从 2008 年参加天然橡胶产业技术体系到现在，一晃十年过去了，一直都在忙忙碌碌中，在体系的工作中过得很充实。

感悟一：经费的稳定支持，保证了长期作物选育种工资的顺利进行。橡胶树是一种高大乔木，选育一个新品种需要 30 ～ 40 年时间，选育周期长，工作艰苦，没有稳定的经费支持，很难把工作做好。天然橡胶作为国家的重要战略物资，"橡胶树选育种研究"曾被列为"六五"至"九五"国家科技攻关计划，"九五"之后没有被列入国家科技计划中。"十五"期间虽然在广东、海南、云南联合开展"橡胶树胶木兼优品种试验"等农业部科技项目，但最基础的种质创新等工作已经无法开展，研究工作曾一度陷入混乱状态。参加天然橡胶产业技术体系，稳定了研究队伍，保证了橡胶树选育种研究工作顺利进行。

感悟二：跨单位的全面统筹，避免了大量的重复工作。抗寒高产育种（抗逆品种改良）岗位设在位于云南省西双版纳州景洪市的云南省热带作物科学研究所，是为边远落后地区服务的基层科研单位，信息闭塞，文化欠发达，思想僵化，研究水平低下。通过产业技术体系平台，在首席办和育种功能研究室的统筹安排下，避免了大量低水平重复的工作，提高了选育种效率。

感悟三：基层科研单位与产业相关科研院所的合作，为培养人才提供了条件。抗寒高产育种（抗逆品种改良）岗位建设地位于边远少数民族聚居区，科研教学基础薄弱，人才困乏，通过产业技术体系建设，有一名团队成员获得了海南大学博士学位，两名团队成员在云南农业大学在职攻读博士学位，一名团队成员在海南大学在职攻读硕士学位，一名团队成员在云南农业大学在职攻读硕士学位，两名团队成员晋升为研究员，两名团队成员晋升为副研究员。体系的建立与发展提高了科技人员的专业技术水平，为更好地执行体系任务创造了条件。

感悟四：增加了与产业协会及国际交流的机会。天然橡胶产业技术体系的建立，使产业相关信息渠道增加，与国家天然橡胶协会、国家热带作物学会、云南省热带作物学会、国际橡胶研究与发展委员会（IRRDB）、天然橡胶生产国联合会（ANRPC）等机构的联系更紧密。如岗位专家在参加国际学术交流期间，访问了马来西亚橡胶研究所、印度尼西亚橡胶研究所、越南橡胶研究所、印度橡胶研究所、英国 Tun Abdul Razak 橡胶研究中心（TARRC）等科研机构，与国外橡胶树选育种专家建立了广泛的联系。回想 1994—2008 年，法国国际农业研究与发展中心（CIRAD）与我单位合作，十多年来 CIRAD 和米其林公司每年都有 2-3 名橡胶树研究专家到我们单位进行访问，而本单位从未进行回访。参加天然橡胶产业技术体系后，对外加流明显改善，研究思路和研究优势更加明朗。

感悟五：基层科研单位与产业相关科研院所的交流，提高了基层单位的管理水平。

感悟六：辛勤耕耘，成效显著。通过十年的不懈努力，橡胶树选育种工作取得了良好的成绩。十年来，进行 44 个组合的人工授粉，创制了 8712 份基因型，其中筛选了试割产量高于常规品种（对照 RRIM600）200% 以上的基因型 250 份。对近 500 份橡胶树品种在广东阳江、广西东兴、云南红河、云南普洱、云南德宏进行抗寒前哨品种对比试验，筛选了一批抗寒性良好的品种。建立了一批有性系比、初级系比、高级系比和区域性试验区。其中筛选的云研 76-235、云研 75-1、云研 76-398、云研 78-768 和云研 80-1983 等五个品种于 2014 年通过云南省园艺植物新品种登记。选育并推广应用的橡胶树抗寒高产品种云研 77-2 和云研 77-4 两个品种被评为 2017 年云南省科技进步二等奖。

该成果针对云南植胶区位于热带北缘，容易出现冬季低温寒害，橡胶树抗寒品种缺乏，单位面积产量增长乏力等问题，历时四十余年，通过"六五""七五""八五""九五"国家科技攻关，"十一五""十二五"国家天然橡胶产业技术体系建设等项目，应用橡胶树抗寒母本与高产父本隔离授粉技术，从大量有性群体中筛选高产单株，进行了抗寒有性系比、抗寒无性系比、无性初级系比、无性区域性高级系比和生产试种等试验，成功选育了橡胶树抗寒高产品种云研 77-2 和云研 77-4 两个新品种。细胞学观察表明云研 77-2 和云研 77-4 均为三倍体，具有生长快、抗寒性强、结果少、产量高等特点。是国内外仅有的应用于生产的橡胶树三倍体新品种。

云研 77-2 和云研 77-4 两个新品种于 1997 年被云南省农垦总局评为中规模推广级品种，2000 年通过全国品种审定委员会审定，并被云南省农垦总局评为大规模推广级品种，2011 年被评为农业部"十二五"主导品种。2000—2015 年在云南省内推广应用 245.45 万亩，占更新胶园的 56.5%；经农业经济效益分析测算，年增产干胶 9.68 万 t，新增经济效益 181.57 亿元，推广应用面积大，经济效益突出。该成果在橡胶树抗寒高产育种上有重大突破，总体技术水平达到国际领先水平。

总之，十年来天然橡胶产业技术体系的建设，显著提高了我国天然橡胶研究水平和产业技术供给能力，有力支撑了国家战略物资的有效供给和农民持续增收，创造了符合中国国情和农业科技创新规律的科研组织模式，在促进技术进步和推动天然橡胶产业转型升级方面发挥了重要作用。

坚持行走在橡胶林

王军种

种苗扩繁与生产技术岗位科学家 中国热带农业科学院橡胶研究所

自国家天然橡胶产业技术体系建立之初，我有幸成为天然橡胶产业技术体系大家庭的一员，当时我是橡胶树种苗繁育岗位团队的一名成员。转眼间，十年过去了，而我在产业技术体系中也获得成长，由一名体系成员成为一名岗位科学家，负责橡胶种苗扩繁与生产技术岗位，责任和压力也随之而增。回顾这十年体系工作，艰辛之外，更多的是收获。

橡胶树籽苗芽接技术早在 20 世纪八九十年代就由中国热带农业科学院橡胶研究所开发，但是一直处于很小规模的试验推广模式。籽苗芽接育苗技术可以极大地缩短育苗时间，普通芽接育苗时间一般是 18 个月，而籽苗芽接育苗时间仅需 6～8 个月就可以出圃。在天然橡胶产业技术体系建立以后，我们开始加大籽苗芽接育苗技术推广力度。根据籽苗芽接苗砧木小的特征设计出小型的育苗筒，用来培育籽苗芽接苗，取代笨重的籽苗芽接苗袋苗。2014 年，我们又进一步把小筒苗育苗技术应用于小苗芽接苗上。

2009 年夏天，我们培育出的第一批小筒苗出圃，在中国热带农业科学院试验场 4 队试种示范。根据试验设计，我们有 30 多个重复小区，每个小区 100 多株，总共超过 3000 株。为了试验不出差错，我们亲自逐行逐穴清数和摆放苗木。总共 5 个科技人员，每人要搬运超过 600 多株。尽管搬运苗对于我们来说是家常便事，但是 600 多株也花了我们 3 天时间，因为该林段既是陡坡又遍布是大石头，到处是断行，给小区设计和苗木摆放带来极大的麻烦。从清点株穴、画地形图到种植完毕，确认不存在漏种植株，总共花了超过 7 天时间，是自我工作以来最艰苦的一次种苗经历。

2011 年是任务工作最繁重的一年，也是我在外出差时间最多的一年。这一年我们在海南省 6 个地方建立了 6 个籽苗芽接苗推广种植示范基地，分别是中国热带农业科学院试验场 3 队、海胶集团阳江分公司大丰片区 6 队、海南农垦科学院文昌所基地 2 队、东方市海胶集团广坝分公司老虎岭、万宁市海胶集团新中分公司 22 队和儋州市雅星镇东光农场。这一年度，我们马不停蹄地从一个示范基地到另一个基地，从 6 月到 10 月，穿梭在各个基地。在天然橡胶产业技术体系系统里，我要先与各个试验站沟通，确定试种示范基地地点和拟种植时间，在定标完成后，要到实地勘察地形和清数株行，确定株数和手绘地图，回到单位后设计小区分布。待种植时，先在出圃基地按试验设计分配苗木，然后在种植当天，实地指导如何按小区设计摆放苗木，甚至亲自搬运摆放。等种植好后，需再次逐行逐株清点，手绘种植图。每一个种植示范基地的建设都要如此重复地工作。那一年我和团队成员在山野间奔忙也不知道走了多少公里。每个人都瘦了十几斤！

海南夏天的天气说变就变，一会儿是烈日当空，转眼就有可能电闪雷鸣倾盆大雨。2013 年我们在儋州市黄泥沟种植橡胶树小筒苗的时候就遇到了这样多变的天气。那一天早上，太阳很烈、很毒，我担心这么热的天气会不会晒死拉运过去的小筒苗。上午十点多的时候，我们到了黄泥沟种植地点，我叮嘱种苗工人把橡胶苗搬运到毒烈的太阳晒不到的树荫或杂树丛下。在烈日下，我们在山上逐行清点株穴，很快汗水就湿透了衣服，连灌两瓶矿泉水都难以补充水分。看着偌大的蓝天没有一朵白云，我以为今天将暴晒到底。然而，下午两点多钟，突然从南边飘来一堆乌云，笼罩当空，大风吹起，不到半个小时，满天都是黑压压的，顷刻之间，大雨粒就劈脸而来，我们连跑带奔地回到车上，差点就全身湿透。而那些工人们只能穿着雨衣躲在草丛中。然而，大半个小时后，天又放晴了，太阳继续挂在天上，我们继续指导种苗。

无论是苦累还是恶劣天气，与危险或惊险相比，都是小菜一碟。2013 年，在五指山市畅好农场 18 队建立示范种植基地，我们就遇到惊险一刻。当时我们正在行间摆放橡胶苗，突然一条两米多长的眼镜蛇横跨在面前，那一刻真的腿都软了。在澄迈县西达农场和保亭县保亭热作所基地，我们的腿上爬满了山蚂蟥，团队的女同志吓得哇哇大叫，快要哭出来。在广东省出差调查橡胶树小筒苗种植基地的时候，小汽车在高速上抛锚，大中午又饿又渴地在路边等待救援。

辛苦的付出总会有丰富的收获。这十年来，我们橡胶树种苗扩繁与生产技术岗位在相关领导的正确领导下和团队成员的共同努力下，在海南省、云南省和广东省植胶区共建立 30 多个试验和示范种植基地，面积近 2000 亩，培训工人近 1000 人次。团队研发出的橡胶树小筒苗育苗技术在 2014 年经农业部的科研成果鉴定（农科果鉴字〔2014〕第 029 号），被评价为同类技术领域的国际领先水平。下一步，我们将以此项目申报省部级奖项。

通过天然橡胶产业技术体系，我认识了很多橡胶产业上的专家和技术人员，与他们的交流极大地丰富了我的知识，如育种理论知识、胶园抚管经验、割胶问题、产业动态、橡胶加工知识等等。也因为产业技术体系，我几乎走遍了海南植胶区的每个角落，踏足云南和广东植胶区大部分地方，更深入了解了我国天然橡胶产业的现状，为科学研究指明了方向。团队成员也因为参加了天然橡胶产业技术体系，眼界得以提高，能力得到提升。

亲自种植自己研发的苗木，才能感受到它的问题，才能体会到大田苗木定植的艰辛，才能进一步改进定植技术；只有坚持行走在橡胶林，才能发现橡胶产业的需求，才能获取正确的科研方向。虽然通过科学研究我们已经取得了许许多多新的技术和成果，这些辛辛苦苦研发的技术和成果，我们往往也自认为它是完美无缺的，每一项新技术的出现都有它自身的优势，但殊不知往往只是研发过程中一个不起眼的环节却可能成为该技术走向生产时的阻碍，某些技术环节可能给生产操作带来不便或成本的增加，从而得不到生产上的认可和推广，因此，在生产上，某些技术得不到推广和应用或者说推广应用的时间很短，技术研发者需要问一问自己，为什么？

展望未来，继续行走在橡胶林间，仍然是我的人生之路。

立足产业需求，坚持不懈努力，助力天然橡胶产业发展

谢贵水

栽培生理岗位科学家　中国热带农业科学院橡胶研究所

天然橡胶是重要的工业原料和战略物资，在保障国家战略资源安全、促进热区农民脱贫致富、支持热区经济发展、维护区域社会稳定、保护生态环境与平衡中起着重要作用。我国天然橡胶产业来之不易，是 20 世纪 50 年代在国外敌对势力的经济封锁下，在被国外植胶权威认为是"橡胶禁区"的海南、云南、广东等地，经过三代人六十多年的努力逐步建立起来的。

目前我国拥有橡胶种植基地面积 1 700 多万亩，年产干胶约 80 万 t，从业人员 300 多万人，植胶面积和产量分别居世界第三和第四位。然而，天然橡胶种植环节生产周期长、产品价格波动大，技术开发难度大、研究周期长，如果没有长期固定的经费支持，科研的动力和后劲就会严重不足，对产业发展的有效支撑作用也就无从谈起。在国家天然橡胶产业技术体系成立前，我们的天然橡胶产业技术研发资源分散，条块分割严重，且因无长期连续的支持，许多科研项目时断时续，不能形成统一的整体；而且科研与生产实际脱节情形严重，科研项目的选题不是来自生产实践的需求，存在着为科研而科研的现象。2008年年底，在农业部的领导下，国家天然橡胶产业技术体系启动建设，聚集我国三大植胶区的主要生产和科研单位的 12 家单位，形成了一个相对统一的科技创新群体，围绕产业发展急需的共性关键技术，产学研结合，集中攻关，以提升科技对天然橡胶产业的支撑力和我国天然橡胶产业竞争力。国家天然橡胶产业技术体系建立之初，我便有幸参与其中，对我本人科研的方向、科研态度和自身发展都产生了较大影响。

一、获得了稳定的支持，无须考虑经费资助，研究有了较为长远的计划，更具持续性

经费是开展科研活动的基础。加入体系前因为没有连续稳定的科研经费支持，必须不断变化研究方向和项目以获得经费资助，形成了什么方向有经费、什么方向容易获得资助就往什么方向转的局面，导致出现项目研究方向不稳定，课题研究不能深入，重申请轻实施，前期开展的对生产具有重要意义的研究工作因不能获得持续资助而不得不放弃等问题。

国家天然体系的设立将短期项目管理转变为了长期稳定支持，这样使我更能着眼于产业需要来展开研究，不必担心无法短期取得效益或成果。在与产业内不同方面专家以及管理部门、生产单位的同仁充分商讨共同确立了研究方向和任务后，我们便可以扎下根来制定长期深入的研究目标和计划，这有助于产业重大、关键、棘手问题的攻关。例如，橡胶树死皮一直是影响天然橡胶产业发展的重大难题，但因为研究难度大、需要长期跟踪、不易出论文或实际成果，在体系成立以前很少有科研团队愿意持续深入研究，或者研究的关注点往往偏重于提出各种假说，而对于实际防控技术的研究严重不足。体系成立后，我们团队成员与体系内其他岗位和综合试验站协同研究、长期跟踪，终于于近年基本搞清了橡胶树死皮的发生发展规律和分类，有针对性地提出了以割面规划、割面保护、安全割胶等为基础的橡胶树死皮综合防控技术，并研发了多种橡胶树死皮康复营养液和土壤调理剂等防治药剂，在体系的各综合试验站试验示范，取得了良好的防控效果。

二、科研不再以发论文、要项目为导向，更着眼于生产实际、解决产业重大需求

项目是科研的载体，考核评价体制是科研项目的指挥棒。以往的科研项目多以论文和专利等作为唯一的考核标准。而农业科研持续性和季节性较强，橡胶树作为多年生木本植物，研究更具有周期长、见效慢、计划性和持续性强等特点，很多项目很难在短期内取得效益和成果。因此，在以往的研究中我们不得不将重点放在一些分子、生理等容易短期内出文章或成果的研究领域；对于生产中部分存在的急需解决的有争议的问题，因为工作量大、着眼点小、试验周期长、不容易出成果或论文也不愿意去做，导致科研以发论文、找项目为导向，研究方向变动大，与生产实际脱节严重。

现代农业产业技术体系采用了全新的考核评价机制，不再以论文、专利和获奖作为主要标准，而是以对产业的支撑作用，对整个产业产量、质量、安全、效益和技术发展的提升来考核。少了要项目、发论文的压力，使我们能更加聚焦产业需要，解决生产实际中存在的问题，按照科研规律潜心研究。而体系评价中也引入了定期填报日志记录工作事项，专家测评和用户评价相结合进行考评，一年一次总结考评和末位淘汰等制度。如果自己做的项目不能解决产业实际问题，不能为产业提供技术支撑，很有可能遭到淘汰。这对我们也具有更好的监督督促作用，有效实现了考核与研究方向、进展及产业适用性的统一，使我们能够走出论文，走向生产。

三、经费资助和考核评价方式有力推动了科研项目的实用性

体系要求工作任务目标的制定必须充分调查主产区政府主管部门、技术推广部门、行业协会、农民合作组织、龙头企业和种养大户的需求，要将实验室的科研与产业需求、基层服务结合，经过多部门的多次联合调研与讨论凝练研究课题和方向，找到以用户需求为导向的可推广的技术解决方案。为此，天然橡胶产业技术体系分别于2009年初和2016年初组织开展了三大植胶区的产业技术需求调研，通过发放调查问卷、实地调研和座谈等方式全面了解我国天然橡胶产业的现状、存在问题、技术需求及发展定位，梳理出了产业发展过程的瓶颈问题和重大技术需求，制定了橡胶树死皮防控关键技术研究与示范、橡胶树刺激割胶及配套技术集成与示范、橡胶树新品种区域试验及配套技术集成示范等密切结合产业实际的体系和岗位任务，不再以发论文、找课题为导向，保证了研究方向和内容的实用性，有力支撑了天然橡胶产业发展。

四、与产业内不同方向和生产部门的交流合作更为普遍和顺畅，技术研究直接与生产应用结合

产业技术体系中设立有育种、栽培、病虫害防控、加工、机械、产业经济各个环节的岗位专家，又有综合试验站作为试验示范的依托。每年体系均会组织1～2次的交流会议，使体系内不同地区、不同方向和一线生产部门专家的交流合作越来越普遍和顺畅，使得体系研发任务从立项到推广都能更精准地聚焦到促进产业发展这条主线上来，形成高效的资源共享和合作机制，克服了技术研发过程中某一方面的空白和"短板"，形成与基层生产实际相结合的、可操作性强的技术方案，避免了科研与生产两张皮的现象。综合试验站的参与也确保了体系成果能够快速、大面积地"落地生根"，盘活了科研与推广力量。

天然橡胶产业技术体系运行以来，每年会定期开展交流和学术讨论会，始

终以提高产业劳动生产率和综合效益为目标，紧贴产业需求和生产实际，在首席的带领下，体系内部各岗位和试验站协同创新、联合推广。"十二五"期间先后开展了橡胶树死皮防控关键技术研究与示范，橡胶树刺激割胶及配套技术集成与示范，橡胶树介壳虫综合防治技术研究与示范，橡胶树抗风抗寒新品种选育与区域性试种示范，气刺短线割胶技术研发，天然橡胶脱水、干燥、恒黏新技术集成与示范，天然橡胶产业发展与政策研究等研究，紧密结合生产实际，研发与推广同时进行，全方位支撑了产业发展，取得了较好的效果和社会反响。

"十三五"以来，天然橡胶产业面临着满足劳动力日益短缺、胶价持续低迷等问题，胶园抛荒失管现象日趋严重，为满足发展新型高效管理和割胶机械的产业需要，体系专门增加了机械岗位，加快研发适用于各种类胶园的托管机械、替代人工割胶机械和智能化采胶技术装备，转变生产模式，适应社会发展和产业需求。我们在积极承担或参与工作中生产实际出发，在充分调研的基础上与相关岗站协同攻关，形成技术和研究方案不断优化，制定出适合基层推广使用的技术方案，确保了研究成果的适用性和可操作性。

坚持问题导向、产业需求导向，围绕全产业链布局创新链是现代农业产业技术体系的一项重大体的体制机制创新。加入体系工作十多年来，体系让我在不知不觉中改变了一些以往不正确的科研态度和作风，让我更加明确了目标、获得了自信、收获了喜悦，使我能够根据天然橡胶产业生产的形势与时俱进，我为自己能够成为"体系人"，能够解决一点产业发展中的实际问题而骄傲。希望现代农业产业技术体系越办越好，助力我国农业发展的作用越来越强。

十年橡胶体系人

茶正早

土壤与肥料岗位科学家　中国热带农业科学院橡胶研究所

自 2008 年国家启动现代农业产业技术体系始，我就有幸进入其中的天然橡胶产业技术体系工作，从起初的团队成员到现在的岗位专家，至今已走过整十个年头。如果按我国普遍实行的五年制计划来计算，这段时间刚好是相当于两个连续五年计划的时间跨度；如果按我国一般个人工龄三十年来计算，这段时间也有 1/3 的跨度；如果按照我国古语"十年树木、百年树人"标准，这个时间也已是小树长成大树的长度。作为"体系人"的十年正是我个人生命中工作的黄金时段，这之间有进步、有成功、有收获、有经验，也不乏失落、失败和教训。正值此十年总结之际，将我之个人感悟与大家分享和交流。

一、结缘体系，成为体系人

我参加体系工作和成为体系人，并不一帆风顺，而是经历一波三折的故事。在 2008 年体系建立之初，根据首席科学家推荐，我被当作综合试验站的站长之一上报，这时我对体系基本不了解，只简单知道其名称，更谈不上对体系有什么深入认识，以为体系就是个科研项目，但是这个项目是国字头的，能作为国家级项目的负责人，自然是很高兴的事。谁知还没有高兴几天，就得到信息，由于考虑整体布局的均衡性，这个综合试验站被删除和调整，自然也就不存在我这个站长了，这时的我当然有些失落和悲伤，以为从此无缘体系。但是一段时间后，岗位专家通知我，根据我过去工作经历和业绩拟将我列为土壤与肥料的团队成员参加体系工作，并征询我的个人意见，鉴于该岗位专家在那个领域的成就，我虽犹豫但还是同意加入。所以 2008 年体系成立时，我就此进入体系这个大家庭，有幸正式成为体系一员。

二、从陌生到熟悉，体会体系全新模式

正式参加体系工作后，感触最深的是体系在项目立项、运行及管理等工作环节采用全新的模式及其产生的作用。

　　首先是体系项目充分遵循农业科研的规律。以往普通科研项目完成时间一般是一两年，最多也就给三年时间，而农业类科研项目一般需求较长周期，体系确定五年为一个周期定任务内容和考核指标，充分遵循了这一规律，让科研人员能沉下心扎扎实实做科研，这对我们从事多年生热带作物的，感觉这点最实惠、最给力。

　　其次体系任务充分发挥科研人员主观能动性。往常科研项目研究内容和考核指标基本由项目管理部门在发布指南时确定，科研人员只能按指南走，否则项目将得不到资助，而如今体系则是让你通过产业调研，自己给自己定内容、定任务、定考核指标，这样便充分调动了科研人员积极和主动性。

　　第三是体系任务及内容更切合生产实际，能实实在在为产业解决问题。以往的科研项目是由管理部分组织专家撰写项目指南，你只能被动跟着指南确定项目内容等，从而造成科研与产业、生产的脱离，而体系任务及内容是由专家根据产业发展存在问题自己确定，将产业与科研人员、科研内容、科研结果紧密联系在一起，最有利于实现科研为产业、生产服务。

三、从团队成员到岗位专家，伴随产业发展成长

　　十年间随着产业发展壮大，自我也得到锻炼、提高和成长。

　　首先，通过体系我个人科研水平得到实在的提高。体系是由全国知名专家作为首席牵头，是这一领域内的科研院所和产业等不同单位或部门专家组成的全国性科研大联合，这些人员对产业和科研往往都有独到的见解。有了体系这个平台以后，相当于同时与这个行业众多的优秀人员一起工作，随时可以通过这个平台请教、讨论问题、分析问题，自然我本人的研究水平也得到有效提高。

　　其次，通过体系拓宽了我本人的知识面。体系涵盖了某个产业的全链条，对作物类体系来讲，从产业前端的育种、栽培，产业中端的收获和初加工，到后端的精深加工和销售等，以往我的知识只集中在土壤与肥料这一狭窄的点上，对种苗、育种、加工和销售等基本一无所知，现在通过体系这个平台经常与各个岗位、综合试验站的对接、交流，加深了对所在体系全产业链的认识和了解。

　　第三，理论联系实际，解决实际问题能力得到提升。过去由于绝大多数时间待在实验室内，平常只关注发表文章，竞争课题和项目，基本上很少接触从事本产业的相关企业、农户，更不了解他们，自然谈不上掌握其需求。因此在

研究方向和内容等设置上往往与生产存在脱节的情况，偶尔到田间地头时，最害怕农民、技术人员提生产实际问题，由于你无法回答其问题，而却被人尊称为专家、老师。现在通过体系这个平台，不仅与各岗位、站长经常交流工作，有时甚至当面请教，这样除自己专业之外的一般性生产问题也能回答或给出简单建议。增强了科研人员与产业及农民之间联系，极大便利科研及人员相关产业解决实际问题、提供实用技术，充分体现出科研要服务于产业及为农民服务的思想，而这也正是我国设立五十个产业技术的初衷之一。

四、感恩体系，寄语体系

从成为体系一员那一刻起，我及团队成员就已深深融入了天然橡胶产业体系中，产业兴旺发展我们跟着高兴，产业处于低谷时我们也会在难过的同时勇敢面对挑战。是体系让我更贴近胶农、更了解植胶企业、更理解国家战略物资的重要。衷心希望我国天然橡胶产业不断发展壮大，我们的天然橡胶产业技术体系在服务于国家战略、支撑产业发展和农民需求过程中多出成果、多出技术、多出人才，不断持续提升，支撑产业升级、发展和进步。

成果应用重在示范

校现周

采胶岗位科学家　中国热带农业科学院橡胶研究所

2008 年国家天然橡胶产业技术体系作为农业部、财政部第二批建设的四十个现代农业产业技术体系之一正式启动，有幸加入体系大家庭，至今已有十年的时间了。十年来，天然橡胶体系将我国从事橡胶科研、生产、经营管理等各方面的人员聚集在一起，将科研与产业有效衔接，为我国天然橡胶生产优化升级提质增效贡献力量。作为一名普通的体系工作者，我就体系成立后科研工作方式的转变及科技成果示范推广方面谈一点感受。

天然橡胶科研工作长期存在申请科研课题渠道较少，申请难度大，缺乏稳定长期的经费支持等问题。大部分科研课题由个人独立承担，解决的问题单一有限，由于经费人员方面的限制不能形成有效的整体去全面解决产业面临的问题。而天然橡胶作为一种长期的经济作物，一个新品种、一项新技术从研发到田间试验示范需要经过多年的检验，成熟后才能进行大面积的推广应用，同时还需要各植胶区的配合方能完成。

天然橡胶产业技术体系的成立保证了产业的每一个环节、每一个区域都有科研人员开展研究，集中了多方力量使各技术环节围绕同一目标去解决生产中的综合性问题。产业体系的建立，带来了科研方式的转变，每年固定的经费支持，使得各项任务能够长期延续下去，解决了科研人员申请课题的后顾之忧，将科研人员每年用来申请课题所耗费的大量时间和精力用来安心开展相关的研究工作。改变了以往对科研人员的考核评价机制，不再唯成果、唯论文考核，引导科研人员以产业发展为目标，以解决产业中的实际问题作为研究的重要内容，强调科研成果应用于田间，走出"论文"，走向生产、走向农民，将科研论文"写在大地上"。产业体系主管部门不再对研发方向、研发内容等进行规定，要求各体系通过对主产区政府主管部门、推广部门、行业协会、农民合作组织、龙头企业、种植大户等开展技术需求调研，切实了解产业现状及用户需求，根据需求来确定研究方向并开展相关的研究工作，从源头上解决科研与生产的脱节问题。通过设立国家产业技术研发中心，对产业急需的技术等进行联合研发，在各主产区设立综合试验站，将研发出的科研成果通过试验站辐射到示范县，开展技术集成与试验示范，加快了相关科研成果的转化，带动了产业提升。正是产业体系成立后带来的科研方式的一系列转变，才使得我们的新品种区域试验示范、病虫害防控、高效割胶新技术等在各主产区设立的综合试验站的配合下稳步推进。通过在主产区设立的综合试验站，我们也才能更深入地走进胶农，去了解他们对新技术的迫切需求，也正是综合试验站的纽带作用才使得我们的试验示范工作能向一些偏远落后的地区推进，确实解决生产实际需求。如在乙烯利低频割胶技术推广的过程中，正是在版纳试验站前期的精心调查下，我们才了解到在离云南勐腊县城几十公里的纳卓村有大片种植规范、已经开割投产并适宜开展试验示范云研77-4的胶园。也是在试验站的配合下最终才选定了对割胶新技术有兴趣的胶农，开展四天一刀乙烯利低频刺激割胶技术。通过岗位专家及试验站相关人员每年持续的技术指导，试验示范效果逐年显现，受到了胶农的肯定，周边胶农不断地来学习参观，取得了很好的辐射带动作用。

天然橡胶产业技术体系的成立将"橡胶人"紧密地团结在一起，每年体系集中活动、召开会议时，各岗站相互交流，谈问题、谈想法、谈合作，借助体系的大平台使得各项工作顺利推进。体系的建立，加强了体系内信息交流和反馈，能够及时了解全国橡胶生产状况，有利于准确把握、及时解决产业中存在的突出问题。面对病虫害、台风等自然灾害等突发事件时能通过良好的信息平台将信息及时汇报并得到解决。

作为从事橡胶割胶技术研究及高效割胶新技术推广应用的团队，科技成果的转化推广是我们的重要工作。通过一系列割胶新技术的转化推广，我们深切地意识到一项科技成果转化的成败，关键在于示范工作。只有示范成功，才能达到影响、辐射、带动的作用。

一、选好示范点及人员是示范工作的第一步

由于我国处于非传统植胶区，植胶环境复杂，植胶区常有风、寒、旱等自然灾害的影响，造成各植胶区的生产情况各有不同。在确定试验示范任务前应充分考虑拟选示范区的生产实际情况，选择具有代表性的胶园进行示范是关键的一步。

选择示范点的同时选择示范点的责任人和技术人员也是尤为重要的一点。示范点的责任人负责示范的整体沟通协调及示范任务的落实，对示范的新技术有兴趣、有热心、懂技术、善管理的责任人，能够为示范任务提供较好的人员和物资保障，可加快任务的推进。技术人员负责具体示范任务的落实、跟踪、沟通协调、数据的收集、日常的管理等工作，这就需要相关的技术人员工作认真、有较好的协调能力，能及时发现示范中存在的问题并进行反馈，这才能保证示范任务顺利进行。在示范中我们也发现一些曾经参与过相关技术研究及试验的单位由于有相应的技术积累，选择这样的单位会使示范任务进行得更加顺利。

二、细化技术方案是示范工作的基础

技术实施方案在计划示范任务时，虽然写得很清楚，但在具体实施过程中，由于受到一些不可预见因素的影响，要根据不同示范点的实际情况对技术方案进行调整细化。如我国的海南、广东、云南三个不同类型的植胶区，主栽品种、植胶气候、割胶时间等都有所不同，就需要有针对性地对技术方案进行细化，使得示范方案可执行。在技术方案中还需要对人员分工进行明确，这不但有利于在示范中的工作对接，同时避免在工作中出现相互推诿无人负责的现象。在技术方案中明确所需观测的数据、观测方法等，对数据记录表格等进行统一，这样有利于对各示范点数据的分析比较。如 2014 年开始在广东茂名垦区开展六天一刀、七天一刀超低频割胶技术的示范，在制定技术方案时首先对选取各示范点的基本情况进行了解，收集基础数据，然后对各示范点胶树分品系、分割龄段等制定详细的技术操作要点，针对超低频割胶技术的特点，明确了涂药时间、割胶深度、割胶耗皮量等技术细节，方便技术人员对胶工进行指导及日常的检查，并明确数据收集表格及上报时间等，半个月上报一次试验数据给岗位专家。岗位专家通过试验数据可直观了解各示范点的进度及试验情况，发现数据异常能够及时联系到各示范点人员了解试验情况，并对存在的问题进行分析寻找解决方案。

三、分级负责落实是示范工作的关键

选择好示范点、制定好技术方案后最重要的就是示范任务的落实，这也是示范成败的关键。我们在项目执行过程中，除了有示范领导小组外，各示范点均有技术管理的负责人，做到岗位有责任人，生产队有管理人，示范点有领导人，方案落实层层有管，级级有人抓。这样就保证了示范工作的顺利进行。如在广东茂名开展超低频割胶示范中成立了相应的试验工作小组,采胶岗位专家及团队负责制定相关的技术方案,对割胶技术进行培训指导及日常的检查指导;茂名农垦局成立试验工作领导小组,由主管生产的副局长及各示范点分管生产的副场长组成,负责试验的牵头、组织和协调工作。茂名农垦局科技生产科负责与采胶岗位团队进行沟通,为示范提供技术支撑,并与各示范点协调试验示范工作的实施,组织交流等。广东农垦热带作物科学研究所(依托单位为茂名综合试验站)则负责试验任务的跟踪,对各点试验原始数据进行采集及汇总并上报给岗位专家,协助示范点做好配套的防雨帽安装及刺激剂使用等,选择定点观测示范点对死皮情况、耗皮量进行调查。各参与示范的农场则负责试验任务的具体落实工作,包括试验树位的安排,落实试验胶工、组织开展胶工的割胶技术培训,日常的生产检查,为试验点提供配套生产物资等,要求按时提供树位信息和试验数据等到广东农垦热带作物科学研究所。

四、检查指导是示范工作的保证

示范工作开展后,除了领导小组的协调外,专家技术小组主要负责项目的检查和技术指导,以保证技术准确落实。只有到试验点进行实地的跟踪调查,对胶工对试验情况进行了解才能及时发现试验中存在的问题并找出解决的方案。如我们在老龄胶树上开展气刺割胶示范时经常向示范点相关人员询问试验情况,随时到试验点检查割面规划、气室安装、充气操作等是否规范,针对试验点反应的问题,在现场一起查找原因,并提出解决的方案。在茂名垦区开始超低频割胶试验的第一年更是多次到试验点进行培训指导,听取胶工或者技术人员对技术的看法,重视生产一线人员的建议,及时发现技术中存在的问题并寻求解决的方案,并在第二年制定技术方案时对相关细节进行修改或完善。正是这样多次的技术检查指导使得我们的管理技术人员及胶工对新技术有了更深刻的理解,并培养了他们善于观察、积极思考的能力,使得后续的示范工作更加顺畅。

五、总结交流是示范工作的完善

每年在年中或年底进行 1～2 次的总结交流会或者现场展示交流活动等,为各示范点提供学习交流的平台。要求每个示范点对自己的示范任务进行总结,重点交流示范的成效及存在的问题,这不但有助于各示范点对一年的工作进行梳理总结,还有利于各示范点间相互借鉴,进一步完善各点的示范工作。进行超低频和气刺割胶试验示范,开始时每年年中组织一次交流会,交流试验的做法及存在的问题，这样有利于及时发现试验示范中存在的问题并进行纠正；年底主要总结各自试验示范的成效，总结好经验，促进各点之间学习交流。

六、加强宣传力度增强辐射作用

新技术离不开适度的宣传推广，通过宣传才能让更多的人来认识并学习使用新技术，最终将技术辐射推广出去。我们通过在相关刊物发表文章，同时利用天然橡胶产业体系学术研讨会、天然橡胶专业委员会会议等对新技术的成效进行宣传推广。通过每年举办相关的技术培训班，组织对示范区进行参观可以直观地展现新技术，更具有说服力和感染力。

让农业科学家有尊严，让农业科研落地生根

吴志祥

橡胶园生态岗位科学家　中国热带农业科学院橡胶研究所

现代农业技术体系自"十一五"开始，就一直稳定地支持农业科研，促进农业产业发展。我们都知道，农业科研水平相对其他领域而言一般较弱，农业科研成效也不像其他领域那么明显，农业科研工作者要争取经费难度也比其他科研工作者要大。现代农业产业技术体系给每个岗位科学家每年 70 万元科研经费、每个试验站站长 50 万元科研经费，在相应的领域内开展科学研究。

给予科研团队稳定的经费支持，让每位农业科研工作者有尊严，不再像以往那样"低三下四"地每年去寻求科研经费，能够安心探索农业科学的奥秘。稳定的经费支撑着团队在相关岗位科学家设计下，去解决许多以前想做而无法进行的基础性的、应用性的或者全局性的研究工作。

现代农业产业技术体系的科研经费要求与其他的科研项目要求还有不同。其他科研项目可能追求创新、追求论文或者追求某个单一目标；而农业产业技术体系项目追求的是促进产业发展，发表论文并不是唯一重要的方面。产业体系一开始设计时就要求科研落实到产业，然后在整个试验过程中，都是围绕产业发展开展，当然实验过程就是在各个体系试验站开展，最终成果也就理所当然地落实到产业，让成果落地生根。

我本人在"十二五"期间加入了天然橡胶产业技术体系抗逆栽培岗位团队，作为其中一员，感受到体系的温暖，利用体系科研经费开展了许多基础性的工作，受益良多。"十三五"期间体系调整，2017 年我被聘为天然橡胶产业技术体系橡胶园生态岗位科学家，带领自己的团队参加体系工作，对橡胶园生态方向开展全面研究。几年来我们团队取得可喜成绩。两项成果获得"国际领先"的评价，一项成果获得海南省科技进步二等奖，也算小有成就。

2018 年获得海南省科技进步二等奖的成果"海南岛橡胶林碳汇研究"。这个研究课题是个基础性的工作，要进行长期的定位观测，开展许多基础性工

作，创新性不是特别强，因此要得到其他基金项目资助还真不容易。但是这个课题又十分重要，如果将来要进行橡胶林碳汇交易，开展碳汇扶贫工作，就必须要做好此项工作。好在有天然橡胶产业技术体系岗位经费支持，这项成果得以完成。现阶段正在进行天然橡胶碳汇交易可行性研究，并将开展碳汇扶贫工作。

橡胶园生态团队另一项成果"中国植胶区橡胶林植物多样性研究"，主要是对中国三大植胶区橡胶林林下植物资源的调查、评价，也是创新性不是特别强的研究内容，但橡胶林生态系统生物多样性，是天然橡胶产业环境效应评价问题的基础，此项工作也势在必行。我们也正在准备申报省部级奖项。

橡胶园生态团队正在进行的多功能生态胶园建设研究，项目设计的目的就是根据产业现阶段发展实际，开展橡胶林多功能利用与转型研究与实践，如果探索成功，将直接服务于产业，促进产业可持续发展。

不忘初心，牢记使命，为天然橡胶产业发展保驾护航

张 宇

病害防控岗位科学家　海南大学

病害防控岗位是天然橡胶产业技术体系启动之初便设立的岗位之一，我有幸于"十二五"伊始便加入到天然橡胶产业技术体系这个大家庭中来，在体系项目经费的支持下、岗位科学家郑服丛教授的培养及团队成员的相互支持下，自己从团队成员迅速成长，于"十三五"接替郑教授的工作，成为病害防控岗位专家。在加入体系大家庭的几年中，始终铭记自己是一名"植物医生"，套用十九大会议主题"不忘初心，牢记使命，为天然橡胶产业发展保驾护航"。

一、在提升自己的过程中，逐步找到科研定位

我于2005年农药学硕士毕业来到原华南热带农业大学环境与植物保护学院工作。来海南之前，没见过橡胶树，不知道还有给它一刀，它会提供"乳汁"这样的植物。原"两院"的结构设置，决定了热农大教师岗位科研任务很少，我除了教学以为，简单做一些农药残留及农药剂型加工方面的研究，直到2007年，郑服丛教授承担了国家科技支撑计划"天然橡胶重大病虫害防控技术研究与示范"课题，我在其中承担了"兼治多种叶部病害的复配方研制"的任务，也是从那时候开始，跟天然橡胶结下了不解之缘。2010年攻读郑服丛教授分子植物病理学博士研究生，并于2011年"十二五"之初走入体系大家庭中，坚定不移地开始了我的橡胶植保之路，成为"橡胶植保人"。

二、稳定的经费资助，让科技研究计划更为长远，更具持续性

经费是开展科研活动的基础。以往很多项目的设立都没有持续性，基本都是结题后，就没有后续的支持，导致有些对生产具有重要意义的工作因为不能持续获得资助不得不放弃。参加体系工作后，有了体系经费的稳定支持，便可以针对生产中存在并急需解决的问题，选定方向，制定长期深入的研究目标和计划。

比如在解决橡胶树树体高大，普通剂型很难到达冠层顶部的问题，我们研制了兼治多种病害、病虫兼治高扬程药剂等技术储备，为橡胶树白粉病防治过程中由于天气不好导致硫黄粉防效差提供备用药剂。在"十三五"产业需求调研过程中，了解到因为劳动力短缺问题，生产单位急需的是节省人工的药剂及配套施用技术，因此将省力化剂型及配套施用技术，作为岗位的重点任务。药剂从研发到生产到市场需要到农业部农药检定所登记审批，登记过程中所需费用高，科研部门难以承受，因此必须与企业合作才可能取得登记证。天然橡胶病虫害每年发生情况不确定，与大宗农作物相比，农药需求量小，企业投入后效益回本时间长，导致橡胶树病虫害防治登记药剂少。针对这一问题，我积极地与多个厂家联系，希望通过与农药企业的合作，为橡胶树病虫害防治药剂提供产品储备。并针对目前无人机施药技术在橡胶树病虫害防治中存在的缺陷，对喷头和药剂沉降等参数进行改进研究，以期加快橡胶树病虫害航空植保的统防统治进程，缓解劳动力短缺带来的生产成本提高等问题。虽然这些方面的问题难度比较大，但有了体系经费的支持，我可以本着解决生产时间问题的出发点，踏踏实实地走下去。

三、体系各岗位设置形成了全产业链的有机结合，科学研究直接与生产应用结合

现代农业产业技术体系以产品为单元、产业链为主线、从产地到餐桌、从生产到消费、从研发到市场各个环节紧密衔接，打破了其他项目在设置的过程中局限在某一领域的特点，实现了全产业链的统一。通过体系每年组织召开的交流会议及各岗位组织的学术研讨等活动，专家之间的相互交流不再局限于某一领域，产业中不同地区、不同研究方向、不同环节乃至生产部门的专家能够聚集到产业的主线上来，使得不同领域专家之间、科研单位与生产单位之间的交流合作越来越普遍，越来越顺畅，形成高效的资源共享和合作机制，科研与基层生产实际相结合的、可操作性强的技术方案，确保了研究成果的适用性和可操作性。

自加入体系以来，我非常注重实践工作，与老专家们一起每年"两病"防治期间，几乎都有两个月左右是在三大植胶区，在各个监测站、试验站进行技术指导，物候期早的年份，到农历腊月二十七八才能结束出差任务，年初八又开始了实地的调研和技术指导。虽然很累很辛苦，但一路走来，在实践中学习和积累的经验也使我受益终身。作为一名"橡胶植保人"，我一定"不忘初心，牢记使命，为天然橡胶产业发展保驾护航"。

压力与信心并存

符悦冠

虫害防控岗位科学家　中国热带农业科学院环境与植物保护研究所

橡胶树虫害防控为"十三五"期间新增设的体系岗位，目前有团队成员六人，其中一人一直在原植物保护岗中从事虫害防控研究工作，一人曾在 2008 年至 2010 年作为团队成员承担虫害防控技术研究工作，其余四人均为首次承担岗位工作。虽然我是作为新增岗位的新人进入体系，但对于体系及体系工作却早有关注，心中一直充满着进入体系的渴望。进入体系后能明确作为岗位成员应有的责任与担当，面对压力我们对做好岗位工作充满信心。

一、渴望

虽曾主持过包括国家级及省部级等层次的多个项目，能尽职尽责地把承担的任务完成好，但我始终渴望能成为产业技术体系的一员。体系围绕着作物（产业）发展紧密相关的品种（育种）、栽培、土壤肥料、病虫害防治和产品加工等产业链各个环节的技术需求进行项目设置，具备着相关的技术研发团队，稳定的项目支持，以解决产业问题为导向的较为完善的考评制度，这些都吸引着我及我的同事们，同时，自 20 世纪初首次爆发橡胶介壳虫严重危害橡胶以来，天然橡胶的虫害问题日益突出和严重，迫切需要加以研究与解决。正由于对加入体系的渴望和对天然橡胶产业发展及存在问题的关注，我们一直兼顾对橡胶树害虫的监测与防控基础及关键技术开展研究。

二、责任与担当

天然橡胶产业发展近年来进入市场低迷期，经济效益下滑，但在生产上却面临着新的害虫危害日趋严重的局面，害虫危害对产业影响不断加剧，防治上又迫切需要降低对农药的过度依赖、减少化学农药的使用。面对多重压力，作为天然橡胶虫害防控岗位专家，如何更好地了解产业实际、如何从虫害防控技术层面为天然橡胶产业顺利发展提供有效技术支撑，是虫害岗位应有的责任和担当。

岗位工作必须科学确定工作内容及其目标等任务框架。依靠体系各个岗位及各个试验站的支持，将重点关注靶标害虫即在生产上常引起严重损失的橡胶介壳虫、叶螨和小蠹虫作为目标，将岗位重点任务确定为研究解决"橡副珠蜡蚧的以生物防治为主的综合防控技术""橡胶树叶螨综合防控技术"和"橡胶树小蠹虫的以化学诱控为主的综合防控技术"等三大技术，同时，根据技术研发需要，又将"橡胶树重要害虫灾变规律、机制及天敌控害基础"研究一并列为岗位重点任务，将"橡胶害虫防控技术共享数据库构建""橡胶树小蠹虫优势种趋向行为及化学生态机制"作为岗位的基础性和前瞻性的工作。

围绕职责要求，细化任务内容和分工非常重要，可以使得岗位不同成员清楚各自职责，同时团队成员还应相互协助，必要时还要争取团队外的力量支持，共同解决任务完成过程中遇到的困难和问题。

在体系不同岗位不同试验站等的支持配合下，"橡副珠蜡蚧的以生物防治为主的综合防控技术""橡胶树叶螨综合防控技术"和"橡胶树小蠹虫的以化学诱控为主的综合防控技术"等三大技术和相关基础性工作的研发取得较好进展。鉴于我国橡胶树害虫的研究较为薄弱，橡胶树害虫及其天敌的调查始终贯穿于岗位工作始终。依靠团队以及体系其他岗站成员，还有体系外"热带作物害虫监测"和国内外昆虫分类学家等的支持，不断有新的害虫或天敌被发现。基于橡胶树害虫监测与防治技术研究与应用需求，岗位重视防控基础与关键技术研究的相互衔接，已先后开展了包括橡副珠蜡蚧、六点始叶螨和东方真叶螨等害虫生物学、生态学和日本食蚧蚜小蜂、金小蜂、斑翅食蚧蚜小蜂、副珠蜡蚧阔柄跳小蜂、纽绵蚧跳小蜂、拟小食螨瓢虫、尼氏真绥螨、巴氏钝绥螨和加州钝绥螨等生物学、生态学及控害效能等研究。这些研究工作为揭示橡副珠蜡蚧、六点始叶螨、比哈小爪螨和东方真叶螨等发生演变、趋势预测以及防治等提供了初步依据，为发现有应用前景的天敌资源、摸清优势天敌扩繁与保护，利用食物、温度及光照等条件，扩繁出天敌产品并解决其应用技术发挥了重要作用。目前已解决了橡副珠蜡蚧作为寄生蜂寄主和针对橡副珠蜡蚧不同虫态、适应不同区域的寄生蜂天敌的扩繁技术及流程，规模扩繁出天敌产品三种，解决了一种捕食螨的替代食物制备及捕食螨的饲养技术和流程，初步扩繁出天敌产品。所扩繁的橡副珠蜡蚧天敌产品已在海南农垦橡胶集团推广应用，应用效果得到生产单位认可。

通过分工与合作及不同研究内容的相互衔接，一方面提高了岗位任务的实施效率，较好地促进了研发工作的开展，支撑了岗位应有的担当，同时，团队成员与体系内多岗站成员和体系外不同部门专家的联系和合作，团队的橡胶害虫疫情发现与鉴别能力、天敌扩繁与释放的基础及关键技术研发能力得到较好提升，并与国内外不同部门与机构构建了良好的联系和合作纽带。

三、压力与信心

作为体系的新增岗站和新进入体系的成员，围绕岗位任务在相关技术及基础的研究层面虽然取得一些进展，但面对天然橡胶产业发展的技术需求，面对岗位和岗位成员应有的职责和担当，感到压力颇大。对于监测技术，在高大胶园针对橡副珠蜡蚧和叶螨的简便高效的监测技术尚未完全解决；对于天敌的扩繁与利用，橡副珠蜡蚧规模化扩繁的几种寄生蜂，其释放量、释放方式等释放技术尚未解决；针对六点始叶螨，目前能人工扩繁的捕食螨等天敌尚少，具有良好控害能力的拟小食螨瓢虫、智利小植绥螨及尼氏钝绥螨等尚未解决其扩繁技术，针对高大树木的捕食螨释放技术尚未有效解决；对于药剂防治，橡副珠蜡蚧可供选择的安全高效的防治药剂尚偏少，缺乏减量高效的施药技术；对于理化诱控，目前筛选和研制出的诱集橡胶小蠹虫的诱剂均选自其他小蠹虫的诱剂活性成分，从橡胶寄主植物和虫体上提取的挥发性物质尚未能在生产中应用；技术研发与示范应用尚无法做到无缝对接。

面对压力，我们对完成岗位任务充满信心。我们的信心首先来自我们的体系、来自我们的团队，我们有体系不同岗站相关专家的支持，有团队成员的密切合作；我们的信心还来自依托单位，依托单位为我们提供可靠的气味物质提取、鉴定及活性测定及产品研发，天敌评价和扩繁技术以及天敌产品等研发的平台；我们的信心还来自国内外可借鉴、参考和消化的众多新发技术，国内外研发出的天敌及理化诱控产品越来越多，有越来越多的天敌产品利用无人机进行释放等。我们的信心还来自天然橡胶生产企业，我们研发的技术与产品可通过它们进行验证和熟化优化。

我们将不忘初心，勇于担当，踏踏实实履行好岗位职责，在"橡副珠蜡蚧的以生物防治为主的综合防控技术""橡胶树叶螨综合防控技术"和"橡胶树小蠹虫的以化学诱控为主的综合防控技术"等关键技术和相关基础的研究方面不断取得创新性成果。

实现初加工技术产学研的有机结合

桂红星

初加工技术岗位科学家　中国热带农业科学院橡胶研究所

产品加工岗位自 2008 年天然橡胶产业技术体系启动时设立，于 2016 年更名为初加工技术岗位，至今已转瞬十年，虽然此时面对当前国内外天然橡胶初加工产业的发展现状，仍有种"革命尚未成功，同志还需努力"的紧迫感，但回首过去的十年，深感天然橡胶产业技术体系为我们的岗位提供了一个良好的产学研平台，充分发挥了其技术支持和桥梁纽带的作用。

一、体系汇集了天然橡胶科技创新的优势资源，促进了科技资源的优化配置，促进了学科间的交叉融合

天然橡胶产业技术体系汇集了橡胶产业链上的各环节的科技资源和研发力量，体系内各功能研究室均由来自海南、广东、云南三大植胶区的不同科研院所及高校的高层次科研团队组成，岗位科学家均是由天然橡胶产业各个环节优秀的科研专家担任，分别负责遗传育种、栽培种植、病虫害防治、产品加工、设施设备和产业经济等橡胶产业链上的基础科学研究和应用技术研发，而各个综合试验站负责调查收集生产实际问题与技术需求信息反馈给各岗位，并协助各岗位开展天然橡胶产业综合集成技术的试验、示范以及技术人员培训。通过这种高度专业化的分工与协作模式，促使科研人员相互沟通，交流协作，以各自的优势展开互为补充的合作活动，不仅确保了天然橡胶产业发展的每个环节都有专人研究，每个环节的科学研究都由最优势的研究力量负责开展，实现科技资源的均衡配置，提高资金使用效率，也起到了集中优势资源来加强天然橡胶产业技术创新和产业关键共性技术的攻关与集成，并在一定程度上解决了产业内科研人员开展重复性研究工作的问题。

近年来国家提出提高国产天然橡胶质量，解决高端胶严重依赖进口的要求，体系内很多岗站都很关注，大家都知道，影响天然橡胶质量的因素有很多，遗传育种、生理生态、地理环境、生产管理、加工工艺、贮藏储运，究竟是哪种因素占主导地位，解决问题的办法是什么，可以想象没有哪一环节哪个岗站能够诠释得清楚，我们初加工岗位和很多岗位一起，大家群策群力联合起来结合自己的专业知识技能，来共同寻求提高国产天然橡胶质量的办法，充分发挥了天然橡胶产业技术体系的资源优势。

二、体系牢牢把握生产需求，促进了科研与生产的融合

天然橡胶产业技术体系跟以往的科研项目不同，它是以天然橡胶产业技术需求为目标，要求我们深入生产第一线，切实把产业发展需求作为自己工作的第一要务，把天然橡胶产业初加工的问题认真解决好。

虽然经过六十多年的努力，我国天然橡胶初加工的产品品种不断增加，生产工艺、加工设备不断改进和完善，加工成本和原材料、能源消耗不断降低，并建立、健全了加工厂管理体系和产品质量保证体系，使我国天然橡胶初加工业的技术水平和科技研发达到世界先进水平。但相比其他加工制造业，天然橡胶初加工行业自动化程度明显落后，现行的加工工艺仍然存在着以下问题：①WF生产成本高，且质量一致性较差；②干燥时排放大量的SO_2、CO_2，环境污染严重；③干燥、打包生产线基本靠人工操作，自动化程度、生产效率低；④浓缩胶乳合规不合用的现象十分突出；⑤高浓度氨水使生产环境恶化，严重影响工人的身心健康。

十年前，我们为了寻求科研经费而发掘课题、申报项目，同时为了完成项目而注重论文著作发表的篇数和出处、专利申请成功的条数、提交科研报告的深度，所形成的新技术新成果能不能转化不是考察的重点，因此，虽然投入了大量的时间和精力，申请到了些许经费，但真正涉及一个产业上的问题也远非一个几万元经费的课题就能解决的，自然也得不到多少真正能有实际应用价值的新技术。而天然橡胶产业技术体系将科研与生产实践紧密、直接、有效地连接起来，用任务书和任务协议将我们与初加工生产部门联系起来，促使我们了解产业技术需求，以生产需求为自己的研究内容和目标，开展科研工作。

自2008年产品加工岗位成立以来，每年都有70万经费支持我们进行研究，而我们的研究内容也更加集中于为生产需求服务。十年来我们的研究内容主要有：天然胶乳低氨及无氨保存技术、鲜胶乳微生物凝固技术、单螺杆脱水技术、微波干燥技术、恒黏天然橡胶生产技术、低蛋白天然胶乳技术、高品质胶清胶制备技术、高性能化天然橡胶制备技术、高端橡胶制品专用胶乳的研发以及天然橡胶加工废水废气的综合治理及利用等，这些研究无一不是围绕生产需求而展开的。

经过几年的发展，初加工技术岗位也取得了一些成绩，尤其是在"加氨保存"和"加酸凝固"这对矛盾的生产工艺方面，针对浪费大量的氨和酸，造成橡胶质量下降，废水难处理的问题，我们研发出了天然胶乳低氨及无氨保存技术和微生物凝固技术，天然胶乳低氨及无氨保存技术不含TT、ZnO，对鲜胶乳、浓缩胶乳保存效果优于传统的高氨、低氨保存体系，能够使浓缩胶乳中的氨含量控制在 0 ~ 0.3% 范围，保存时间超过 6 个月，且能满足浓缩胶乳及乳胶制品生产工艺及产品性能的要求。尤其是在进行乳胶制品生产的时候，因氨含量得到有效控制，大大降低了以往除氨工序所耗费的人力物力，改善了车间环境，受到下游胶乳制品部门的肯定。微生物凝固技术是采用微生物凝固鲜胶乳，制得的技术分级橡胶的塑性初值、门尼黏度均比酸凝固的高，硫化胶的拉伸强度优于酸凝固胶，是制备高性能天然橡胶的一个较好的选择。针对传统天然橡胶生胶加工中干燥阶段能耗高，耗时长，影响橡胶质量，碳排放量大这一问题，我们研发了天然橡胶低碳高质加工新工艺，将天然橡胶单螺杆脱水技术和天然橡胶微波干燥技术集成组装为一条低碳高质工艺生产线，湿胶料经过单螺杆脱水机后，胶粒结构疏松，含水量20%以下，干燥时间最快仅为 45 ~ 60 分钟，橡胶质量有较大提高。

虽然在生产上实现技术的更新与替代并不是一件容易的事情，但天然橡胶产业技术体系的确为我们创造了一个目前为止科研与生产最贴近的时期。

三、体系实现了产学研的有机结合，提供了一个博采众长的学习平台，加快了科技成果的集成示范与推广

天然橡胶产业技术体系打破部门区域学科的界限，广泛凝聚科研力量，不仅将来自各地的科研机构、高校的优秀天然橡胶科研人员及其依托单位组织起来，也将具有技术试验、推广等作用的综合试验站纳入体系，摆脱了天然橡胶生产一线科技力量长期缺乏的现象，促进各方之间的沟通交流，缩短了技术创新到推广应用之间的距离，有力促进天然橡胶产业技术建设与发展。

天然橡胶产业技术体系汇集了橡胶产业链上的各环节的科技资源和研发力量，各岗站负责人、岗站成员都是各个环节里的行业专家、技术主管以及技术骨干，拥有丰富的理论知识及实践经验。体系每年召开工作会议，体系内各研究室各岗站也不定期举办研讨会、学术交流会等，不仅使得天然橡胶产业链上下游各个环节的科技人员沟通交流科研进展及经验的机会大增，还加深了体系人员的友情。经过十年来的发展，经常出现的情况就是一杯茶，一支烟，一份工作餐，跟一群老友在轻松愉悦的氛围中就把工作上遇到的难题给解决了。

通过天然橡胶产业技术体系这一平台，实现了初加工技术产学研的有机结合，实现了天然橡胶加工技术创新过程的上、中、下游的对接与耦合。在过去的十年里，我们与海南大学、中北大学等高校联合培养硕士研究生十多名，所培养的硕士生中有不少在毕业后进入天然橡胶企业从事技术及管理工作。近几年来，我们联合天然橡胶种植加工企业广垦橡胶集团茂名分公司与株洲橡胶检测设计院促成了 40 km 探空气球专用胶乳的研制项目的合作；联合广垦橡胶集团茂名分公司与湛江事达乳胶制品有限公司促成了超低氨浓缩胶乳生产医用导尿管的生产合作；联合广垦橡胶集团茂名分公司与广州双一乳胶制品有限公司达成了超低氨浓缩胶乳生产家用手套的生产合作，并签署了避孕套专用胶乳国产化的合作协议。通过合作，天然橡胶上下游生产技术人员对天然橡胶产业各个环节的技术关键点进行交流与探讨，改进与融合，营造出一个天然橡胶产业各环节积极合作健康发展的良好态势，初加工技术岗位在依靠所研发的新技术为萎靡的天然橡胶种植加工业寻找新的突破点发挥了积极作用。

我们的科研工作以及产业合作的顺利进行也是与天然橡胶产业技术体系内各岗位和综合试验站的帮助密不可分的。十年来，各岗站间的交流协作次数已经数不胜数，从最初的鲜胶乳凝固技术，到低碳加工生产线的建立，再到现在的浓缩天然胶乳新型加工技术集成示范，各项新工艺新技术从立项研发到生产试验，到示范基地的选址，以及后期的技术培训推广，都得到了体系内各岗位和综合试验站的支持、指导与帮助。湛江综合试验站曾亲自为我们微生物凝固技术的推广而奔走；茂名综合实验站帮我们联络并建立了浓缩胶乳新型加工技术集成示范基地，并多次安排联系农场取样事宜；红河综合试验站针对河口制胶厂存在的浓缩胶乳保存效果不好的问题，推荐了我们的胶乳新型保存剂；每次去云南、海南实验、调研的时候，当地的各岗位和综合试验站均提供了热情无私的帮助，这些事例不胜枚举，让我们深刻感受到了体系大家庭的温暖。也正因为他们的帮助，我们才能得到准确及时的生产信息反馈，确定技术创新方向和重点，有效对接初加工生产企业，快速遴选出试验厂址和示范基地，加快了技术集成的示范与推广。

四、天然橡胶产业技术体系有望促进我国天然橡胶初加工技术的升级

目前我国提出实现工业"中国制造 2025"的口号，而我国的天然橡胶加工业部分加工工段仍主要依靠人工操作，未达到自动化要求，天然橡胶加工业对环境的污染仍未得到完全有效的控制，因此亟须进行技术革新，使我国的天然橡胶加工业适应工业 2.0 的要求，使其向绿色、自动化、智能化发展。但我国的天然橡胶初加工业相对其他行业产值小，仅集中于海南、广东、云南三省的天然橡胶植胶区，而且中小民营加工企业众多，要完成加工产业的技术改进和设备更新，意味着要有大量的资金支持，而当前天然橡胶价格持续低迷，且环保压力巨大，已经令很多橡胶加工企业生存艰难，因此导致了目前的局面：虽然目前已经有不少天然橡胶低碳、高效、自动化加工技术的研究，但却都没能在生产中规模化应用。因此下一阶段不仅需要加强各个专项技术的集成、熟化，也需要政府出具一系列的政策支持，来促进我国天然橡胶初加工技术的升级。

天然橡胶产业技术体系能为促进我国天然橡胶初加工技术的升级提供帮助。因为它能够突破传统天然橡胶产业部门分割、服务滞后、缺乏沟通的局限，使得技术研发单位及生产企业紧密联系，有效沟通，在资金充足的情况下，最有希望将节本高效的生产方式推广至各中小型民营橡胶加工企业，以降低生产成本，保护生态环境，引导天然橡胶加工业向合作化、规模化、自动化方向转变。

立足岗位，展现作为

彭 政

改性与综合利用岗位科学家　中国热带农业科学院农产品加工研究所

现代农业产业技术体系的实施是我国农业科研机制改革的一次成功探索，作为创新驱动农业发展的途径和载体，是实现农业现代化的路径之一。在市场持续低迷、产业发展后劲不足的背景下，国家天然橡胶产业技术体系的组建为创新驱动天然橡胶产业提供了一个有效的载体，是实现天然橡胶节本、提质、增效重要途径之一。自 2017 年加入体系以来，自己切身感受到了作为一个"橡胶人"的真正归属，对体系事业发展有以下体会。

一、管理方式更加合理

与传统的科研管理方式相比，体系现有的管理模式有效解决了科技与产业间缺乏有效衔接的问题，实现了从"模块式点式研究"到"全产业的链式攻关"，有效解决了天然橡胶产业上游种植业和下游加工业融合深度不够的现状。体系围绕制约产业发展的遗传育种、栽培生理、病虫害防控、生产机械、加工改性、产业经济等领域设置 14 个科学家岗位，并在海南、广东、云南等主要植胶区设立若干综合试验站，形成了一个全产业链的技术团队，这不仅盘活了农业科技资源，也让农业科研更加符合产业规律。在进入体系之前，团队的研究仅限于天然橡胶复合材料，不能充分发挥区域优势。近年来，团队越来越关注由品系、种植、采胶等因素引起的天然橡胶品质变化，但囿于各方面局限，很难从产业源头（橡胶树）开始研究。加入体系后，团队能深入到制约天然橡胶品质的遗传育种、栽培生理、采胶等关键环节，极大地提高了科研效率。这点在特种工程天然橡胶研发课题上尤为明显，团队近一年对国内主推的橡胶品系进行研究，初步建立了基于品系的天然橡胶品质调控机制和性能评价体系，这在几年前几乎是不可能的事。

二、经费支持更加稳定

与其他科技项目支持方式不同，体系更加注重长期性、稳定性的经费支持。与其他产业科研相比，农业科研周期长、见效慢，"短平快"式的农业科研管理方式并不适合天然橡胶产业发展规律。作为国家战略资源，天然橡胶新品种培育到最终的品种推广通常需要十多年，产生经济效益则需要更长的时间，短期研究能出成果，但很难出大成果、好成果。体系给每个专家每年50万～70万、五年一周期的经费支持，不仅保证了科学家按照产业规律去做事，而且能够持续地、系统地、稳定地做事，这样有利于重大科研成果的培育。坦白说，在进体系前团队每年仅在特种工程胶项目上就要为争取经费支持花费大量的时间和精力，花在课题研究的时间严重不足。加入体系后，结合体系工作任务，布局了课题未来四年的研究内容，持续稳定的支持使得团队对科研的布局更加合理，也避免了以往短期科研项目"短平快"的思维，做到了科研经费真正服务产业发展。

三、产业联动更加高效

在体系中，除了主要从事基础/应用基础研究或技术研发的岗位之外，还在各个植胶区设立了综合试验站，承担着技术示范与应用推广的任务，这有效促进了实验室和产业一线的有机衔接。体系的运行模式既不像科研院所的实验室研究，也不像公司企业的纯研发，而是两者的兼容并蓄。体系的建设，为我们提供了到一线开展调研的机会，也为技术推广和示范提供了平台。尽管我们发现目前体系还没有下游制品行业岗站，但我们能体会到体系再往更加合理、更加完善的方向发展。近一年来，在体系各岗站的大力支持下，团队多次赴云南、广东、海南等植胶区调研、取样，获得了许多宝贵的"一线"信息，为团队调整研究思路、明确重点方向提供了重要借鉴。在各岗站支持下，团队也希望未来在推进中国天然橡胶"核心样本区""核心胶园"和"核心基地"建设，有效地服务于产业基础研究、技术研发和生产示范。

四、责任意识更加强烈

体系是一个有机联动的整体，各岗站都在发挥其应有的效能，共同致力于中国天然橡胶产业的进步，促进产业提质增效。作为体系岗位科学家，应立足岗位体现作为。首先要夯实基础努力创新。天然橡胶产业升级驱动力在于原始创新能力，而要提升原始创新能力关键在于强化基础研究。团队应立足产业重大需求，切实从岗位任务出发，探究影响天然橡胶品质的关键控制因子及其调控机制。其次，应集中力量办大事。当前，科学研究已进入"大科学"时代，意味着大量的资金投入、大型的仪器装置以及大规模的科研团队。因此，即便是有体系稳定的经费支持，也应做到有的放矢，确保体系重点任务高质、高效实施；最后，强化协同提高效率。体系提供了一个全产业的有机体，岗位应加强与体系各岗站间的交流学习，充分发挥各自在资源、学科、平台方面的优势，共同致力于相关领域的协同攻关，以提高科研效率。

产业生产机械化的一点思考

邓怡国

生产机械化岗位科学家 中国热带农业科学院农业机械研究所

我是中国热带农业科学院农业机械研究所一名普通的科研究人员，长期从事热带作物机械化研究工作，最大的心愿就是能研制出适合热区农村使用的农业机械，代替人工作业，将农民从繁重体力劳动中解放出来。

目前我国天然橡胶产业的发展遇到了前所未有的挑战。一是近年来天然橡胶价格持续低迷，而劳动力和生产资料价格持续上升，橡胶种植的比较效益持续降低；二是天然橡胶机械化生产难度较大；三是农机农艺不配套，机械化程度极低；四是仅强调了橡胶树生产胶乳的功能，对生产木材和环境生态保护等功能并未重视；五是产业发展扶持政策不完善。对如何协同推进天然橡胶产业转型升级，我有一点想法，供大家参考。

一、转变观念，协同推进天然橡胶产业转型升级

天然橡胶是重要的战略性资源，是典型的资源约束型、劳动密集型、生态环保型产业，橡胶林不仅具有生产胶乳的功能，还具有提供原木和改善生态环境的功能。在以往的经营管理中仅强调了橡胶树生产胶乳的功能，对其生产木材、环境保护等其他功能特性并未重视，因此产业科研、生产、管理各环节、各部门应围绕胶乳产量、原木产量和生态效益的综合效益为目标，协同创新，研究、制定相应的生产技术措施，推进天然橡胶产业转型升级，促进天然橡胶产业可持续健康发展，保障国家天然橡胶安全供给。

二、完善产业发展扶持政策

我国天然橡胶种植区大都在被国外视为植胶禁区的北纬 18° ～ 25° 的热带北缘地带，具有先天不足，而目前天然橡胶价格持续低迷，劳动力和生产资料价格持续上升，橡胶种植业基本处于亏损经营状态，胶农和生产企业积极性受到重挫，已出现弃管弃割，甚至出现砍胶树改种其他作物的现象，影响产业健康的发展。而为了保障国家天然橡胶安全供给，国家加大了对产业的扶持，主

要包括农垦天然橡胶基地建设投资、天然橡胶良种补贴、天然橡胶非生产期标准化抚育技术补贴和天然橡胶灾害保险补贴等，这些补贴大都是针对天然橡胶非生产期的，可以适当增加生产期的抚管作业补贴、宜机化改造补助等。基于橡胶林还具有森林的相应功能，特别是以生产木材为主和以保护环境为主的橡胶储备林，应争取林业相关的补贴，如森林生态效益补偿补助、森林抚育补助和造林补助等，完善产业发展扶持政策，保障天然橡胶产业可持续健康发展。

三、优化产业布局，实行分类经营

根据橡胶林具有生产胶乳、原木和改善生态环境的功能，综合考虑各地生态环境特点、立地条件、经济社会发展状况等，确定不同橡胶林的经营目的，进行分类经营管理，建立如下四种不同经营目的的橡胶人工林。

①以生产胶乳为主的橡胶保障林：在生产条件较好的平原或适中的地区，培育胶乳产量和质量较好的品种，以保障飞机轮胎、液态天然胶乳等不可替代用胶的供给安全。

②胶木兼用橡胶：主要在生产条件适中的地区，种植胶木兼优的品种，同时生产橡胶和木材，保障国家天然橡胶和木材供给。

③以生产木材为主的速生橡胶林：在宜胶区的丘陵区或山区，种植速生的橡胶品种，平时以生产木材为主，胶农闲暇时才割胶，在橡胶价格高位或国家战略需要时割胶，实现在生产木材的同时保障国家天然橡胶生产能力。

④以保护环境为主的橡胶储备林：主要在适宜的丘陵区或山区建立，平时不管理，仅在橡胶价格高启或国家战略需要时割胶，在绿化荒山、保护环境的同时实现"藏胶于地"的目的，保障国家天然橡胶生产能力。

四、加快研发天然橡胶生产管理机械，实现全程机械化作业

随着劳动力成本日益高涨和生态环境保护意识的加强，传统的胶园耕作方式（人工耕锄、除草剂除草、人工开沟施肥等）已经不适应产业的发展，而天然橡胶大多数都种植于海拔 $600 \sim 800$ m 的丘陵山区，实现机械化作业难度大。传统的耕作机械很难在坡地与梯田式胶园应用，所以目前胶园田间管理机械化程度极低，种、管、收都是人工作业，生产效率低、劳动强度大，随着劳动力价格持续上升，生产成本越来越高，目前劳动力成本已占产值的70%左右。机械化作业是提高生产效率、降低生产成本的根本途径，没有机械化就不可能实现产业的现代化，因此亟待开发天然橡胶生产管理设备及配套技术，实现机械化作业，促进产业转型升级。

五、改变经营管理模式，进行宜机化改造，促进技术的推广应用

目前天然橡胶生产管理都是实行胶农承包制。每户承包 4 ～ 5 个树位 (40 ～ 50 亩) 的胶园生产管理，属于小规模、细碎化经营管理，用不用良种良法，胶农对此不敏感，经济效益也不明显。各类技术受制于小规模、细碎化经营环境难以推广，面临创新难度大、组合集成难度大、推广难度更大等困境。借助土地法改革的东风，探索胶园经营权流转，经营权流转收益可以与胶价联动，形成适度规模化经营，有利于各类栽培技术、管理技术的推广应用，才能在产量提升、质量保障、成本控制方面产生明显的技术替代效果。

天然橡胶大多数都种植处在丘陵山区，坡度较大，梯田式种植，环山行宽度窄，传统耕作机械很难以进入，因此在适度规模经营的基础上进行宜机化改造，对细碎、异形等地块进行整理修建，对进出道路等进行改造，以满足农机设备开展耕作、田间管理作业。

六、农机农艺互相融合，促进生产机械化

农机装备没有高产栽培农艺支撑，便不能提高经济效益的，更是很难持续发展。而高产栽培农艺没有农机支撑，就不能大量复制和移植，同样也很难推广发展。只有农机和农艺全面融合，方能大幅提高农业种植效益。而目前天然橡胶种植栽培模式基本上没有考虑机械作业的需求，农机装备难以进行作业，根据立地条件，农机农艺互相融合，协同探索适宜机械化作业的农艺模式，以促进生产机械化技术的推广应用。

七、培育新型社会化服务组织

以小型胶园管理服务合作社培育为基础，大力发展多元化、多业态、多形式的社会化服务组织，探索完善订单作业、代耕代管、土地托管等专业化、社会化服务模式，培育一批规模适度、机制灵活、服务能力强的农机作业合作社、农业服务合作社等新型社会化服务组织。通过帮助服务组织建立健全内部管理制度，完善运行机制，同时帮助培养既懂技术又会管理的实用型人才。规范作业服务标准和市场秩序，扩大作业服务规模和范围，提高农业社会化服务水平和经营效益，实现适度规模化经营。提高科技成果的转化利用，进而推动产业升级。

为天然橡胶产业发展做好理论支持与决策服务

傅国华

产业经济岗位科学家 海南大学

我从事天然橡胶产业经济研究工作，不知不觉已经走过三十年。早年，针对天然橡胶生产成本、产业链、发展战略与政策等问题开展专题研究，取得了些重要的原创成果，对自身的成长也起到了很大的支撑作用。吃的是"橡胶饭"，对天然橡胶一直也饱含感情。成为"十二五""十三五"期间天然橡胶体系产业经济岗位专家后，根据产业技术体系主管部门、产业主管部门要求和产业发展需求，立足天然橡胶产业经济理论创新，从生产、市场和政策等方面更加系统持续地开展了研究工作。

天然橡胶产业发展，关键是要依靠科学技术的进步，同时也离不开产业经济分析的作用。市场价格波动特别是持续低迷，已经成为天然橡胶产业发展的最大问题，加上生产成本不断增加，胶工老龄化，以及天然的资源禀赋约束等，大幅度提高产量困难较大，供给增长空间有限，可持续发展遇到了很大困难。围绕这些问题，我们主要完成了以下工作。

严格按照任务书进行研究。一是天然橡胶生产、市场变化及趋势分析，跟踪监测国内外市场走势，分析生产、消费、贸易、价格变化及影响因素等。设立了固定观察点，收集数据并生产要素变化，进行成本收益分析，测算要素生产率等指标；研究价格波动及其对产业发展的影响等。二是天然橡胶产业发展趋势分析，跟踪监测国内外产业发展动态，开展产业中长期供求分析，对产业未来发展趋势做出判断等。三是产业政策研究，对现有产业政策实施效果进行评价，并提出调整建议，根据产业发展需求开展产业调研，跟踪和借鉴国外产业政策；通过政策模拟探讨未来产业政策走向等。四是天然橡胶跨国空间产业链与国际合作研究，研究在"一带一路"背景下中国天然橡胶产业走出去的战略定位，跟踪分析中国天然橡胶"走出去"企业实践，分析评估天然橡胶资源的获取与风险；研究"走出去"的模式选择，分析跨国空间产业链培育与整合，研究产业链各环节的合作和策略选择等。此外开展了技术经济分析、天然橡胶产业扶贫等问题研究，负责体系数据库构建等。

完成的研究工作包括，一是作为执行主编完成了《中国现代农业产业可持续发展战略研究——天然橡胶分册》的编写工作，该书作为现代农业产业技术体系丛书之一，系统总结了"十二五"时期天然橡胶产业发展的问题和政策措施，对产业可持续发展提供了参考借鉴。二是负责开展国际大胶商和空间产业链研究，提出依托广东、海南、云南三大植胶农垦拥有大基地、大产业和大企业的独特优势，加大资源整合力度，实施联合、联盟、联营三大战略，推广产业化、集团化和股份化等三大现代经营模式，通过资源集聚与资本运作相结合等现代经营方式，组建天然橡胶行业联盟；研究天然橡胶跨国空间产业链的一般原理及相应理论的实证，完成天然橡胶产业的空间产业链构建研究，出版了《中国天然橡胶空间产业链研究》专著。特别是在国内最早提出农业产业链（至今被广泛引用）后，结合"一带一路"倡议背景，提出构建"海南—东盟天然橡胶跨国产业链"，并结合天然橡胶产业提出跨国空间产业链，具有很强的原创性。

作为岗位科学家，除了认真履行相应的科研职责，还重点做好了以下工作：

做好主管部门的决策咨询。首先是组织团队成员，积极开展产业政策调研分析，积极参与农业农村部农垦局热作处的有关政策研究报告的写作、规划的编制。截至 2018 年 11 月，产经岗位为农业农村部等部委提供政策咨询五十余次，为地方政府提供政策咨询二十余次。按照农业农村部科教司的要求，更好地服务农业农村部，参与产经岗位第四组"农业绿色发展与生态文明建设"，每年围绕确定的题目开展决策研究。2018 年参与完成了《生态宜居乡村建设模式与分类施策建议》研究工作。此外，积极为农垦企业等提供决策咨询服务，我被聘为海南农垦的顾问，重点为海南农垦、海胶集团的发展规划做了重要的研究，同时为广东农垦和云南农垦提供了多次决策咨询。2017 年 12 月 19日，我以岗位专家身份接受央视团队采访，就海南建设办特区三十年来的发展历程与海南农垦发展做解读。

推动天然橡胶产业经济学科建设和人才培养。结合中国热带农业尤其是天然橡胶产业的发展需要，我精心培育海南大学农林经济管理学科建设，农林经济学科成为一级学科硕士点，并在工商管理博士点下开设"农垦企业经营管理"方向，面向农垦企业和天然橡胶产业培养高层次人才。同时，一直开设"橡胶经济学"等特色课程，培养熟悉天然橡胶产业的农经人才。当前海南、云南、广东等热作地区的政府农口部门、高校农经研究、相关企事业单位中，有相当部分人才来自我们的培养，深感欣慰和自豪。同时，依托项目，培养研究生超过六十人，以天然橡胶为研究主题的研究生二十八人。把构建团队和培养后备人才作为重点工作，以任务促成长，团队成员已比较成熟，带动和促进了天然橡胶产经研究工作的发展与进步。

积极扩大学术交流。支持所有成员包括研究生参与国内外学术研讨会，通过学术交流，提高研究水平，促进体系内部的协作。积极组织学术研讨，召开了多次产业经济岗位研讨会。并在教育部高等院校农业经济管理类教学指导委员会支持下，成立"农垦企业管理与热带农业经济管理研究专题协作组"，邀请国内知名专家和热区的农业经济专家开展合作交流。作为成果之一，主编出版了《热区农业经济概论》。

天然橡胶作为工业原料和战略物资，在我国具有重要的地位。2019年中央一号文件提出，在提质增效基础上，巩固天然橡胶生产能力。作为天然橡胶产业经济岗位专家，在八年的工作中我深切体会到这份担子的重量，国家将这一任务交到我手中是对我的极大信任，同时也是不断提高自身科研水平的鞭策。我深深地体会到天然橡胶产业经济研究要立足于国内天然橡胶产业的实际需求，深入一线，真实地了解生产主体的现状和问题，真实了解政府的政策意图，将理论与实践相结合，才能更好地提高理论水平，才能更好地服务政府决策，才能更好地服务产业，真正为产业发展做贡献。

过去的研究，仍存在很多的不足，特别是与国家的要求相比，还存在不少差距。2018年9月在体系产业经济岗位专家座谈会上，农业部科教司廖西元司长提出，产业经济岗位专家要成为产业首席经济学家。根据这一要求，后续要有更多的投入，立足原创，增强创新，面向产业发展实际增强研究成果的应用性以及向产业主管部门提供决策的服务能力。加大与政府主管部门和农垦企业的对接，为政府和企业决策提供科学分析、精准研判的高质量研究成果。当前，国际天然橡胶产业形势不容乐观，我国的天然橡胶产业也面临一系列严峻的问题。未来的研究，将进一步把握国家战略目标和产业需求，围绕天然橡胶生产趋势、市场分析与价格预警、对外合作、产业政策研究等方面，从国内和国际两个维度，加强对策性研究，开展前瞻性研究，在关键理论问题上取得研究突破，提高解释力和应用性。致力将产业经济岗位打造成一个天然橡胶产业经济研究的智库，持续培养团队成员，促进专家学者、主管部门、业界人士的交流，用智慧和知识献计献策，促进天然橡胶产业可持续发展，实现天然橡胶有效保障。同时，作为热带农业领域的四个产业经济岗位之一，主动作为，牵头成立热带农业四个体系产业经济岗位协作组，围绕热带农业存在的主要矛盾，深入调研，合作交流，提出建设性、创新性意见，为农业农村部和地方政府的科学决策提供更好服务，推动热带农业特色高质量发展。

用心搭好平台，真心做好服务

许灿光

海口综合试验站　中国天然橡胶协会

海口综合试验站 2011 年设立以来，在体系首席、各岗站的大力支持下，依托中国天然橡胶协会，按照体系对试验站的建设要求，努力协调技术支持和转化渠道，积极搭建技术沟通平台，切实做好相关信息服务，扎实推进各项工作，力求做到发挥优势，找准定位，服务产业。现就这些年参加体系工作的情况，谈点体会。

一、建站伊始，开局良好

天然橡胶产业面临着两个不对称的问题：一是橡胶上下游产业间的信息不对称，产业上游的胶农长期面临不了解市场信息和市场行情，不清楚自己手里的产品能卖多少钱的尴尬局面；二是产学研合作的信息不对称，科研院所对技术成果信息掌握较多，而下游企业对市场需求信息掌握较多，双方存在的信息不对称，对产学研合作容易产生不利影响。海口综合试验站设站的重要目的之一，即在于搭建好天然橡胶产业上下游、产学研之间的技术沟通、信息沟通平台，促进产业可持续发展。

2011 年海口综合试验站建站之初，我们组建了包括 4 名团队成员、10 名主要技术骨干的人才队伍，明确了岗位职责，落实了会员单位的具体任务。团队成员既有活跃在天然橡胶生产一线的技术骨干，也有长期致力于天然橡胶产业经济的行业专家，这支队伍在后来的服务和工作中发挥了很大的作用。当年，我们就建立起拥有 178 家会员的信息数据库，初步搭建了上下游产业链重点企业及部门的沟通联络平台，编写和印发了《天然橡胶产业发展趋势与数据统计》和《我国天然橡胶产业发展状况及面临的形势和任务》通报各一份，编写发布天然橡胶市场一周行情 34 次。举办了"（海南）首期媒体研讨班之'走进天然橡胶产业'调研活动"、"天然橡胶期货分析师培训班（云南）"、"（福建）橡胶产业风险管理培训班"，培训相关产业人员累计 340 人次。收集整理完成了"天然橡胶生产情况年度统计""天然橡胶现货主要产品成交情况年度统计"和"我国海关天然橡胶进出口年度统计数据"，并建立了始自 2000 年的"海关天然橡胶主要品种月度进出口数据库"。超额完成了体系当年下达的考核任务，开局良好。

二、搭建平台，良性运营

自 2012 年起，我国天然橡胶产业面临一系列突出问题。比如生产成本尤其是人工成本的快速增加，资源环境的"紧箍咒"越来越紧，胶价的倒挂现象，以及种植比较效益低下导致的弃割弃管问题等，这些情况的出现为产业的发展带来了很大的困难，也使得天然橡胶产业技术体系的工作变得越发重要。

众所周知，天然橡胶价格在 2011 年达到了历史的高点 42 000 元/t 后，便进入了漫长的下降通道，2016 年四季度出现暂时的反弹，步入 2017 年又回到低位震荡，到 2018 年底基本维持在 10 500 元/t 上下。监测天然橡胶市场运行情况，搭建信息沟通平台，架起上下游、产学研沟通的桥梁是海口综合试验站的职责所在。我们逐渐完善了会员数据库建设，用心维护好上下游产业链重点企业及部门的沟通联络平台，现会员数量已基本稳定在 190 家左右。为了解国际天然橡胶产需情况，我们还专门翻译编写了《ANRPC 天然橡胶产业发展趋势与数据统计》，扩大了天然橡胶进出口数据库的统计品种，收集中国橡胶工业年度发展情况、橡胶消耗情况及再生胶、合成胶年度生产统计数据。我们在中国农业信息网上开通了天然橡胶"期货交易快讯"和"市场展望"两个专栏，于期货交易日定时发布，年均发布 400 多篇，脚踏实地地服务于产业发展需要。

为促进天然橡胶可持续发展，海口试验站依托挂靠单位中国天然橡胶协会，进一步加强与有关政府部门的联系，促进有关政策的制定和实施。比如向国务院及有关部门报送了《关于拯救我国天然橡胶产业的紧急呼吁》，配合参与了农业部上报国务院的《明确定位、加强扶持，促进天然橡胶产业持续健康发展》的报告，得到国务院领导的高度重视，并做出重要批示。我们还积极推动复合胶标准修改工作。推动国标委调整了复合橡胶中生胶含量的比例规定。向海关总署发送《中国天然橡胶协会关于尽快实施<复合橡胶通用技术规范>国家标准的紧急呼吁》《关于严格实施天然橡胶进口标准的呼吁》，推动复合胶新标准的实施。还向有关部门报送《关于促进我国境外天然橡胶产业发展的报告》、向国务院报送《关于加强橡胶归类管理，促进橡胶有序进口，拯救我国橡胶产业的紧急请示》等有关报告、请示，推动了天然橡胶市场有序发展，维护天然橡胶产业利益。目前，我们还在为混合胶标准的制定做努力，与中国合成橡胶工业协会联合向有关部委报送了《关于规范混合橡胶进口管理的报告》，并联合发布了《混合橡胶通用技术规范》，进行行业自律，并进一步推动出台国家规范。

此外，为了服务好下游轮胎企业，我们还参与配合中国商务部贸易救济调查局（原公平贸易局）开展的美国对中国乘用车及轻型卡车轮胎产品反补贴调查问卷工作和美国对华非公路用轮胎第八次反补贴行政复审，力争为下游轮胎企业的稳定发展尽一份绵薄之力。

三、不断开拓，再接再厉

得益于体系首席科学家黄华孙所长的领导，在首席办公室、全体体系岗位科学家、试验站站长的共同支持及各会员单位的协同配合下，围绕天然橡胶产业技术体系的工作要求，我们开展了大量的工作，取得了丰硕的成果。这七年来，无论是海口综合试验站整体，还是团队成员个人都收获了很多。明天，又是一个新的起点，我们将像《突破北纬十七度线》里面写的那样，以继续发挥艰苦创业、无私奉献、战天斗地的开荒种胶精神为指引，继续为天然橡胶产业技术体系搭好平台、做好服务，争取在新时代新形势下，为我国天然橡胶产业可持续的健康发展出谋划策、奉献力量。

一颗耀眼的星

——新品种热研 7-33-97 推广应用有感

罗 萍

湛江综合试验站 中国热带农业科学院湛江实验站

国家天然橡胶产业技术体系历经的十年,承载的是国家的重托,肩负的是产业的振兴,实现的是"橡胶人"的梦,风雨兼程!

国家天然橡胶产业技术体系历经的十年,领航的是首席科学家,掌舵的是岗位科学家,助力的是试验站站长,协同创新!

国家天然橡胶产业技术体系历经的十年,探索的是遥远的夜空,求证的是星空的光亮,应用的是闪耀的星光,照耀大地!

在众多闪耀的星光中,你是最耀眼的那一颗,我爱的热研 7-33-97;古人云:十年树木、百年树人。历经了天然橡胶产业技术体系的十年,木已成林、人在成长。

你——我爱的热研 7-33-97——在粤西东的大地上历经荆棘,绽放出耀眼的光芒。

何曾忘记那年 (2007—2008 年度) 的冬春,大江以南遭受风雪冰霜侵袭,直逼热带北缘的云粤琼桂橡胶种植区,极端低温 5℃以下、持续一月有余、冰风冷雨二十天,平流型寒害损伤重,几近百年未见闻。风萧萧兮冬雨寒,开割树 6.50%、中小苗 29.50% (1 ~ 2 龄苗 40.50%) 因寒不复还,留下枯枝残桩一声长叹。你——我爱的热研 7-33-97,在苦雨凄风中战栗,为留住那一丁点绿,坚持着在酷寒中摇曳,待春风吹来再现盎然生机。广东省三叶农场有你的例证,平均寒害级别、4 ~ 6 级百分比分别比 PR107 和 IAN873 轻 0.80 级和 0.22 级、低 1.24% 和 2.48%。这好似黑暗夜空中闪现的一丝光亮,给大地带来新的希望,舒展了植胶人惆怅的脸庞。你——我爱的热研 7-33-97,从此成为农人心中最耀眼的星,在粤西东备受追捧,暗淡了昔日 IAN873、PR107、GT1 等的光芒。从此这片土地成了你的主场,演绎着你妩媚的身形,一颗颗、一排排、一片片，到处都是你的倩影，几年间你就遍布丘陵、山岗、平川，供人抚育、供人欣赏、供人赞扬!

在体系历经的十年里，你——我爱的热研 7-33-97，遭受过多少磨难，历经过多少风雨，饱经风霜，练就了一身"钢筋铁骨"，在一次次台风与超级台风中屹立不倒，复壮成长，博得"植胶人"一张张笑脸、一声声赞叹。在粤西东这片植胶的土地上，处在台风频发线路中，小风年年光顾，强风经常莅临。你可曾记得，在体系历经的十年间，遭受过"巨爵""纳沙""海马"等 15 个台风侵袭，其中"尤特""威马逊""彩虹"等强台风 5 个 (13 级以上)，平均每年 1.5 个台风、0.5 个强台风，个个 10 级以上，来势汹汹，更兼大到特大暴雨;纵你有千般柔情、万般温存，也必须封存，以防疾风骤雨时伤筋动骨玉石俱焚。你——我爱的热研 7-33-97，2015 年东升农场遭受到强台风"彩虹"(风力 10 ~ 13 级) 的侵袭，在橡胶树新品种区域试种试验区，你在狂风暴雨持续奋力拼搏 5 小时，这一搏，博得了你的威名、博得了你的风采: 平均级别与断倒率分别比热垦 525、文昌 217、93-114 和南华 1 号轻 1.06 级、0.90 级、1.25 级和 0.36 级与 27.44%、27.46%、37.20% 和 10.64%。2014 年超强台风"威马逊"横扫徐闻雷州植胶区，风力为 14 ~ 17 级、降水量 120 ~ 280 mm，处于幼年期的你遭受了前所未有的狂暴肆虐，你依然不屈不挠地顽强坚挺 5 小时，这一挺、挺出了你的傲骨、挺出了你的坚韧: 平均风害级别、断倒率、风害指数比幼苗期的热垦 525 和南华 1 分别轻 0.46 级和 0.06 级、低 13.60% 和 -0.09%、低 7.71 和 1.07。2013 年强台风"尤特"在阳西县登录 (中心附近风力 14 级、降水量 103 mm)，你同样与狂风暴雨奋战到底，这一站、战出了你的力量、战出了你的坚强: 红十月农场 2004—2007 年间种植的平均风害级别 0.79 级、断倒率 12.85%，2008—2009 年种植的平均级别 0.57 级、断倒率 9.64%，2010—2013 年种植的平均级别 0.36 级、断倒率 7.25%;与此同时，2004—2006 年种植的 IAN873 的平均风害级别 1.91 级、断倒率 38.98%，2005—2008 年种植的 PR107 平均风害级别为 0.49 级、断倒率 5.97%，2011—2013 年种植的湛试 327-13 平均风害级别为 0.68 级、断倒率 13.65%;与同期种植相比: 你比 IAN873 平均风害级别轻 1.12 级、断倒率低 26.13%，比抗风英雄 PR107 平均风害级别重 0.30 级、断倒率高 6.88%，比湛试 327-13 平均风害级别轻 0.32 级、断倒率高 6.40%。你——我爱的热研 7-33-97，在体系历经的十年里，你与暴风骤雨搏斗的故事不绝于耳，在粤西东坊间相继传颂，这一颂，颂出了你的美名、颂出了你的精神。

在历经的国家天然橡胶产业技术体系十年，你——我爱的热研7-33-97，不畏严寒酷热，冬练三九、夏练三伏，不断强筋骨、健体魄，以备强健的骨干、婀娜的身段，在年岁中茁壮成长、高耸挺拔，赢得植胶人的一颗颗芳心、一段段柔情。你可曾记得，那些年的植胶工程、那些年的示范标兵，你首当其冲、当仁不让，始终以楷模身份出镜。你——我爱的热研7-33-97，你在红十月农场建立的高级系比试验区的8年间，平均年增粗5.73 cm，分别比湛试327-13、云研77-4、南华1、文昌217和文昌11增粗多0.28 cm、1.14 cm、1.85 cm、1.95 cm和3.18 cm，分别比热垦525、湛试327-13、云研77-4、南华1和文昌217的保存率高6.63%、13.25%、6.39%、10.39%和3.85%，累计风寒害3～5级比例分别比热垦525、热垦628、93-114、湛试327-13、云研77-4、南华1和文昌11高0.58%、4.02%、2.07%、2.80%、0.58%、1.01 cm、3.50%。你在东升农场新品种区域试种试验区的6年间，平均年增粗5.28 cm，分别比热垦628、文昌217和南华1增粗多0.09 cm、1.25 cm和1.64 cm。你——我爱的热研7-33-97，在体系历经的十年里，是有你伴随的十年，你在这十年里长势不一定是最出众（比热垦525和IAN873慢），可你们守护着共同的命运、抵御了外来侵袭，从而维持着群体的生命力，稳住了植胶人忐忑不安的心。

在体系历经的十年里，你——我爱的热研7-33-97，集天地之灵气、吸日月之精华，涵宇宙之结晶，孕育的白色乳汁，哺乳着中华民族的锦绣前景。你——我爱的热研7-33-97，你可曾傲视过粤西东大地上先辈们的英雄事迹：第一代杂交选育的93-114奠定了北纬24°植胶的传奇神话，单株孕育乳汁2.0～3.0 kg（750 kg·ha^{-1}）；第二代引进培育的IAN873也在粤东西的大地上结出丰硕的果实，单株孕育乳汁3.0～3.5 kg（950 kg·ha^{-1}），还有那抗风英雄PR107，单株孕育乳汁3.5～4.0 kg（1050 kg·ha^{-1}）；而你后来居上，站在前辈的肩上，扛起粤西东植胶新的使命。你——我爱的热研7-33-97，你在初产期表现良好：开割前3年单株孕育乳汁可达2.00 kg以上，较大先辈们有较大幅度提高，备受植胶人的广泛认可与推崇。

在体系历经的十年里，你——我爱的热研7-33-97，你尽显英雄本色，夺得时代的弄潮儿，引领天然橡胶产业不断向前进。

在体系历经的十年里，你——我爱的热研7-33-97，你从一点一点的星星之火、一步一步实现了燎原之势，从一棵一棵弱小的生命、一天一天达到参天乔木的期望，从一滴一滴的累计开始，一年一年的成长中实现了价值。

你——我爱的热研7-33-97，历经体系十年的历练，你已是粤西东大地的主将，完美实现了良种的更新换代，有力促进了种植产业现代化进程；你——我爱的热研7-33-97，你已是屹立在粤西东的山岗、丘陵、平川上的一个个威武的战士，将为守护国防安全抛洒热血！

不忘初心　坚守橡胶梦

黄　志

茂名综合试验站　广东农垦热带作物科学研究所

1951年，中共中央成立了华南垦殖局，这是广东农垦的前身，她承载着发展国家战略物资的使命。2008年，农业部成立了天然橡胶现代产业技术体系，她承担着推动国家天然橡胶产业健康发展的使命。2008年天然橡胶体系在广东农垦设立了茂名综合试验站，依托单位为广东农垦热带作物科学研究所。橡胶体系建设十年，茂名综合试验站成长十年，她已经从一家以橡胶大田育苗为主的企业发展到集橡胶育苗、栽培和割胶等技术研发和推广、科技服务和培训为一体的研究单位。在这十年的发展中，茂名站依托体系这个大家庭，取得了显著的成就，并涌现了一批致力于橡胶产业发展的科技工作者。

一、攻坚克难，趟出工厂化育苗新路

2008年一场寒害无情地侵袭了中国南方，广东农垦的橡胶大面积受害。这对于风寒害频频发生的广东农垦植胶区无疑是一个重大的创伤。为了尽快补种优良的橡胶种苗，茂名综合试验站承接了建站以来首个艰巨的任务——天然橡胶良种繁育工作，尽快恢复橡胶园。当时采用的育苗技术主要是大田传统育苗和籽苗芽接相结合。大田育苗受土地和砧木的限制，难于短时间内实现大量供苗。橡胶籽苗芽接技术是2004年从中国热科院橡胶所引进，但由于环境因素影响成活率偏低，难于实现规模化生产。大家采取"5+2""白加黑"的工作模式，每天两点一线，从芽条、育苗基质、芽接操作等进行了一系列的研究和探索。同年，小型绿色芽条室内增殖技术取得突破，芽接成活率达80%以上，亩产芽片近100万个。为了减轻工人的搬运种苗劳动力，站领导亲自设计育苗托和育苗杯，设计的育苗杯体积和重量只有原来的1/6，育苗托采用双排放置设计，提高了工作效率，节约了生产空间。为了优化芽接操作过程，试验站全体人员参与橡胶籽苗芽接，人均每天可嫁接800株，最高可达1 200株。育苗室办成车间，把种苗当作工业品，规范流程，统一标准，短短几年，便建立了面积为 3 万多平方米的现代玻璃温室群，并成为国内最大的天然橡胶种苗繁育基地，引领橡胶种苗生产走向可控化、规模化和现代化。十年来试验站籽苗示范基地培育了以热研 7-33-97 为主的优良品系橡胶种苗 500 多万株，供应广东四大垦区，云南和海南植胶区也多次派技术员到试验站学习和参观籽苗芽接技术。"橡胶工厂化育苗技术"获得专利授权 3 项、先后获得了茂名市科学技术进步奖一等奖、广东省科学技术进步奖和农牧渔业丰收奖成果奖一等奖。试验站种苗中心也被授予"工人先锋号"。橡胶工厂化育苗技术成为试验站的一张名片。

二、一带一路，育苗工厂化"走出去"

籽苗芽接技术的提升培养了一批批芽接管理人员和熟练的芽接工，随着广东农垦天然橡胶"走出去"，他们被输送到马来西亚、柬埔寨等植胶地区开展种苗繁育工作。在马来西亚广垦橡胶婆联基地——一个环境异常艰苦、生活用电、通讯都不发达的地方，你会看到这样一位大姐，她被马来西亚当地的工人围住，一手拿着芽接刀，一手拿着橡胶苗，正在手把手教大家如何芽接，她就是茂名综合试验站芽接技术员钟晓萍。自 2010 年进驻婆联基地，一待便是八年。进驻海外的那年，儿子才三岁，她甩掉"相夫教子"的包袱，执着于这份事业，专注于这份事业，发扬着农垦艰苦奋斗的作风。经她培育的橡胶种苗近千万株，供应种植橡胶园 2 万公顷。2017 年她被评为广垦异国他乡的"科技花"。目前，茂名综合试验站培养的芽接技术人员被派往广垦橡胶在海外的三个种苗繁育基地达 20 多人，其中马来西亚的沙巴州和砂拉越州各一个种苗繁育基地，年出圃能力达 200 万株；广垦（柬埔寨）农业科技有限公司，种苗繁育基地面积为 30 公顷，年出圃能力达 100 万株。茂名综合试验站科技人员成功将橡胶工厂化育苗"走出去"。

三、变废为宝，建设绿色生态胶园

2006—2008 年，茂名综合试验站对广东茂名、阳江、揭阳和汕尾植胶区的土壤进行了系统性的采样，检测结果显示橡胶园地力处于较差水平，如何提高胶园地力是势在必行的下一步工作。2009 年，体系的建立给我们带来了希望，在土壤与肥料岗位专家的指导下，茂名综合试验站决定研制属于自己的橡胶专用配方肥建设生态胶园。团队成员李彭怡夫妇毅然挑起了这个重担。通过养分丰缺指标的分析，他们以当地丰富的鸡粪、猪粪以及甘蔗渣等为原材料，研发出橡胶树专用定植肥、橡胶中小苗专用有机无机复合微生物肥和橡胶开割树专用有机无机复合微生物肥等三种配方肥，并成立了科技生物公司专门生产有机肥。李彭怡负责土壤检测任务和配方肥的调整工作，她丈夫负责有机肥的生产。按照"三年一轮回"，采取土壤和叶样，每年检测和分析样品近千份。坚持"大配方、小调整"施肥技术，指导农场科学施肥，目前茂名农垦胶园全面实现了施用橡胶专用有机肥。为建设生态胶园，试验站又开展了绿肥覆盖的试验研究，包括胶园绿肥覆盖物的筛选和确定、葛藤种苗培育、葛藤覆盖对胶园的影响。自 2009 年，葛藤覆盖生态胶园建设在垦区大面积的推广。茂名综合试验站科技人员变废为宝，努力推进化肥零增长，为建设绿色胶园、打造绿色农业做出重要的贡献。

四、割制创新，绝不放弃一棵橡胶树

近几年，天然橡胶价格持续低迷，加上天然橡胶的工作环境差，胶工短缺、老龄化问题严重。而广东农垦的三代胶园陆续开割，如按照传统的割制，至 2020 年需胶工人数将翻番。"天然橡胶是广东农垦的主产业，我们要坚持创新，攻坚克难，绝不能弃割一棵橡胶树"，这是广东农垦坚守橡胶产业的决心。为了实现这个决心，2014 年茂名综合试验站联合采胶岗位专家在茂名农垦开展超低频割胶制度的试验。

超低频割胶制度是以"提高人均产量"为理念的生产观念，与传统的以"总产量"为理念的橡胶生产观念不同。仅仅改变管理人员和胶工的传统观念都是一个艰巨的任务，何况是在植胶环境最差、单株产量最低的广东植胶区推广。为此，茂名农垦局、茂名综合试验站和各试验农场迅速组建了超低频割胶技术推广团队，岗站与试验基地都指定对接人，负责新割制的试验工作。为了实现这个目标，采胶专家校现周研究员带领团队每年到现场指导三四次，农垦局、采胶专家、试验站、试验单位每年召开两次研讨会总结和分析超低频割胶的进展及存在的问题。试验站团队成员谢黎黎博士负责试验数据的收集、分析和推广。为了试验和推广超低频割胶技术，她每个月不厌其烦地去农场要数据，核对数据，一干就是四年。她说："我的专业是橡胶学，导师是天然橡胶体系的首席科学家，我希望我能坚守我的专业，把橡胶这份事业传承下去。"通过多年的试验，团队总结了一套超低频割胶的关键技术，有效控制了干胶减产幅度。2017 年，超低频割胶技术推广面积占垦区的35%以上，人均割株达到 3 000 株以上，人均产胶达到 6 t，人均收入增万，稳定了胶工队伍，有效缓解了胶工短缺的压力。

胜利农场松根队是 2015 年建立的一个超低频割胶技术的试验示范点，割制为六天一刀，胶工由原来的 11 个减为 7 个。试验之初，胶工担心产量减少幅度太大，难于接受。为了保证试验顺利开展，队长梁军想尽办法提高胶工的积极性和信心。为了训练胶工的厚耗皮割胶技术，他不分白天和黑夜，都陪着胶工训练割胶技术，帮着胶工收胶水。2015 年，松根队的干胶产量减幅为 4.2%，随后每年干胶减幅都在下降，2015—2017 年胶工的年人均产量达到 6.3 t，收入增收过万。由于他突出的工作成绩，2017 年被评为"全国农业劳动模范"。

五、传递科技，服务胶农万家

茂名综合试验站的另一个重要任务就是开展科技服务与培训。为了加快天然橡胶新技术新品种的推广，做好垦区的科技服务，2014 年试验站专门成立培训中心，承担体系的培训和科技服务工作，谢黎黎担任主任，负责组织培训工作。她每年制定培训计划，包括橡胶育苗、栽培、割胶，以及经营、生产等内容。2014 年，试验站科技人员张全琪和张能跑遍茂名农垦 12 个农场和阳江5 个农场，免费开展科技培训，并发放橡胶生产培训资料。为了提高胶工对超低频割胶技术的认识。2016 年，试验站组织三场大型的超低频割胶技术培训，培训对象为 12 个农场的胶工和生产管理人员，采用理论讲解、现场演示以及座谈的方式开展技术培训。谢黎黎虽是一名女同志，但她热衷于橡胶这份事业，跑遍了垦区 12 个农场，即使怀有身孕都阻挡不了她科技服务的热情。新型割胶工具电动割胶刀、免磨胶刀，新型种植材料橡胶树自根苗，胶园林下经济新模式……只要有新的，她都会向农场介绍，给他们传递新科技、新知识，她也成为每个农场人人都知晓的"橡胶"博士。

六、结语

"一粒胶籽，一两黄金"的橡胶时代虽已过去，但是这个时代赋予的使命和责任还需要我们继续坚守，这个时代赋予的拼搏精神还需要我们传承和发扬。在橡胶体系这个大家庭中，像魏小弟、黄华孙、林位夫、校现周等天然橡胶的权威专家，将毕生精力奉献于橡胶事业，时刻关注着产业的发展，他们的精神值得我们每个人学习和传承。茂名综合试验站作为橡胶产业技术体系的一个成员，感受着天然橡胶体系大家庭的温暖。我们将不忘初心、秉承体系建立的理念和思想，围绕产业发展需求，进行技术研究、集成和示范、开展技术服务和培训，为提升区域创新能力，增强产业竞争力做出应有的贡献。

牢牢扎根胶园　更好服务产业

穆洪军

西双版纳综合试验站　云南省热带作物科学研究所

回顾 2009 年以来走过的十年体系路，是体系不断发展的十年，也是个人不断成长的十年。天然橡胶作为一种战略性工业原料，其在国民经济中的作用和产业结构形态有别于其他农作物。因此天然橡胶现代农业产业技术体系的具体工作目标、内容和面对的问题也与其他产业技术体系不同。这就更需要我们体系人不断总结实践经验，把握问题实质，找准方向目标，才能牢牢扎根胶园，更好地服务产业。

一、持续创新能力是体系生命力的根本

体系成立的一个初衷是整合主流科技资源，在连续稳定财政支持下，用持续的科技创新支撑产业不断发展。产业发展会不断遇到新的问题和技术瓶颈，能否及时有效地通过科技创新破解这些问题和瓶颈，是检验一个体系是否具备旺盛生命力和核心竞争力的根本指标，也应该是衡量和评价体系工作成效的主要指标。

"打铁还需自身硬"，"实践是检验真理的唯一标准"，最终还是要靠事实来说话。你能解决老百姓面临的实际问题，老百姓就认可你；你推广的品种、技术能让老百姓得到实惠、增加收入，老百姓就欢迎你。例如：试验站的新品种和新型种植材料推广工作，切合了品种升级换代的需求，普遍受到大家的欢迎；近几年胶价持续低迷，劳动力成本不断上升，大家对降低成本、增加土地产出的低频超低频割胶以及胶园间套种等技术的需求较多。因此，一方面体系的研究课题要着眼于产业实际需求和发展方向；另一方面研发成果在生产实际中的推广应用成效应该成为评价体系工作的重要指标。只有这样，才会让我们的体系与产业发展越来越紧密地结合，共同发展，相得益彰，从而获得源源不断的生命力、竞争力、影响力，永葆青春。

二、要善于在生产实践中发现和解决问题

综合试验站作为体系试验示范和技术推广的主要载体，在体系中起着承上启下的纽带作用，一方面要及时全面了解产业中存在的问题，运用体系的技术加以解决；另一方面要将产业中发现的新问题、新矛盾及时反馈给岗位专家，以便岗位专家研发新技术、新办法，尽快解决这些问题。在技术推广和服务中，因为面对的是千差万别的客户，特别是文化素质参差不齐的农民，因此要全面掌握体系技术，做到灵活运用，并学会用通俗易懂的方式方法和客户交流，让大家听得懂、学得会。在技术服务的实践中，技术人员就是一位医生，首先要通过"望、闻、问、切"全面了解症状，然后通过技术手段进行病因诊断；找准病因后就要对症下药，开出行之有效的药方才能药到病除。

例如，在对外技术服务中，我们曾经在哈尼族村和基诺族村分别建立了两个示范点。建立之初，我们首先对村寨的胶园现状做了较全面的调查了解，发现农户间胶园管理、产量水平差异较大，进一步分析认为主要是农户间的割胶技术和施肥管理水平的差距造成的。为此我们选取了几户在割胶技术和施肥管理方面有较大提升空间的农户作为示范带动户。一方面对他们进行技术培训，规范和提高割胶技术；同时根据营养诊断，提供一定的肥料进行配方施肥示范。两年下来，取得良好效果，示范户普遍反映产量明显增加（最多的农户增产50%以上），橡胶树的叶片色泽、长势明显改善。通过村民间的互通和口口相传，到第三年整个村就基本使用了我们的技术，并主动邀请我们的技术人员对整个村寨进行技术培训。另一个例了足西双版纳国有农场白实行家庭承包改革以来，承包户普遍将原来三天或四天一刀的割胶制度改为两天一刀，单纯从技术角度来看，这是一种退步，因为两天一刀的效率更低。但从生产实际来看，这是一种适应或必然，因为承包到每家每户后，绝大多数人承包的橡胶树仅仅有200～400株，即使两天一刀，也有一部分承包户可以一天就全部割完，中间还可以休息一天，所以他就没有必要采用三天或四天一刀的割制。所以说理论上再好的技术，在生产实际中不一定都能够得到推广和运用，关键还是看它对于解决生产实际问题的必要性和生产者能否接受。

三、要重视体系的宣传

体系再好，若是产业内的人知道或认可的人很少，也不能发挥为产业发展服务的作用。因此注重宣传，扩大体系影响力就非常重要。我认为，在我们的工作中至少应该从几个方面加强宣传力度。一是制作规范的体系技术培训推广

材料；二是在进行试验示范、技术培训和服务等活动中，要亮明体系身份；三是要和各类农技推广部门增强协作；四是制作和发放体系工作名片，让客户或农户在需要时能够找得到你，这对老百姓来说是最直接的。同时，在宣传中也要注意和普通的技术服务、示范推广项目和其他农业技术推广体系区别开来，彰显体系的独特性和优势。

热霖胶辉映初心　砥砺创新再出发

白燕冰

德宏综合试验站　云南省德宏热带农业科学研究所

天然橡胶是我国的重要农产品，也是重要的战略物资之一，是关乎国计民生的基础产业。我国天然橡胶事业走过了114年的历程，经过引种试种、开荒创业、植胶守边、巩固发展和产业提升等发展阶段，经过几代科技工作者的开拓进取，锐意创新及种植企业、植胶农户的坚守和奉献，到2017年末，全国植胶面积已达1 800万亩，年产量约80万吨，实现了新中国成立初期的橡胶产业从无到有，不断发展壮大的初心和梦想。然而，随着社会的进步和国际国内天然橡胶产业的发展变化，我国天然橡胶产业也面临供给侧结构性改革。"提质保胶，节本增效、胶木兼优、抗寒高产、环境友好、机械化、信息化、省工高效、环保乳胶生产和高性能胶产品加工"等全产业链提质技术已成为新时代产业技术及植胶人的愿望和梦想。2007年以来，国家相继启动了五十个农产品技术体系，天然橡胶产业技术体系于2008年经农业部批准筹备，2009年2月20日在海南正式启动，我作为单位的负责人有幸被聘为天然橡胶产业技术体系德宏综合试验站站长，能同体系专家、同行们携手为我国的天然橡胶事业发展贡献力量，我感到非常光荣，也平添了一份责任和使命。

2009—2018年，天然橡胶产业从热浪巅峰到寒冬低谷，体系科技人见证了我国天然橡胶产业快速发展的改革变化，同时也担起了应对危机和困难的技术创新重任，十年磨剑的静气和韧劲，天然橡胶体系人不忘初心，砥砺创新，我和团队也与产业技术体系共同发展进步，专业技术水平、服务能力不断提升，为区域天然橡胶产业持续发展提供了有力支撑，作为最基层的试验站站长，感悟颇深的是体系发挥了"统筹协调、合作共享"的优势，具体体现在：

一、统筹规划，为实现产业新梦想描绘蓝图

体系人秉持老一辈植胶人的初心，怀揣着天然橡胶产业新梦想，全国一盘棋，总体规划，实现顶层设计创新，使产业科技创新更具有前瞻性、战略性和

应用性，产业规划也更具有整体性、长期性和基本性。一张蓝图分步实施，在首席科学家的精心策划和体系办的组织落实下，在各岗站的协同攻关和各团队成员的共同努力下，橡胶新品种区域试验示范、省工高效割胶技术、小筒苗育苗技术等一批重点关键技术突破，一批新品种、新技术在生产实践中示范推广和应用转化。

十年来，围绕橡胶体系的新梦想，德宏综合试验站为天然橡胶科技创新规划提供相关产业基础数据和技术需求信息，积极配合、协助体系办实施了国家的三个五年计划，分别完成了德宏综合试验2009—2013年、"十二五"和"十三五"的建设规划和任务实施，2011年、2015年和2017年分别在技术辐射区域——云南省德宏、临沧两州市，开展了产业发展现状调查、产业技术需求调查和科技扶贫调查，向首席办提交调查报告2份，调查表50份，年度建设实施情况总结报告10份，述职报告10份；为瑞丽市政府和法院提供橡胶树投资、损失、干胶质量等鉴定咨询报告4份，为企业提供橡胶树品种调查、产量调查咨询报告3份。为产业科技创新和发展规划建言献策，开展大量的试验示范、技术培训和科技服务，为实现天然橡胶产业科技创新梦想推波助力。

二、协调发展，为产业科技创新提供强大的基础保障

德宏州是我国橡胶树的诞生地，天然橡胶产业技术体系德宏综合试验站的建设依托单位是云南省德宏热带农业科学研究所，其前身是1952年响应国家发展橡胶事业的号召，农业部在云南德宏建的"甲种作物"(即"橡胶树"，当时为保密取的名)特林队、州农科所橡胶系，1962年迁址到瑞丽成立"德宏育种站"隶属云南省农垦局。体系建设之前，由于受管理体制限制、科研项目资源分布不匀衡、不协调，同时科研项目竞争、成果考核及科研评价机制的影响，德宏综合试验站的建设依托单位地处边境和基层，与其他同类基层科研单位和科技人员一样，存在科研经费缺乏，同行沟通难，项目重复、投资分散，基地利用率低，科技成果转化难、转化慢等与产业发展不协调的问题。体系平台建成后，实现了资源共享，互联互通，"消除壁垒"、"补齐短板"，处于基层的试验站不仅可以从其他体系中得到学习借鉴，橡胶产业科技创新也不再是各演各的"独角戏"，而是全国一盘棋，上下同奏的"大合唱"，把分散的科技力量整合在一条线上。

天然橡胶产业技术体系设有一个科技创新中心，一个首席科学家，6个功能研究室，14个岗位科学家，10个综合试验站，48个示范县，107个团队成员。整个体系聘用人员突破了科技管理模式的框框套套，整合了国家、省(区)、州、县(市)的科技创新资源，即整合政府扶持的科技创新资金、科技人才资源和产业基地资源，丰富了科技创新的技术基础保障，集中体现在集中资金办大事，凝结科研技术力量"一条心"，整合全国橡胶种植基地1800多万亩，不仅为产业应对各种风险提供应急、稳定的共享、分享平台，同时激活科技人才的创新意识，提高资源的利用效率，减少闲置资源和资源浪费。

加入体系以来，德宏综合试验站的橡胶研发和技术服务资金困难得以保障，技术辐射区域120万亩胶园，科技研发核心团队成员5人，后备团队成员4人，参与和配合体系重点任务1项，研究室重点任务3项，对接任务11项，分别在德宏、临沧两州市建立示范基地5个，共1 239亩，年平均开展培训12期。通过任务实施，团队成员认真完成年度计划任务，每年参加研究室和各岗站专家组织的体系内的学术交流，使我和团队成员及时了解到橡胶产业现状、经济市场信息和专家们研究的最新成果，无论在技术和组织管理方面都学到了许多新方法、新技术，提高了我和团队的技术应用和推广能力。首席办组织的年度考核和动态管理，不仅得到学习提高，也增强了我和团队成员的责任感和紧迫感。十年来，德宏综合试验站共引进培养研究生5人，培养高级职称3人，提高了团队的整体素质和业务水平。

三、合作攻关，及时解决生产技术问题和应急需求

实现产学研协同创新，协同开展调研，生产上的技术需求问题及时反馈给体系专家，专家为生产上及时解决技术需求问题，专家的研究课题来源于生产需求，消除了科研生产"两张皮"的现象，体系专家联合携手公关重大科技难题，体现了"大手拉小手，齐心助产业"的创新氛围。不仅为政府、企业和种植户提供种植规划咨询、政策制定等提供科学数据依据。同时，共同处理应急性事件和灾害预警等问题。例如：

2011年7—8月德宏综合试验站《关于云南德宏州瑞丽农场不明品种鉴定》。该案不仅关系到橡胶品种的溯源，品系鉴定，同时关乎农场职工的利益和相关责任的追究，德宏综合试验站在接到企业咨询函后，及时组织专家开展不明品种的来源、种植生长、采胶情况等基础信息调查收集，并邀请了云南省热作所的品种鉴定专家宁连云等从外观形态上做初步鉴定，同时将情况报告体系办，体系首席科学家黄华孙研究员高度重视，委托中国热带农业科学院橡胶研究所李维国研究员、方家林农艺师、张伟算、安泽伟副研究员等4名专家，再对瑞丽农场二分场不明无性系勐定 1 号和勐定 2 号两个品系分别进行形态鉴定，并采样进行分子鉴别。根据形态鉴定、分子鉴别结果，确定勐定 2 号即为 PR107，勐定 1 号为不明无性系。自接到鉴定函到提交报告用了 25 天时间，合作调查研究及时为企业决策和职工诉求提供科学依据。

2009—2018 年，德宏综合试验站累计开展培训 127 期，培训橡胶产业技术骨干 1 937 人，农户 12 965 人，发放技术资料 7 990 册。其中，2010—2014 年分别在瑞丽、芒市、孟定等示范县开展技术骨干培训，每次培训首席科学家亲临指导和实地调研，割胶、植保等岗位专家应邀不辞辛苦到现场授课和实地指导。专家们及时把橡胶产业科技创新技术成果和信息传播到试验站、传播到示范县、传播给种植户。

以上两个案例充分显现出体系的整体功能、协同功能、应用功能和快速应急功能。

四、共享成果，助力科技成果转化和脱贫攻坚

在科技高速发展的今天，我们所处的社会已经进入共享经济时代，共享经济已经贯穿于我们的学习、生活和工作中。橡胶体系建设，不仅是科技创新管理模式的创新，也是科技资源共享的创新。体系的重点任务、基础性工作都是围绕顶层规划设计和产业技术需求开展研究，课题任务来源于生产，试验站、示范县和生产单位的基础数据和技术需求信息供体系内的专家共享和分析研究，各研究室、岗站所取得的技术、专利、新品种、数据库等成果，也在体系内共享，在各个试验站和示范县的企业或种植基地开展试验、示范推广，然后再指导和应用于生产，回归到生产部门，实现产学研协作，提高研发效率和效益，实现科技成果应用推广和转化。例如：

栽培研究室和割胶岗位专家研发的省工高效割胶技术及电动割胶刀等技术在各试验站开展了试验示范和展示，同时在示范县应用和推广 3 000 多亩。种苗岗位研究的橡胶树小筒苗生产技术，加工岗位发明的胶乳快速凝固技术，机械岗位发明的电动割草机、施肥机等系列机械化工具，首先在试验站和示范县示范推广。科技成果从实验室走进田间地头，走近市场，拉动新技术新产品推广应用，促进科技成果转化。

德宏综合试验站根据德宏地区的植胶特点和地理气候，开展橡胶林下间套种咖啡、胡椒、茶叶、南药等经济作物的绿色生态种植技术经验也广泛推广应用于体系的其他试验站和示范县。"十三五"期间，德宏综合试验站还在德宏、临沧两州市建立了橡胶病虫害固定监测站 18 个，辐射带动监测点 340 个，监测数据在示范县共享，用于指导生产实践，促进橡胶监测等科技成果和技术实实在在地应用于生产单位。

德宏试验站把割胶刀提供给贫困户，并对贫困户开展相关培训，引导贫困户提高割胶技术和效率；帮助贫困户承包其他村民的橡胶树割胶工作，增加劳务收入，勤劳致富；购买肥料送给农户并指导施肥、修剪等技术。2014 年以来，德宏综合试验站开展科技扶贫"挂包帮"建档立卡户 30 户，其中种植橡胶户有 14 户，截至 2018 年 10 月已帮扶脱贫 27 户，帮扶脱贫率 90.0%。

2017 年云南省政府高度重视橡胶产业的发展，把橡胶产业列为云南高原特色八大产业之一，成立了云南省农业现代化橡胶产业技术体系，我单位承担了省体系土肥岗位的相关工作，为德宏综合试验站增添力量，为实现天然橡胶事业新梦想并肩奋斗。

十年，在人生的岁月里不是个小数字，专家们用辛勤的汗水浇灌着体系成长。时间荏苒，斗转星移，体系建设初期的老专家们一批批光荣退休，新生力量一批批加入体系，愿体系永远充满生机活力，永远坚守初心，秉承匠心，砥砺创新，为我国天然橡胶事业做出新的更大贡献！

科技助力橡胶产业发展

李 芹

红河综合试验站 云南省红河热带农业科学研究所

进入天然橡胶产业技术体系试验站工作十年，在首席科学家和各岗位专家的带领指导下，我们每一个参与人员的理论知识不断扩大、专业能力不断提升，为生产服务的综合能力不断提高。天然橡胶产业技术体系的工作从产业发展最前沿的基因蛋白质研究、分子细胞研究，到宏观经济政策的规划制定，新品种、采胶、土肥、病虫害综合防控、产品加工、农业机械等先进技术的示范推广，几乎涵盖了天然橡胶产业科学发展的方方面面，使我们每一个试验站的从业科技人员的科研能力得到了锻炼和提高。

体系实验站的工作让理论知识找到大显身手的平台。理论知识具有理想化和普遍性，放之四海都是真理，落到实处却又无法解决问题，实际的情况和理论的描述出入很大。天然橡胶生产的效益有自身品种、抗逆性、适应能力等的因素，自然的物候、生态、环境等的影响，还有来自社会的重视、政策、需求、兴趣等的干预，这些都是在理论知识所不能学习与预见到的方方面面，体系试验站一边有试验室、示范地，一边联系着生产、市场的范围，在基层试验站工作能获得当地橡胶产业实践的第一手信息，是把所学理论知识运用于实践，使其实用化的有效平台。

体系实验站的工作是团队精神的见证与诠释。春季萌芽期防沾病虫害、种苗培育、示范基地建设等任务，所有体系成员在正常开展本职工作的同时，挤出时间加班加点，形成合力不分彼此，攻坚克难确保各项任务按时按质按量地开展并完成。在团队集体工作中，各个成员根据自己特长，自觉主动地承担各自的工作与职责，上山下农场，有的布点调查，有的实践指导，有的集中培训。长期的配合互助，成员间形成默契，使科研工作协调有序地发展，克服了一个又一个难关。这是团队面临基层体系试验站人少事繁、设备缺乏的挑战而显示集体力量的见证。

体系实验站的工作锻炼组织协调的能力，锻炼交流合作的能力。体系试验站开展的工作很多，各个方面专业人员都有。一个试验的开展、一个基地的建设不是一个人能够完成的，可能涉及育种、栽培、采胶、土肥、植保、加工、机械、分析测试、数据处理等多方面的领域，这就不仅仅有试验站内部的合作，还有跨部门的合作，甚至有当地农场、乡镇和农业农村部门的配合，如何组织协调让各个部门有序高效地开展工作，如何通过交流让胶农、管理者、政府工作人员明白你的意图，如何倾听其他合作者的建议思路并理解它，正是在这些实际工作中，迅速锻炼与提升了一个人的对内组织协调能力、对外交流合作能力。

依托体系促进橡胶产业发展

李文海

文昌综合试验站　海南省农垦橡胶研究所

国家天然橡胶产业技术体系（下称体系）不仅是研究、试验、示范、推广、科技培训和产业的技术支撑，而且是一个学习技术和知识的大课堂，在其中工作，还能够接触到新理念、新知识和新技术，大大地丰富了我们的实践经验，并能够从中学习到许多科技创新的成果。作为体系中的一员，能在其中为国家的天然橡胶事业尽自己的微薄之力，是本人的最大荣幸。同时，能够有机会与众多的岗位科学家、试验站长及团队成员共事，使本人的知识得到充实，人生的境界得到升华。本人将从以下几个方面浅谈十年体系工作的体会。

一、文昌综合试验站工作进展情况

国家天然橡胶产业技术体系文昌综合试验站成立于 2008 年。自组建以来，已经多次承接相关的橡胶试验示范区的工作任务，各项考核指标均已完成。

试验示范区建设方面。在体系中，试验示范区是体系中新技术、新成果的展示应用平台，是各试验站的重点任务。到目前为止，文昌综合试验站已经承接和建立的试验区共 401.2 亩，试验示范区主要分布在文昌、海口、定安、澄迈和临高五个市县。

基础数据收集方面。基础数据的收集虽然是体系中的基础性工作，但对各试验站而言是重点，也是难点，需要多方配合，是要经过认真收集、细心整理和分类归档等多道工序组合才能够完成的艰巨任务。

科技培训方面。文昌综合试验站结合科技服务推广活动和各示范县需求，以集中培训和现场示范的形式分别在文昌市的重兴镇、蓬莱镇、头苑玉山乡文山村，海口市的龙源村、合群村、红旗村、永兴镇，定安县的龙门镇、永丰镇、龙河镇等乡镇开展橡胶树割胶和管理技术培训、橡胶风害树的处理技术培训，橡胶树冬季割胶技术培训和割胶技术服务，同时，依托海南省农业科技110 服务平台，将培训内容、应急性事件处理方法通过手机短信、挂图上墙、印发小册子等方式传送到胶农手中。

截至 2018 年 10 月 30 日，文昌综合试验站共开展关于橡胶树种植技术、割胶技术、病虫害防治、灾害后处理及冬春管理等管养割方面的技术培训班共 130 期，遍及包括海口、文昌、定安、澄迈和临高三个市县的 31 个农场、乡镇，培训人数达到 17 556 人次。发放技术资料（含光碟）8 000 多份。有效促进橡胶产业的健康发展，推进天然橡胶生产技术进村、入户、至田。

本区域热作、农技以及相关部门对于文昌综合试验站在该地区积极开展的橡胶技术服务工作给予了高度的评价。

二、个人体会

自加入体系以来，我在橡胶产业发展、单位协调合作、人才培养、宣传推广以及机构组建方面受益良多。

1. 产业体系的建立与发展，使从事橡胶研究与生产各单位得到有机整合。从良种选育到示范推广，从栽培管理到生产加工，从病虫害防控到生态环境监测保护等，体系任务无不反映当前橡胶产业现实中需要解决的问题，为橡胶产业的发展指明正确方向，从本质上保障了橡胶产业可持续的稳定发展。

2. 协调从事橡胶行业的各单位的整合，促进了单位之间的相互交流与学习，取长补短，也充分发挥了各单位在各自领域上的优势强项，及时解决当前橡胶产业中出现的问题，这在很大程度上，加快了橡胶产业的发展。

3. 人才是当今社会最为重要的资源，天然橡胶体系尤为重视对后备人才与年轻同志的培养与锻炼。体系中涉及人员较为广泛，上至专家教授，下至普通职工，因此，体系成员不但要熟知橡胶产业各个方面的相关知识，还要具备相当的社会沟通能力。在体系中年轻同志有了一个展示才能的舞台，得到充分锻炼，也为橡胶产业的发展注入了新鲜血液，保证了橡胶产业的朝气活力。

4. 示范基地的建立、科技人员培训以及新技术试验，促进了橡胶产业的发展和新技术的宣传推广，从事橡胶工作基层人员能学习到橡胶发展中新理念、新技术，使广大胶工成为有学习意识、合作意识、创新意识与技术意识的新型胶工。

体系中新成果、新技术的展示，也促进了地方政府对橡胶产业的重视，加强了各参与单位与地方政府的密切合作，使橡胶产业发展更能深入人心。

5. 体系是一个专业组织，其任务、结构和职责非常明确，可以概括为机构层级化、任务层次化、工作制度化、基地规范化、技术标准化、人员固定化、资金保障化和考核指标化。

①机构层级化。体系设首席科学家1名，下设6个功能研究室，共有14名岗位科学家；还有10个综合试验站，分布在我国所有植胶区域，覆盖包括海南、广东和云南的48个示范市县，体系团队成员共有107人，结构布局合理。

②任务层次化。体系的工作任务有六大块，分别是：体系重点任务、研究室重点任务、岗位重点任务、综合试验站重点任务、基础性工作和应急性工作。各项均有工作有急重之分。

③工作制度化。把工作任务分解到每个岗位或试验站，在首席科学家的领导和岗位专家的指导下开展岗站对接，团队合作的工作机制，权责明确，相互制约，相互协作。

④基地规范化。试验示范基地具有较强的规范性，每项工作都有相关的硬性指标，试验站必须在规定范围内完成任务。

⑤技术标准化。体系工作中，对技术的要求非常严格，从良种选育、品种栽培、割胶技术、植物保护、土壤肥料都具有相应的技术标准。

⑥人员固定化。体系的团队成员虽然来自不同的依托单位和工作岗位，但是进入体系后，其工作性质相对得到固定，一般一任五年，并在所签订的计划任务书中得到具体的体现，因而岗位专家、综合试验站站长到团队成员都相对稳定，有利于工作的连续性。

⑦资金保障化。体系严格按照经费预算来执行，专款专用，并由专人管理。能够保障基本建设、科技研发、仪器设备购置、劳务经费都的合理使用。

⑧考核指标化。岗位人员年终考核，制定相应的考核标准。如考核指标完成情况，本区域产业发展和技术支撑情况，团队建设情况，工作日记填报，经费使用情况和信用评价等。

体系的建立是科技工作的一大进步，体系的建立也是科技工作改革创新的成果，我们将致力于体系的伟大事业。

生产不忘科研，做好技术支撑

莫东红

东方综合试验站　海南天然橡胶产业集团股份有限公司广坝分公司

我作为基层橡胶公司——海胶集团广坝分公司的生产技术部部长，自1981年参加农垦工作，从事橡胶事业已有三十七年。2009年我有幸成为天然橡胶产业技术体系东方综合试验站的站长。在生产实践中，我深刻理解到科技是最大的生产力，必须把生产与科研紧密结合。通过产、学、研、推相结合，在橡胶生产和科技领域做了一些力所能及的事情，取得了较好的成效。2004年，广坝农场就开始不断尝试胶园林下经济发展，先后在开割胶园种植食用菌和未开割胶园种植瓜菜，并获得成功，先后得到当时农垦总局、海垦集团的肯定和表扬。我个人撰写的一篇题为《广坝农场橡胶林下经济发展研究》的论文也获得由农垦组织部、宣传部、团委、农垦报社共同主办的海南农垦青年人才论坛优秀论文一等奖。推动"橡胶全周期生产模式种植"，东方综合试验站完成了3 000多亩试种示范区种植，这一种植模式的推广应用，也是橡胶林下经济发展的有益探索。今后我们还将在这方面不断引进、推广新的技术和模式，实现企业增效，带动职工创收。

利用岗位研发的新技术和新成果，与当地生产管理的实际相结合，进行熟化集成，应用和推广取得显著成效。2011—2016年，广坝分公司推行气刺短线割胶技术22万株。目前该技术已辐射集团多家分公司，规模达60多万株。气刺割胶节约劳动力，提高劳动生产率约40%，增加了胶工收入，取得明显的社会效益、经济效益，获得了海胶高管层的充分肯定。本人参与的"橡胶树气刺短线割胶技术改进与推广"被农业部列为"十三五"主要推广技术。在广坝分公司普光14队、15队开展橡胶树死皮康复营养剂示范试验，并结合示范结果制定针对橡胶树品种RRIM600的死皮防控方案，为死皮树复割产胶提供技术支撑。在广坝分公司玉龙33队建立180亩9个品种共5 608株的橡胶树抗风抗寒新品种选育与区域性试种试验示范区，鉴定新品种的生长、抗性等性状，建立试验区档案，优化出适合各个地区的种植品种，为后期的橡胶生产提供相关依据。建立橡胶树抗旱保水示范基地，探讨出合理可行、经济实惠的旱区胶园节水、保水技术，为干旱地区的橡胶生产提供较大帮助。建立橡胶大型全苗苗圃基地，缩短了橡胶生长期 1.5 ～ 2 年。2014 年，我撰写的《海南广坝农场气刺短线割胶技术的示范应用小结》因数据翔实，示范性、可操作性较强等特点，荣获了中国热带作物学会割胶生理专业委员会学习研讨会优秀论文奖；2015 年，我撰写的《气刺短线割胶新技术应用报告》，被中国热带作物协会评为分会场优秀学术报告；2017 年，我撰写的《2014—2017 年气刺割胶总结》获中国热带作物学会天然橡胶年会优秀论文。本人独立或与他人合作的《海胶集团广坝分公司橡胶林下经济发展及其启示》《橡胶林套竹荪的土壤肥力效应分析研究》等学术论文也先后发表在《中国热带农业》等省地级期刊上。

因为工作成效显著，我于 2017 年被海胶集团评选为"海胶工匠"，同时被国家人力资源社会保障部和农业部联合表彰，获得"全国农业先进工作者"称号。这些荣誉的取得与天然橡胶产业技术体系提供的平台密不可分，体系串起了我们这些基层技术人员与科技专家的联系。在新的历史时期，我也将继续传承农垦精神、工匠精神，与体系岗站人员一起，心往一处想，劲往一处使，事往一处谋，继续推动天然橡胶产业的技术进步。

扎根基层　甘愿汗水洒胶园

刘汉文

琼中综合试验站　海南天然橡胶产业集团股份有限公司阳江分公司

农业部和财政部在 2007 年底联合印发《关于地方开展现代农业产业技术体系建设工作的指导意见》的通知，明确指出，建设国家现代农业产业技术体系，旨在以农产品为单元，以产业为主线，合理配置中央和地方各级各类科技资源与科技力量，推动发展区域经济、提升区域创新能力。

天然橡胶产业技术体系是现代农业产业技术体系的重要组成部分，目前已连续实施了十年。综合试验站建立以后，我有幸被聘为琼中综合试验站站长，参与天然橡胶产业体系的建设工作。目前琼中综合试验站服务辐射区域为海南省琼中、儋州、屯昌、五指山等 4 个县市，现有团队成员 5 名，示范县骨干16 人，全都是来自橡胶产业农技部门和生产一线的技术人员。

综合试验站主要职能就是开展天然橡胶产业综合集成技术的试验、示范，培训技术推广人员和科技示范户，开展技术服务，同时调查和收集生产实际问题与技术需求信息，监测分析本区域橡胶树生长生产、病虫害、气候灾害等动态变化并协助处理相关问题。十年来，在体系首席科学家正确领导下，在各岗位专家的指导和具体安排下，以及在建设依托单位领导的大力支持以及各示范县的密切配合下，琼中试验站全体团队成员团结协助、扎实工作，全面完成各年度项目任务。

对体系工作，我从最初陌生，到后来逐渐熟悉，再到现在能够主动地开展相关业务，这一路走来，收获颇多，感触颇深。总的来说，参加体系工作，得到很多锻炼，使自己在天然橡胶这方面懂得更多，同时作为试验站站长，我深刻意识到团队的配合非常重要，项目实施需要团队成员大家一起努力，在这个过程中每位成员不仅要做好自己负责的领域工作，还要保证团队整体工作的顺利进行。综合试验站为本地区橡胶生产新技术、新成果的推广和应用提供了交流平台和示范基地，促进了橡胶产业可持续健康发展。同时通过开展技术交流、示范基地带动等活动，为本区域橡胶产业发展提供技术支撑。此外，随着体系工作的逐年开展，综合试验站与地方政府及农垦其他单位的工作关系也不断加强。作为体系的一分子，我见证了体系建立以来所取得骄人成绩，备感骄傲。现将体系十年工作的开展和实践感悟做一汇报。

一、琼中天然橡胶综合试验站建设的地位与意义

1. 天然橡胶产业发展的需要。目前海南省天然橡胶种植面积超过 800 万亩，其中，琼中综合试验站服务辐射区域所在的琼中、儋州、屯昌、五指山 4 个县市是天然橡胶主产区，也是海南 6 个综合试验站辐射面积占比最大的综合试验站。天然橡胶是该区域内农村农业经济发展的重要支柱产业，对地方农民脱贫致富起到重要作用。同时，由于该区域属于海南中西部地区，交通欠发达，经济较为落后，农民的科学文化素质和农技水平较低，琼中综合试验站的建设与发展，为该区域内建设现代热带农业的发展起到添砖加瓦的作用。

2. 完善科技创新体系的有效途径。建站十年来，琼中综合试验站承接了整个产业技术体系的多项重大的科研任务，在此过程中，试验站一方面结合当地的实际情况对一些基础研究和重大科技成果进行熟化和推广，另一方面通过对科技成果实施情况的了解为整个科技创新体系的运行提供反馈信息。因此，试验站可以说为科技创新体系在生产单位的应用取到了桥梁和纽带的作用。

3. 当前胶价低迷情况下稳定产业的有力保障。当前胶价持续低迷，对天然橡胶产业带来了巨大的冲击，甚至在有些地方，部分管理者和生产人员对天然橡胶已经不抱期望之想。可以说，天然橡胶产业遇到了前所未有的压力和挑战。但是，我们应清醒地而且是长久地认识到，天然橡胶产业是我国重要的战略物资和工业原料，对我国国防建设和工业发展有着不可替代的作用。作为国家天然橡胶产业技术体系的综合试验站，落在我们肩上的任务不仅是技术推广与指导，同时也要加大正面宣传，寻找产业新的经济增长点，从而达到提升产业竞争力、稳定产业的目的。

二、琼中天然橡胶综合试验站的工作方式与成效

1. 产业调研与基础研究相结合。琼中综合试验站组织团队成员对辐射区域内天然橡胶产业进行调研，通过深度访谈、现场观察等调查方式收集产业信息，包括区域内橡胶生产总体情况、生产存在的主要问题、主要技术需求等，为体系岗位专家的科研选题立项提供科学依据。同时，试验站通过多年的积累，在天然橡胶新品种选育等基础研究方面也取得了重要的成果，如大丰 95

等品系在生产单位有了一定的推广。

2. 技术集成与试验示范相结合。目前试验站承接了整个天然橡胶产业技术体系中 13 个岗位专家的 18 项工作任务，主要是为岗位专家的基础研究和科技成果提供技术集成和试验示范。通过试验示范，一方面将各项产业技术进行了熟化和推广，另一方面通过对所示范推广的技术在生产上存在的问题进行反馈，为研究和技术的完善提供一线信息。同时为了展示示范基地并推广新技术、新成果，增强试验示范基地辐射带动能力，组织开展了试验示范基地现场观摩活动，参与观摩的人员包括同行技术人员及辐射区公司技术员、种植大户、地方农业科技推广人员及其他地方的农民等。

3. 技术培训与田间指导相结合。综合试验站每年定期举办与天然橡胶产业有关的各专项技术培训班，积极针对农民、种植大户、基层农技推广人员及企业、农场、基层农业主管领导等进行新技术、新知识的培训，培训人数达到8 400 人次。通过理论讲解、现场观摩及实践操作相结合的方式，培养农业科技推广的"二传手"，进而提升对"三农"的服务能力。同时，试验站团队成员经常下到田间地头，与农民胶工积极沟通，了解产业动态，开展技术指导。

4. 常态服务与应急救灾相结合。开展常态服务包括示范基地建设、举办培训班、田间技术指导和电话咨询服务等。应急救灾主要在辐射服务区内开展包括橡胶病虫害监控与防治、应急性的抗风救灾、抗寒救灾和抗旱救灾等工作。十年间，在台风、强降雨、强冷空气等自然灾害中，团队成员及示范县骨干积极投入到抗灾救灾工作中，分析灾害并及时上报，提供灾后技术指导，为灾区科学救灾、促进天然橡胶恢复生产提供技术支撑。

三、对天然橡胶产业技术体系综合试验站建设的建议

1. 加强试验站农技推广人员力量。试验站主要功能是服务产业、服务农民、服务体系，工作抓手主要在农技推广人员。通过对接体系产业的战略性、基础性、前瞻性、应急性研究，把试验示范的品种和新技术交由农技推广人员进行推广，直接面向生产，在基层为广大农民和天然橡胶生产者提供技术服务。因此，试验站的团队成员及农技推广人员在试验站工作中的重要性不可忽视。当前，部分试验站这方面力量较为薄弱，需要加强。

2. 增加岗站、站站之间交流。试验站要主动与体系内的岗位专家接触和交流，积极承担岗位专家的试验任务，及时反映生产一线中的主要科技问题，集中精力解决发展中的瓶颈问题，有力支撑农业产业的可持续发展。天然橡胶产

业技术体系覆盖了海南、云南和广东等橡胶主栽区。这个大家庭囊括了三大植胶区的专家和行业内人士，通过增加交流，可以了解到产业发展动态与趋势，更好地为这个产业服务。

3. 增强与地方政府的沟通增加社会显示度。产业技术体系综合试验站，主要是面向辐射服务区域内的产业服务，这个区域跨越了行政区域。在开展工作的过程中，既要遵从体系的指导，又要争取地方政府的支持，这就要求一方面要加强试验站宣传工作，积极沟通，另一方面要提升服务产业的能力和本领，增强对当地农民科技的服务和农业科技信息的传播，促进农业区域发展和农民致富，增加整个产业体系在当地经济发展中的显示度。

汗水浇灌收获。十来来琼中试验站在体系首席的引领和各专家老师的指导下，工作越来越深入。我本人也在体系的大家庭里得到了锤炼，实现了人身价值，为橡胶产业的健康发展和提高胶工收入作出了一定的贡献，有付出就有收获，2018 年我被海胶集团评为"科技创新标兵"。

与体系结伴同行

蓝志南

万宁综合试验站　海南天然橡胶产业集团股份有限公司新中分公司

2008 年，我幸运地加入到万宁综合试验站队伍的行列，成为天然橡胶体系一位名副其实的团队成员。眨眼间，十年过去了，虽然历尽艰辛，饱含汗水，但却觉得生活充实而有价值。

体系成立初期，由于缺乏经验，找不准切入点，工作相当变动。可以说是摸着石头过河，走一步看一步。对此，我也曾经有过退团的念头。但转念一想，我所面对都是学识渊博的专家，如果退出，失去的将是一次绝好的学习机会，所以必须坚持。自从加入团队后，为了学到更多的知识和技术，我几乎把团队所有的活儿都包揽下来，哪怕加班加点，也在所不惜。此后，我随前任站长多次参加了体系举办的各种工作交流会，有缘结识了众多的资深专家，通过学习与交流，着实学到了不少东西，也有了成就感。2017 年，我承接了前任站长的工作，虽然肩上的担子变重了，但我坚信：只要功夫深，铁杵磨成针。

随着时间的推进，我们送走了"十一五"，又迎来了"十二五""十三五"……一个个示范基地拔地而起，一批批技术人才相继加入到团队，不仅带动了产业发展，也为后续推广工作奠定了基础。气刺微割与超低频 (7d) 割胶技术示范并驾齐驱，同是以提高劳动生产率为手段，增加胶工收入为目的。这些技术不仅有效地缓解了胶工严重短缺的危难局势，对胶林生态也起到了很好的保护作用；新品种区域性试种示范，不但让我们看到了热垦 628 速生快长的特性，也再次证明热研 7-33-97 早熟高产的优势，为品种推广提供可靠依据；小型苗的研发与运用，不仅缩短了苗木的培育时间，又因其体型小、种植便利、成活率高、抗风性能好而深受胶农喜爱；经过特殊处理而培育出的大型苗，不但根系发达，易于成活，还能轻便上山，有效缩短抚管期一年，已成为补换植的理想材料；新型种植材料——体胚无性系示范，让我们对其特性有了更深入的了解，并获得大规模种植的宝贵经验。

科学的道路无止境。我们不能因为获得这点微薄的成绩而沾沾自喜，更不要为了暂时的失利而驻足不前。目前，我们所要解决的不仅仅是提高橡胶业的竞争力问题，更重要的是要解决当今时下橡胶业能否继续生存的问题。所以我们必须要做好两手准备，首先要分析局势，研究对策，争取国家政策扶持，其次是利用科技手段，提高国际竞争力。前者只能治标，后者方能治本，这是终极目标，也是长远目标。唯有竞争力提高了，我们才能鹤立鸡群，高瞻远瞩，永保自己的话语权。

搭建全国性区域试验示范网络

李维国

高产品种改良岗位　中国热带农业科学院橡胶研究所

国家现代农业产业技术体系建设是我国农业科技领域的一项重大管理创新，是促进农业科研与生产紧密结合的有效途径，是建立全国范围内农业科研协同创新内生机制的成功探索。其中天然橡胶产业技术体系建立和运行十年以来，高产品种改良岗位（抗风高产育种）围绕新品种区域试验示范、培训和技术服务、抗风高产品种选育等职能和任务，开展了一系列的工作，取得了较好的产业效果及科研成效，现将相关经验和体会总结如下。

品种区域试验的目的在于通过田间试验，鉴定橡胶树新品种的丰产性、抗逆性、适应性等品质及综合表现，客观评价参试品种的特性与生产利用价值，为橡胶树品种审定和推广提供科学依据。区域试验是将新近选育的优良品种，有计划地在有代表性的不同地区进行试验，测定其利用价值，确定其应用范围与推广地区，是新品种选育和良种繁育推广的重要环节，是联系科研与生产的桥梁，是客观评价农作物品种的丰产性、稳产性、适应性的最好办法。而区域试验质量的好坏，将直接影响到品种的审定与推广。

我国的植胶区在热带北缘，植胶生态类型区复杂多样，区域差异很大，因此高水平的全国区域性适应性试种网络及区域试验就更为重要。橡胶树品种区域试验技术在实践中得到了不断的完善与提高，目前已形成较为完善的区域试验品种评价体系、品种审定标准和区域试验操作规程，但在新形势下全国橡胶树区试工作仍然面临实际困难和新的挑战。只有客观地总结和分析区试中存在的问题，并采取适当的应对策略，才能进一步加强国家天然橡胶区域试验工作的效率和与科学性。

一、体系成立前品种推广领域存在的问题

在成立橡胶树天然技术产业体系之前，橡胶树的品种推广应用尤其是橡胶树全国性区试存在着诸多技术问题和产业问题。具体体现在：

1. 橡胶树区域试验实施难度大。自 2000 年《中华人民共和国种子法》颁布以来，增加了对新品种的新颖性、特异性、一致性和稳定性的要求，并且随着橡胶树品种审定、区域试验规程等一系列规范的制定和颁布，区域试验组织实施的要求大幅提高；同时由于近年来农垦系统进行了体制改革，增加了胶农个人的管理支配权，大部分胶园进行包产到户，导致区域试验项目组织实施困难。进入 2013 年后，天然橡胶价格断崖式下跌，截至目前，已跌破成本价且一直在成本线以下运行，这对具有风险大、收益小的试验性质的区域试验的开展尤为不利。同时，由于橡胶树生产周期长，植株生长对环境条件反应敏感，与一次性收获的作物相比，橡胶树区域试验的田间管理、调查记载和收获计产等工作的实施难度更大。

2. 橡胶树区域试验布局不完善。在体系成立之前，我国的天然橡胶适应性试验区布局不完善，已有试验区建设不规范。由于我国植胶环境差异较大，对品种的技术需求差异也很大，如海南需要抗风高产品种，广东需要抗风抗寒高产品种，云南需要抗寒品种。品种需求的不同，导致长期以来，品种区域试验的布局具有单一性和不完整性。如热研/热垦系列品种区试仅选择在海南地区，云南热作所的品种仅布局在云南地区，海垦系列品种仅应用在海胶集团小范围地区，湛试系列仅布局在广东地区。作为一个长周期育种动辄三十年的作物，适应性试验区的缺失导致部分优良品种无法在全国范围内应用，不仅使得生产单位在品种选择上非常单一，也导致了育种过程中大量的人力物力财力的浪费。有鉴于此，在体系成立后，依托体系的组织协调与布局，各育种单位对生产单位的需求更为清晰，结合品种的特性与生产单位的诉求，针对性地在潜力适宜区建立了相应的新品种试验区，做到了产学研的紧密结合。十年间在海南、广东、云南地区建立适应性试验区 3500 多亩，初步建成了一个布局合理、标准规范的全国性试验区，为新品种的推广应用与生产单位的品种升级提供了重要支撑。

3. 科研部门与生产单位联系不紧密。科研部门与生产单位相互了解不够，适应性试验区的建设就无法与生产单位高效结合。适应性试验的建设需要科研单位育种部门与生产单位有密切的合作往来，彼此信任了解。在体系成立之前，由于缺乏适当的组织和渠道，与农技推广部门联系较多，但与具体的生产单位联系不够。在海南地区，仅仅与儋州本地橡胶所周边个别农场如侨植、和庆有较多的往来，与海南省主要生态类型区有影响力的农场缺乏了解沟通渠道。在海南东部的中、重风区，在北部的中风中寒区、在西南部的干旱区均无直接联系渠道，因而在海南主要植胶区缺乏合适的试验点。而在体系成立后，有了岗站直接沟通交流的架构和渠道，并且这种渠道不仅限于省内，与广东、云南地区也有了深入的了解，部分岗站也有了紧密的合作。如选育的品种热研7-33-97在推广的时候由于适应性试验区的限制，仅定位于服务海南垦区，在海南地区的推广也主要依靠自然辐射带动。体系成立后，先后在省内与琼中试验站（依托海胶阳江农场）、万宁试验站（依托万宁新中农场）、文昌试验站（依托海垦文昌橡胶所）、东方试验站（依托东方广坝农场）建立了300多亩区域试验区。同时与湛江试验站（依托原湛江试验站）、茂名试验站（依托广东农垦热带作物研究所）合作，在粤西、粤东等地建立了10多个新品种适应性试验区，经过多年的观测，证明了热研7-33-97在广东的种植潜力。目前，热研7-33-97已成为广东应用比例最高的品种，超过种植总面积的半壁江山。若没有体系的整体设计、组织和实施，热研7-33-97应该还只是一个区域性的品种，绝非是现在海南、广东的主力品种。在云南地区，与抗寒育种岗位充分合作，以热研879、热垦628等品种为材料，在西双版纳的热作所、东风农场、勐腊农场、勐龙镇，临沧州耿马县的孟定农场，德宏州的云南热作所，普洱市江城县等地区建立适应性试验区，极大丰富了对品种生态试验区的布局，充分挖掘了品种的利用潜能，也为生产单位提供了更多更好的选择。

4. 区域试验经费不足，质量不高。在经费上，区域试验是公益性农业科技事业的一项具体工作，需要政府公共财政的全力支持和帮助。目前橡胶树的区域试验并没有列入国家预算，但近年来劳动力、农资等产品涨价迅猛，单纯由生产单位的需求导向，承担相关的试验任务，财力物力人力的消耗使得承担单位不堪重负，无法维持正常运转。

在体系架构上，由于经费等的限制，橡胶树区域试验缺少相对独立的机构与体系，多数承试单位也没有设置独立的区域试验部门、区域试验专门岗位与专业人员，而且整个试验涉及的单位和人员较多，人员变动较大，承试人员业务素质难免参差不齐，从而造成区试队伍不够稳定，不利于区域试验方案的准确落实和试验质量的提高。另一方面，区试工作在多数单位一般不作为研究课题或课题级别较低，橡胶树区试人员由于长期负责具体田间试验工作，处境相对艰难，从而影响了区试人员的工作积极性。

在试验质量上，由于经费少，投入不够，试验条件简陋，基础设施差，测试手段落后，品种试验的产量鉴定成为一个大问题。生产单位由于无法承担专人测产的费用，导致产量数据非常粗放，甚至靠估计，至于对于技术要求更高的橡胶树割胶制度、胶乳诊断等方面的试验更无法承担。试验条件差已成为严重影响区域试验质量的一个重要因素。

二、体系成立后依托体系推进相关工作的有效措施

1.岗站对接，解决综合试验站的技术来源和生产实际的问题。为充分发挥国家橡胶树产业技术体系的岗站协同效应，促进科技成果的集成、转化，自建立之初，国家橡胶树产业技术体系便鼓励岗位科学家与综合试验站建立对接关系。"十二五"期间，充分考虑到行政区划、地域特点、资源配置、人员结构等因素，结合体系重点任务安排落实情况，不断完善岗站对接关系。如每年赴海南、云南、广东的各岗站，考察新品种区域试验区、各试验任务的落实情况及落实栽培育种的实际技术问题。

在橡胶树生产关键季节或遇到重大技术问题时，试验站组织对接岗位科学家进行实地考察、会诊，现场解决生产技术问题；不能当场解决的问题，由各领域的专家分头研究，提出解决方案，交综合试验站进行集成和验证。

例如，2012年5月下旬海南儋州、琼中等多地出现橡胶树枯梢导致整株枯死现象，在琼中试验站知会后，高产品种改良岗位科学家紧急响应，立刻奔赴各地现场调研，初步查看症状，在与病虫防治岗位充分沟通后，诊断为由于"两病"集中暴发导致树体营养不良，感染急性炭疽病致死。建议生产单位加强春季"两病"防治，在发现枯梢株后应第一时间进行病害确诊，开展（急性炭疽病）紧急防治。最终，疫情得到有效控制，防治工作取得良好的效果，为植胶单位与农民减少了损失。

事实证明，岗站对接的做法，有效解决了综合试验站技术来源不足和岗位科学家与生产实际缺少联系的问题，使产业技术体系的研究方向能紧密围绕生产需求，不同层次科研力量优势互补，形成合力，使体系的研发、示范能力不断提高，研究成果能尽早应用于生产。

2.以功能研究室为单位建立常态化技术研发协作关系，攻克全局性关键技术难题。为攻克橡胶树产业链条不同环节的技术瓶颈，建立了橡胶树全国新品种区域试验协作网，每年组织召开全国橡胶树区域试验年会，邀请不同领域科研人员和生产单位一线管理生产人员，实现科研基础数据收集。试验规范等技术交流和信息共享，让各生态区域生产单位全方面了解品种的农艺特性与生态适应性。

同时，育种研究室每年均与不同岗站合作举办学术研讨年会，不同功能研究室间的合作关系也得到加强。近年来先后与初产品加工岗位、湛江试验站、琼中试验站等合作办会，尤其是与初产品加工岗位形成了长期合作关系，以品种为前端，研究其品种、割胶、管理等方面对后端加工品质的影响，并取得了初步结果，培养了一批领域跨界人才，为高品质橡胶树品种的研发提供了理论和技术基础，为实现高品质胶产品技术的国产化发挥了积极的推动作用。

3. 强化与基层农技推广体系的连接，加快体系研究成果的转化。抗风育种岗的定位即为产业提供品种及技术支撑，因此历来非常注重与基层农技推广体系有效对接，使体系的研究成果得以推广应用并落地生根。各综合试验站优先选择橡胶树主栽区和科技入户示范县为对接示范县，建立示范基地，并开展技术培训和现场观摩。每年通过形式多样、灵活实用的技术培训活动，向服务区域的农技推广人员、示范户等传授橡胶树品种及配套高产栽培技术，受到基层农技人员和示范户的热烈欢迎。"十二五"至"十三五"期间，各综合试验站在对接县建立了数十个示范基地，这些基地成为新品种、新技术、新产品展示的示范基地和广大干部群众学科学、用科学的田间课堂，带动了示范县橡胶树生产的发展。岗、站、站县辐射机制的建立理顺了体系研发成果向生产第一线应用的渠道，克服了农技推广中"最后一公里、最后一道坎"的难题。

4. 促进产业技术体系建设与其他项目的整合，提高资源利用效率。国家橡胶树产业技术体系在建设过程中注意与其他项目如农业农村部南亚专项、省农技推广等项目的资源整合，以提高资金、人力的利用效率，如"十二五"期间，通过与南亚热带作物专项结合，在广东、云南建立了十多个区域试验示范区，展示优良品种及配套技术。"十三五"期间，结合海南省重点研发项目，在白沙县建立了4个适应性试验区，展示了新品种成果及技术。通过与省重大科技子项目结合，利用已有试区开展品种高品质胶构成因素的研究，系统地梳理现有品种的胶乳、生胶品质特征，初步找到了高品质胶的评价技术指标，为后续高质胶的选育打下良好的基础。

5. 加强培训，提高区试人员技术水平，优化和严格执行区试操作规程。高质量的区试队伍是区试工作科学实施的重要保证。优秀的一线田间技术人员了解试验的目的、方法、措施及需要注意的问题，操作熟练，人为误差可相对减少。要建立这样一支队伍，必须使技术人员明白试验的重要性，要不断加强和提高专业技能，提高思想素质和职业道德，保证区试工作的公正性、科学性和严肃性。区域试验队伍培养的方式可以灵活多样，以讲求实效为先。区试交流研讨是重要途径之一，建立了常态化的区域试验研讨交流机制，每年年会就适应性试验的进展，数据收集的规范方式方法，收集的心得和有益经验进行分享交流，通过这种方式调动了一线生产技术管理人员的积极性，同时也能及时对试验进行小结和安排下年度的工作，对提高适应性试验的质量很有帮助。二是结合品种区试考察，每年度本岗位的专家及团队成员均会深入到各适应性试区，对区试实施的质量与要求、试验误差控制方法、试验记载标准和栽培技术等进行现场指导，让承试人员了解试验设计、试验方案、试验调查项目和标准以及试验技术的进展等实际问题，增强区试操作能力。三是针对性邀请交流，对试验有具体技术要求的人员及实施中存在疑问的一线人员，邀请其就具体的技术问题进行现场展示及介绍，使其现场掌握和熟悉区域试验的各项操作规程与技术要点，保证田间试验的顺利完成和样品采集与数据调查记载的准确可靠。同时，通过各区试点考察、交流学习，取长补短，考察参试品种在不同地理位置、不同气候条件、不同立地环境下表现出来的优缺点，有利于更全面更科学地对参试品种进行评价。

三、取得的成效

通过上述具体举措，在加入体系的十年间，新品种全国区域试验试种布局进一步完善，形成了海南、云南、广东、广西等多地的高标准区域试验网络，形成了科研院所、生产单位、龙头企业、农技部门联动的有利局面。依托产业技术体系，通过区域试种示范辐射带动，热研 7-33-97 等优势品种进一步扩大在海南的种植，其在海南垦区品种占比接近 30%；通过在广东的试种示范，其应用规模超过总面积的 50%。而本岗位的新品种热研 7-20-59、热垦 628、热研 8-79、热研 87-4-26 等抗性、高产新品种先后在海南中西部，云南景洪、临沧、普洱等不同生态类型区建立了适应性试区，总面积达到了 3000 多亩，形成了不同生态类型区的全覆盖，为系统地考察各品种在全国的适应性，编制新品种全国推荐书，指导后续新品种的全国性适地适种对口推荐打下了扎实的基础，也为后续我国不同垦区的品种升级，植胶业的提质增效提供了有力支撑。

做好科研与产业之间的纽带

姚行成

种苗扩繁与生产技术岗位　中国热带农业科学院橡胶研究所

天然橡胶产业技术体系 2008 年启动，2011 年设立种苗繁育岗位，我有幸成为其团队的一员。转眼十年过去了，天然橡胶产业技术体系成长了，而我在完成体系研究工作过程中，也获得成长和进步。橡胶树育苗技术在体系的支持和岗位团队的努力下，取得喜人成绩，育苗技术不断改进，苗木类型呈多样化，除了传统的袋苗，体系成员还研发出小筒苗、大型苗、籽苗芽接苗、自根幼态苗等新型苗木，推广种植面积数万亩。可以说，没有天然橡胶产业技术体系，橡胶树种苗就没有今天的多样化！

回想这十年，最让我感触的是，我们体系就是科研与产业之间的联结纽带，我们所做的科研工作正是——也必须是——为产业服务的。橡胶树种苗繁育岗位研究和不断创新橡胶树育苗技术，就是因为天然橡胶产业需要多样化的橡胶树种苗，橡胶种植户根据他们的实际情况，需要不同类型的苗木。

一、培育橡胶树苗小型苗，为产业省工节本

在 2007 年以前，橡胶树种植用的苗木主要是裸根苗和袋装苗。然而，这两种苗木各有明显的优缺点。

裸根苗，其实就是接穗刚萌芽的芽接桩（砧木），具有轻便、易运输、易种植特征。也因此在坡度大的、交通不便利的山地比较受欢迎，如云南植胶区的种胶户比较偏爱。然而裸根苗由于新根系未形成，植后成活率低，抽穗也不整齐，因此补苗次数多，最后多形成大小不一的公孙苗，林相不整齐，有效株数少，降低胶园整体产胶潜力。

袋装苗，就是芽接桩插入育苗土袋中，然后生长出两蓬叶时，出圃种植。因此，袋装苗的植后成活率高，苗木生长整齐。但是袋装苗的土团体积达 2 750 cm^3，重量超过 3 kg，由于笨重，运输与种植不方便，在山区地方种植难度大。

因此，种胶户需要的橡胶苗木是重量轻、植后成活率高、长相整齐。天然橡胶产业技术体系启动之后，橡胶树种苗繁育岗位就开始研发小型苗育苗技术，培育小型苗，满足种胶户的需要。种苗繁育岗位团队在籽苗芽接育苗技术的基础上，发明橡胶树小筒苗育苗技术，培育出小筒苗，实现橡胶树苗木小型化。每株苗木重量仅约 0.5 kg，体积小，不仅可实现工厂集约化、标准化育苗，更便利苗木运输和种植，同时定植时灌溉用水也少，因此很受农户欢迎。

但是，在推广籽苗小筒苗种植时，种胶户又向我们反映，苗木偏弱小，希望培育出大一点的壮苗。因此，我们岗位团队进一步改进小筒苗育苗技术，结合生产上主推的小苗芽接技术，采用小苗芽接苗为胚苗，培育出的小筒苗健壮，可跟袋苗媲美。种胶户也很满意这种小筒苗。

二、培育橡胶树大型苗，为产业提高经济收益

2015 年，海南天然橡胶产业集团广坝分公司来我们苗圃基地考察，对我们试验用的橡胶树大型苗大感兴趣，坚持向我们讨要这批大型苗木。这种大型苗木，高达 2 m，接穗直径超过 2.0 cm，具有较完整的根系。

海南省东方市由于干旱少雨，冬天气温高，年积温总体比其他地方高，较适合种植香蕉，因此，在幼龄胶园基本都间作香蕉。但是，幼龄胶园在定植后头一年是不宜间作香蕉等作物的，否则影响弱小的橡胶苗生长。如果种植株高 1.5 m 以上的苗，则当年就可间作香蕉，胶园就可以多一年的间作经济收益。大型苗如若作为补换植苗木，替代弱小苗木，将提高胶园整齐度和胶树总开割率，从而提高胶园总生产效益。

生产经验丰富的植胶企业，看到橡胶大型苗，马上觉得这正是他们需要的，也希望我们提供这样的种苗。我们经过研究分析，发现大型苗具有某些优点，也有一定的市场需求。

大型苗因为植株比普通苗木高大，植后基本不需要过多的抚管工作，一年除草次数 1～2 次即可，而种植普通 1～2 蓬苗木，胶园头两年需要锄草、盖头 3～4 次。因此，种植大型苗可大幅降低抚管成本。大型苗定植时的生长量等同于普通苗木在大田生长一年后的生长量，如若将节省出的当年时间用以种植高效经济作物，胶园土地将增加更多的经济收益。在地势平缓、农业用地租金昂贵的地方，橡胶树大型苗将有较大的市场需求。

为了满足此类地区的产业需要，我们决定研发橡胶树大型苗育苗技术。

截至到 2018 年 6 月，种苗繁育岗位与东方综合试验站合作，共培育大型苗 5 万多株，种植面积近 1000 亩。下一步，我们将进一步完善大型苗育苗技术，降低育苗成本，推广到适宜种植的地区，满足有需求的种植户。

三、岗站对接，实现科研成果转化为生产效益

科学研究一般都集中在科研院所，而科研院校极少涉及生产实际，因此不少科研成果缺乏推广应用的渠道。我所在的单位也同样面临此问题。事实上，我们单位的一些科研成果或技术在体系建立以前基本都未能顺利推广。比如说籽苗芽接技术，早在 20 世纪 80 年代即已形成，在海南一直未能顺利推广应用。因为，科研工作者与生产者之间缺乏一个相互沟通、联系的纽带。

在 2008 年天然橡胶产业技术体系建立后，分设各地的综合试验站大都与天然橡胶生产密切相关，因此，通过岗站对接，我们的很多科研成果能够在生产中得到推广应用。比如说，我们的籽苗芽接苗、小筒苗等，通过与多个综合试验站的配合，在国有农场、地方农场、村镇生产合作社或村镇农户中得到推广。我想，不仅是我们种苗繁育岗位，对于其他科学岗位也同样如是。通过岗站对接，我们才更了解种胶户需要什么，我们应该做什么，然后我们的研究方向和目的才能明确。

所以，我想说，要感谢产业体系。因为产业体系，我们的科学研究更贴近生产，我们的科研成果才能更顺利转化为生产，再转化为经济效益。

除了感谢产业体系，我们更要做好产业体系工作，把科研做好，把产业做好，把科研与产业紧密联合起来！

入体系十年　弹指一挥间

周　珺

种苗扩繁与生产技术岗位　中国热带农业科学院橡胶研究所

　　一入体系深似海，十年弹指一挥间。细数我从莘莘学子初入体系时的懵懵懂懂转瞬间已近十年。记得当时临近毕业，还未去过版纳的我偶然间得知导师欲去云南出差，便极力争取要跟着去，于是辗转"海口—贵阳—昆明—河口—昆明—版纳—昆明—茂名—海口"折腾了一圈也未切实感知到版纳的秀丽风光，遗憾之余也收获颇丰。初听"体系"这个词是在云南河口综合试验站李芹站长介绍导师时说："这位是体系种苗繁育岗位的岗位专家林位夫研究员。"当时的我实在是孤陋寡闻，根本不知"体系"为何物？"岗位专家"又是怎样一个称呼？

　　正因为此次行于彩云之南，走在群山之巅，使我与橡胶结下了不解之缘。一路上看的听的均是橡胶苗、橡胶树、橡胶林和"橡胶人"，他们有着独特的秀色和质朴的劳作之手，在聆听导师给胶农们进行一系列国标行标（橡胶树栽培技术规程、育苗技术规程、种子、品种等）的宣贯之余，还走访调研各式橡胶树种苗基地，也见识到书本以外的各色橡胶林。至此，我便有了继续橡胶树种苗科学研究的坚定信念，博士毕业后如愿留在别人口中的"橡胶树科研领域的朝圣之地"——热科院橡胶所，也是导师带领我做论文的课题组，窃喜之！

　　我进入工作岗位已八年有余，庆幸的是一直跟着岗位专家林位夫老师研发的"橡胶树小筒苗"得以大面积试种示范推广，其轻便小巧的优点在产业内作为橡胶树种苗新秀倍受追捧，随之修订了农业行业标准《橡胶树育苗技术规程》。可近年来随着天然橡胶的产业萎缩和胶价低迷，橡胶树良种苗木面临着更加严峻的挑战，植胶户在不舍橡胶树的同时也饱受经济萧条的影响，希望既能缩短橡胶树非生产期又能多利用胶园土地资源增产增收。"十三五"期间，岗位专家王军老师及团队成员们结合生产实践应时而研发的"橡胶树大型全苗"，才初露头角便应接不暇，也不知是喜是忧？担心惶恐中以"小筒苗"为雏形研发出"大筒苗",祈盼它能纵身一跃如雄鹰展翅搏击长空。

在橡胶树种苗领域,有着数百年历史的"补片芽接"沿用至今,技术之悠久可见一斑,却也面临着重重困境:抹芽用工费时费力、砧木苗培育耗时过久、劳动力成本日渐飙升等等。试图改变这一现状的前瞻性研究"橡胶树插接苗"已初步尝试,正蓄势待发。希冀我们这个"排头兵"的说法不是徒有虚名,而是实至名归。以一首藏头诗献给本岗位:

> 国谓之战略物资, 家中乃经济支柱。
>
> 天赐特别之良物, 然其身价久不众。
>
> 橡树叶绿影婆娑, 胶乳洁白皎如雪。
>
> 产自辛劳汗似涌, 业史百年十余载。
>
> 技艺逐日终改进, 术业亦专而有攻。
>
> 体力须当青壮年, 系我小辈感悟之。
>
> 种质犹如新星捧, 苗木逢春节节高。
>
> 岗站对接一家亲, 位在其政莫敢忘。

精心育好一株苗

陈先红

种苗扩繁与生产技术岗位　中国热带农业科学院橡胶研究所

2012 年 9 月我正式开始了解橡胶树。学习橡胶苗木相关的知识，跟着苗圃专家蔡明道老师边实践边学习，了解和熟悉课题组前期已经开展的工作内容，逐步明确自己即将要开展和研究的方向。在这期间，经历了课题组的调整，苗圃老专家蔡明道老师和原课题组组长种苗繁育岗位专家林位夫研究员退休，岗位名称由种苗繁育变更为种苗扩繁与生产技术，多位岗位专家的转换，令人感触良多。

俗话说，铁打的营盘流水的兵。不管如何调整和变迁，我们研究的中心和主线一直都在稳步推进，培育优质种苗，秉着节本高效原则，不断研发新的种植材料。从嫁接技术来说，有根接、籽苗芽接、插接、扦插，进而发展出根接育苗技术、籽苗芽接技术、小筒苗育苗技术、大筒苗育苗技术、自动化嫁接育苗技术，获得根接苗、小筒苗、大筒苗、插接苗、扦插苗。其中，籽苗芽接是研究的基础，要进行周年芽接，需要进行种子储藏研究。目前已探索出的方法可保存 3～4 个月，确保每年的 6～7 月份仍可进行籽苗芽接，但不同保存时间的种子进行籽苗芽接的苗木质量需要跟踪调查。籽苗芽接，较小苗芽接，可以提前芽接，虽然一年出圃两批苗，但苗木相对弱小。籽苗芽接苗需要抹芽，水肥管理需要精细，耗工多，为解决这一问题，可以将芽接后的砧木茎粗培育到 0.5 cm 以上，统一在第一蓬叶下方进行剪秆，统一抽芽，统一管理。但后来又发现，芽接成功后进行及时抹芽的苗木与培育砧木到足够大再剪秆的苗木相比，在相同的培育时间内前者比后者更多叶蓬且更强壮。如何取舍？如果是大规模生产，以后者（直接剪秆）管理方式比较合适；如果是小规模试验，以抹芽方式比较合适。

在砧木接穗组合研究中，发现砧木通常来自有性种子，遗传背景复杂，导致砧木接穗的互作研究结果不一，进展缓慢，便开始萌发了通过扦插繁殖相同背景的砧木的想法。但随着研究的进行，进一步设想如果增殖圃的芽条能够扦插成功的话，那就省去了芽接，该多省事！于是一边对芽接后锯杆的实生苗和组培苗进行扦插试验。一边对增殖圃的芽条进行探索。从不同激素类型和浓度水平、不同扦插基质、不同物候期、不同季节，不同扦插长度和切口形状，连续三年进行一一探索，也曾去参加中国林科院ABT研发中心的植物扦插繁殖与组织培养实用技术培训班，并听从资深专家的建议进行调整，但对于橡胶树来说，见效甚微，最后对已经扦插出来的苗木特点进行总结经验，得出需要将被扦插的材料进行幼态化处理。结合自己的两个项目研究结果，明确了老态和幼态叶片、芽片在非靶向代谢和激素水平上的差异，为下一步进行扦插提供了理论支撑。

总的来说大型全苗研发还在稳步实验中。容器大小、组装方式（扣条、螺丝、工程绳捆绑）、容器苗种植方式等都在不断改进中。相对于我们自己的模具生产出来的大筒，无论是在材料生产成本上、育苗成本上还是种植成本上，都有明显的优势。目前结合自己的田间种植结果来看，剪掉了穿出控根器的部分根系后，种植到田间，约有19.3%的顶部回枯抽侧枝的情况发生。

作为种苗扩繁与生产技术研发岗位成员之一，对于苗圃日常管理深感担忧，劳动力成本在上升，苗圃工作方式和工作效率跟不上时代发展，自动化水肥管理、高效除草和防病工作任重道远。科研人员的试验方案到最终落实，如果不亲历亲为，很难有真实可靠的结果。期待写在大地上的科研论文真正能指导生产实践。

科研老兵　体系新兵

兰国玉

橡胶园生态岗位　中国热带农业科学院橡胶研究所

2007年，农业部、财政部共同启动了现代农业产业技术体系建设，选择水稻、玉米、小麦等10个产业开展技术体系建设试点，针对每个大宗农产品设立一个国家产业技术研发中心，并在主产区建立若干个国家产业技术综合试验站。到2008年底，启动建设的50个现代农业产业技术体系共设50个产业技术研发中心，聘用50位首席科学家，涉及34个作物产品、11个畜产品、5个水产品。其中国家天然橡胶产业技术体系落户中国热带农业科学院橡胶研究所，首席科学家为所长黄华孙研究员。体系下设有橡胶园生态岗位，2017年吴志祥副研究员被聘为橡胶园生态岗位科学家，我本人也很荣幸成为橡胶园生态岗位的研究人员之一，从此正式进入产业技术体系。从2017年进入橡胶园生态岗位后，我便积极地融入了产业体系这个科研大家庭，自己感觉收获颇多，也有一些感悟，现将自己的感悟简单总结如下。

一、体系的建立与运行，在管理模式和管理思路上是一种创新

现代农业产业技术体系的构架合理，体系针对每一种农作物，设置一个国家产业技术研发中心和一个首席科学家。产业技术研发中心由功能研究室组成，每个功能研究室设一名研究室主任岗位和若干个科学家岗位。岗位科学家建立科研工作团队，每个团队约有科研人员5人。此外天然橡胶产业技术体系根据实际情况，在中国植胶区的云南、广东和海南设立综合试验站，每个综合试验站设一名试验站站长岗位。在管理机制上，产业技术体系通过设立管理咨询委员会、执行专家组和监督评估委员会等，确保决策、执行和监督三个层面权责明晰、相互制约、相互协作。通过调整和完善天然橡胶区域布局规划，明确以产业需求为导向是建设现代农业产业技术体系的基本思路。这样做可以将科研与产业有机地结合起来，因此，可以说现代产业技术体系，不论是在管理模式，还是在整体思路，都是一种创新。

二、现代农业产业技术体系，为科研人员提供了持续稳定的科研经费

对科研工作者而言，最为重要的是科研经费。如果没有科研经费，科研人员的研究就是无米之炊。如果科研经费不足，就会影响科研的效果，如果科研经费不能够持续稳定，科研工作就会中断，甚至科研人员会改变自己的研究方向。现代农业产业技术体系岗位科学家每年经费 70 万元，综合实验站每年经费 50 万元，并且按照每五年申报一次。如果获批，五年内会有比较稳定的经费，大多数情况下，下一个五年计划还会获得批准。这在一定程度上解决了科研人员的经费不足和经费不能稳定持续带来的不良后果，从而将科研人员从申请科研项目的烦琐工作中解脱出来，使得科研人员能够全心全意地将工作的重心放在科学研究上，这在一定程度上促进了科研事业的发展。

三、体系为产业内科研、生产人员提供了交流平台

现代农业产业技术体系由首席科学家牵头，形成以岗位科学家及其团队成员为主要的科研力量，以综合实验站为主要的推广示范单位，将科研与技术推广和示范联系起来，更为重要的是为科研人员和技术推广示范人员提供了交流的平台。首先是年初，岗位科学家制定好科研任务后，要到对应的工作站进行岗站对接，岗位科学家与综合实验站站长面对面沟通，由岗位科学家提供实验方案，岗位团队成员与综合实验站协同布置实验，这样做的好处是科研人员能够比较直接地了解产业中发现的具体问题，从而提出解决问题的方法。其次，体系内各研究室每年基本上都有研讨会，年初和年终还有任务启动会和考评会，这些会议可以将整个产业内科研人员及生产人员的骨干力量有效地凝聚起来，会议上通过各种信息和材料的交换，在很大程度上促进了科研人员对整个产业存在的问题或产业中的其他经验教训的掌握。此外，在科研人员和实验站对接的过程中，胶农也在一定程度上参与了部分实验布置等任务。胶农直接面对生产，对产业存在的问题更清楚，提出的问题更具针对性。解决好胶农提出的问题，在一定程度上就能使产业的发展向前迈进一步。总之，现代农业产业技术体系为科研工作者、生产管理部门及基层从事具体生产者，提供了一个交流的平台。

自从 2017 年进入体系以来，我本人也参加过多次体系的会议，增长了见识，对整个产业的了解也更深入。去广坝农场、大丰农场等综合实验站的依托单位采样和布置实验，最大的体会就是方便、快捷、热情、高效。这一切是归功于产业技术体系为我们提供的平台。

四、现代农业产业技术体系能够快速地将科研成果进行转化和示范

现代产业技术体系，不仅为科研工作者、生产管理者及基层生产者提供了交流平台，更为重要的是这个平台能快速地将科研的成果进行转化。例如，中国热带农业科学院橡胶研究所的科研工作者研发的电动型胶刀、超低频割胶技术、乙烯利刺激技术，小筒苗、自根幼态无性系苗木等在各个综合实验站首先进行小范围的示范和推广。在示范和推广中出现问题，生产管理部门直接将信息反馈给科研工作者，科研工作者对技术产品进一步改善、升级后再示范，技术成熟后则可以大面积推广和应用。总之，现代农业产业技术体系通过科研、示范、推广等各个环节，将科研和成果转化有机地联系起来，从而提高整个产业的发展水平。

我与体系同成长

陈帮乾

橡胶园生态岗位 中国热带农业科学院橡胶研究所

天然橡胶是国防和工业建设不可缺少的战略资源，是四大工业原料中唯一的可再生原料，种植天然橡胶是热带许多国家和地区经济的重要组成部分。最新的统计数据表明，2017年中国天然橡胶种植面积达到 115.6 万 hm²，在世界植胶国中排行第三，仅次于泰国（365.8 万 hm²）和印度尼西亚（367.5万 hm²）。在天然橡胶消费方面，我国在 21 世纪初即成为世界第一消费大国，2017 年消费 510.8 万 t，占全世界天然橡胶消费总额的 40.5%，远远高于排第二的欧盟（124.0 万 t）。橡胶种植业的发展，为我国海南、云南、广东等地区经济发展、山区少数民族地区进步、社会环境稳定及劳动力就业等方面都发挥了重要作用。因此，党和国家高度重视我国天然橡胶产业的发展，天然橡胶产业技术体系也于 2008 年底启动建设（第一批 2007 年启动了 10 个体系，随后2008 年底又启动了 40 个体系）。作为中国热带农业科学院橡胶研究所的一名科研人员，我有幸自 2011 年开始参与天然橡胶产业技术体系的部分工作，主要从事橡胶林生态遥感研究。一转眼八年过去了，我也在体系的稳定资助下逐渐成长。值此天然橡胶产业技术体系启动十年之际，我想谈几点在体系工作的心得体会，希望能与体系同行分享。

一、稳定的平台及团队，持续的经费支持

天然橡胶产业技术体系共设置了育种（高产品种改良、育种技术与方法、抗逆品种改良、种苗扩繁与生产技术）、栽培（栽培生理、土壤与肥料、橡胶园生态）、采胶、病虫防控（虫害防控）、生产机械化、产品初加工（改性与综合利用）、产业经济等 14 个岗位，基本形成了上、中、下游研究的完整链条；并在云南、海南、广东三个主产区设立了 10 个综合试验站，形成了全国天然橡胶种植试验示范、科技服务协作网络。每个岗位和试验站约有 5 位固定团队成员实施具体的科研任务。其间，各综合试验站会配合岗位团队的工作任务，

协助布设试验，各岗位团队之间也会相互协作和配合。天然橡胶产业技术体系自成立之后，逐渐形成一个稳定的科研平台，建立了相对固定的研发团队，拥有长期持续稳定的经费支持，打破了之前"多渠道申请项目→若获批执行→项目结题验收→多渠道继续申请项目"的循环模式。有了稳定的平台、团队和经费支持，每个岗位才会设计长期的研究计划，研究方向可以不再跟着不同的项目变动，研究内容更有深度和广度，经过长期的基础数据积累会更容易出高质量的研究成果，对整个研究团队及科研人员个人的成长和发展也更为有利。另外，体系提供的稳定科研平台给团队成员营造了一个较为宽松自由的工作环境，不再以量化的论文、专利等硬性指标成果作为年度考核指标，这样更有利于真正的科技创新。

二、立足产业需求，大力发展关键技术

十年来，国家天然橡胶产业技术体系对橡胶产业的发展起到了非常重要的作用。体系围绕产业发展需求，开展共性技术和关键技术研究、集成、试验和示范，为天然橡胶产业发展提供全面系统的技术支撑，同时推进产学研结合，提升区域创新能力，增强我国天然橡胶产业竞争力。科学技术创新是新时代建设世界科技强国的重要武器。习近平总书记在两院院士大会上说"实践反复告诉我们，关键核心技术是要不来、买不来、讨不来的。只有把关键核心技术掌握在自己手中，才能从根本上保障国家经济安全、国防安全和其他安全"。因此，关键科学技术创新是天然橡胶产业技术体系建设的重中之重。在天然橡胶产业技术体系栽培生理领域，我们已研发出的关键技术包括水肥一体化技术、"抗旱栏围洞法"抗旱定植技术、抗寒包裹、抗寒剂等，这些技术的实施大幅度提高肥料的使用率，有效提高橡胶芽接桩的定植成活率和长势，改善新植胶苗周围微环境，显著增强橡胶林抗寒能力。针对我国植胶区风害严重，我们开展橡胶树防风减灾技术研究，在海南文昌、广东阳江建立防风减灾栽培模式试验基地并进行长期定位观测研究，初步总结出了一种间种乡土树种来有效减轻风害，同时提高胶园总体经济效益的栽培模式。此外，我们还编写了橡胶栽培技术手册，多次开展科技培训，为产业发展服务。

三、探索科技前沿，助力产业升级

天然橡胶产业技术体系建设工作任务包括：重点任务、基础性工作、前瞻性工作和应急性工作等四大部分。其中，前瞻性工作内容主要为探索科技前沿，目的在于为储备新技术推动产业升级服务。以我从事的橡胶林生态遥感研

究为例，橡胶林生态遥感技术研发是体系中一项重要的前瞻性工作。及时且精准的橡胶林空间分布及长势状况等信息是天然橡胶产业政策制定和体系建设工作任务的关键前提，而橡胶林生态遥感技术研发是推动该产业升级的重要前提。传统的森林植被动态变化的野外调查周期长、工作量大，而且也未必能取得较好的研究结果。遥感则是现代信息技术的前沿，具有宏观、快速、准确、动态等优势，是获取农业信息的重要技术手段。在产业技术体系的稳定支持下，我们先后开展了橡胶林叶面积指数时空动态遥感反演研究，建立了基于 NARX 神经网络的橡胶林叶面积指数监测模型；联合美国陆地资源卫星 Landsat 光学数据和日本宇航局的 PALSAR 雷达数据，开发了热带森林和基于物候的橡胶林分类算法，准确监测了海南岛 2007—2015 年的森林动态及最新橡胶分布状况，并将遥感分类算法进一步尺度扩展，首次获得了中国完整的橡胶分布图；在获得橡胶分布本地图的基础上，联合近三十年的 Landsat 遥感大数据，开发了高精度的树龄识别算法，获得了海南岛自 1987 年以来年尺度的橡胶种植空间分布图，准确地获得了现有橡胶园的年龄结构分布信息，并开发橡胶空间数据库系统，为天然橡胶产业升级提供重要前期基础数据，更为我国橡胶产品贸易和热带农业对外合作中争取更多的主动权。

在体系长期稳定的支持下，我们在开展热带农林遥感等领域研究工作的过程中，先后与复旦大学、南京林业大学、中科院遥感所以及美国俄克拉荷马大学等国内外知名大学及研究机构建立了合作关系，本人也在复旦大学完成博士学业并顺利获得学位，并获得 1 项青年国家基金和 2 项联合申请项目资助。在此，衷心感谢产业技术体系平台的支持，也希望国家能继续稳定地支持天然橡胶产业技术体系的建设，促进我国天然橡胶产业的健康可持续发展。

感恩遇见　感恩收获

林春花

病害防控岗位　海南大学

橡胶产业技术体系项目建设十年，我从一名对自己科研方向还一片迷茫的大学毕业生逐渐成长为热爱科研、热爱教学的"橡胶植保人"。感恩遇见，感恩收获。

一、感恩遇见，让我及时明确研究方向

在硕士、博士学习阶段，我主要从事水稻稻瘟病菌基因功能研究。2008年博士毕业之后留在热科院环植所工作后，研究对象需要转为热区植物病害。正在我为自己未来研究方向烦恼时，2009年橡胶产业体系项目立项，我十分有幸地进入了天然橡胶产业技术体系病害岗位团队。随后这十年间，有着体系项目的稳定支持，我无须为经费烦恼，一直开展着橡胶树炭疽病等叶部病害的致病机理以及寄主对病原物的抗病机制研究。研究方向的及时确定、研究经费的稳定支持，让我在科研的道路上少走许多弯路。感恩及时遇见岗位体系项目平台，感恩体系专家郑服丛老师和课题组长黄华孙老师的厚爱和支持，让我自参加工作开始就能心无旁骛、专心致志地展橡胶植保科研工作。

二、注重实践，我逐渐成长为一名真正的橡胶植保科研教学工作者

虽然我本科学的是植物保护，也学过植物病理学相关课程，但未经过多少实践应用，刚参加工作时，我对橡胶树病虫害有哪些？如何诊断如何防治？知之甚少。体系项目注重实践工作，在这十年间，我有许多机会跟着体系专家或体系内其他领域专家，前往田间地头学习，每年都有1～2次机会对我国各植胶区开展病情调查。如每年开春需要开展白粉病、炭疽病等病害病情监测等工作，让我们有许多机会深入生产第一线，与种植户交流，了解田间实情。这些经历，让我从"菜鸟"逐渐成长为一名了解橡胶病虫害发生现状、了解橡胶产业的橡胶植保人。

橡胶体系项目内除了植保领域，还聚集了育种、栽培、加工等不同领域的专家人才，设置产业技术研究中心和综合试验站，围绕产业发展需求，进行科学技术研究和技术推广工作。每年会有一次体系总结会议和多次研究室交流会议，通过参加这些会议，让我了解产业进展，也能学习他人的经验，经常反思和调整自己的科研方向和科研内容。这些经历促进了我的成长，让我对自己的科研工作充满信心。

2014年我从科研单位来到海南大学工作，在大学里除了科研工作外，还承担着一定的教学任务。结合我的工作经历，学院很"照顾"地让我承担植物保护本科热带植物病理学课程教学工作。承担橡胶产业体系项目的任务，积累了许多实践经验，帮助我尽快胜任教学工作，也为我的课堂提供许多具体生动的素材。

三、为能够成为一名"橡胶人"而自豪

橡胶树没有婆娑的姿态，没有屈曲盘旋的虬枝，但她具有生命的气节、人性的精髓。越是深入了解橡胶树及橡胶产业，越是为我所从事的橡胶植保工作而自豪。每日清晨，橡胶树园里，橡胶树那胶乳如同白色的乳汁一滴一滴地滴着，毫无怨言，如同母亲养育孩子那般自豪、崇高与伟大；工人们凌晨两点就进了橡胶林，当人们还在梦中酣睡时，他们却在流着汗水成千次地挥动胶刀，他们勤恳踏实、努力工作的精神令人赞叹；还有那老一辈的"橡胶人"，为了不让"帝修反"卡我们的脖子，种出"争气胶"的故事……这一切都勉励着我们自立自强、勤勉踏实，以怀抱天下的激情与胸襟去迎接新的挑战。

十年橡胶产业体系工作，让我深深地爱上橡胶树，爱上橡胶植保。清明时节，我会带着孩子去种上一颗橡胶树，并告诉他们这世界上有种植物向母亲一样，能流出洁白的乳汁，给他们讲述老一辈"橡胶人"的故事……自豪地告诉他们，我也是一名"橡胶人"。

心里装着美好　目标就会远大

贺春萍

病害防控岗位　中国热带农业科学院环境与植物保护研究所

产业技术体系建设是近年来发展的一件新生事物。体系建设可解决长期以来存在的科研结构不合理、项目重复分散、科研工作不能连续得到稳定经费支持等状况，试图改变科技人员疲于跑项目要课题等科技管理中的深层次问题，以达到科技管理创新的目的。

有句话说得好，"心里装着美好，目标就会远大"，做科研工作也是如此。当一个个待解的科学难题被攻克并被揭开神秘面纱后，对科研人员来说，无疑就是最美好和激动的事情了。天然橡胶现代农业产业技术体系建设项目自2008年启动至今，走过了整整十年。这十年，伴随着科研工作的开展，我也从一个年轻幼稚的科研工作者，逐步成长为成熟稳健的副研究员、研究员，在科研的道路以及事业上也经历了风风雨雨的人生体验。每一次成长、历练与突破都曾经让我激动过。

回想自己参与体系项目工作以来，从最初涉足橡胶树根病的研究到现在已经十个年头有余，如果说自己还算取得了一点成绩的话，那也是源于自始至终抱定的一种美好的信念和长期坚持不懈的努力，源于岗位的培养以及团队成员间的相互支持，是不断推动自己向着更高的目标去追求和奋斗的动力来源。尽管随着岁月的流逝，洗涤了不少记忆，但参与体系建设科研工作的点点滴滴，时常令我回味。希望能将这段科研工作的心路历程和大家分享。

感悟之一：在盲目和迷惑中逐步找到科研定位

我在本科阶段就读植物保护专业，毕业后分配至中国热带农业科学院植物保护研究所工作，1997年进入导师郑服丛研究员的土传病害课题组后，一直从事热带土传病害疫霉菌和镰刀菌的研究工作。刚开始工作的几年，凡是课题组老师的科研课题都积极参与，想多学习一些科研技能。可一段时间后自己的内心开始感觉到焦躁和茫然，找不到自己固定的研究方向。看到老师们为了完成课题查文献、分析数据，发表论文，内心难免也会有一种紧迫和不安的感觉。这种焦躁和不安，一方面源于自己刚踏入一个陌生领域的茫然，另一方面更是因为自己当时的急于求成的思想在作祟。

一转眼工作十年，直到 2007 年，生产上橡胶树根病的问题突显出来，因缺少有效低成本的防治药剂，该病害有日益加重的趋势。此时我的导师看到了橡胶产业上遇到的瓶颈，与我进行了一次深入的交谈，希望我能对此方面感兴趣，并告之我如果要想在某个领域有所建树，首先要对整个行业领域有一个全面的把握，了解生产运行中的实际需求。只有从问题的角度出发，尝试解决问题，才能做出真正有价值的科研成果。并决定由我申请"防治橡胶树根病专用药的开发研究"项目，很幸运该项目获得了资助。有了一定经费的支持，橡胶树根病防治技术的研究启动了。我全面系统地阅读该领域相关的文献资料，希望能把论文写在田间地头，满足产业发展的科技需求，给农户带来实实在在的技术和科技效益。恰在 2008 年天然橡胶产业技术体系项目设立，橡胶树根病的防治技术研究列入了岗位的重点工作任务之一，我也有幸加入了导师作为植保功能研究室岗位专家的研究团队。从那时起，在十年体系项目稳定持续的经费支持下，我一直从事橡胶树根病等病害防控的基础和关键技术研究，同时也找到了我的科研定位——以橡胶树根病防治实用技术研究为主攻方向，兼顾应用基础研究，逐渐形成橡胶树根病防治技术模式并进行推广应用。

感悟之二：在科研实践中培养好奇和韧劲

自 2008 年成为天然橡胶体系植保岗位的团队成员后，除了关注橡胶树根病的发生动态外，我还参与体系团队成员负责的橡胶树白粉病、炭疽病、割面条溃疡病以及害虫的监测和防治工作，与团队成员一起对橡胶树病虫害发生情况进行普查，在田间和课堂对胶农进行病虫害识别与防治技术培训，为生产部门以及农户及时提供科技咨询和服务。

2009 年至 2017 年，每年基本是春节七天假期一结束，我就与本体系岗位专家和团队成员包车从海口至云南西双版纳、德宏以及红河州的各县市、乡镇以及农场，与当地橡胶树"两病"防治监测点的生产技术人员到橡胶林段进行橡胶树物候进程和两病发生情况调查，结合后期天气趋势，预测"两病"的发展趋势，提出防治策略。一路奔波，马不停蹄，往返常需半个多月，常因为山路的崎岖、长途的路程、饮食的不适和没能很好休息，感到非常辛苦！调研途中，经常会有同伴晕车或发生肠胃炎，有人想吐就把车停下来，呕吐片刻，大家互相鼓励着，又继续前行。当车行驶到工作站监测点，照样一起爬山、钩橡胶树枝和观察病情，全身心地投入到工作中。每次出差回来，我们都面容憔悴，像是大病了一场。虽然每当忆起这些事情都觉得挺苦，但这些经历让我的身心得到了锻炼，一路走来，我从岗位专家以及团队成员那里学习到的将使我受益终身。

感悟之三：在灾害应对中体现自信和价值

作为体系植保岗位团队成员，除要解决生产中橡胶病害所遇到的科研问题外，还需要完成上级领导交办的其他应急性工作。我作为一名女性科技工作者，在应对热区突发性灾害中能积极主动响应上级领导部门以及岗位任务。让我印象深刻的事件有许多，如2010年西南省份发生的旱灾、海南的洪灾，2011年和2013年海南台风灾害，我多次深入到灾区第一线了解灾情，为灾后生产恢复提供科技服务。

2010年3月15—19日，我随技术体系其他岗位组成专家组至云南西双版纳和河口地区，调查当年春季期间的干旱对橡胶树生长的影响和橡胶树病虫害发生情况，针对病虫害发生情况及时提出了防治建议和治理措施。从云南回来后十余天，紧接着4月1—8日，又响应农业部关于实施科技抗旱救灾的指示精神，随同中国热科院服务"三农"与推广领导小组、热科院兄弟单位组成的专家组，再次深入至云南西双版纳开展旱灾调查和科技救灾工作。在工作期间的一天晚上，我和张方平老师均出现了农药中毒症状。一整夜，两人轮流去洗手间，呕吐和腹泻，呼吸急促，非常危急。我们本准备拨打当地120进行急救，但考虑到怕因为我俩的原因会影响大家第二天的救灾行动，强忍没告诉其他同行专家，挺过了一晚。好在第二天早上症状有所好转，我们又像没事人一样，与专家组一起继续前行。事后才将此事告之大家，大家都庆幸还好没有出事。

2010年10月11日，农业部热作经济中心在海口召开的海南省遭受特大洪涝灾害损失汇报、评估及建立恢复生产措施座谈会，我作为热带作物植保方面唯一的一位专家参会，在会上针对此次发生的灾害情况提出了具体的应对方案和救灾措施。10月13—15日，我随同本体系专家组对海南省定安、文昌、琼海等受灾较为严重的市县开展灾情调研，指导灾后恢复生产，10月20—26日，我又随海南省农业厅灾后恢复生产服务队，蹲点半个月在琼海进行科技服务。因2010年本人在科技下乡、科技服务中的突出表现，2011年被评为中国热带农业科学院 2010 年度科技推广与服务"三农"先进个人称号。

除参加 2010 年旱灾和涝灾救灾工作外，还参与了 2011 年"纳沙""尼格"和 2013 年"海燕"等台风危害严重的海南儋州、三亚、陵水、保亭等市县重灾区救灾行动，指导灾后病虫害防治，发放技术资料，为农民提供技术服务，尽可能将受灾损失降至最低。

我从 2008 年参与体系工作，已历十个春秋，既体验了科研工作中的酸甜苦辣，也体验了科研旅途中成长的人生快乐。我相信这些知识积累、人生体验、资源储备以及研究结果，将会对我本人的科研事业进一步拓展奠定基础。在今后的研究工作中我将不断挖掘自己的潜力，努力汲取知识，历练自我。我始终相信一分耕耘，一分收获。只要心里装着美好，目标就会远大!

回归体系的感觉

张方平

虫害防控岗位　中国热带农业科学院环境与植物保护研究所

作为天然橡胶产业技术体系的一名普通的团队成员，我于 2008—2010 年在体系内工作过一段时间，"十二五"期间，由于岗位专家单位之外的团队成员名额受限的问题，本人未能继续在体系内系工作，"十三五"期间增加了害虫防控岗位，我再一次回到了体系的大家庭内。回顾这十年来的经历，我颇有感触。

一、体系是一个温暖的大家庭

天然橡胶产业技术体系犹如一个温暖的大家庭，处处都有亲人般的关心和帮助。体系以项目为纽带，以服务橡胶生产为目的，切实有效开展科研团队之间、科研与生产之间亲密无间的合作、交流。作为一个植保科研人员在未进体系之前，在科研材料、田间试验基地、病虫害发生信息的及时获得等方面都存在着较大的困难，研究周期相对较长。进入体系后，上述问题在体系大家庭内都能得到快速解决，我所需的植物材料能够在橡胶研究所的帮助下快速获得；害虫田间试验也在各试验站的倾力配合下得以顺利开展；通过与体系内的专家交流及时获取了橡胶全产业链上的其他信息及生产上害虫发生的动态。这些都促进了我的科研工作。

二、橡胶植保人员压力大，责任重

近些年，由于橡胶价格低迷、体制改革等因素的影响，造成了生产上对橡胶害虫的监测、防治工作积极性不高，橡胶害虫监测不到位，害虫发生动态未能及时准确反馈到专家组，绝大部分的胶园不对橡胶害虫采取任何防治措施；另外，随着许多高效、高毒杀虫剂的限用或禁用，橡胶重要害虫介壳虫、叶螨、小蠹虫等的药剂选择面越来越窄。又由于橡胶作为高大乔木，施药难度大，导致防效也难以保证。因此，在气候极端年份，易发生害虫发生严重，损失大的情况。作为体系内的橡胶植保人员，感觉肩上的压力不小，责任重大。

在环境条件如此不利的条件下，我们不仅需要积极寻求方法，带动生产，重视橡胶植保问题，还需要针对防治经费、劳动力缺乏等生产实际问题研发出成本低、效果好的产品和技术，这不仅是我们的责任和义务，也是刻不容缓的重要工作。

三、可持续绿色防控技术、产品研发已迫在眉睫

农产品质量安全、生态安全问题日益受到人们的重视，可持续的植保理念逐渐深入人心。虽然橡胶树作为经济林木，但在其生产过程中，从生产安全、生态安全角度出发，同样需要利用针对橡胶重要害虫的可持续绿色防控技术。目前，尽管我们对橡胶介壳虫、叶螨在天敌调查、评价利用等基础方面做了较多工作，部分天敌的扩繁技术有所突破，产品也在生产上小规模应用，但技术及产品仍难以根本解决生产上所面临的问题。因此，我们尚需进一步研发、提升橡胶重要害虫天敌的扩繁、贮运、释放等技术，提高天敌扩繁的规模化程度，推广产品及技术。

天然橡胶生物灾害防控，永远在路上

周　祥

虫害防控岗位　海南大学

我从事天然橡胶产业害虫防控工作十余年，跑遍我国各植胶区，见证了天然橡胶价格从 20 世纪 80 年代至今的几番风雨，大起大落，也见证了无数从事天然橡胶科研、生产和管理人员的"偏狂"与执着。此时我感慨万千，难以言表，唯不敢懈怠，且行且珍惜。

一、天然橡胶在我国经济中价低位重，但绝不能忽视

天然橡胶是汽车、飞机等现代工业产品中某些特定部位的必须材料，其特有的弹性、塑性是其他材料不可替代的。天然橡胶产业也是我国热带地区植胶民众的经济收入来源，脱贫攻坚中提高植胶民众的生活水平，发展橡胶产业仍不失为有效途径。虽然我国天然橡胶已居世界第四大产胶国，但却是第一大消费国，目前天然橡胶产量仅能满足我国近 30% 的需求，有近 70% 的原材料需要进口，作为一个民族产业是不正常的，而且极其危险。天然橡胶产业的建设和稳健发展，生物灾害是其重要制约因素。因此，研发监测预警及绿色防控技术和产品，需要各级政府部门加大政策的支持和资金的投入。幸好领导知之，也祈盼民众识之、企业助之。

二、现行植胶区经济管理体制不适于技术推广

天然橡胶产业的特点是周期长，连片种植规模大，种植环境不适宜机械化等，目前有部分省区将橡胶林分片承包给工人，部分地方民营植胶农场也未能集中统筹管理，不利于割胶、病虫监测等生产人员队伍的稳定和技术的提高，不利于有害生物的统防统治。近年在我国部分地区的天然橡胶植胶区体制改革中，已出现了管理体制与技术推广模式不匹配、方式方法不对称的苗头，盼领导识之，管理者改之。

三、发展天然橡胶的商业投机行为需要管控，民众意识需要引导

近年来天然橡胶产业在不同植胶区已出现难以管控的现象，当橡胶价格攀高时，很多投机者无视橡胶树生长的客观规律，不管地形的坡度、海拔，砍掉其他经济作物种上橡胶，然后卖地卖树卖苗，出手赚钱，买家还趋之若鹜，能种是否有收还是个谜；干胶价格高时民众割胶也不管什么割制，压榨式强割抢割，无从考虑是否伤树，而人为割伤胶树，极容易引发小蠹虫、死皮病等发生。另一方面，当橡胶价格低落时，很多植胶民众对胶树不管不顾，甚至采取极端手段砍掉橡胶树，改种其他经济作物，即使保住橡胶树的民众也是任其自然生长，胶园施肥管理、割胶技术、病虫防治等管理措施根本谈不上。此外，植胶区民众的栽培管理、病虫害防控意识淡薄，胶园施肥、割胶、病虫害监测与防控等措施均不到位。因此政府及相关管理部门应对以上行为进行干预，引导植胶民众改善观念，提高技术及管理水平，以保障我国天然橡胶的健康持续发展。

四、天然橡胶产业有害生物防控问题依然突出

目前的国内国际经济环境、行业换代升级、产业结构调整等导致从天然橡胶产业从业人员流失，临时员工的管护、割胶、病虫害监测等技术未能得到有效培训和提高，导致橡胶树病虫害未能得到有效控制。而原有部分重要病虫害的发生、传播、蔓延机制及治理等尚未完全清楚，新的病虫又从其他植物转移到橡胶上来，如近年在版纳发生的油桐尺蠖、海南发生的矢尖盾蚧等，需要进行技术研究贮备，以防大面积暴发时能及时有效控制。

五、实施现代农业产业技术体系运作模式效果显著

天然橡胶现代产业技术体系目标定位精准，聚集多学科人才，组织技术研发，重点解决生产中的问题，服务全产业链。其运作、监督、管理措施严密，其工作不仅是研发、解决当前天然橡胶生产中遇到的问题，还注重人才"传、帮、带"的培养，使我国天然橡胶各领域事业后继有人。天然橡胶现代产业技术体系是改革开放以来政府在农业技术研发及管理中最为成功的举措。

六、对我国天然橡胶产业发展的建议

为了更好地发展我国天然橡胶产业，政府及主管部门应在制定政策、措施时注重如下方面：

第一，实行国家宏观调控，将我国天然橡胶产业的保护措施落到实处，在橡胶价格低迷期对从事橡胶生产的企业及胶农进行实实在在的补贴，让企业及胶农放心种植、安心生产，稳定橡胶产业队伍。

第二，各级政府及管理部门应制定相应的政策，鼓励、支持、指导比如有害生物防除公司等类似的社会专业团体介入，把天然橡胶生产中适宜统防统治的病虫害监测及防控工作交由专业团体来完成。

第三，天然橡胶种植业的特点需要集约化、规模化，在进行产业升级、换代改革时不能简单地将胶林承包分散下放，管理部门应加强监督、科学指导，注重调动产业单位的中、基层管理干部的积极性，综合考虑各级生产部门的绩效收益，保障植胶民众的经济收入是我国天然橡胶可持续性发展的内生动力。

第四，在现行经济体制条件下探索有害生物防控技术研发、推广转化的运作模式，比如政府的补贴直接到技术、产品推广部门，而不是向橡胶生产单位送技术、送产品。

我国天然橡胶有害生物的监测预警及有效防控工作任重而道远，相信通过党中央国务院的英明决策和各级政府部门的支持管理，在天然橡胶现代农业产业技术体系首席和岗位科学家的引领下，天然橡胶病虫害及其防控技术研究与推广工作一定会做得更好。天然橡胶生物灾害的绿色防控，永远在路上。

橡胶缘 体系情

谢黎黎

茂名综合试验站 广东农垦热带作物科学研究所

2008 年，一个偶然的机会，我选择了橡胶学作为我的硕士专业，从此便与橡胶结下了缘。随后又攻读了橡胶学博士学位，成为全国首届橡胶学硕士和博士研究生。

也许是深受"橡胶栽培突破北纬 17 度"的精神鼓舞，博士毕业后，怀着对天然橡胶的执着和梦想，我来到了广东农垦热带作物科学研究所工作。这里没有高楼大厦，没有车水马龙的街道，更没有先进的科研条件和设备，为此我也曾迷茫过、彷徨过。但这里有广东最大的橡胶种植基地，作为一名橡胶学的学子，我选择留了下来，就这样，开始了我的橡胶生涯。

对于曾经一直在室内开展实验的我，橡胶林突然成为实验室，不仅是育种，还要参与栽培、割胶等等领域，感觉这一切都是非常陌生。但有幸地是工作单位承担了天然橡胶产业技术体系茂名综合试验站的工作。这个团队从育种、栽培、采胶、病虫害防治到加工、产业经济，形成了一套完整的产业链，且融合了海南、云南和广东各橡胶研究单位和生产单位，是集国内天然橡胶技术研发、生产为一体的科研平台。这对于我这个刚入职的新兵蛋子来说，是一个很好的学习、历练和成长的平台。

试验站的任务主要是试验示范与技术推广，服务对象为橡胶种植农场。如何融合农垦这个大家庭，是我做好体系这个工作的重要任务。但对于性格内向的我，这是一个极大的挑战。每一个示范基地的建设，每一次的科技服务，每一个任务的落实，每一次的交流，让我不断成长，慢慢地也成为农场熟悉的技术员。

这五年，在与体系的岗位专家学习和交流的过程中，不仅扩展了我的专业知识，更重要的是前辈们的科研精神和对事业的那份执着让我既敬佩又感动。老书记魏小弟，虽然已经退休十年了，但他一直在关注产业的发展、支持体系的工作。为了减轻割胶劳动强度，他组织团队开展电动割胶刀的研发，为了早日实现机械割胶刀在生产上的实际运用，他亲自带领团队到云南、广东开展试割试验，收集反馈意见改进电动割胶刀。当大家问他是否能拿一些机子先用着，他说"还需要改进，一些问题还没有完全解决，不成熟的机子不敢上树"。他这份对橡胶的热爱和责任深深地感染了我。为了收集热研 7-33-97 的基础数据，两周内跑遍了 12 个农场。依稀记得去新华农场、新时代农场的路十分颠簸，当时我怀孕 3 个多月，但这没有阻挡我工作的热情，最终也交上了一份满意的答卷。为了试验和推广超低频割胶制度，每个月我不厌其烦地打电话问农场要数据，核对数据，一干就是四年。

曾经有一位农场的前辈问我：农垦女同志做橡胶生产技术服务的少之又少，像你这样的算是第一个，想问你为什么要做这个，你不会告诉我对橡胶的热爱吧？我笑了笑说：如果我说是，您相信吗？其实不为什么，这是我的工作，干一行，爱一行，一份事业，一份执着。

遇上天然橡胶是我的缘，也便结下了与体系的情。感谢体系这个大家庭让我不断成长。

天然橡胶产业技术体系十年感怀（七律）

晁金泉

育种技术与方法岗位　中国热带农业科学院橡胶研究所

大矗"天胶"志气扬，威名猎猎树南疆。

精研农技推新种，踏遍千村变旧方。

筚路开基何惮苦，誓将才智报家邦。

倏然十载如一瞬，不负初心再启航！

体系十年感悟诗一首

张华林

湛江综合试验站　中国热带农业科学院湛江实验站

橡胶体系发展十年头，胶价有高有低皆平常；
岗站对接出谋又划策，"一带一路"兴起帮大忙；
机械化水平剑露锋芒，林下经济也要提收益；
橡胶产业发展渐起色，体系大家庭再创辉煌。

附 录
报道与采访

天然橡胶产业逆风飞扬

——访国家天然橡胶产业技术体系首席科学家黄华孙

天然橡胶因为其优良的特性，被广泛用于工业、国防、交通、民生、医药、卫生等领域，是一种重要的工业原料和战略资源。

经过了 60 多年的发展，我国天然橡胶产业不断壮大，现已有 1 700 多万亩胶园，天然橡胶产能 100 万 t、年产量 85 万 t 以及吸纳 300 多万人就业。

多年来，国家天然橡胶产业技术体系对该产业的发展起到了非常重要的作用。"体系围绕产业发展需求，开展共性技术和关键技术研究、集成、试验和示范，为天然橡胶产业发展提供全面系统的技术支撑，同时推进产学研结合，提升区域创新能力，增强我国天然橡胶产业竞争力。"国家天然橡胶产业技术体系首席科学家、中国热带农业科学院橡胶研究所所长黄华孙在接受《中国科学报》记者采访时表示。

宜植橡胶土地有限

天然橡胶具有优良的回弹性、绝缘性、隔水性及可塑性等特性，经适当处理后，在拉伸强度、伸长率、耐磨性、撕裂和压缩永久变形等性能上都优于大多数合成橡胶，因此被广泛应用。

据黄华孙介绍，天然橡胶能够在杜仲、银胶菊、印度榕等 2 000 多种植物中合成，但目前只有巴西橡胶树具有商业价值，其单产高、橡胶质量好、容易采收，且经济寿命长达 30 多年，其总产量占目前世界天然橡胶总产量的 99%以上。

自 1898 年开始人工栽培巴西橡胶树以来，世界天然橡胶种植业已有 120 多年历史。目前全球有 60 多个国家种植橡胶树，其中 90%以上集中于亚洲地区。2015 年全球橡胶种植面积约 1 418 万 hm^2，干胶产量为 1 260 万 t，同比增长 1.7%和 2.3%。

橡胶树对气候条件比较敏感，是典型的热带乔木树种，喜高温高湿静风环境，"我国为非传统植胶区，受区域气候条件的影响，适宜植胶的土地面积相当有限。"黄华孙表示。

目前，我国植胶业主要分布于海南、云南和广东等省区。2015 年，云南种植面积约 57.3 万 hm²，海南约 54.2 万 hm²，广东约 4.2 万 hm²；海南和云南的产量占全国产量的 98%，其中云南占 53.8%。我国天然橡胶树种植面积仅次于印度尼西亚和泰国，居世界第三位，产量仅次于泰国、印度尼西亚和越南，居世界第四位。

形成上中下游研究完整链条

国家天然橡胶产业技术体系经过 7 年建设，设置了育种、栽培、采胶、病虫防控、产品初加工、产业经济等 11 个岗位。"基本形成了上、中、下游研究的完整链条。"黄华孙介绍说，体系在云南、海南、广东三个主产区设立了 11 个综合试验站，形成了全国天然橡胶种植试验示范、科技服务协作网络。

经过 7 年的协同工作，体系研出小筒苗培育技术、死皮康复综合防治技术、介壳虫和根病综合防控技术、天然橡胶单螺杆脱水技术、微波干燥技术，形成天然橡胶低碳加工工艺，选育并审定鉴定了 3 个新品种。

其中，热垦 525 等不仅在干胶产量上有 10% 的提高，而且开割前每年增粗在 8.5 cm 以上，可缩短非生产期一年。10 年生植株立木材积平均可达0.3 m³，材积增加 20% 以上。"这显著提高了单位面积的产出和经济效益，未来将变革我国植胶业的品种结构。"黄华孙表示。

并且，防雨割胶技术在云南、海南、广东等多雨地区得到广泛应用，避免了雨冲胶而损失产量。值得一提的是，"天然橡胶低碳加工新技术较原有技术低碳清洁、节能环保，周边各胶厂对此表现出浓厚的兴趣。"黄华孙介绍。

体系通过各试验站在各示范县综合使用高效低频刺激割胶技术、橡胶树配比施肥技术、胶园生态保育技术、病虫害综合防控技术等，2008—2013 年累计推广应用面积 389 万亩，产量比常规割制增加 5.67%，新增橡胶干胶产量13 538 t，按当时的平均胶价 2.42 万元/t 计算，新增产值 3.27 亿元。

黄华孙表示，新品种和新技术的综合使用对增粗效果也非常明显，橡胶树中小苗年平均增粗均可达到 8 cm，非生产期由 7～8 年短缩为 6～7 年，节约了企业的生产管理成本。

在服务产业方面，根据天然橡胶科技培训和地方产业部门需求，"我们编写了包括橡胶树栽培技术、割胶知识等手册，开展割胶知识问答，科技培训效果显著。"黄华孙说。

仍面临诸多挑战

受全球经济复苏缓慢、原油等大宗商品价格不断下降等多方面因素影响，除我国外，世界天然橡胶主要消费国进口略有减少，天然橡胶呈现出供大于求的态势，价格持续下跌。

虽然泰国、马来西亚、印度等天然橡胶生产国采取了保护价收购、向胶农提供补贴、提高进口关税等一系列措施，但仍未能扭转天然橡胶价格下跌的态势。专家表示，未来 2～3 年全球天然橡胶价格可能继续在较低价位徘徊。

"胶农的割胶收入大幅下降，弃割外出打工或间歇性割胶的胶农不断增多，砍胶树改种其他作物的现象在云南、海南植胶区均有发生，我国天然橡胶产业的稳定发展受到胁迫。"黄华孙表示，虽然国家加大了良种补贴力度，将籽苗和小苗芽接苗补贴标准由 3 元/株提高到 5 元/株，但胶农种植天然橡胶的积极性受挫，植胶意愿仍然非常低。

目前，天然橡胶种植业大部分作业依赖手工劳动也是一个亟须考虑的现实问题。占生产成本 70% 左右的采胶作业，完全依赖手工。

"割胶工作时间苛刻、环境恶劣，且技术要求高、劳动强度大，再加上胶价长时间处于低谷，胶工收入大幅下滑，生产生活难以为继。现在割胶工流失严重，年轻人不愿意割胶，割胶队伍后继乏人。"国家天然橡胶产业技术体系海口试验站站长许灿光在接受《中国科学报》记者采访时说。

据海胶集团人力资源部门数据，目前公司女员工平均年龄 43.6 岁，男员工 47.1 岁。在黄华孙看来，随着未来经济的不断发展，劳动力缺乏将成为常态。

"因此，必须加快研发适用于各种类型胶园的托管机械化作业技术研究，研发替代人工割胶的机械化、智能化采胶技术和装备，开展轻简技术研究，转变生产发展模式，适应社会发展对技术发展的要求。"黄华孙说。

在加工方面也存在一些问题。"我国天然橡胶产品初加工存在的主要问题是产品型号单一，主要还是'5 号标胶'，不契合市场主要制造轮胎等产品的需求。另因采收和初加工质量控制方面不够严格和技术差异等原因，存在同一型号或不同批次的产品质量一致性不够好，不能满足国防军工或高端市场对高品质天然橡胶产品的需求。"黄华孙说。

"并且，我国天然橡胶初加工厂的生产线还未完全实现自动化，压绉造粒后的天然橡胶半成品在进行自动装料卸料、干燥、码垛等工序环节时需要大量的人力来完成，人工操作频繁、人力成本大，自动化智能化水平低，严重制约了天然橡胶初加工的发展。"许灿光指出，未来需要大力发展自动化、机械化，减少劳动成本，提高效率。

地位无可替代

面对天然橡胶产业发展面临的诸多问题和挑战，"首先我们要辩证认识危机，对待危机。"许灿光表示，应充分调动系统行业的力量，加大改革力度，调整产业结构，增强市场适应力和竞争力，同时争取国家支持，上下齐心协力地共渡难关。

尽管产业处于低迷状态，"天然橡胶产业仍然是南部热带地区重要的农业产业，目前尚无其他产业可以替代。"黄华孙表示。

"传统天然橡胶生产技术成熟，产品易加工保存，市场规模大，适宜于大规模生产，也可作集约化经营。收益虽受市场影响但一般不会绝收，只是收入或多或少。这十分有利于偏远山区等地发展商品化生产和脱贫致富。"黄华孙说。

黄华孙指出，由于在军工及特殊用途领域中天然橡胶具有不可替代性，因此天然橡胶产业是一种战略资源产业，国家需求将是天然橡胶产业发展第一位的目标。

基于这样重要的地位，"无论现在还是未来，我们必须下大力气发展和保护，所以我相信天然橡胶产业一定大有前途。"许灿光说。

（原载《中国科学报》2016 年 11 月 1 日，记者张晴丹）

良种配良方，胶价低迷心不慌

虽然橡胶价格连续 4 年持续低迷，但海南省儋州市和庆镇美万村的村民们却一直坚守着这份产业。在村民们看来，"胶价再低，只要品种选对，管理得当，还是够一家人过生活。"

"这要感谢橡胶所 20 多年来对村里种苗和技术支持。"村民陈文高告诉记者，美万村八山一水一分田，村里除了橡胶树几乎没有其他经济作物。"胶价好的那几年家家盖起了小洋楼，近几年虽胶价下跌，但全村没有一户弃管弃割，靠着勤劳仍能维持生活正常开销。"

美万村的橡胶树苗全部是中国热带农业科学院橡胶研究所（以下简称橡胶所）提供的热研 7-33-97 新品种。橡胶所副所长谢贵水介绍，热研 7-33-97 是橡胶所根据海南气候特点自主选育的新品种，具有速生、高产、高抗等特点。每亩 33 株橡胶树年产干胶 120 kg，远高于全国 80 kg 的平均水平，是目前海南种植面积最大的品种，仅橡胶所种苗基地直接推广种植的面积就达到全省种植面积的 1/10。

在当前胶价低迷、劳动力紧缺的现实情况下，如何让橡胶生产提质增效便成了当前亟待解决的问题。

组培育苗：定植六年开割

"橡胶树作为多年生品种，选育周期长达 30 年，每个新品种的培育成功至少要凝聚两代人的心血。"谢贵水称，我国橡胶树良种选育经过了从本土选育优良实生母树，到大规模引进巴西等热区国家优良无性系种苗，通过区域性试种筛选高产高抗品种的过程。同时，同步进行杂交育种，培育具有我国自主知识产权的适合我国气候种植条件的优良品种。

从 1981 年开始，经过近四年的积累，橡胶所已建成我国品种最丰富的国家橡胶树种质资源圃，收集了 6 000 多份国外野生种质资源和国内 1 000 多份野生种质资源。

　　品种选育仅是第一步，如何更好地把品种转化为种苗才是良种橡胶树推广的关键。"这就是橡胶组培苗，长到 10 cm 左右就可以从试管里移栽到大棚，长到 30 cm 就可以到地里定植了。"在橡胶所实验室的铁架上摆满了大小长度一致的试管，每根试管里都长着一棵小小的橡胶树苗。橡胶所研究员华玉伟介绍，克隆出的橡胶树组培苗因为有自己的根系，又保证了遗传的一致性，所以比芽接苗抗风能力强，产量提高 10% ～ 30%，生长速度快 10% ～ 20%，实现定植 6 年便可开割。这一技术攻克了橡胶树自根幼态无性系繁殖效率低下的世界难题，用组培苗取代芽接苗，再一次提高橡胶树产量。

　　组培出来的橡胶树苗被移植到苗圃的圆锥形小桶内，结合基质栽培和水肥滴灌技术，较好解决了传统袋装橡胶苗育苗时间长、种植时搬运困难、劳动强度高等难题。

　　"以前的袋装苗从播种到最后移栽，需 18 ～ 22 个月，小筒育苗只需 4 ～ 6 个月；同样一亩地，袋装苗一年仅能育苗 3 500 株，小筒育苗可以育出 15 000 株，大大提高了土地利用效率；而且小筒橡胶幼苗每株重不到 0.5 kg，一个壮劳动力可挑 60 株幼苗上山种植，袋装苗重 2 ～ 3 kg，一次最多挑 10 株。"橡胶所成果转化处处长丰明认为，小筒育苗技术省时省地省工，育苗周期缩短一年，效率提高 4 倍。

　　更重要的是，小筒育苗解决了袋装橡胶树苗根系横向发育的问题，小筒橡胶苗根系沿着筒身纵向生长，长度均超过 35 cm，定植后抗风性大大提高。

低频割胶：七天才割一刀

　　"良种配良法，才能稳产又保收。"谢贵水称，割胶是橡胶生产的中心环节，劳动成本占整个橡胶生产的 70%。为了提高割胶生产率，降低割胶难度，橡胶所研发出来低频气刺割胶技术，使割胶从传统的三天两刀延长到三天一刀、七天一刀，在确保不减产的情况下大幅降低劳动成本。

　　在美万村记者看到不少开割的橡胶树上都挂着白色的乙烯气体袋子。丰明告诉记者，乙烯气体可以刺激排胶，有了它三四天割一刀就行。乙烯气体是一种衰老激素，可加快植物开花落叶，促进水果变熟，而用在橡胶树上则可延缓割口堵塞，增加胶乳排胶量，因此，该技术可在缩短割线长度和降低割胶频率的情况下保持原有产量。

　　陈文高笑着说："以前割 300 株橡胶树需要 3 ～ 4 h，采用新技术后一个多小时就搞定，省时省力还减少耗皮量，延长开割期。"

目前，海南农垦已全部采用橡胶所研发的低频气刺割胶技术，由原来的三天两刀，降低到现在的七天一刀，在人工成本急速上涨的情况下，虽然产量减少15%，但综合效益却得到提高。民营胶方面则普遍采用其研发的三天一刀低频割胶技术。

陈文高给记者算了一笔账，村里今年单株干胶年产量在 3.5 kg 左右，每斤均价约 10.8 元，村里每家开割橡胶在 800 株以上，每天 300 株开割，每株最少有 0.5 元，一天收入 150 元，除去下雨天，一个月也有 4 000 元收入，比起在外打工还是要好点，可以照顾家里老人小孩。

（原载《农民日报》2016 年 10 月 24 日，记者邓卫哲）

垦区推广橡胶树气刺微割技术获成效

本报海口 2017 年 8 月 6 日讯 "把这个乙烯气体袋子安在橡胶树上，可以刺激排胶，有了它不仅割胶速度快，能割更多的树位，单株产量也与常规割法一样多。"自去年 6 月运用气刺微割技术以来，海胶集团广坝分公司普光派驻组十五队胶工马志梅可以选择不用在凌晨起床割胶了，现在的她承包了比原来多一倍的树位，每月的收入自然就增多了。

"采用气刺微割技术不是为了增加单株橡胶树的产量，其最核心的目的在于提高劳动生产率，降低人工成本。"中国热带农业科学院橡胶研究所研究员、国家天然橡胶产业技术体系采胶岗位专家校现周介绍道，乙烯气体是一种衰老激素，用在橡胶树上可延缓割口堵塞，增加胶乳排胶量。因此，该技术可在缩短割线长度和降低割胶频率的情况下保持原有产量，同时，通过微割并扩大树位（传统割胶每人每天平均割 300 株，微割平均可割 800 ~ 1 000 株），提高胶工人均日产，促进增收。

然而，气刺微割技术也是把"双刃剑"。校现周特别提醒，盲目为增加产能而过度使用该技术将产生副作用，导致旺产期产量下降，因此，增产幅度应控制在 10% 以内，且仅能用在中老龄树上，不宜在幼龄开割树上使用。

据海胶集团基地管理部总农艺师白先权透露，目前，该技术已在 12 家基地分公司进行推广运用，使用株数近 60 万株。据了解，未来垦区还将逐步推广电动胶刀。

随着农业现代化和社会的发展，高强度的、高密集度的人工割胶必然不能适应新的形势，机械化采收胶乳是必然趋势。由于电动胶刀容易掌握，对胶工的操作技能要求降低，由此可吸纳更多的从业人员，缓解当前天然橡胶产业发展缺乏劳动力的瓶颈问题。

(原载《海南日报》2017 年 8 月 6 日，记者林倩，见习记者欧英才)

组培：开辟橡胶产业一片天

种苗升级换代是推动种植业发展的重要动力，橡胶树组培苗将是今后天然橡胶产业发展的主体种植材料。当前，天然橡胶价格持续低迷，胶工植胶收益低，天然橡胶产业进入低谷期。橡胶树品种及种植材料是制约橡胶树产胶能力的重要因素，高产速生的新品种新材料推广应用是提升天然橡胶产业和农民增收的有效途径。

中国热带农业科学院橡胶研究所（以下简称橡胶所）所长黄华孙、研究员华玉伟领衔的研究团队，启动橡胶树组培苗（来自体细胞胚的无性系）工厂化生产技术研发，建立了一系列先进的技术体系，在世界上首次实现了橡胶树组培苗的规模化生产。

攻克难题　填补空白

天然橡胶是重要的工业原材料，主要来源于橡胶树割胶的胶乳。2018年中央1号文件指出，要以海南、云南、广东为重点，划定天然橡胶生产保护区1 800万亩，保障我国天然橡胶自给能力。

天然橡胶产业形成之初，橡胶树种植材料经历了种子实生苗和芽接苗等阶段。芽接苗是现在的主要种植材料，"在产量、抗性等方面较种子实生苗有大幅提升，但是仍面临品种芽条来源鱼龙混杂、砧穗不亲和等诸多问题。"华玉伟在接受《中国科学报》记者采访时说。

20世纪50年代，国内外科学家提出橡胶树"幼态理论"；到80年代又证实通过体细胞胚胎发生是获得幼态无性系的有效途径；随后开启了橡胶树组培苗研发工作并获得一些来自体细胞胚的组培苗。后续大田生产实践证实，同一天然橡胶品种组培苗较其老态芽接苗高产速生，是天然橡胶产业今后发展的新一代种植材料。

除中国外，法国、印度、印度尼西亚、马来西亚、泰国、越南等重要植胶国也相继投入大量科研力量进行研发，但均未突破橡胶树组培苗工厂化生产技术。

如何改变这一领域的空白，黄华孙、华玉伟带领研究团队开始了长达12年的科研长跑之路。研究团队从另一路径探索研究，建立了"以花药或内珠被为外植体，经初生体胚诱导，次生体胚循环增殖再到植株再生"的新的技术体系，在世界上首次实现了橡胶树组培苗的规模化生产。这项技术解决了橡胶树新型种植材料繁殖效率低下的问题，体胚年增殖效率可达10 000倍，植株再生效率达到70%以上，移栽成活率达90%以上。

此外，该团队还自主设计了专用培养器皿，自动化生产设备4台套，大幅提高生产效率，实现节本增效。这一技术体系目前已获得发明专利3项，实用新型专利10项，省级科技进步奖二等奖1项。"我们的组培苗具有高产、速生、林相一致度高、抗性优良的特点，更有助于热区的橡胶产业升级。"黄华孙告诉《中国科学报》记者。

示范推广　前景可期

近年来，研究团队已在我国海南、云南、广东等植胶区大规模推广种植，目前累计推广种植40万株，推广面积逾万亩，在广东建设农场、海南龙江农场实现6.5年树龄开割，试验区比传统嫁接苗提前1年进入生产期，且初期产量提升30%。

团队成员徐正伟告诉《中国科学报》记者，2010年度第一批种植的橡胶树组培苗于2017年度正式开割，分别位于广东建设农场、海南龙江农场，对比芽接苗增产10.2%和33.6%，组培苗平均干胶株次产分别达到41.8 g和21.9 g。"割胶产量高，推广效果显著，组培苗的前景非常好。"

"5 月 3 日,我们的 40 亩橡胶树组培苗顺利开割,就目前的情况来看,对比同期芽接苗确实增产了 30%,干含产量提高两个百分点以上。"海胶集团龙江分公司生产技术部部长何兴辉说。

在龙江分公司工作了 25 年的工人陈辉在呵护首批橡胶树组培苗时感触颇深:"每次台风到来,组培苗断倒率低,躯干也没有东倒西歪,抗风性好,让我们放心不少。"

种苗升级换代是推动种植业发展的重要动力,橡胶树组培苗将是今后天然橡胶产业发展的主体种植材料。

据悉,今年年底,橡胶所将完成海南天然橡胶新型种植材料创新基地建设,创新基地运行将有望把现在 10 万株/年组培苗生产能力大幅提高到 100 万株/年,实现全国 1/10 供苗能力。

华玉伟表示,接下来,研究团队将集中精力做好多品种组培技术研发,探索多种培养方式,研发使用新型培养容器,在次生体胚增殖技术上实现更高效的突破,降低生产成本。

(原载《中国科学报》2018 年 7 月 18 日,记者张晴丹)

海胶首批橡胶组培苗开割增产 30%

"5 月 3 日，40 亩的橡胶树组培苗顺利开割，就目前的情况来看，对比同期芽接苗增产 30%，干含产量提高两个百分点以上。"今天，在海胶集团龙江分公司培苗示范基地，公司生产技术部部长何兴辉高兴地说。

这是与中国热带农业科学院橡胶研究所（以下简称"热科院橡胶所"）合作的成果。2009 年，热科院橡胶所所长黄华孙、研究员华玉伟领衔的研究团队成功大批量培育出"橡胶树自根幼态无性系"（俗称"组培苗"）；2012 年海胶集团龙江分公司与该团队合作，种植了首批热研 7-33-97 组培苗，如今，仅仅定植六年半，就顺利开割，产量喜人。

走进龙江分公司组培苗示范基地，一株株笔直的橡胶树整齐划一，这些被称为"橡胶领域的克隆树"，它们体内蕴藏的潜力惊人。

"以前，我国人工栽培橡胶树使用的是实生苗和芽接苗。"华玉伟介绍，这两种种苗开割时间一般需 8 年，产量低、均一度差和抗风性弱。为培育出高产、速生、林相一致度高、抗性优良的橡胶树种苗，该团队攻克了"以花药或内珠被为外植体，经初生体胚诱导，次生体胚循环增殖再到植株再生"的一系列组培苗工厂化生产技术，实现了橡胶树组培苗规模化生产应用。

在龙江分公司工作了 25 年的工人陈辉，见证了首批橡胶树组培苗的生长和收割。"组培苗种苗体型幼小，平均 20 cm 多高，需要特别的精心照料，但从移栽后的第 2 年开始，它生长得特别快。"回想起这移栽后的 6 年多，陈辉表示，每次台风到来，橡胶树组培苗断倒率低，躯干也没有东倒西歪，抗风性好。

陈辉还表示，与传统的芽接苗 525 品系相比，组培苗 7-33-97 品系和它在同一林段同一时间定植，但提前了一年开割，能直观感受到组培苗所表现出来的优势。就今年目前的产量而言，5 月 3 日、6 日、9 日和 11 日分别割第一刀、第二刀、第三刀和第四刀，胶乳产量分别达 7 kg、10 kg、21 kg 和 33 kg，呈递增状态。陈辉拿着笔记本，认真地向记者介绍他自己所负责的两个树位即864棵树连日来的总产量。

实际上，从移栽橡胶树组培苗的第3年开始，龙江分公司就清楚意识到它的优点，决定加深与热科院橡胶所的合作，不断扩大种植面积，积极利用好该项技术。目前，该分公司橡胶树组培苗种植面积已达915亩。

热科院橡胶所科研团队研发出来的组培苗也引起了海胶集团其他基地分公司的注意，自龙江分公司种植后，阳江分公司、大丰分公司、新中分公司、广坝分公司和中建分公司也陆续与热科院橡胶所开展合作，种植橡胶树组培苗，目前种植面积共计1 500余亩。

"接下来，海胶集团各基地分公司要积极与热科院橡胶所合作，扩大组培苗种植面积，将科学技术转化为生产力，在橡胶单价低迷的情况下，主动寻求办法提高产量。"海胶集团党委书记、董事长王任飞说。

(原载《海南日报》2018年5月15日，记者吴思敏)

橡胶树组培苗成功研发的背后

橡胶树是一种高大的乔木，橡胶也是我国重要的战略物资，经过我国橡胶树种植专家几十年几代人的持续科研攻关，日前，中国热带农业科学院首次公开宣布：成功培育出自根幼态无性橡胶树苗，并实现了大规模工厂化生产，解决了天然橡胶良种良苗的标准化生产。

这是一项重大的科研成果，它意味着我国橡胶树育苗进入世界领先水平。12 月初，记者跟随热科院橡胶所华玉伟博士走进了该所主持建设的国家橡胶树种质资源圃，了解自根幼态无性系橡胶树苗的整个培育过程，也就是人们通常所说的"组培"或者"克隆"。

"草本植物组培育苗容易解决，但木本植物组培育苗非常难。"华玉伟边走边介绍，世界上第一株橡胶树组培苗于 1977 年诞生在我国，是当时华南热带作物科学研究院、我国老一代橡胶树育种专家王泽云培育出来的。大棚里，新育成的橡胶树组培苗已长大至 30 cm 左右，叶片饱满，拔出来一看，根系发达完整，与通过砧木培育的芽接苗有很大的区别。

据了解，橡胶树是多年生异花授粉植物，而且自交不孕。在橡胶树大面积人工栽培的 100 多年历史中，曾使用了实生苗和芽接苗。但这两种育苗方法，都有其致命的弱点，就是培育过程慢，从育苗到开割，需要七八年时间，甚至更长。而且实生苗长成后，产量低，要大量收集种子，芽接苗生长更慢、经济寿命也短，抗性又差，但它能保持母树干胶产量较高的特点。所以，目前芽接苗是世界上使用最多的橡胶育苗方法。

"20 世纪六七十年代，我就下令对橡胶树组培育苗进行科研攻关。"今年 11 月初，记者在北京采访农业部原部长何康老人时，他曾向记者回忆过这段历史。"当时，我国正在大面积引种橡胶树，种子资源非常宝贵，有一粒种子一两黄金的说法，为了更快地获得橡胶树种苗，我们在世界上率先着手研究橡胶树组培育苗。"

于是，王泽云从橡胶树花药体细胞中获得了第一株橡胶树组培苗，并在1978年移栽成活。十年后，王泽云又以橡胶树果实内种皮为外植体经胚状途径获得完整植株，但是，自第一株橡胶树组培苗诞生至今以来，我国一直难以突破大规模生产橡胶树组培苗的技术瓶颈。

但是，30多年里，橡胶树育种专家没有放弃，他们一代代在前人研究的基础上，不断前行，终于取得了成功。记者在橡胶树组培苗的培养室看到，工作人员正在无菌环境下对胚状体进行切分装瓶，准备育苗的胚状体则植入经过高温高压消毒的培养基中；另一些车间，橡胶树组培苗的幼苗正在发芽生长，透明的试管里幼苗清新嫩绿，已开始生长根系。这些幼苗将马上移栽到室外，待长至40～50 cm后，就可以交给农民种植了。

"橡胶树组培苗的成功研发，使本来通过农业手段育苗的橡胶树育苗产业工业化，可不受季节限制、种源限制，大规模且快速地进行标准化育苗。"热科院橡胶所所长黄华孙告诉记者，通过30多年不断实验的科研成果表明：橡胶树组培苗比实生苗的培育时间短，从2年缩短到8个月，且由组培苗生长起来的橡胶树抗风能力强，产量提高10%～30%，生长速度快10%～20%，也就是说橡胶树苗定植后5～6年即可割胶，而芽接苗需要种植7～8年才能割胶。

目前，由热科院培育的橡胶树组培苗已在广东农垦和海南省农垦的部分农场里推广种植了700亩左右。"随着橡胶树自根幼态无性系培育技术的不断完善，橡胶树组培苗将成为继实生苗和芽接苗后新一代种植材料。"黄华孙给记者算了一笔账：我国年产干胶50多万t，以10%增产、干胶1.5万元/t计算，橡胶树组培的推广可使我国每年增加干胶产量5万t，年产值增加7.5亿元以上。

（原载《海南日报》2011年12月8日，记者范南虹，

通讯员林仁生、田婉莹）

海南橡胶林碳汇研究为扶持胶农提供支持

本报讯（铁庭记者操戈） 近日，由农业部科技发展中心组织专家，对热科院橡胶所"海南岛橡胶林碳汇研究"成果进行了评价，专家组认为作为我国天然橡胶主产区，大规模植胶后的碳汇生态效益一直缺乏系统评价和科学认识，现研究结果既为国家碳贸易提供了基础数据，又为橡胶林经营管理提供理论依据，在时下国际胶价低迷的现状中，对政府扶持天然橡胶产业、促进胶农增收，更是及时提供了可靠的信息支撑。

自 20 世纪 80 年代以来，气候变暖已成为全球性的环境问题，其中二氧化碳是全球变暖最主要的因素。随着我国经济的发展，国际上我国面临越来越大的减排压力，人工林尤其是橡胶林作为我国碳贸易谈判的重要筹码，其碳汇功能越来越显重要。

据了解，主持该项目的热科院橡胶所副研究员吴志祥及其团队，耦合生物量清查法、涡度相关通量观测技术及遥感影像模型 3 种方法对海南岛橡胶林固碳潜力进行了近十年的研究，结果表明，海南岛每公顷橡胶林每年可固碳近 10 t，远高于同纬度的热带雨林（2.36 t/年），也高于其他人工林。该项目出版专著 1 部、发表论文 33 篇、获得专利 2 项。其研究结果对橡胶林固碳增汇和可持续经营具有非常重要的理论意义和应用价值。

（原载《农民日报》2017 年 6 月 22 日）

海南橡胶林一年吸碳几何？ 171万～180万吨！

　　本报海口6月21日讯（记者王玉洁）　提起橡胶林，除了产胶、绿色生态等"标签"外，你还能想到什么？近日，中国热带农业科学院橡胶研究所一项围绕"海南岛橡胶林固碳增汇"的研究给出了新答案：橡胶林净吸收碳的功能（即碳汇功能）较为旺盛，海南岛橡胶林一年可以净吸收碳的总量在171万t至180万t。

　　运用站点尺度橡胶林生态系统碳汇评估体系，通过长期定位观测并结合遥感技术研究，热科院橡胶所研究员吴志祥团队的研究成果表明，海南生长旺盛的橡胶林不仅高于温带地区杨树林的碳汇功能，也比同纬度的桉树林碳汇功能要高。

　　吴志祥介绍，拥有56万hm^2橡胶林的海南岛是我国天然橡胶主产区，橡胶林的碳汇效益将成为海南森林生态系统碳汇功能的一个重要增长点。事实上，自1980年代开始，随着海南森林面积扩大、林龄结构改善，海南森林碳汇功能开始持续增长，海南森林碳汇功能在全球碳汇交易市场中的作用与价值日渐突出。

　　碳汇功能就是森林系统吸收和存储空气中二氧化碳的能力，可以产生效益。据了解，"碳汇"一词来源于《联合国气候变化框架公约》缔约国签订的《京都议定书》，并由此形成国际"碳排放权交易制度"。也就是说，橡胶林吸收固碳所取得的成效可以抵消相关国家的碳减排份额。

（原载《海南日报》2017年6月22日）

柬埔寨农林渔业部官员热带农业经济管理研修班在海南大学开班

中新网海口 2018 年 11 月 22 日电（符宇群） 柬埔寨农林渔业部官员热带农业经济管理研修班开班仪式 22 日在海南大学举行。柬埔寨农林渔业部副部长奥姆·金希尔、柬埔寨农林渔业部国务准秘书亚西金·约厄、柬埔寨皇家农业大学校长吴伯恩以及海南省有关部门相关负责人等出席开班仪式。

此次研修班主要对柬埔寨农林渔业部及下属三所主要农科大学的管理干部开展以"中-柬农业贸易与政策"为主题的培训。学员将在海南生活、学习 13 天，听取专家讲授热带农业经济管理、中-柬农业贸易政策、中-柬农业合作等专题讲座，考察中国热带农业产业、科教情况，研讨中-柬热带农业科教合作问题。

柬埔寨农林渔业部副部长奥姆·金希尔在开班仪式上致辞表示，海南气候与柬埔寨相似，未来也有更多合作的可能。通过此次研修班的学习，学员对中国热带农业科技、教育和产业以及中-柬农业贸易将会有更加深刻的认识和了解，对于进一步开展中-柬热带农业科技、教育、产业合作，具有重大的推动作用。

海南大学校长骆清铭介绍，近年来，海南大学依托海南的"三大优势"，提炼出"热带、海洋、旅游、特区"四大办学特色，在热带农业、海洋科技、旅游管理、海洋法律等方面打造出较强科研团队，取得较好的科研成果。目前，海南大学与 34 个国家和地区的 166 所合作院校或机构签署了友好协议，构建了"全方位、多层次、宽领域"的国际合作与交流新格局。

此前，海南大学与柬埔寨皇家农业大学共同签署了《中国海南大学与柬埔寨皇家农业大学校际合作协议书》和《中国海南大学与柬埔寨皇家农业大学关于合作设立海南大学柬埔寨汉语教学中心的协议》。2018 年 6 月，海南大学柬埔寨皇家农业大学汉语中心在柬埔寨正式挂牌成立。该中心致力于满足皇家农业大学师生学习汉语的需要，增进柬埔寨人民对中国语言文化的了解，推动中国与柬埔寨的教育文化和科学研究交流合作，发展中国与柬埔寨的传统友好关系。目前该汉语中心已经运行有效，逐渐发展成为柬埔寨人民学习汉语的平台，在中－柬开展科学研究合作、联合培养研究生、文化交流、实用技术推广、社会服务等方面发挥作用。

柬埔寨《东华日报》的报道

热科院电动割胶刀研发获重大突破

本报那大 11 月 26 日电（记者　王玉洁　通讯员　林红生　邬慧彧）　为了缓解割胶劳动力短缺问题，近两年，中国热带农业科学院橡胶研究所组织科研人员攻关电动割胶刀技术难题，研发出了便携式旋切和旋割两款电动割胶刀。

"这两款电动割胶刀设有特殊的割面限位保护装置，不仅可以控制割胶深度，还能将耗皮量控制在 1.5 ～ 3.0 mm 范围内，减轻了胶刀对橡胶树乳管的压迫，增加乳胶排放量。"热科院橡胶研究所研究员曹建华介绍，上述两款割胶刀可提高割胶劳动效率，降低胶工劳动强度和割胶技术难度。

"我们在刀片片数、刀片凿口斜率以及刀片材质等方面进行了改进，减小割胶刀震动，使刀片更锋利、耐用。"负责旋切式割胶刀研发的研究员罗世巧介绍，该款割胶刀约 400 g 重，使用便捷。

而更为轻便的旋割式割胶刀看上去像一只圆柱形手电筒，属横握式割胶刀，启动电源按钮就可以进行割胶操作。"这款'半傻瓜型'旋割式电动胶刀采取零传动方式，有效降低了能耗和重量，集成了电子与电路信号控制，一键式操作让割胶更简便。"曹建华说。

当前橡胶所研究人员已在海南多个农场对两款电动割胶刀进行了测试。结果显示，使用电动割胶刀，一名胶工可以在一个上午割 800 ～ 900 株橡胶树，产量总体提高 10% 左右，受到了农场胶工的一致好评。部分企业和农场已经和他们取得联系，希望能早日研发定型产品，投入生产使用。

面对产业的急迫需求，接下来橡胶所科研人员将会加快便携式电动胶刀的完善与设计定型工作，争取明年投入生产使用。

（原载《海南日报》2015 年 11 月 27 日）

曹建华破解机械采胶难题　电动胶刀应用利于橡胶产业节本增效

曹建华的"科技报国心"

心脏动过大手术，从领导岗位走向科研一线；眼球内血管破裂，仍冒着失明危险坚持科研。

凌晨 3 点，漫山遍野的橡胶树已经醒来。树皮中乳管达到一天中最活跃的时期，一割开，胶乳便如泉水般流出。

近年来，随着橡胶价格下跌，越来越多的人选择了放弃。全国 1 700 万亩橡胶种植面积中，弃管、弃割面积超过 70 万亩，损失数亿元……

机械化采胶是解决这个产业难题的关键。可这却是一个延续 40 年的科研难题。

今年 4 月底，中国热带农业科学院和橡胶所正式推出了由曹建华团队研发的第一代 4GXJ-1 型便携式电动胶刀，让这　难题画上了句号。

成功背后满是艰辛，是无数个不眠之夜、无数次苦闷彷徨。2011 年，曹建华从副处级领导岗位重返科研一线，研发中，他眼球内血管爆裂，冒着失明的危险坚持科研……热科院内，周恩来总理题写的"儋州立业，宝岛生根"八个大字，深深镌刻在曹建华的脑海深处，"科技报国"便是他最大的追求。

心脏动过大手术的他　每天吃着药挑战科研难题

百年来，人力割胶一直延续，胶工手持一把 V 形胶刀，围绕橡胶树，起刀、转身，小心翼翼……

40 余年前，有学者提出：为何不能实现机械化割胶？可这个命题就像接力棒，在科学家手中传递，关键技术始终难以突破。

2011 年，一个偶然的机会，这一棒传到了中国热带农业科学院研究员曹建华的手中。彼时，曹建华在中国热带农业科学院科技信息研究所担任副所长，分管科研。曹建华决定接过难题，试一试。

2015 年 3 月，已是副处级干部的曹建华，主动提出申请，投身科研一线，解决机械采胶难题。

了解的朋友都劝他："每天吃着药，干嘛这么拼？"他们知道，曹建华心脏动过大手术。

"做科研，总得有人付出，有人去担当、去挑战，我出身农家，对农业、农民有着深厚的情结，我最合适。"曹建华说。

2015 年 3 月，中国热带农业科学院橡胶所智能化采胶设备研究室成立。此时，团队还未组建，曹建华独自一人便开工了。

研发期间，晚上 11 点仍在办公室，成了常态；回到宿舍睡不着，曹建华就拿出手机在网上查看各种机械原理，经常到凌晨两点……早上醒得也早，有时五点就醒了。吃饭的心思也淡了。曹建华习惯了煮一大锅饭，煮一次吃两天。

2016 年初，曹建华的身体报警了。一天，他的眼睛突然看不清东西了。医院检查结果是：长期用眼过度，造成眼球内血管破裂。医生开了两次休假证明，让曹建华至少停止工作半个月以上，否则有失明危险。曹建华悄悄把证明放进了口袋。曹建华说："机器没研发成功，哪有时间休息。"妻子知道了还为此跟他大吵一架。

前后研发 17 款机器终获成功　3 年心血换来 10 多项专利

从 2014 年 3 月，第一款机器开始，曹建华及其团队一共研发了 17 款机器。

"第 17 款，我们成功了。"曹建华将一个个失败的样品摆放在桌面上，排起了长龙。每一款，都有一个故事，有一段痛苦的回忆。

"你看，每一款都有优点、有缺点。"曹建华心里高兴，"最后这一款集合了前面 16 款的所有优点……"

当拿起第七、第八款的时候，曹建华停顿了，"这两款是我们最接近成功的时候。"

那是 2016 年初，他们研发出了 2 款采用旋切和旋割的电动割胶刀，不仅可以控制割胶深度，还能将耗皮量控制在 1.5 ～ 2.0 mm，切割速度快，非常省力。

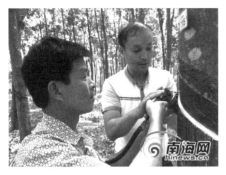

曹建华（右一）指导胶工使用新型电动胶刀　　　曹建华展示所研发的 17 款机器

当曹建华拿着胶刀，跟胶工一起割胶的时候，他发现，原本的两大难题又出现了，"不是树皮成渣，就是老胶线缠刀。"

喜悦的心情再次跌入谷底。曹建华和团队成员内心煎熬着。直到半年后的一天，走在热科院幽静的校园里，曹建华突然想起一句话：存在即合理。传统胶刀用了上百年，它的存在一定有非常合理的地方。它是片状的刀片，老胶线不会缠绕；刀刃在前端，头尾肯定能切割到位。

这就是新思路。

团队里成员又坐在一起商量，深入分析前面 16 款胶刀的优缺点，再结合传统胶刀的优点，很快将想法变成了现实。2016 年 9 月，集电机、动力传输结构、电子控制器、电源微小型化、人机工程学于一体的第 17 款胶刀诞生了。

这背后不仅包含着 10 余项专利技术，更凝聚着曹建华及其团队近 3 年的心血和汗水。

由此，我国第一台能在生产上应用的割胶机器诞生了。这标志着我国橡胶产业有望结束延续几十年的纯人工割胶现状，进入电动机械化采胶时代。

电动胶刀的研发应用　有利于橡胶产业节本增效农民增收

今年 4 月底，经过反复修改调试，中国热带农业科学院和橡胶所正式推出了由曹建华团队研发的第一代 4GXJ-1 型便携式电动胶刀。其轻巧省力、简单易学、不易伤树、提效促产、经济实惠的特点，吸引了 100 多名国内热区橡胶企业的人员和植胶大户现场了解体验。

面对 100 多名"观众"，曹建华自信满满：机器仅 350 g，相当于一个苹果重量，轻巧舒适；满电可用 4 个多小时；新手一般培训 3 ～ 5 d 就能上岗，比传统胶刀培训节省 20 d 以上，大幅节约了人力培训成本；熟练使用后割胶效率可提升 15%～20%；最关键的是不易伤胶树，割胶深度和耗皮厚度由机器控制，割胶技术难度大幅降低。

有 8 年割胶经验的董秀乾仅培训了 2 天，便学会了操作。董秀乾记得，为比较电动胶刀的使用效果，凌晨 3 点到橡胶园，曹建华戴着头灯，跟她一起比赛割胶。

测试的结果出来，董秀乾惊讶了，"他割得跟我们一样好，比我们还快，不仅轻松，产量还比我的高。"

从那天起，董秀乾"喜欢"上了这款胶刀，"要是以后都能拿这款胶刀割就好了。"

听到这话，曹建华感慨万千，"这说明我们的科研做对了，所有的付出都值得了。"

海南省科技厅副厅长赵庆慧说，天然橡胶在海南种植面积超过 800 万亩，事关数百万海南胶农生计。电动胶刀的成功研发及应用将有利于橡胶产业节本增效，农民增收。

中国热带农业科学院副院长、智能割胶机械攻关领导小组组长张以山介绍，目前科学院橡胶研究所已与专业电动工具生产大型企业合作，建立了我国第一条电动胶刀生产线并实现量产，将惠及千千万万的胶农。

(原载《南国都市报》2017 年 5 月 27 日，记者敖坤，实习生胡盼盼)

黄华孙——胶农心中的"胶王"

作为国家天然橡胶产业技术体系的首席科学家，黄华孙组织确定了体系的组织架构，完成了1个研发中心、3个功能研究室（11个专家岗位）和11个综合试验站的组织建设，整合了我国天然橡胶主要科研力量，从育种、栽培、土肥、采胶、病虫防控、产品加工、生态到产业经济，从研发到示范，形成了涵盖全产业链的科技研发体，为我国天然橡胶种植水平迈上新台阶作出了巨大的贡献。

"胶王"不辞辛劳　做足胶农致富文章

2009年9月15日，从中国热带农业科学院橡胶研究所传出喜讯：已在海南推广达80余万亩的"热研7-33-97"天然橡胶品种经国家品种审定委员会审定达到国际先进标准，这意味着橡胶研究所所长、研究员、国家天然橡胶产业技术体系首席专家黄华孙潜心研究十几年的心血没有白费，更重要的是，它标志着我国天然橡胶种植水平迈上了新台阶。

记者了解到，1984年，黄华孙从华南热带作物学院毕业后，一直在中国热带农业科学院从事热研7-33-97课题研究，背负着几代橡胶专家希望的黄华孙，在工作中一刻也不敢放松。有一次，他在五指山的毛阳镇手把手教胶农做规划、定标、开荒、种橡胶，紧接着又指导胶农抗旱、定植、做籽苗牙接，不知不觉在山上胶林的帐篷里住了大半年。等他下山回家，家里人几乎认不出他了，粗糙的皮肤，黝黑的脸，身上全是被蚊虫叮咬落下的疤。

从外表看，黄华孙像个地道的胶农，可了解他的人都赞叹他，不仅有才，还有一种将天然橡胶做到极致的气魄。一直以来，黄华孙领着他的团队，在如何使胶农致富上做足了文章，不仅在努力寻找更高产、优良的橡胶品种，创新割胶技术帮助胶农致富，还领着胶农利用废弃的橡胶树发展加工业，推动当地橡胶产业链发展。在胶农心中，黄华孙就是他们的胶王，就是他们的主心骨。

并且，从20世纪80年代起，黄华孙在推广"热研7-33-97"优良品种的同时，就自觉承担了培训胶农的义务，跑遍了海南省有胶林的市县。他领着团队先后在五指山、琼中等市县建立了扶贫基地、新品种示范基地，无偿为胶农提供种苗。2006 年，为了及时解决胶农的应急困难，橡胶研究所专门开设了天然橡胶科技服务热线，建立了天然橡胶技术手机网站，开通了面向全省胶农的短信服务平台。

培育橡胶树品种　达到国际先进水平

作为国家天然橡胶产业技术体系的首席科学家，黄华孙充分发挥体系的合力作用，组织体系内各岗位专家和相关研究人员，对世界和我国天然橡胶生产、贸易情况以及科技发展现状进行了总结，撰写年度天然橡胶产业技术发展报告、产业发展趋势与政策建议，参加各级政府部门以及相关产业部门（企业）组织的各类发展规划编制，为相关行政主管部门更科学地制订产业发展政策提供决策咨询，对产业的健康稳定发展起到了积极的作用。

黄华孙先后参加或主持了"六五"至"九五"国家科技攻关"橡胶树育种材料的筛选与创新"、国家科技支撑项目"高产速生中抗橡胶树种质创新和新品种选育"、国家科技基础条件平台工作重点项目"橡胶树种质资源标准化整理、整合及共享试点"、南亚农技推广项目"胶木兼优品种适应性试验"等 60 多个项目的研究工作。此外，还主持了"国家橡胶树育种中心""橡胶树新品种培育基地""橡胶树种质资源圃改造扩建"等大型基础设施建设项目工作。黄华孙与课题组有关人员共同选育出橡胶树新品种 15 个，并积极组织新品种的区域试种和推广工作，对我国橡胶树新品种的推广应用起到了积极的推动作用；完成了国家种质资源圃新一轮布局调整和规划，主编了《橡胶树育种五十年》《橡胶树种质资源描述规范和数据标准》两部著作，参编《国家作物种质资源库圃志》；主持制定《橡胶树育种技术规程》《橡胶树品种》《农作物种质资源鉴定技术规程橡胶树》3 项行业标准；参与申请专利 7 项，授权 3 项；发表论文 80 余篇；7 次获得国家级和省部级的科技进步奖。值得一提的是，黄华孙潜心研究的"热研 7-33-97"已成为我国第三代胶园的主推品种。热研7-33-97 是在"引进和自育相结合"选育种方针指导下，在国外优良无性系引种试种的基础上，选择优良亲本，有针对性地开展杂交育种工作，选育适合我国不同植胶区的优良品种。该品种 1965 年人工杂交选育，1984 年评为试种级，1988 年评为小规模推广级，1993 年评为中规模推广级，1995 年全国橡胶树品种汇评晋升为大规模推广级，是严格按照橡胶树育种技术规程选育出的国内首批自育推广级品种。热研 7-33-97 由于具有较强的抗性以及速生高产的优良特性，综合性能达到了国际先进水平，目前已在全国植胶区推广 100 多万亩，获得了海南省科技成果转化特等奖。

人物简介：黄华孙，男，1963 年生，研究员，博士生导师。1984 年毕业于华南热带作物学院热作栽培专业，毕业后一直在中国热带农业科学院橡胶研究所从事橡胶树遗传育种和种质资源研究工作。现为中国热带农业科学院橡胶研究所所长，国家天然橡胶产业技术体系首席科学家，中国天然橡胶协会常务理事、海南省遗传学会理事、中国热带作物学会育种专业委员会副主任。先后获第五届中国青年科技奖，海南省十大杰出青年等荣誉称号，系农业农村部中青年有突出贡献专家、国务院政府特殊津贴专家、省委省政府直接联系重点专家。

(原载中新网 2012 年 8 月 11 日，记者郭丹，通讯员钟一鸣)

根扎热土　此林生芳

——记橡胶所研究员林位夫

用科技将种胶"傻瓜化"，憾失奖项却无怨无悔；为推广农技长期加班，致全身免疫系统破坏却坚守一线……他是中国热科院研究员林位夫——

林位夫在向外国农科人员讲授橡胶组培苗种植、管理技术（本报记者苏晓杰摄）

如果热区的土地会说话，它们会争着讲述橡胶专家林位夫的故事；如果垦区的河流会拍照，流动的河水里应有林位夫瘦削忙碌的影像；如果美万新村的胶林会张开双臂，它们一定会深情地拥抱林位夫。

"林教授生活低调朴实，工作兢兢业业，他轻名利、重研究，扎根热区农业，坚持生产一线，科研成果多为解决农业生产实践中的难题服务。"中国热带农业科学院院长王庆煌评价林位夫，"浑身泥土味的农业科技工作者才是农民需要的专家。"

和农民同吃同住同劳动　巧解坡地种胶水土流失问题

今年春节过后，记者走进儋州市和庆镇美万新村，这个全省有名的文明生态村胶林环绕，农民在自家小院里或休闲或忙着家务活。

"林位夫啊？认识！他是热科院橡胶所的专家，从1980年代末就到美万新村来教我们种胶割胶了。"向村民打听林位夫，年纪稍大一点的村民都认识他，还能说出关于林位夫的一两个小故事。

20多年前，美万新村很穷。"美万新村原来叫五四林场，1991年更名为美万新村。"美万新村71岁的吕朝进回忆，最穷的时候，他曾赶着牛车去拉茅草回来盖房子。如今，美万新村村民住的都是前后有庭院的小楼。

吕朝进说，当年美万新村想开荒种胶，改变贫穷落后的面貌。热科院橡胶所了解这一情况后，主动上门帮扶，并派出专家驻村指导，其中就有林位夫。"我与小林打交道20多年，村民也都习惯叫他小林。"吕朝进记得，1987年，林位夫到美万新村教村民橡胶树栽培技术时，才20多岁。"他就住在村里，每天和村民一起劳动。"

村民杨富传和林位夫年龄相仿。"我那时是村种胶割胶的辅导员，全村人都不知道怎么种橡胶树，更不懂科学管理。"

林位夫来得正及时，两个年轻人常聚在一起讨论如何培训村民橡胶树栽培技术。"他首先帮我们更换了橡胶品种，全村统一更换热研7-33-97优良橡胶种植；又提出果胶套种，以短养长，我们一起去澄迈找红江橙种苗，去海口找荔枝、黄皮种苗。胶林套种热带水果，解决了美万新村橡胶树苗种下后青黄不接的大难题。"

让杨富传惊喜的是，林位夫虽然年轻，但善于观察和动脑筋。美万新村坡地多，开荒种胶后水土流失严重。"一下雨，胶园就被雨水冲刷出道道深沟，河水黄得像泥浆。"

看到这种情况，林位夫提出种植香根草防治水土流失，对于坡度较陡的橡胶园，就在两行橡胶树间筑一个小平台，将其梯田化。

"这只是栽培技术上的一个小改变，却解决了水土流失的大问题。"杨富传说，如今，美万新村共种植橡胶6 000多亩，不用再担心水土流失。

现在，这一技术已在热带植胶区得到推广应用。

农业科研争分夺秒　连续加班致免疫系统破坏

3月初的一天，林位夫带记者参观他培育的橡胶树小筒苗。去年，两次强台风重创海南橡胶林，风灾地区橡胶林损伤率高达70%以上，海南正需要大量橡胶树幼苗补种。

在他弯腰取苗时，记者发现他手臂、小腿上有大片溃烂结痂的伤痕。"老师对很多食物都过敏，吃东西稍不注意就会引发皮肤溃烂。"林位夫的学生兼助手曾宪海告诉记者，由于高强度加班，林教授全身免疫系统遭到严重破坏，免疫力低下，极易过敏。

原来，1990 年代初，儋州白马井植树种草搞绿化，但那里的土壤干旱多盐，种什么死什么，成活率极低。无奈之下，当地政府向热科院求助，林位夫接过了这一难题。为了选择合适的树种和适宜沙土的园林种植技术，他不断试验，失败了，总结经验，从头再来。"1994 年那段时间，他天天上班 15 个小时以上，连续加班长达 4 个多月。"回忆过去，妻子谭海燕仍然十分心疼丈夫。在这一过程中，谭海燕发现林位夫开始对一些食物过敏，一过敏就出现皮肤溃烂、流脓的严重症状。谭海燕劝他先治疗，但他却说，这不是大毛病，找到解决方案后再去医院。

"项目结束后，他去医院治疗，医生说他耽误了病情。本来是免疫系统的小毛病，简单治疗就能好，结果拖成大病，治疗起来很复杂。"后来，经过一段时间治疗休息，林位夫病情有所好转。

"可是，过了两三年，他为了解决橡胶树栽培中出现的新问题，又疯狂加班了一段时间，导致病情复发。"谭海燕说，复发后病情更重，医生告之无法治疗。"现在，老林连许多蔬菜都不能吃，他的食谱越来越窄，炒菜只能放油盐，饮食稍不注意就过敏，人也更加消瘦。"

"他最痛苦的事就是出差，几乎每次出差回来都要大病一场。"同事张志扬记得，有一次和林位夫去云南出差，尽管吃东西非常小心，还是引起食物过敏。回琼后，林位夫手脚溃烂的皮肤几个月后才好。

"老师说，农业科研工作要争分夺秒。比如橡胶树栽培中的虫害、病害等，拖不得，多耽误一天，胶农的损失就会多一些。"因此，每每遇到胶农求助，林位夫总会立即赶到现场指导，如果现场解决不了，他都会加班攻关，直到问题解决。

简单易学实用有效　"林氏傻瓜技术"深受喜爱

橡胶树籽苗芽接育苗技术、橡胶树围洞法抗旱定植技术、橡胶树抗风修剪方法、橡胶树小筒育苗技术……这些在我国热区大面积推广、为广大胶农胶工熟知的橡胶树栽培实用技术，不仅解决了生产中的实际难题，帮助胶农增产致富，还为我国橡胶产业发展提供了科技支撑，但却没有多少人知道是林位夫发明了这些技术。

"林位夫研发推广的橡胶树栽培技术很简单，却能有效解决生产中的实际难题。比如，围洞法抗旱定植技术在云南就得到广泛推广。"云南农垦生产发展处副处长李传辉和林位夫是老朋友了，他戏称林位夫的科研成果为"林氏傻瓜技术"。

"云南多山，橡胶树苗又大多在夏季种植。为了提高成活率，胶农不得不天天为刚种的橡胶树苗浇水，劳动量大，成本高，又不节水。"围洞法抗旱定植用塑料、稻草或者竹片编一个小笼子，种植时套在橡胶树幼苗外围，既防日晒，还能防水分蒸发，将橡胶树成活率从不到70%提高到95%以上，种植成本节省65%以上，还省却了胶农天天浇水之苦。

再比如橡胶树小筒育苗技术，都不需要农民学习。它改变了原来袋装苗的育苗方法，橡胶树苗重量大大减轻，袋装苗每株重4～6 kg，小筒苗重不到0.5 kg。

"袋装苗非常笨重，一个壮劳动力一次最多只能挑8株树苗上山，但小筒苗却可挑60株幼苗，大大提高了劳动效率。"李传辉告诉记者，小筒苗还解决了袋装苗橡胶树幼苗根系横向发育的难题，其根系纵向生长，种植下去后，生长迅速，抗风力也提高数倍。去年，林位夫到云南推广小筒苗，胶农迅速接受，更新的橡胶园基本上都采用小筒苗。如今，小筒苗在海南也推广种植了上千亩。技术简单实用，对胶农和农场来说，是福音，但对林位夫来说，却是一种困扰，他多次错失一些科技成果大奖。比如，橡胶树围洞法抗旱定植技术在参加评奖时，评委们就认为"太简单了，一看就会，都没有科学含量"，拒绝给林位夫评奖。对一位科技工作者来说，拿奖少，在争取科技项目时，就会缺少资本。

但林位夫并不后悔，也没有因此改变自己的研究方向和科研理念。"农业科技就应该简单实用，尤其是栽培技术，直接面向农民。一项技术再好，如果农民学用困难，就不容易推广。"林位夫说，只要他的科研成果能被农民接受和喜爱，就是他拿到的最大奖杯。

(原载《海南日报》2015年4月19日，记者范南虹，实习生林川、周清，

通讯员田婉莹)

林位夫：发明"傻瓜化"技术的农业专家

一提到科学家，很多人马上会与高精尖的技术联想在一起。可在中国热带农业科学院，有这样一位科学家，常因其成果被一些评委认为科技含量太低、不足以参加评奖，与科技大奖一次次失之交臂。

然而，他的成果"围洞法抗旱定植""籽苗芽接育苗"等，却是胶农们再熟悉不过的科学技术。这些橡胶种植技术看似简单，却因其实用且经济效益明显，被胶农广泛采纳。这位科学家——林位夫，也因此为广大胶农所熟知。

农民把他当作亲兄弟

林位夫是一名普通的研究员。从原华南热带农业大学毕业后，他留在了中国热带农业科学院橡胶所，从事橡胶种植技术的研究。目前，他取得了橡胶苗"围洞法抗旱定植技术"、护芽器等12件专利，主笔起草了多项关于橡胶育苗和栽培的国家标准和行业标准，出版著作《橡胶树农学辞典》。其中，他发明的"围洞法抗旱定植技术"，在早春旱期能大幅降低劳动强度并提高苗木定植成活率；"籽苗芽接育苗技术"，能大幅提高育苗效率，改善苗木质量和增强植株抗风抗旱力。

当谈到未能斩获科技大奖时，林位夫说他并不后悔，因为他给农民带来了实用易学的技术。尽管没评到奖，他依然满怀热情，一干就是28年。

1991年，林位夫率领科技扶贫小组，前往海南乐东县永明乡佳西村、抱邱村等地开展技术推广。他到地里挨家挨户指导，积极与胶农沟通，说明种植密度、开垦质量和苗木质量等的重要性，手把手地教授相关技术。十多年后，林位夫回访这些乡村，考察扶贫效果。一听说林位夫来了，村里每家每户的胶农主动出来迎接，纷纷拿出自己家最好的山兰酒——新酿出来的"头酒"，像亲兄弟一样热情招待。事实证明，采用林位夫推荐的规范化橡胶栽培技术，大大提高了产量，给胶农带来了实实在在的好处。回忆起这些往事，林位夫脸上带着暖心的笑容。

创新源自"地头灵感"

林位夫最初深入农村推广技术时，常被问到"有没有既省工、又省钱的技术"？面对农民热忱的目光，他常无言以对，并为拿不出更多农民急需的技术而着急和自责。

在经历几次尴尬后，林位夫明白了，农民需要的是简单易学的"傻瓜化"技术。于是，为了创新研究，他三天两头往田间地头跑，有时甚至就住到了村里，与村民同吃同劳动。正是长年和农民一起摸爬滚打，林位夫迸发出科技创新的火花。

杨传富当时是儋州市美万新村的橡胶种植辅导员，他回忆："林教授不仅帮我们换了良种苗，还提出果、胶套种。我们一起去澄迈找江橙种苗，去海口找荔枝种苗。多亏了他，解决了美万新村胶苗种下后青黄不接的难题。"

云南通常在夏季种植橡胶苗。到了种植季节，全家老少都出动背橡胶苗。一株橡胶袋苗重达10斤。炎炎烈日下，人们背着胶苗走山路十分辛苦。于是林位夫研究如何减轻苗木重量，最终发明了"小筒苗育苗技术"，培育出质量很轻的小筒苗，提高了种植效率。林位夫的学生王军向记者介绍，这个技术一经推出就受到重视，云南热带作物科学研究所主动联系林位夫，要求学习推广。

积劳成疾却无怨无悔

妻子谭海燕回忆，林位夫因常年加班，积劳成疾。特别是在白马井做课题研究时，连续4个月，每天上班至少15个小时，导致身体出现食物过敏。经常过敏给他带来了很大的困扰——食谱越来越窄，肉类只能吃猪肉，炒菜只能放油盐，连海鲜酱油都不能吃，出国只能啃面包。然而，林位夫并没有因此退缩，年近退休的他，依旧频繁出现在办公室与试验地之间，依旧因做实验忘记回家吃饭。

现在，林位夫正在推广新成果——胶园全周期间作模式，可间作瓜果、蔬菜等农作物，这是一种农林复合种植模式，不仅能提高土地利用率，还能大大增加农民收入。

西双版纳植物园生态胶园项目的负责人董博士说："这个模式不用农民来承担生态功能，而且在未来用地紧张的形势下，可以让空闲地起到战略储备地的作用。"

针对胶价下跌，胶工严重短缺，林位夫还在琢磨研究割胶机器人的点子，以及培育超高产橡胶砧木的设想。在他的身上，创意的火花在不停地迸发，思维并未随年龄一同老化，反而越磨砺越发光。

（原载《光明日报》2015年9月28日，记者王晓樱、魏月蘅，
通讯员林川）

林钊沐：一身橡胶味儿的"泥腿子专家"

精准扶贫　科技先行

"泥腿子专家"，这是胶农送给中国热带农业科学院橡胶研究所研究员林钊沐的"绰号"。同事们说，这个绰号道出了林钊沐深入基层，为民办事的朴实作风。

在美丽的海南岛和云南西双版纳，随处可见的是成片的橡胶林，组成一道道美丽的风景线，让人应接不暇。

如今，海南省的橡胶产业给社会、经济和生态带来的效益与往昔不可同日而语。海南在"千百个林钊沐"的努力下，开始步入小康。"我深知肩上的担子尚重，只有坚持梦想，孜孜不倦地拼搏，才能让更多的农民脱贫致富。"林钊沐说。

把农民装在心里

"我自从事农业科学研究以来，一直都梦想着有一天通过自己的科研成果转化，能让海南省的贫苦农民都能够脱贫致富。"林钊沐说。多年来，林钊沐奋战在科研第一线，时刻把农民装在心中，把农民的利益放在第一位。

"很多时候，会到野外调研，到地头现场做技术示范与指导，日晒雨淋是常有的事情。过去因为单位交通工具有限，出差经常要坐公共汽车，到一些地方农场，下午晚一些就没有回城的车了，所以不止一次在办公室过夜。睡在办公桌上，蚊子多时就点蚊香，洗澡就要等天黑后到水井打水冲洗，口渴了喝几口井水。"林钊沐说，尽管条件无比艰苦，他仍乐在其中，每到一地，都会积极认真传授技术和经验。

2002—2006年，中国热带农业科学院橡胶研究所承担了由海南省发展计划厅立项支持的"海南省生态扶贫项目"示范点之一的陵水黎族自治县大里乡示范基地建设。

"该项目是为了在加强海南省中部山区森林资源保护的同时，充分利用当地生态资源，发展林下经济，增加当地农民特别是黎族等少数民族的收益。"林钊沐说。

为了把项目做实，林钊沐常常要到山上调研。上山时，他和同事们每人手上拿着一把镰刀，走在危险的山路或是没有路的灌木草丛中，被蚂蟥、蚊子叮咬，荆棘刮破皮是常有的事，下山后经常是手脚布满伤疤。

艰辛的付出收获了良好的结果，当地农民获得了显著的收益。他们所到之处，都受到当地农民的欢迎。

把成果落到实处

"小时候，看到村里的农民一年到头忙碌不停，到年底却仍然为不能填饱肚子而发愁，我很是心痛。"林钊沐立志做好科研成果的转化和推广。

这些年，林钊沐及其团队取得的橡胶树高产栽培综合技术、橡胶树增产刺激剂、橡胶树等热带作物营养诊断及专用肥研制与应用等多项科技成果在海南大地开花结果，获得了巨大的经济效益和社会效益。为了使科研成果得到更好的推广，林钊沐到很多农场的生产队以及乡村，给工人、农民上课。

橡胶树是一种对管理技术要求很高的热带作物，不但栽培管理要有技术规程，割胶也有严格的技术要求。为了研究橡胶树生长所需的最优条件，林钊沐经常一头扎进试验基地里，有时半个月都不回家，吃住都在这里，条件虽然艰苦，但他乐此不疲。

在试验基地里，他种植试验树苗，进行施肥管理、搞测量。等一期试验完成了，他晒得又黑又瘦，但心里却无比高兴。

"科学研究并不只是实验室里的瓶瓶罐罐和各种复杂仪器，"林钊沐说，他经常下到偏远的山区收集数据、采集样本，他的双脚踏遍了海南岛有橡胶树的每一个角落。

30 多年来，他带领团队针对胶园水土流失导致土壤退化、施肥不合理造成肥料效应低下、常年采胶引起养分大量流失等突出问题，经过联合攻关，建立起橡胶园养分资源高效管理和精细化施肥技术体系。

林钊沐先后负责或主要参加国家、省部级等科研课题 50 多项，发表论文 100 余篇，获国家、省、部级成果奖 10 多项。"十一五"和"十二五"期间，他被聘为"现代农业产业技术体系岗位科学家"。

"我并不满足于取得的科研成果，我更看重的是这些科研成果能够转化应用，真正服务于农民，帮助农民发家致富。"林钊沐说。

事实也是如此，今天，海南省迅猛发展起来的橡胶产业已带来了巨大的社会效益、经济效益和生态效益，已帮助这里的农民致富奔小康。

(原载《科技日报》2016 年 5 月 23 日，记者马爱平)

用科技引领海南橡胶产业发展

—— 专访全国五一劳动奖章获得者田维敏教授

从初中生物老师到全国优秀科技工作者，身份转变的背后，凝结着田维敏对橡胶的科研情缘。

田维敏是中国热带农业科学院橡胶研究所教授，从事橡胶树等热带树木发育生物学研究，最近刚刚荣获"全国五一劳动奖章"。周末，记者如约见到田维敏时，他正准备从海口赶回热科院儋州院区，"没法陪家人过周末了，院里还有很多事情要处理。"

"田教授一心从事科研，他是一个把时间用到极致的人。"同事们这样评价他。为了有更多时间搞科研，两年前，他甚至辞去了橡胶所副所长一职。

出于对天然橡胶事业的热爱，田维敏从不认为搞科研是枯燥的。他说科研的灵魂是创新，所以才要不停地动脑筋、不断钻研、不怕试错，努力在自己研究的领域有站得住脚的理论框架，肩负起这一代科技工作者该有的责任和使命。

"想要推动天然橡胶产业发展，技术有所突破，就要在基础理论研究上有所突破。"田维敏说他是幸运的，20 世纪 90 年代师从"橡胶夫妻"郝秉中、吴继林两位老师，让他尽早找准了研究领域和方向，并为之不懈努力。

躬行实践，田维敏不断思考，橡胶树怎样才能高产稳产？乳管数量是决定橡胶产量的主要原因，而橡胶合成效率和乳管分化能力是否与产胶潜力密切相关？循着这一方向，他通过无数次的试验研究橡胶合成效率的调控因素、橡胶树乳管数量的调控因素以及停止排胶原因，并建立了乳管分化能力和橡胶合成效率的鉴定评价技术。

作为农业农村部橡胶树生物学与遗传资源利用重点实验室主任，田维敏率团队启动了橡胶树全基因组测序，他先后承担了国家自然科学基金、948 项目、973 前期研究专项、973 课题及国家天然橡胶产业技术体系专项等 10 余项课题，在树木营养器官氮素贮藏以及橡胶树产量形成调控与产量育种研究领域取得若干创新性研究成果，为实现橡胶树产量性状的基因型定向选择和提高育种效率打下了良好的基础。

搞科研，不仅要耐得住寂寞，要有好奇心，更要不耻下问。为了突破一个关键技术，田维敏可以连续几个月待在实验室，研读实验手册、查阅相关资料、请教专业导师。

"师者，所以传道授业解惑也。"曾为湖南保靖民族中学生物老师的田维敏始终将这句话牢记在心。后来，从生物教学转到了科研，工作有了很大改变，但学术带头人田维敏依然甘为人梯，大到课题研究方向的指导，小到单位职称评审表的修改，对学生的教导，他事无巨细。多年来，他培养的研究生队伍中涌现出了一批优秀科技人才。

从初中生物教学到研究天然橡胶科技，跨度如此之大的两种工作，田维敏用 20 多年时间完成了华丽转身。到农校深造、潜心研究，不仅获得过发明专利，出版著作，还在 *Scientific Reports*、*Journal of Proteome Research* 和 *Nature Plant* 等权威学术刊物上发表学术论文 100 余篇，其中 SCI 收录 40 余篇。

"从追求产量到追求质量，橡胶产业的发展格局在转变，这意味着科研人员肩负着更重大的责任。"田维敏说，我国天然橡胶产业科技工作者已经进入第三代，我们这一代科研人员要对得起时代，要运用科技的力量保障国家战略发展需要、服务"三农"等，要大胆创新，以更大的格局引领产业发展。

(原载《海南日报》2017 年 5 月 9 日，记者王玉洁)

实现科学管理需避免管理错层

——对话海南大学副校长傅国华教授及其研究团队

成事需要管理，成大事需要科学管理。就如何明晰管理的属性、避免管理失效、实现科学管理等问题，更好推进我省的"科学管理年"工作，本报记者采访了海南大学副校长、海南省首批"515人才工程"第一层次专家傅国华教授及其研究团队。

管理对经济发展的作用

《海南日报》记者：傅教授，您怎么看待管理的范畴，它与生产关系、生产力的关系如何？

傅国华：我曾经写过一篇题为《试论管理也是生产力》的论文，阐述了管理也是生产力的命题，提出了管理是"调节生产关系与生产力"的第三要素。管理是生产力系统的重要组成部分，对生产力起着整合作用，能够在生产力诸要素之间建立联系，引导和制约生产活动，是联接生产力和生产关系的纽带。管理好了，就可以促进经济发展。

一方面，管理需要根据促进生产力发展的要求调整生产关系，主要是及时改变劳动的组织形式、生产资料的配置方式、商品交易以及初次收入分配制度。另一方面，管理在促进生产力发展的同时，需要提供维护生产关系正常运行所需要的资源和规则，主要是调整家庭的功能与模式、设计配套的社会管理与公共服务政策、二次收入分配政策。生产力与生产关系相适配才能推动社会和谐发展，其中的关键是通过科学管理对两者进行协调。

《海南日报》记者：管理如何对经济发展产生作用呢？

傅国华：我思考管理实践问题肇始于对海南农业经济管理的研究，最初关注的是如何提升海南农业经济的投入与产出比率。以前的经济理论从不同角度论述了经济增长与投入要素之间的关系，主要是劳动、资本、知识、人力资本、技术、制度，构建了国富论、资本论、人力资本理论、制度理论。这些研究都很有价值，但是，这些经济理论有个共同点，就是难以获得经济发展的最优结果。在这个时候，我就意识到需要创新管理理论。我在英国撰写博士后研究报告时发现，现有经济理论有一个共同特点，就是把经济实体假设成一个"完整的实体"，忽视了对经济实体层次的研究，缺少对经济实体进行分层次管理。分层次管理反映到经济增长上来就是经济分层次增长，相同要素对不同层次经济实体的影响在权重上存在差异，如果"一刀切"地投入要素，就会浪费生产要素。

在促进经济增长时，应以通过管理促进各层次经济实体的要素投入，进而实现整个区域要素投入效率最大化，在其他环境条件不变的前提下，促进经济总量的更多增长。分层次配置资本和劳动力等要素的投入，可以实现资源配置效率化，促进经济总量更多增长。"一刀切"不能顾及不同层次的发展诉求，会扭曲不同层次经济实体关键要素的选择和投入，从而降低资源配置效率。通过满足不同层次经济实体对关键要素的需求，可以盘活全局、事半功倍。比如，对海口而言，可能更需要改进城市治理制度；对乐东而言，可能就更需要加大现代农业科技投入；而对文昌而言，随着航天城的建设，亟需加大资本与相关技术投入。

另一个驱动因素是长期困扰管理界的"理论丛林"问题，分开来看，各种管理理论都有其合理性和实践指向。但是在实践中，管理者不知应该如何选择、组合和使用这些理论与方法，这一问题涉及的是管理理论的分层次问题。首先需要做的是确定管理主体的层次、管理对象的层次、管理手段的层次；其次要找到三者适配的管理手段，这个过程是适配优选的组合过程。例如，制定企业发展战略需要运用宏观层次的管理理论，激励员工需要首先运用微观层次的管理理论设计核心对策，然后运用中观和宏观层次的管理理论审视组织的架构与战略，最后通过修正核心对策使之具有适配性和可行性。

管理失效及其后果

《海南日报》记者：那么，管理在什么情况下会出现失效，管理失效又会造成什么后果呢？

傅国华：我们大都能够意识到"管理出效益"，但是在现实中我们也经常遇见"管理引起的问题"，出现管理无效甚至管理负效的情况，要回答这个问题，我们需要把关注点放到管理本身。管理系统由三要素构成，即管理者、管理手段（理念、理论、技术、方法等）和管理对象。管理的最大难处是管理者需要协调三者以实现适配。达到最佳适配状态的管理，是最理想的管理。但是在管理活动中，很难达到三者适配的状态，结果会出现以下现象：有管理、没效果；有管理，但不是最佳效果；或者是有管理，但是失败，管理没有效果，甚至还可能出现负面效果。我认为，错层次管理是引发管理失效的根本原因，管理主体、管理手段和管理对象之间一旦出现错层，就会导致管理失效，会浪费大量的自然资源、社会资源。

例如，CPI指数是政府对经济进行宏观调控的一个重要参数，如果我们不结合实际，简单地将西方发达国家计算CPI指数的指标和公式搬过来，并据此制定宏观调控政策，往往会放大政策的偏差。这是因为，西方发达国家市场成熟度跟我国不是一个层次，纳入统计口径的范围需要有所区别。

如何理解管理层次

《海南日报》记者：刘教授，您能否从文化的角度，为我们介绍一下管理的层次问题？

刘殿国：其实，中国传统哲学蕴含的观点也是分层次的，道治、德治、智治、权治从上至下分别代表了不同层次的管理理论，相比较而言，老子重道、孔子重德、孙子重智、韩非重法。这四种层次的管理理论所要解决的管理问题以及适用的管理对象不是同一层次，而且适用于不同的时空。

很自然的是，受利益、实践及其决定的思想观念层次的影响，作为公共政策对象的公众的政策需求层次也是不同的，所以才会围绕应该采用何种政策出现激烈的争论。例如，最近台湾地区不同层次的群体围绕服务贸易协定进行着激烈的争执。改革开放三十多年以来，我国社会随着市场经济的发展出现了阶层多元化问题，不同社会阶层针对同一个议题往往有不同的诉求。所以，决策者需要开展分层次管理，或者针对同一个议题在不同时空引入不同层次的管理理论，这实际上类似于"漂流式管理"。

《海南日报》记者：许博士，你认为分层还应注意什么问题？

许能锐："分层"与"分类"是一对容易混淆的概念，容易被相互替代使用。"类"指的是事物之间"质"的差异，将许多相似或相同的事物进行综合、聚类和汇总的结果，在应用时侧重于"合"，"类"是事物性质的差异性划分。"层"一般是在某"类"事物中，按照"量"的差异划分次序和等级。对事物进行科学分层是分层次管理的起点，分层次管理理论的基本主张就是顺乎事物的本性开展管理活动，通过科学组合相关要素取得最优效果。

推进政府科学管理

《海南日报》记者：付博士，分层次管理如何应用到政府科学管理中？

付景涛：运用分层次管理理论推动政府科学管理的关键是构建有机统一的职能流转体系，就是在不同政府层次及其职能部门之间分层次地配置职能，建立与层次相适应的运行机制。不同层次的职能部门承担的职能具有差异，以及不同层次的管理需求。以住房建设部门为例，省级部门的主要职能是战略规划、引领创新、分解任务、绩效评估、配置资源、统筹指导，主要发挥大脑作用。县市部门的主要职能是市场监管、项目协调、信息管理，主要发挥躯体作用。镇街一级部门的主要职能是动员、配合、反馈，主要发挥手脚作用。

反映到公务员招录方面，在通常情况下，省级部门的公务员应强调专业化、地缘多元化，学历以硕士及以上为主，防止思维僵化、抱残守缺现象的出现。市县部门的公务员应强调执行能力、实操能力，学历以本科为主，防止眼高手低现象的出现。镇街一级部门的公务员应该强调扎根意识、意志力，学历可以不必太高，强调本土化，防止水土不服现象的出现。在绩效考核方面也应该有所区别。例如，省级部门的公务员以考核创新能力、分析能力为主，市县部门的公务员以考核执行能力为主，而对镇街一级公务员来说，群众满意度或许能够更加直接地反映其工作态度和工作水平。

（原载《海南日报》2014 年 4 月 29 日）

图书在版编目（CIP）数据

现代农业产业技术体系建设理论与实践．天然橡胶体
系分册／黄华孙主编．－－北京：中国农业出版社，
2020.6
ISBN 978-7-109-26459-5

Ⅰ.①现⋯ Ⅱ.①黄⋯ Ⅲ.①现代农业－农业产业－
技术体系－研究－中国②天然橡胶－橡胶工业－产业发展
－研究－中国 Ⅳ.①F323.3 ②F426.7

中国版本图书馆CIP数据核字(2020)第 025788 号

现代农业产业技术体系建设理论与实践——天然橡胶体系分册
XIANDAI NONGYE CHANYE JISHU TIXI JIANSHE LILUN YU SHIJIAN
— TIANRAN XIANGJIAO TIXI FENCE

中国农业出版社出版
地址：北京市朝阳区麦子店街 18 号楼
邮编：100125
策划编辑：马春辉　责任编辑：马春辉　张林芳
版式设计：杜　然　责任校对：吴丽婷
印刷：北京通州皇家印刷厂
版次：2020 年 6 月第 1 版
印次：2020 年 6 月北京第 1 次印刷
发行：新华书店北京发行所
开本：700mm×1000mm　1/16
印张：25.75　插页：10
字数：520 千字
定价：80.00 元